政协委员文库

史海遨游录

王晓秋◎著

中国文史出版社

《政协委员文库》丛书
编辑委员会

王晓秋（2005年）

自序：史海遨游五十年

我家客厅墙上挂着一幅墨宝，写的是我自撰的座右铭："史海遨游，古今求索，东西纵横，其乐无穷。"这是2004年由著名书法家、《人民政协报》原副社长关东升先生书写的。关先生的字大气磅礴，俊秀多姿，独树一帜。他写的寿字被誉为"天下第一寿"，成为国家赠送许多外国元首的国礼。那天正好在他家里开民盟中央文化委员会的主任会，我说起恰好从北大历史系毕业40年，有此16字感悟，关先生即刻在其书房里提笔一挥而就。著名作家梁晓声主任在旁笑着建议，在边上加上"题博导晓秋教授治史四十年真悟"。这一暖人情景至今回忆起来，还历历在目。东升、晓声两位的深情厚谊，令人难忘。转眼时间已过10余年，如今我在史海沉浮已过50年，承蒙中国文史出版社王文运先生来家邀我作为老政协委员编本学术文集，收入委员文库，我想就以《史海遨游录》为书名吧，再补上这篇自序曰"史海遨游五十年"。

我1942年出生于上海一个教师家庭，从小因爱看小人书（连环画）而对历史发生兴趣。1959年从上海百年老校——徐汇中学毕业，如愿考上北京大学历史学系。当年同班同学还有毛主席的女儿李讷等人。在北大五年学习期间，有幸身受史学大家翦伯赞、邓广铭、周一良、邵循正等恩师之教诲，遨游史海，如鱼得水。三年级时虽选了中国近代史专门化，但对古代史、世界史仍有广泛兴趣，可以尽情上下求索、东西纵横。1964年毕业被留校任教，正待潜心教研，不料不久发生"文化大革命"。十年浩劫，无法认真读书，却也是人生一段磨炼，直到1978年改革开放后才有安定教学研究的环境。当时社会上曾流传"历史无用论"，甚至戏称学历史是"跳入屎（史）坑""没有钱（前）途"。我却毅然潜入史海，无怨无悔，乐此不疲。我深感研究中国历史不能就中国论中国，必须放宽视野，把中国放在世界全局和国际关系中研究，因此把研究重点放在中外关系史特别是与中国近代关系最密切、最复杂、影响最大最深的中日关系史，还有中外文化交流史和中外历史比较研究。出版了《近代中国与世界》《近代中国与日本》《近代中日文化交流史》《东亚历史比较研究》等十几部著作，发表了200多篇论文。得益于改革开放，从20世纪80年代起我曾有机会多次到日本、韩国、美国、泰国、法国等国进行访问研究和讲学，东西纵横，广泛进行国际学术交流。因此这次为委员文库自编学术文集时，精选了30余篇论文，按研究方向分为：历史比较研究、走向世界研究、中日关系研究、文化教育研究、历史人物研究五个部分。

我从1998年开始担任全国政协委员，连任了九届、十届、十一届三届共15年，并一直担任全国政协文史和学习委员会委员。除了与全体委员特别是教育界委员们一起参政议政与关注教育问题外，作为一个历史学家，我也力图运用自己的专业知识为国家出谋献策，如提出《纪念辛亥革命，启动清史工程》《充分利用历史文物资源，办好2008年奥运会》《正视历史，面向未来，继续推进中日历史共同研究》《加强历史知识普及的正确导向》等提案或大会发言，这也算是我遨游史海后提炼出来的心得和真悟吧。不过这类内容就不编入这部学术文集了。

最后还要感谢全国政协、全国政协文史和学习委员会、中国文史出版社的领导和工作人员，为我参政议政和出版文集提供了平台和机会。

王晓秋

2016年10月20日

于北京大学蓝旗营公寓史海遨游斋

目錄

辑一　历史比较研究

东亚国家不同发展道路比较研究 / 3

19世纪中、日、韩三国对外意识比较研究 / 19

19世纪下半叶中、日、泰三国改革与现代化比较研究 / 28

中国太平天国农民革命与韩国东学农民革命比较研究 / 41

近现代两次中日战争比较研究 / 53

辑二　走向世界研究

晚清中国人走向世界的历史轨迹 / 69

晚清中国改革先驱者的世界认识 / 77

晚清中国人走向世界的一次盛举 / 87

晚清中国官员三次集体出洋之比较 / 117

晚清民初中国参与世界博览会的历史回顾和启示 / 128

辛亥前孙中山在日本和南洋的革命活动 / 133

论辛亥革命的世界意义 / 142

━━━━━━━ **辑三　中日关系研究**

古代中国人对日本的认识 / 157

晚清民初中国人日本观的变迁 / 181

日本统治者对华观的历史演变 / 195

甲午战争与中华民族的觉醒 / 201

中国戊戌维新与日本明治维新成败原因剖析 / 216

从日本崛起到中国赶超 / 227

━━━━━━━ **辑四　文化教育研究**

论近代中日文化交流的特点 / 239

近代中日笔谈：一种文化交流的原生态 / 249

留日学生与辛亥革命 / 259

论五四运动与中外文化的交融 / 276

戊戌维新与京师大学堂的创立 / 284

辛亥革命与民国初年的北京大学 / 301

━━━━━━━ **辑五　历史人物研究**

魏源《海国图志》在日本的传播和影响 / 319

近代中日文化交流的杰出代表黄遵宪研究 / 335

康有为"仿洋改制"研究 / 351

汪荣宝与清末京城立宪派研究 / 370

杨守敬与中日古籍书法交流研究 / 385

鲁迅与藤野先生的师生情谊 / 401

孙中山与"海外知音"南方熊楠 / 409

孙中山夫妇与梅屋庄吉夫妇的真挚友情 / 415

李大钊与吉野作造的友谊和交流 / 423

孙中山的崇高威望和国际影响 / 439

附：王晓秋学术著作目录 / 445

辑一

历史比较研究

东亚国家不同发展道路比较研究

本文试图从全球和东亚的大视野出发，运用纵向比较和横向比较相结合的方法，论述东亚国家各个时代的变迁和不同时代东亚各国发展的历史。重点探讨中国、日本、韩国三个东亚国家发展道路上的共性和个性，进行政治、经济和文化的综合分析，并且剖析一些东亚发展史上的热点和疑点，特别是西方学者提出来的一些观点。力求总结历史的经验教训，探索历史的发展规律，以史为鉴，面向未来。

一、古代东亚文明的兴盛

谈发展道路，决不能割断历史。每个国家的发展，都是建立在这个国家的文化传统和历史积淀的基础之上，对于东亚国家来说更是如此。东亚地区有着悠久的历史和灿烂的文化，而且是现存唯一延续不断的人类古代文明。东亚文明为人类社会的发展做出过突出的贡献，甚至使得许多西方的旅行家、思想家为之倾倒。古代的东亚不仅文化发达，经济发展也处在当时世界的前列。英国经济学家麦迪森在《世界千年经济史》中估算，在1700年，也就是清代康熙三十九年，中国的国内生产总值（GDP）占世界总量的22.3%，日本占4.1%，中国和日本加起来占世界总量的1/4还多。而当时整个西欧国家的生产总量加起来不过22.5%。当时的英国只占2.9%，美国仅仅是0.1%，这是1700年世界经济的情况。所以当时的中国无论文化还是经济都处在世界的前列。那么古代东亚国家的发展究竟有什么奥秘呢？下面我们来分析一下。

（一）东亚的地理概念和特征

东亚顾名思义指亚洲的东部，与之相对的有西亚、南亚和中亚。从各自所处的地理位置和立场出发，西方人常常称东亚为"远东"，而东亚的人则曾称西方为"泰西"。东亚分为广义的东亚和狭义的东亚。广义的东亚包括东北亚和东南亚。现代的东北亚包括中国、日本、韩国、朝鲜、蒙古还有俄国的远东地区，东南亚包括越南、泰国、缅甸、老挝、柬埔寨、印尼、马来西亚、新加坡、文莱、菲律宾等东盟国家。

狭义的东亚指的主要是中国、朝鲜半岛和日本列岛这一区域。为什么把中、日、朝、韩叫作狭义的东亚？因为这几个国家不仅有地理上的联系，而且还有着历史、文化、经济等方面的共同性。过去我们称之为"东亚文化圈"、"东亚朝贡贸易圈"或"东亚华夷秩序"。我们不是地理决定论者，不能用地理来决定一切。但是不能否认，地理因素对各国的发展有着重大影响，尤其在古代。我们知道东亚东临黄海、东海、日本海、太平洋，西靠喜马拉雅山、青藏高原、昆仑山、帕米尔高原。所以它实际上形成了一个半封闭的、和其他的文明相对隔离的小环境。而东亚的气候比较温和，中国有大江大河，适宜于农业和水利的发展，也便于江河和沿海的交通，这个地理环境培育出了古代东亚一种较高水平的农业文明。东亚地区的中国、朝鲜、韩国（在古代，朝鲜半岛北南的朝、韩统称朝鲜）和日本从地理上看恰好是大陆、半岛和岛国，也就是从核心、外围到边缘的放射型文化圈。中国是核心，朝鲜半岛是外围，到了日本列岛已经是东亚文化圈的边缘了。这种地理位置对这几个国家的发展道路和国民的心理都有很大的影响。日本人常常说他们是"岛国根性"。岛民的心理一般来说比较狭隘。但是他们处于东亚文化圈的边缘，也有他们的有利条件，就是更容易接受外来新事物。因为它跟核心地区离得比较远。

（二）关于东亚文化圈

古代东亚之所以能创造出高度的农业文明，与中华文化的传播和影响是分不开的。东亚文化圈又可以叫作"汉字文化圈"或"儒学文化圈"，还有的人更通俗地叫它"筷子文化圈"。那么，中华文化是如何传播、辐射到朝鲜半岛和日本列岛，促进两国社会文化的发展，并且共同创造了辉煌的东亚文明呢？中华文化向朝鲜半岛、日本列岛的传播，有各种途径和方式，这里主要讲四个途径。

第一个途径是移民。在古代，中国和朝鲜半岛可以很方便地交通，到日本列岛可以通过朝鲜半岛渡海或沿着东海过去。所以中国的移民在很早的时候就到达了朝鲜半岛和日本列岛。传说公元前11世纪，就是周武王的时候，箕子带了很多人到朝鲜去。秦汉的时候，为了躲避战乱，有更多的中国人逃到朝鲜。汉初的时候，卫满率领他的族人到朝鲜自立为王。中国到日本的移民也很早。中国人到了朝鲜以后，通过两条路到日本，一条是通过朝鲜海峡到对马岛，另一条是沿着所谓的日本海环流路，到达日本的北陆地区与本州的北部。

在公元2、3世纪的秦汉之际，有一批中国人移民到日本。其中象征性的代表人物就是大家熟悉的徐福。徐福骗了秦始皇，带了三千童男童女和中国的工具种子等出海东渡。"徐福东渡"是司马迁《史记》中最早记载的。但司马迁没有明确说徐福到了日本，后来中日两国民间传说都把徐福描述成中国上古向日本移民的代表人物。当时的日本社会正从以采集为主的绳文时代进化到以农耕为主的弥生时代，这个发展跟中国的大批移民带去先进的生产技术有关系，这一点连日本学者也承认。中国去日本的移民一直没有断，魏晋南北朝、隋唐、宋元、明清都有。比如明末有名的思想家朱舜水和隐元和尚等等。

第二个途径是通过遣使。公元1世纪到7世纪，朝鲜半岛处于三国时代，三个国家一个叫高句丽、一个叫百济、一个叫新罗。这三个国家都跟中国有遣使来往。唐代初年百济派了20多次使节到唐朝，新罗派了30多次，同时唐朝也派了9次使节到新罗。日本遣使也很早，倭奴国早在公元1世纪的时候，就向当时的东汉王朝派遣使节，后来倭五王时代也向中国遣使进贡。特别是到了日本的奈良平安时代，开始派遣大型的使节团即遣隋使、遣唐使到当时中国的隋朝和唐朝，全面学习中国的经济、文化、制度、艺术等各个方面，推动了日本社会的进步。日本历史上的第一次改革"大化改新"，就是在这种学习的基础上进行的。明朝的时候，日本还派过遣明使。朝鲜在李朝时代的初年也向明朝派遣使节，据统计有300多次，到了清朝，李朝的使节有500多次，大量吸收中华文化。

第三个途径是留学。早在隋唐时期就有不少日本、朝鲜留学生来中国。还有一种是留学僧，即留学的和尚。比较有名的日本留学生有阿倍仲麻吕。唐朝的时候，国子监里的新罗留学生有200多人，有些人还考中了中国的进士，在唐朝做官。宋代、元代、明代来中国的，更多的是日本的僧人，他们被称为入宋僧、入元僧和入明僧。

第四个途径是贸易。朝鲜对中国主要是朝贡贸易。日本对中国，在宋、元时期主要是民间贸易，明代是勘合贸易，到了清代是信牌贸易。

中华文化传播的内容也是丰富多彩的，比如生产技术、生产工具、文字、制度、法律、经济、思想、宗教、文学、艺术，一直到社会习俗等等，有些影响一直到今天都还存在。其中影响最大、最深远的是文字和儒学，这两个成为中华文化圈各国最重要的共性。

大约公元1世纪时，汉字传到了朝鲜半岛。4、5世纪时成为朝鲜的书面文字，直到19世纪末。朝鲜李朝的档案叫《李朝实录》，完全是使用汉字写的。"二战"以后，朝鲜首先于1949年停用汉字，韩国1970年也停止用汉字。但是现在很多韩国学者又提出要恢复汉字，他们认为停用汉字是一个很不明智的做法，影响了文化的发展。

汉字大概是在公元3、4世纪传到日本的。根据日本史书记载，最初是一个叫王仁的博士，到朝鲜当五经博士，讲授儒学，在朝鲜又应日本官方的邀请，到日本去传授儒学。他为日本带去了《论语》和《千字文》等书籍。日本东京的上野公园还专门立了一块碑，叫作"王仁博士碑"，上面介绍了他怎样把《论语》等书籍带到日本。汉字也成为日本官方的书面文字。

到了公元8、9世纪，日本才在汉字的基础上创造了假名。但是公文中大部分还是汉字，即使假名发明了以后，仍然是假名和汉字混用。直到现在，日本的文字中间还是既有假名又有汉字，还有很多西方的外来语。现在日文里面还有1945个常用汉字，他们的中小学生必须要学会，否则就看不了日文。古代东亚三国共同使用汉字，为三国之间在外交、贸易，以及文化交流、人际交往、感情沟通等方面创造了一个极为有利的条件。

中国的儒家思想早在公元1世纪就传入了朝鲜半岛，当时有些朝鲜人已经能够背诵《诗经》。到3、4世纪的时候，朝鲜半岛的高句丽已经建立了儒学的最高学府——太学。百济设立了五经博士，专门讲儒学。7世纪的时候，新罗国也开设了国学，学习儒学。到12世纪的时候，朝鲜高丽王朝还设立了经筵制度，专门讲授儒学。到了朝鲜李朝，专门设立了一个机构——成均馆，讲授儒学。后来成均馆变成了一个大学，叫成均馆大学。这个学校以前曾经是世界上唯一有儒学院的大学，这个儒学院不但学儒学经典，还学儒家的礼仪，包括祭祀的仪式、舞蹈等。

日本是在4世纪的时候，由王仁博士带去儒家的经典《论语》。后来派往中国的遣隋使、遣唐使、留学生更是带回了大量的儒家经典。到了17世纪，日本的江户时代，中国儒家的朱子学，就是朱熹的理学，已经成为日本的官学。日本民间盛行的是阳明学。儒家思想也深刻影响到朝鲜和日本的政治、经济、文化、社会、宗教以及伦理道德、价值观念、行为准则等各个方面。所以它成为东亚文化圈的一个重要特征。

朝鲜和日本在吸收和借鉴中华文化的过程中，也有改造、创新和发展。我们不能认为它们完全是模仿、照搬中国的文化。比如日本，吸收了唐朝的大量文化，当时称为唐风文化。但是后来经过他们的融合、改造，逐渐形成了国风文化，就是具有日本本国民族特色的文化。朝鲜古代虽然使用汉字，但是后来为了使一般的民众、官员能够按朝鲜语来阅读，所以在7世纪的时候，新罗的薛聪就仿照汉字的结构，创造了一种韩文，叫作吏读文，又叫作谚文，就是官吏也能读的文字。到15世纪的时候，朝鲜李朝的世宗大王，命令官员用汉字的笔画创造了一种表音文字，当时称为正音字，就是今天的韩文。

日本人在公元8、9世纪的时候，也是在汉字的基础上，创造了假名，作为日本的字母来拼写日语。日语里边的假名有两种，一种假名是简化了汉字楷书的偏旁、部首制造的，叫片假名，现在大部分用来记载外来语。更常用的是简化了汉字的草书而形成的，叫做平假名，平假名是现在日语里边最常用的文字。所以现在的日语就是由假名、汉字、再加上西方的外来语混合的一种文字。日本人在吸收了汉字的很多词汇以后，又创造了很多有新含义的汉字。例如"干部""主义""哲学""社会"等很多新名词，这些词是明治维新以后，日本人在向西方学习的过程中创造的，中国的留日学生又把这些汉字吸收回中国，成为汉语中的新名词，所以应该说中日的汉字文化是互相交流补充的。

日本人在学习中国的制度、礼俗时，有两样东西没有学。一个是宦官制度，一个是缠足的礼俗。因为太监制度、缠足风俗是陋习，所以他们没有学这些，我觉得是明智的。日本还对学习到的东西加以改造、推陈出新，有些方面甚至青出于蓝而胜于蓝。中国的儒学传到日本后，逐渐被日本化了，他们把儒学与日本固有的神道结合起来，神儒调和，还把儒学跟佛教结合起来，儒佛调和。朝鲜也有很多儒家的学者对儒学进行了发展。比如说朝鲜学者李退溪，他对儒学的研究很深，被称为朝鲜的"朱子"。

中国的饮茶、书法、插花、武术等传到日本后，被改造成一种独特的道的文化和艺能，日本人称为道文化。如喝茶变成茶道，书法成为书道，插花变成花道，剑术变成剑道，射箭变成弓道，武术变成柔道，这是日本人的一种发展。还有中国的一些工艺，比如中国的扇子、刀箭、漆器、陶器、瓷器等传到日本和朝鲜以后，也得到推陈出新。中国的扇子原来主要是圆的团扇，后来日本和朝鲜把它改造成折扇，可以折叠起来。而且扇面上可以有各种画，这种扇子后来又传回中国。所以我们可以看到东亚文化圈的共性，使得古代中、日、朝三国人民更容易沟通、交流，这是东亚各国应该发扬和利用的一种传统文化遗产。

但是现在有些日本人和韩国人，企图否认中国文化的影响，鼓吹所谓的"去中国影响化"，要把中国的影响去掉。有的日本学者说，日本的文化跟中国没有关系，日本是一种海洋文化，中国是大陆文化。有的日本学者为了证明日本的历史也是非常古老的，不惜弄虚作假。日本东北旧石器文化研究的副理事长藤村新一，为了证明日本历史很早，自己偷偷地往地里埋文物，然后再挖出来，说是新发现。

韩国有些学者现在也在制造一些舆论，说黄河文明的祖先实际上是韩民族。有的韩国电视剧也在歪曲历史，这是一种极端的民族主义，应该尊重历史。

（三）关于华夷秩序和朝贡贸易

古代东亚各国之间有一种前近代的国际秩序，就是人们常说的"华夷秩序"和"朝贡贸易"。它对古代东亚各国的发展道路影响非常大，学术界有各种各样的看法。

"华夷观念"是从中国发源的，后来逐渐成为东亚文化圈各国统治者和知识分子共同的传统观念，它以儒家的仁义、礼仪作为价值标准，以"内华外夷""华夷之辨""以华变夷"作为价值取向。实际上华夷观念包含了一种华夏中心地理观，认为中国就是世界的中心，还有一种就是华夏文化的优越观，认为中华的文化是最优越的。从这种华夷观念出发，企图要构造一种东亚的国际秩序。"华夷秩序"以中国的天朝为中心，然后向周围四方传播教化，传播儒家思想、导以礼仪，而周围的藩属、邻国，像朝鲜、琉球、日本、越南等，应该向中国朝拜进贡，慕德向化。这种华夷秩序主要通过中国的册封、赏赐、颁正朔（历法）和各国的遣使、奉表、朝贡等一整套制度礼仪来体现，因此有的学者也称之为"册封朝贡体制"或"天朝礼治体制"。

古代东亚华夷秩序和朝贡贸易体系有个形成和演变的过程。两汉时期，朝鲜中南部有三韩，叫辰韩、马韩、弁韩，它们通过汉代在朝鲜北部的乐浪郡向中国进贡。东晋时期百济国向东晋王朝正式遣使进贡，受册封。高丽王朝向北宋和元朝进贡，李氏朝鲜王朝向明朝和清朝进贡。

日本最早是在东汉的时候，由倭奴国向中国进贡。《后汉书》上记载，公元57年倭奴国来奉贡朝贺，汉光武帝赐给国王一个金印。1784年在日本九州福冈县志贺岛上，出土了一个金印，就是当年汉光武帝赐给倭奴国王的金印，这个金印叫作"汉倭奴国王金印"，经过考古学家各方面的考证，确实就是当年汉光武帝赐给日本的金印，证实了这段史料的记载。隋唐时代日本派出许多次大型遣隋使团、遣唐使团，全面向中国学习，推动了日本的"大化改新"和社会进步。宋元时代日本曾脱离华夷体系，明代日本室町幕府将军足利义满一度恢复对中国朝贡，后因倭寇问题又游离华夷秩序之外，但明清时期还保持半官方的勘合贸易和信牌贸易。明清之际朝鲜与日本还一度产生"华夷变态"的说法，即不承认清朝是中华正统，而认为自己才是"小中华"或华夷体系中心的思想。一直到1895年中日甲午战争以后，"华夷秩序"才彻底解体。

应该承认这种华夷秩序具有封建的不平等性质，但它与西方殖民主义国际秩序、宗主国与殖民地关系有着本质的不同。中国基本上不干涉朝贡国的内政，册封只是承认既成事实，并且主要采取和平手段，注重礼仪形式。还实行厚往薄来原则，赏赐品往往远多于朝贡品，并允许在中国贸易。朝鲜、日本等国曾把朝贡当作与中国进行贸易的重要途径。因此日本学者滨下武志认为朝贡的特征是商业贸易行为，对古代东亚经济发展起了重要作用。

二、近代东亚的巨变

19世纪东亚文明由盛极转衰之时，遭到西方资本主义列强的冲击和挑战，东西方历史走向出现巨大的反差。可以说19世纪中叶，中、日、朝（韩）三国后发型近代化启动的时候，基本上处于同一条起跑线上，尚有选择本国发展道路的机会。三国统治者先后进行了类似的近代化改革，如中国的洋务运动、日本的明治维新、朝鲜的开化运动。然而到19世纪末，三国已经走上了三条不同的道路，中国沦为半殖民地，朝鲜沦为殖民地，而日本却成为亚洲唯一的帝国主义强国。为什么近代东亚三国发展道路有如此大的不同？以往中外学者从各种角度、有各种分析，往往强调一两种因素。我认为实际上是东亚三国各种内外因素合力作用的结果。

（一）中国沦为半殖民地的曲折历程

中国是西方列强冲击的主要对象。1840年鸦片战争使中国成为东亚最早被西方用武力打开门户的国家。但由于中国的封建统治者对世界形势愚昧无知，缺乏危机意识和变革意识，鸦片战争后错失近20年改革机遇。鸦片战争结束以后，签订了《南京条约》，当时统治者把它称为"万年和约"，认为可以保一万年的太平，所以他们仍然苟且偷安、麻木不仁，过着享乐腐化的生活。他们对西方的冲击反应迟钝，没有及时地改弦更张。

外力的冲击往往可以刺激一个国家的改革，但是清朝的最高统治者没有这样做，直到1860年英法联军打进了北京，火烧了圆明园。清政府在太平天国农民起义和第二次鸦片战争的双重打击下，才不得不启动了近代中国的第一次改革——洋务运动。所以中国的近代化改革是在第二次鸦片战争以后才启动，如果在第一次鸦片战争以后马上启动，中国的改革就可以提前20年。

洋务运动是中国近代化的一个开端，办工厂、建海军、办学校、派留学生，这些应该说是符合历史发展潮流的，但它根本的指导思想是用西方技术维护封建体制的"中体西用"，制约了改革的深入。1895年甲午战争失败，洋务派创建的北洋海军全军覆没，《马关条约》割地赔款又引发了瓜分危机。在这样严重的民族危机之下，洋务运动实际上破产了，所以维新派提出了"维新变法、救亡图存"，就是要求进行政治上的改革，推动光绪皇帝实行戊戌变法。但是1898年的百日维新最后也失败了，其根本原因是当时中国新旧力量的对比过于悬殊，而当时光绪皇帝和维新派脱离中国的国情，企图照搬日本明治维新的模式。我认为戊戌维新的失败，实际上使中国丧失了选择发展道路的主动权。从此以后，清王朝统治下的中国已经没有自主选择发展道路的可能了。

八国联军侵华以后，慈禧太后也不得不实行清末新政。她改革官制、废除科举、操练新军，应该承认这些也是近代化的措施，但是毕竟已经不能挽救腐朽不堪的清王朝了，最终被辛亥革命所推翻。辛亥革命后的近代化努力又被军阀混战延误，再遭日本侵略所打断。中国在半殖民地深渊中越陷越深。

（二）朝鲜沦为殖民地的悲惨命运

朝群历史上将西方的冲击称为"洋扰"。虽然李朝统治者也产生过危机意识，但对危机反应比较迟钝，一旦西方军舰被打退，他们又高枕无忧、不思进取了。

当时朝鲜的统治阶级叫作"两班"官僚，所谓的"两班"就是文官和武官。1876年爆发"江华岛事件"，朝鲜门户被日本打开，日本用武力强迫朝鲜签订了《江华条约》。当时朝鲜的统治阶级也实行了一些改革，叫作开化运动。推动开化运动的官员叫开化派，开化派又分成两派：一派是所谓的激进开化派，他们主张全盘仿效日本明治维新，而且企图依靠日本的势力来推进改革。激进派在1884年发动了一次政变，叫甲申政变，这个政变劫持了国王，杀戮了大臣，结果迅速地失败了，当时清朝也派军队去镇压。另外一派是温和改革派，它主张仿效中国的洋务运动缓进改革，并且维持和中国的宗藩关系，主要依靠中国的势力。

19世纪90年代，列强在朝鲜展开了一场激烈的争夺。1894年爆发了朝鲜历史上最大规模的东学农民战争。他们提出的口号是"逐灭倭夷""尽灭权贵"，就是要赶走日本和西方侵略者，打倒权贵，最后被政府军和日本军队联合镇压了。开化派后来又在日本的支持下，搞了两次改革与政变。1894年的叫"甲午更张"，1895年的叫"壬午改革"。在这次政变中，他们在日本操纵下，监禁了国王，杀害了闵妃，这样它也失去了人心，很快失败了。

1897年朝鲜的李朝政权改国号为大韩帝国，国王改称皇帝，企图通过改国号加强专制的皇权，提高它的国际地位。但结果不仅不能维护独立主权，反而进一步沦为日本的殖民地。1904年，日本通过"韩日协约"把韩国变成了它的保护国。1910年还逼签了"日韩合并条约"，从此以后，韩国完全沦为日本的殖民地。根据韩国学者的研究，当时韩国纯宗皇帝没有签字，是当时的总理大臣李完用在上面签的字。所以现在韩国正在追究韩奸的历史责任。

（三）日本走上资本主义、军国主义的道路

日本的明治维新为什么能够成功？为什么能够走上资本主义道路？有着多方面复杂的原因，我简单地归纳为以下几条：

1. 江户时代发展的基础和特色

日本并不是在明治维新时一下子就发展起来的。日本在江户时代，已经

有了一定的基础。日本的体制跟中国不太一样，它的政治体制是一种幕藩体制。藩主实际就是各个封建领主，他们有一小块自己的领地。因此日本的经济体制是一种领主制的土地制，跟中国的地主所有制不太一样。这种土地制度相对更接近于欧洲的领主制。所以有学者分析，正是因为日本的这种体制比较接近于欧洲，所以更容易产生资本主义。

日本虽然在文化上学习儒学，但是它还有学习西学和兰学的传统。当时日本实行锁国体制，但是它允许两个国家跟它进行贸易，一个是中国，一个是荷兰。它得到的外国知识主要是通过长崎这个贸易窗口。

日本的国门是被美国的舰队打开的。美国培理舰队于1853年、1854年两次抵达日本，最后打开了日本的门户。开国以后，日本统治者感到严重的民族危机，所以从中央的幕府到地方上各个藩都开始进行改革。因此在明治维新以前，日本已经在搞幕藩改革了。

当时中国发生了两次鸦片战争，给日本敲响了警钟。这一点日本的学者也承认。正因为有了中国鸦片战争这个前车之鉴，才使得日本的统治者产生强烈的危机意识和变革意识。

2. 日本新旧势力的力量对比

日本维新势力以天皇为首，以中下级的武士作为骨干，以地方上强藩作为后盾，而且得到很多农民、市民、商人的支持。维新势力大大超过了幕府的守旧势力。维新派利用幕府内外交困的条件，抓住了机遇。当时中国爆发了太平天国运动，西方列强主要关注的是中国的局势发展，没有更多精力重视日本。所以当时就有日本学者说，如果没有太平天国运动，英法早就对日本"大动干戈"了。

过去我们有个误解，以为明治维新完全是一个和平式的改革，实际上倒幕维新也经过战争，日本历史上称为戊辰战争。这场战争打得也很激烈，死了很多人。只是最后打到江户（今东京）的时候幕府军投降了，之后建立了明治新政权，利用国家的力量，推行了各项改革措施。

3. 明治政权全面地逐步地推行了资产阶级的改革

1871年，明治政权刚刚建立，就派出"岩仓使节团"出访欧美。明治政府的重要人物几乎都在使节团内。他们到欧美12个国家考察了一年多的时间。岩仓使节团的口号是"求知识于世界"。他们通过考察明确了发展方向，就是要全方位地学习、引进西方资本主义的政治、经济、文化、教育制度。回国以后他们制订了三大政策，"文明开化、殖产兴业、富国强兵"，还制定了一个目标，就是"脱亚入欧"，即争取与欧美列强联合，掠夺亚洲邻国。1889年日本颁布了《大日本帝国宪法》，1890年召开了帝国议会，标志着日本基本完成了向资本主义近代国家转型的过程。

4. 日本的资本主义发展，与掠夺亚洲邻国是分不开的

日本近代能够得到如此迅速的发展，与掠夺、牺牲亚洲邻国的主权利益分不开。

通过《马关条约》，规定中国向日本赔款2亿两白银，实际上是2亿3150万两，3000万两是三国干涉还辽后的所谓赎辽费，还有150万两是威海卫的驻兵费，它在中国驻兵还要我们交费。这样一大笔赔款，使得日本成为亚洲的暴发户。这些钱他们用来做什么了呢？我特别查了日本的财政史，其中百分之七八十都用来扩军备战，发展海陆军和重工业了。这使得它的工业基础大大地加强了。还有一部分用来开发殖民地台湾和朝鲜，再有一部分作为教育基金和天皇的经费了。

日本还利用这笔赔款把它的货币单位从银本位转为金本位，从而进入世界金融贸易体制里。同时它通过掠夺、榨取殖民地的资源、原料、农产品、劳动力等等，进一步完成了向帝国主义的过渡。1931年日本发动了"九一八事变"，开始侵略、掠夺中国东北的资源，以后又发动全面的侵华战争、太平洋战争。它不但对中国、朝鲜，还对东南亚各国进行掠夺，这就成为日本帝国主义经济发展的重要支撑。

再谈谈日本为什么会在走上资本主义道路的同时走上军国主义道路。

1. 历史渊源。从古代到中世纪，日本形成了一个武士阶级，所谓的幕府就是将军执政的武家政权。武家政权弘扬的是一种武士道精神，它宣传的是"海外雄飞论"。他们认为日本只是一个岛国，资源太贫乏，应该到海外去发展。日本明治维新的一个重要思想家叫吉田松阴，他主张失之于欧美应该取之于中朝。他认为日本如果被欧美侵略了，失掉的东西应该到中国和朝鲜去寻找补偿。

2. 明治维新的不彻底性。明治维新虽然是一次成功的改革，但是它并不彻底，保留了很多封建残余，特别是它的天皇制度。日本军人的势力很强，通

过军部即参谋本部来干涉政权。

3. "脱亚入欧"的道路。"脱亚入欧"是日本著名的启蒙思想家福泽谕吉提出来的。他认为日本应该跟西方列强联合起来去改造亚洲的邻国。"脱亚入欧"的本质就是牺牲和掠夺亚洲的邻国，来达到自己走上西方发展道路的目标。

4. 屡次发动侵略战争得手致使野心膨胀。日本通过甲午战争，成为亚洲暴发户。后来又参加八国联军，强迫中国签订《辛丑条约》，分得一部分赃款。日俄战争，日本又打败了俄国，取得东亚霸权。它不断地扩大对外侵略战争，"二战"时期，又勾结德、意法西斯，建立法西斯同盟，发动了太平洋战争，妄图称霸世界。

所以近代东亚历史的巨变，东亚三国近代的三条不同发展道路是非常令人深思、发人深省的。

三、现代东亚的重新崛起

20世纪中叶，第二次世界大战刚结束时的东亚，已是满目疮痍，当时被认为是"世界上最没有希望、最不稳定的地区"。曾几何时，日本首先重新崛起，成为世界第二经济大国；韩国也经济起飞，成为新兴工业国家；中国在改革开放后经济高速增长，正在实现伟大的民族复兴。西方人不禁惊呼"东亚奇迹"，把东亚看作"世界上最有活力、最有前途的地区"。半个世纪之间，变化反差如此之大，令人难以置信，其中原因奥秘何在？学者们做了各种探讨，简要分析归纳如下。

（一）日本重新崛起之路

1945年日本投降时，本土100多个城市被美军轰炸。广岛和长崎被投放了两颗原子弹，国土一片废墟，国民经济濒临崩溃。为什么日本能很快恢复，重新崛起呢？

1. 战前工业化遗产是战后经济复兴的基础

"二战"中，日本虽然被轰炸，但它的一些生产设备、技术优势还保留着，特别是它的智力资本和教育普及。日本当时已经培养了一批优秀的技术人才、设计人才，这些都为它下一步的发展提供了基础。

2. 特殊的国际环境提供了发展机遇

20世纪50—70年代，正好是世界资本主义上升和现代化浪潮兴起的时代，出现了新一轮的技术革命。尤其是冷战国际形势，给日本提供了一个有利的条件。西方阵营当时为了跟东方社会主义阵营进行冷战，把日本看成是东亚的战略枢纽，看成是东亚的反共前哨和基地，所以对日本加以扶植。

3. 最重要的是美国的扶植支持

战后美国单独占领日本，由于冷战的需要，对日政策从压制打击转为扶植支持，提供美援贷款，削减赔偿，主导经济、民主改革。1951年，由美国操纵举行了旧金山和会，片面对日媾和，签订了《日美安全保障条约》，就是我们平时说的《安保条约》。规定美军驻扎在日本，与日本建立军事同盟，美国给日本提供安全保障。日本在美国的安全保护伞下节省了大量国防军费的开支。1986年以前，日本的军费在GDP中连1％都不到。所以我认为美国的扶植是日本能够重新崛起的一个最重要的因素。

朝鲜战争、越南战争给日本带来了大量的特需供应。所谓的特需经济就是战争给它带来了大量的订单，向日本购买武器、弹药和其他各种军用品，订单之多以至于日本的工厂都来不及生产，这大大地刺激了日本的经济繁荣。

4. 日本自身的因素

日本政府采取了政府主导型的市场经济模式，这种模式的调控主要是通过通商产业省进行。通商产业省制定了官、产、学三位一体的产业政策。日本还实行了一些特别的经济制度，比如说日本的企业采用终身雇佣制、年功序列制、企业工会制和个人储蓄制。这些管理制度也起到了一些推动的作用。

日本重视科学教育和国民素质、劳动者技能的提高。在这些内外因素合力的作用下，1979年日本一跃成为世界第二经济强国。美国学者傅高义写了一本书叫《日本：世界第一》，主要讲日本是怎么创造这个奇迹的。日本人自己也说"日本可以说不"。当时西方普遍流传"日本威胁论"，日美的贸易摩擦很尖锐。但是到90年代，日本经济泡沫破灭，各种危机也暴露出来。这以后很长一个阶段日本的经济都不景气。经济的不景气也引起了社会的右倾化和国民心理的扭曲。

（二）韩国经济起飞之路

朝鲜半岛在1945年第二次世界大战结束时，摆脱了日本的殖民统治，取得了独立。但是它分裂成南部的大韩民国和北部的朝鲜民主主义人民共和国，也就是我们今天说的韩国和朝鲜。1950年爆发了朝鲜战争，1953年朝鲜战争结束，韩国也是满目疮痍，1960年人均产值仅83美元。然而从1962年经济起飞到70年代末，在不到20年的短短时间内，韩国一跃成为实现了工业化的"亚洲四小龙"之一，1996年人均产值已经超过了1万美元。韩国经济为什么能如此迅速地起飞呢？我分析，主要原因如下：

1. 韩国经济起飞前的经济基础。日本殖民统治时期，韩国积累了一些资本主义因素。"二战"后，在美国的推动下，李承晚政权进行了一些改革，包括土地改革、拍卖日资工矿企业、将银行私有化、启动城市化等，美国给予了一定的经济援助。但是由于当时行政腐败，经济恢复得很缓慢。

2. 朴正熙上台以后，确立了以经济发展为中心的发展路线。1962年5月16日，朴正熙军事集团发动军事政变，建立了一个军人独裁政权。但是朴正熙上台后，把经济发展作为压倒一切的中心任务和国家目标。朴正熙政权虽然是一个军人政权，但是他却把经济建设作为中心任务。有些学者把它叫作威权主义，就是利用政治上的专制来保护经济上的自由和发展。朴正熙还严惩贪污腐败，保持行政机构的廉洁和效率。

3. 政府主导型的市场经济发展模式。政府加大对经济的干预，制定了几个五年计划，完成了从进口替代向出口导向型的工业化战略转变。政府与企业家密切融合。70年代初，韩国的经济增长很快，主要是靠轻工业的出口生产，以后又进一步鼓励发展汽车工业、重化工业等工业。韩国起飞以后也暴露了很多问题，如产业结构畸形、劳动力工资上升过快、外债负担过重、依赖国际市场和进口能源、中小企业发展不够等等。1979年朴正熙被暗杀，全斗焕军人政府上台。全斗焕开始推动政府主导型向民间主导型转变，进行了产业结构的调整。80年代，韩国经济又出现了一个新的增长。1987年卢泰愚上台，开始推行政治民主化改革与经济自由化改革的结合。1988年汉城奥运会对韩国是一个机遇。韩国的发展道路是先实行经济的现代化，再转向政治的民主化。韩国发展模式的特点是政府和财阀相互依赖。这种特点也存在很多的矛盾和问题，特别是财阀的膨胀、官商勾结，还有过热的民族主义情绪等等。韩国后来也出现了泡沫经济。1997年亚洲金融危机的时候，韩国的经济遭到了沉重的打击，这些都是值得我们引以为戒的。

（三）中国的民族复兴之路

1949年中华人民共和国成立时也是一穷二白，人民革命胜利和社会主义制度的确立，为中国奠定了根本的政治前提和制度基础。但如何发展，还需要不断探索。新中国成立后曾照搬苏联发展模式，搞计划经济，"大跃进"走了弯路，接着是三年自然灾害，"文革"浩劫。1978年十一届三中全会后坚持改革开放，以经济建设为中心，抓住机遇，30年高速发展。2008奥运会、2010世博会又是机遇。我们终于找到了一条有中国特色的社会主义道路，用科学发展观全面建设小康社会。这条道路我们一定要坚定不移走下去。

四、几点心得体会

回顾上述东亚国家从古代到近代、现代的发展历史，最后再谈谈几点心得体会。

（一）传统与现代化的结合

东亚的传统文化是东亚国家发展道路上的一个重要因素，这个因素究竟是财富还是包袱？我们应该做全面的分析。我们对传统文化应该采取取其精华、去其糟粕的态度，使它和当代的社会相适应，与现代的文明相协调，我们还要和世界的优秀文化相融合，在中国特色的社会主义现代化建设中发挥更大的作用。我觉得这里特别重要的一点是，要保持一种文化的自觉，这是费孝通先生提出来的。文化自觉就是要知道我们中华民族的文化到底是什么样的文化，到底哪些是精华、哪些是糟粕，知道世界其他国家的文化是什么，这样才能够在全球化的浪潮中间不失去自我，保持民族性、体现时代性，用中国特色的文化来丰富世界的文化。

（二）机遇与挑战同在

回顾东亚各国发展的历史，我们可以看到能不能抓住机遇、能不能应对挑战、能不能把外来的压力变成动力、能不能保持一种危机意识和忧患意识，对一个国家的发展来说至关重要。近代的中国曾经多次错失机遇，而战后日本、韩国抓住了机遇。2008年的奥运会和2010年的世博会对中国也是巨大的机遇。但是机遇和挑战总是并存的，所以我们还要居安思危，应对挑战。实际上我们面临的挑战很多，全球化的国际竞争，国内的发展不平衡，贫富差距以及金融、能源、环境、安全等都有很多风险和挑战。东亚发展历史上的很多教训值得我们引以为戒。

（三）借鉴与创新并举

中国的现代化是一种后发型、赶超型的现代化，所以我们必然要借鉴一些西方发达国家和东亚邻国的经验教训。人类文明的一切优秀成果都是可以共享的，但是我们绝对不可以简单地模仿和全盘照搬。我们必须要立足本国的国情进行探索，特别是要创新，走出自己的发展道路，坚定不移地走中国特色的社会主义道路。特别要强调提高自主的创新能力，建设创新型的国家，这是国家发展战略的核心，也是提高综合国力的关键。我们要不断地完善中国特色社会主义的理论体系，实践科学的发展观，实现中华民族的伟大复兴。

（四）走东亚和平合作发展之路

东亚的历史证明，中、日、韩三国关系是东亚地区和平发展的重要因素。过去历史上那种以邻为敌、以邻为壑，企图靠侵略、掠夺损害邻国使自己富强的发展道路已经彻底破产了。中、日、韩三国是搬不走的邻邦，有着两千多年的文化交流传统，所以我们只能够以邻为伴、与邻为善，要加强同周边国家的睦邻友好和务实合作。东亚各国应该发扬互信、互惠、互利、协作的精神，共同营造东亚地区和平稳定、合作共赢的环境，走一条东亚和平、合作、发展之路。

（原载于国家图书馆编：《部级领导干部历史文化讲座2007》，

北京图书馆出版社2008年版）

19世纪中、日、韩三国对外意识比较研究

19世纪东亚各国所围绕的国际关系和地区内部的利益冲突影响着东亚各国的方向选择。然而，东亚各国自身对世界形势和国际关系的认识和反应，无疑也是决定它们采取不同方向选择的重要因素。因此，把19世纪东亚各国对外意识进行深入分析比较，不仅有助于理解19世纪东亚各国方向选择的过程，也会对我们构筑21世纪东亚国际关系有所启示。

所谓对外意识主要是指对世界形势、国际关系和外国事情的考察认识和判断评价。它不仅会影响一个国家政府的外交方针政策和民众的对外态度行为，而且会影响这个国家内政的决策和变革方向道路的选择。东亚各国的对外意识既包括对世界形势与国际关系的总体认识，也包括对西洋列强和东亚邻国的个别认识。我们还应注意到一个国家的对外意识不仅有统治阶层如皇帝、贵族、官僚的见解，还有民间人士、下层民众以及舆论的反应。而且，同一国家的上层与下层、不同的集团派别，往往会出现互相矛盾甚至对立的对外意识。

本文试图用纵向比较与横向比较相结合的方法，分四个阶段考察分析比较19世纪东亚各国的对外意识。

一、19世纪初的华夷意识与闭关锁国

华夷意识是东亚文化圈各国特别是中国传统的对外意识。它以儒家的仁义礼仪为价值标准，把世界分为华夷两极，以"内华外夷""贵华贱夷""华夷之辨""以华变夷"为其价值取向。直到19世纪初，它仍占据着东亚各国对外意识的统治地位和主流，不过在各国的表现形式和程度略有差别。

中国是东亚文化圈的核心国，也是华夷意识的发源地。从先秦以来就逐渐形成了华夷观念，包括华夏中心地理观和华夏文化优越观。即认为中国是世

界的中心，中国文化是世界最优秀的文明，而四周的藩属邻国以至海外列国则是落后野蛮的"四夷"（即东夷、南蛮、西戎、北狄）或"四裔"（裔即边也），都应该向中国朝拜进贡。尽管明末清初西方传教士曾带来世界地图和地球仪，试图向中国人说明真实的世界形象，却遭到多数中国士大夫的怀疑批判，斥之为"邪说惑众""海外奇谈"。直到18世纪末乾隆年间修的《皇朝文献通考》对世界的描述仍是："中土居大地之中，瀛海四环，其缘地滨海而居者，是谓之裔，海外诸国亦谓之裔。"①19世纪初嘉庆年间修的《大清会典》则把西方各国如英国、荷兰、意大利、葡萄牙都算成是自己的"朝贡国"。而民间往往把东来的西方人视为烹食小儿、诡服异行的"番鬼""红毛夷"。

日本、朝鲜、越南等国处于东亚文化圈的外围，它们在中国文化特别是儒家思想的影响下，产生了有本国特色的华夷意识。

日本在古代飞鸟、奈良、平安等时代曾竭力吸收中华文化，仿效中国文物制度，以至产生"慕华贱夷""脱夷入华"的思想。但到德川幕府统治的江户时代，已经有一些国学者批判尊华观念，形成以日本为中心的"华夷意识"。本居宣长声称："世界万国中最优秀的国家，只有我天皇统治的日本国。"②另有一些兰学者则用从荷兰书刊中得到的新地理知识批判中国中心论。司马江汉指出：如果以地理位置来定，应称赤道下之邦为"中央"。然而，日本社会多数人仍崇尚中华文化，坚持华夷意识。有人嘲笑传教士带来的地球仪不分上下，简直是不识真埋的"戏言"。

朝鲜李朝统治者认为朝鲜是"小中华"，文化高于中国以外国家。甚至一度认为中国清朝的满族统治者也不是正统的中华，而是应加以蔑视讨伐的夷狄。

越南阮朝统治者自称"南中华帝国"和"大南国大皇帝"，把周边南掌、万象（今老挝）等邻国当成其朝贡国，构筑东南亚的华夷体系。

在华夷意识支配下，东亚各国在19世纪初基本上都实行闭关锁国的对外政策，但内容、重点又有所不同。中国虽然关闭了三关，但仍留广州一口对外贸易，并不拒绝与各国交往，只是强调对方必须承认中国为天朝上国，追求名义上的藩属朝贡关系，重视名分礼仪等细节。而日本锁国后也保留长崎一个窗

---

① 《皇朝文献通考》卷三九三《四裔考一》。

② 朱谦之：《日本哲学史》，三联书店1964年版，第109页。

口，但对外通信仅限于朝鲜、琉球，对外通商则限于中国、荷兰，对其他各国一概拒绝。朝鲜锁国后仅与中国、日本通使通信。

二、19世纪40—50年代的危机意识和开眼看世界

19世纪40—50年代，由于西方列强的武力侵犯，东亚各国普遍产生对外危机意识，即因生存受到外来威胁而产生的一种不安全感，并开始睁开眼睛看世界，逐步树立新的世界认识。然而，各国危机意识的强弱和睁眼程度也有所不同。

中国成为西力东渐的主要对象，最早被英国用武力打开门户。由于华夷意识影响，中国统治者长期不了解世界，直到1840年英国舰队打进国门，道光皇帝才急忙打听英国究竟在哪里？有多大？与中国有没有陆路可通？"与俄罗斯是否接壤[①]"？鸦片战争中国战败以至丧权辱国的结局，说明了对世界形势愚昧无知的可悲。受到鸦片战争的刺激，中国士大夫中一批爱国开明之士产生了强烈的危机意识。他们开始睁开眼睛看世界，了解国际形势，研究外国史地，总结鸦片战争失败的教训，寻找救国的道路和抵制外敌的方法。如林则徐编译《四洲志》，魏源编撰《海国图志》，徐继畲编著《瀛环志略》等。这些著作达到了当时东亚对世界认识的最高水平。他们开始认识到中国只是世界之一员，要应付外敌入侵的危机，首先必须了解外国，认清世界形势，"欲制外夷者，必先悉夷情始"。而且要学习外国先进的军事科学技术，"师夷之长技以制夷"。但这种对外意识只是少数精英的先进认识，而作为最高统治者的清朝皇帝及权贵们却缺乏真正的危机意识，他们迷信和议，苟且偷安，依然文恬武嬉，麻木不仁。谁主张师夷长技制炮造船则斥其"靡费"，谁主张翻译夷书、刺探夷事必说其"多事"。有的守旧官员甚至鼓吹以"闭关自守"作为"善后之策"。

日本作为一个资源较贫乏的岛国，危机意识比中国敏感强烈得多。早在19世纪初已有不少人为西方列强海上入侵与俄国势力南下威胁而感到忧虑，提出"海防论"与"北方危机论"。中国发生的鸦片战争更给日本敲响警钟，日

---

① 《筹办夷务始末（道光朝）》卷四七。

本幕府官员、诸侯大名、武士儒生纷纷提出要以此为"前车之鉴"。幕府执政的老中水野忠邦认为鸦片战争"虽为外国之事,但足为我国之戒"①。他们迫切要求了解世界形势和外国情况。因此,中国的《海国图志》《瀛环志略》等书传入日本后,被誉为"天下武夫必读之书"广泛流传。仅1854—1856年间,《海国图志》在日本被翻刻、训点和翻译的选本就达21种之多。相反,《海国图志》等书在中国却未受到统治者的重视,连日本人盐谷宕阴也为之叹惜:"呜呼,忠智之士,忧国著书,不为其君所用,反落他邦。吾不独为默深(即魏源)悲矣,亦为清帝悲之!"②

朝鲜在19世纪40—50年代也遭到西方英、法、俄、美等国军舰入侵,发生过一系列"洋扰"事件。朝鲜君臣也曾产生危机意识,有识之士惊呼:"此时外洋事不可不知也。"1844年李朝赴清使节从中国带回《海国图志》等书,士大夫争相阅读,并认为:"盖有志于御外者,不可少此文字矣!"③但一旦"洋扰"被击退,统治者又高枕无忧,不思进取了。

越南在鸦片战争时也产生了危机意识,阮朝明命帝下令收集有关外国情报,加固海防。但同时他又轻视西方列强,认为,"彼洋人纯用商贾之智,虽至用师,亦然可发一笑"。④

三、19世纪60—80年代的洋务意识和学习西方

19世纪60—80年代,东亚各国在西方武力威胁下先后实行被动开放和主动引进。对外意识的主流也从把西洋人当作蔑视与教化对象的华夷意识,转变为以西方列强为学习与交涉对象的洋务意识,但各国对洋务的理解和向西方学习的指导思想又有所差异。

中国虽从1842年鸦片战争失败就被迫开国,但直到1860年第二次鸦片战争,英法联军打进北京火烧圆明园,才彻底打破清朝统治者的天朝迷梦,承认遇到了"数千年来未有之强敌","实为数千年来未有之变局"。因此,必须

---

① 信夫清三郎:《日本政治史》第1卷,上海译文出版社1982年版,第166页。
② 盐谷宕阴:《翻刻海国图志序》,《宕阴存稿》卷四。
③ 许传:《海国图志跋》,《性斋集》卷一六。
④ 《大南实录》第二纪,卷二一七。

重新认识世界。鸦片战争后清朝官方文件仍称西洋人为"夷人"，处理外交为"夷务"。第二次鸦片战争中在西方列强的强烈抗议下，才不得不规定今后"夷人"均称"洋人"，"夷务"均称"洋务"。这不仅是个名称上的变化，也意味着对外意识的大转变。中外关系不再是天朝对夷狄，而是中国对列强的关系了。《北京条约》允许外国公使驻京，标志着西方列强开始干涉控制中国的内政外交。清政府设立了总理各国事务衙门作为管理一切对外事务的"洋务衙门"。中国洋务派官僚开始在"自强""求富"的口号下大办洋务，如购买洋枪洋炮，建立军事工业，兴办民用企业，建设海军，修建铁路，创办学校，派遣留学生等等。洋务意识实际上是一种向西方学习的主动引进意识。洋务运动是中国近代化的开端，符合历史发展潮流，但是它又受到两个方面的严重阻碍制约。一方面是中国封建顽固势力的反对破坏。他们攻击外国先进技术为"奇技淫巧"，制造轮船"形同虚耗"，开矿修路是"破坏风水"，兴办学校是"败坏人心"，留学外国是"以夷变夏"。导致津通铁路停建，同文馆招不到学生，第一任驻外公使郭嵩焘身败名裂，幼童留美半途而废。另一方面，中国洋务意识的指导思想是"中学为体，西学为用"这样一种价值体系。只能在封建纲常名教君主专制的"中体"不可变的前提下，学习引进西方军事、工业、科技、文教等"西用"，而且，要以"西用"维护和加强"中体"。这样就制约了学习西方向更深的政治、思想层次发展，影响了中国改革道路的方向选择。一些洋务思想家为减少学习西方的阻力，还宣传"西学中源论"，竟说西学实际上都来自中国古代圣人诸子的经典名著，如政治学说来自《周礼》、物理学来自《墨子》、化学来自《吕氏春秋》、法律来自《管子》等，因此，现在学习西学不过是"礼失求诸于野"，这是为满足华夷意识残余的自尊自大心理的自欺欺人之谈。

日本在1854年被美国培理舰队敲开锁国大门后，幕府与各藩就曾主动采取制造西式船炮、训练新式军队、培养洋学人才等洋务改革措施（"幕藩改革"）。1858年幕府老中堀田正睦深刻指出："中国拘泥于古法，日本应在未败前学到西洋之法。"[①]1868年明治维新，以天皇名义发布的《五条誓文》中提出要"求知识于世界"。1871年又派出大批高级官员组成岩仓使节团赴欧美

---

① 藤间生大：《近代东亚世界的形成》，日本春秋社1977年版，第69页。

考察一年零十个月。明确了"以西洋文明为目标"的发展方向，全面学习引进西方资本主义政治、经济、文化、教育制度，制定殖产兴业、文明开化、富国强兵三大政策。以1889年颁布《大日本帝国宪法》、1990年召开帝国议会为标志，基本上完成了向资本主义近代国家转型的过程。日本在向西方学习时也曾提过"东洋道德，西洋艺术""和魂洋才"等口号，虽然与中国洋务运动的"中体西用"都是在东方传统文化基础上吸收西方文化的模式，但是"中体西用"由于其保守性、排他性，最终成为中国近代化的包袱，而"和魂洋才"由于其灵活性、可容性，却成了促进日本近代化的动力。

朝鲜在1876年被日本强迫签订《江华条约》而宣告门户开放后也产生了洋务意识，其代表是开化派。而开化派内又分成两派，以金玉均为首的激进开化派主张仿效日本明治维新，速成变革国体，1881年组织62人大型"朝士考察团"，到日本考察政府机关和工厂企业。可是他们错误地估计形势，企图依靠日本势力推进改革，在1884年发动甲申政变，劫持国王、杀戮大臣，结果迅速遭到失败。另一派是以金弘集为代表的温和开化派，主张仿效中国洋务运动，以"东道西器""学器守道"为宗旨，缓进改革，并维持与中国的传统关系。1880年金弘集任修信使时曾从日本带回黄遵宪的《朝鲜策略》和郑观应的《易言》，并进呈国王。黄遵宪在《朝鲜策略》中建议朝鲜"亲中国，结日本，联美国"以防俄国，"图自强"[①]。高宗为此召集重臣商议，对朝鲜的对外意识和外交政策影响颇大。而《易言》也由政府出面，以"力破士大夫积习，开导浅薄的知识"为目的加以翻印和翻译出版。1881年朝鲜政府又派金允植率领38人赴中国考察。主要是到天津机械局学习武器制造方法，并招聘中国技术人员，在汉城三清洞设立机器厂。开化派的洋务意识和改革活动也遭到保守的儒生阶层的反对，他们提出"卫正斥邪论""倭洋一体论"，反对学习西方和日本，岭南地区儒生甚至为此而上"万人疏"。

---

① 金弘集：《修信使日记》卷三《朝鲜策略》，韩国国史编纂委员会1958年版。

四、19世纪90年代的竞争意识和三条道路

19世纪90年代东亚国际形势发生大动荡、大分化，中、日、朝三国都面临究竟走什么道路向何处去的方向选择，形成了激烈的竞争意识。由于种种内外因素的作用，东亚三国最终分道扬镳，走上三条不同的道路。

1894—1895年的甲午战争可以说是中日两国洋务改革竞争的结局，大清帝国竟败在"东夷小国"日本手下，被迫签订割地赔款的《马关条约》。这既使中国人感到奇耻大辱，又刺激了中华民族的觉醒。正如梁启超所言："吾国四千余年大梦之唤醒，实自甲午战败割台湾偿二百兆以后始也。"[①]同时它还引发了列强瓜分中国的狂潮。中国爱国进步的知识分子开始用竞争意识来观察中国与世界。康有为指出当今的世界处于列国竞争的时代，"图保自存之策，舍变法外，别无他图"[②]。严复翻译赫胥黎《天演论》，宣传"物竞天择""适者生存"的生物进化规律同样适用于人类社会，中华民族只有变法自强，才能立足于世界不被淘汰。康有为发起强学会，"鉴万国强盛弱亡之故，以求中国自强之学"[③]。以对外竞争意识激发变法图强和仿洋改制思想。他研究了日、俄、英、法、德、波兰、土耳其等国变法的历史经验教训，最后选择走日本明治维新和俄国彼得大帝改革的道路，指出："以俄大彼得之心为心法，以日本明治之政为政法。"[④]他还断言："我朝变法，但采鉴于日本，一切已足。"[⑤]殊不知中日国情条件不同，1898年处处仿效明治维新的戊戌维新却由于守旧势力远远超过维新势力以及其他种种原因而告失败，中国失去了19世纪最后一次主动变革选择独立自主发展方向的机会。1899年下层群众对帝国主义侵略的反抗怒潮汇合成义和团运动。义和团既有反帝爱国正义性，又带有浓厚盲目排外色彩，最后被八国联军残酷镇压。1901年签订的《辛丑条约》使

---

① 梁启超：《戊戌政变记》，《饮冰室合集》专集之一，中华书局1989年版，第1页。

② 康有为：《上清帝第五书》，《康有为政论集（上册）》，中华书局1981年版，第208页。

③ 康有为：《上海强学会章程》，《康有为政论集（上册）》，中华书局1981年版，第173页。

④ 同②。

⑤ 康有为：《日本变政考》跋，北京故宫博物院藏进呈本。

中国彻底陷入半殖民地深渊。

  日本在成功实现明治维新各项资本主义改革同时，也一步步走上军国主义道路。对外竞争意识使日本选择了"脱亚入欧"与西方列强共同宰割和争霸东亚的发展方向。早在江户时代末年，日本已出现"海外雄飞论"。吉田松阴就曾鼓吹："割取朝鲜、满洲，吞并中国，所失于俄美者，可取偿于朝鲜、满洲之地。"① 1868年明治天皇即位时发表的《御笔信》也公开宣布要"开拓万里波涛，布国威于四方"。随着对台湾、琉球、朝鲜的侵略行动，军国主义日益膨胀。尤其是1885年福泽谕吉提出《脱亚论》，鼓吹与西方列强"共进退"，一起侵略宰割中国、朝鲜，"不必因其为邻邦而稍有顾虑"②。1890年首相山县有朋在帝国议会上公然提出除了保卫国家主权线外还必须保卫领土外利益线的侵略理论。日本对外扩张的利益线不断前移，逐渐形成吞并朝鲜、侵占满蒙、征服中国、称霸亚洲的"大陆政策"。1895年通过发动甲午战争掠取中国两亿两白银赔款并割占台湾澎湖，一举成为亚洲暴发户。1900年参加八国联军侵华。1905年通过日俄战争夺取东亚霸权，1910年又吞并朝鲜，终于成为亚洲唯一的帝国主义强国。

  19世纪末列强在朝鲜半岛扩张势力激烈争夺，朝鲜各阶层各派别也以不同的对外意识和行动，提出自己的救国方案。首先东学党反映农民阶层的反侵略反封建要求，张贴排斥外国势力的榜文，主张"打破倭洋"。1894年全琫准领导的甲午农民战争，制定了包括"逐灭倭夷""尽灭权贵"内容的政纲，后来又提出"弊政改革方案"，但最后被政府军和日本军所镇压。一部分残余力量又参加封建儒生领导的义兵斗争，提出"尊王攘夷"口号，袭击被称为"倭郡守"的亲日地方政权。中日甲午战争期间，开化派在日本支持下，曾先后进行了1894年的"甲午更张"和1895年的"乙未改革"。但由于他们在日本操纵下发动"乙未事变"，监禁国王，杀害闵妃，而失去人心。国王逃入俄国使馆，建立亲俄政权。在部分官吏儒生和独立协会建议下，1897年改国号为大韩帝国，国王改称皇帝，企图以此提高朝鲜国际地位和确保国家独立。以资产阶级知识分子为主的独立协会还要求保护国权，收回利权和伸张民权，并开展设

---

  ① 吉田松阴：《幽囚录》，《日本思想大系》54，日本岩波书店1978年版，第193页。
  ② 福泽谕吉：《脱亚论》，《福泽谕吉全集》第10卷，岩波书店1960年版，第238—240页。

立议会运动，结果被保守势力镇压。1899年政府颁布《大韩国国体》，进一步加强了专制皇权，不但不能维护独立主权，反而进一步沦为日本殖民地。1904年日本通过《韩日议定书》和《韩日协约》开始把韩国"保护国化"，1905年签订的《乙巳保护条约》剥夺了韩国的外交权，1906年在汉城设立日本统监府，1910年签订《日韩合并条约》，从而使韩国完全沦为日本殖民地。

就这样，到20世纪初，东亚三国已走上三条不同道路：日本成了帝国主义国家，中国在半殖民地道路上苦苦挣扎，而朝鲜则沦为日本的殖民地。

五、历史给予我们什么启示

通过分析比较19世纪东亚各国的对外意识的历史，我个人有以下几点体会和认识：

1. 一个不了解世界形势闭关自守的国家是无法走向近代化的，认清世界大势和历史潮流是正确选择发展方向的出发点。

2. 必须克服对外自大和自卑意识，树立对外平等、独立、竞争的意识，不断革新进步，奋发图强，才能把握发展方向，使本国自立于世界民族之林。

3. 盲目排外和盲目崇洋或者全盘照搬外国发展模式，都是不可取的。应该从本国国情出发，顺应世界潮流，借鉴外国经验，继承发扬本国优秀传统，学习吸收外国先进成果，才能找到正确发展方向。

4. 依赖投靠外国势力进行改革不可能取得真正的独立和进步，而侵略压迫别国的国家也不可能获得真正的自由和富强。只有和平共处，平等互利，加强交流合作，谋求共同发展，才是21世纪东亚国际关系的唯一正确方向。

（原载于《光明日报》2000年4月7日）

19世纪下半叶中、日、泰三国改革与现代化比较研究

一、比较的动机

20世纪末，亚洲太平洋地区已成为全世界经济增长最快、最有发展潜力和希望的地区，因此有的学者甚至预言21世纪将是"亚洲太平洋世纪"。地处东北亚的日本、东亚的中国和东南亚的泰国，是亚太地区的三个重要国家。日本早已成为世界经济大国；中国近十几年来经济高速增长，改革开放形势很好；泰国经济也在崛起，有可能成为亚洲"新的小龙"。为世人瞩目的中、日、泰三国今天的成就是在历史发展的基础上取得的，因此深入研究比较各国近现代史和现代化进程，总结分析历史的经验教训，是十分有意义的。

以往的研究一般只是探讨一国或比较两国的历史，而本文为什么要把19世纪下半叶中国、日本、泰国三个国家的改革和现代化进程放在一起进行比较研究呢？这是因为它们之间有着许多可比性和联系性。

首先，当我们回顾一百多年前的亚太地区时，可以发现在西方殖民狂潮的冲击下，许多亚洲太平洋国家纷纷沦为列强直接统治的殖民地。至20世纪初，东北亚唯有日本，东亚仅有中国，东南亚只剩泰国，还保持着独立国或名义上独立国的地位。这与三国近代改革与现代化进程有着密切关系，值得研究。

其次，19世纪下半叶，中日泰三国都曾发生长达几十年的改革，而且都是君主制国家政权自上而下进行的。如中国的洋务运动与戊戌变法，日本的幕藩改革和明治维新，泰国的拉玛四世及拉玛五世的改革。19世纪末中日泰实行改革的三位著名君主都是同时代人，即位与去世的时间仅差几年。

如日本明治天皇是1867—1912年在位，泰国朱拉隆功六帝（即拉玛五世）是1868—1910年在位，而中国光绪皇帝则是1875—1908年在位。三个国家改革的背景、契机、目标相似，然而改革的内容、深度和成效却大不一样。因此，对近代中日泰三国改革的各种相似点和差异点，改革的成败得失，应该作深入的比较研究。

再次，19世纪下半叶，中日泰三国的改革是与早期现代化进程同步的。改革是现代化的先导和动力，而现代化又是改革的重要内容和目标。因此，可以把改革与现代化联系起来研究，尤其有必要对改革和现代化的各种要素、层面，以及它们之间的互相作用与制约关系，进行具体的剖析研究。这对于三国现实的改革和现代化，也会提供不少有益的历史借鉴与启示。

最后，19世纪下半叶中日泰三国改革之间有着多方面的联系和影响。从三国受到西方冲击形成改革契机起就有密切关联，而在各国改革进程中又有互相影响以至示范作用。笔者在查阅中国晚清改革史料时，发现当时的中国人多次把日本与泰国（1939年以前和1946—1949年期间称为暹罗）的改革相提并论。如清朝驻英法公使薛福成认为："今亚洲各国仿效西法者，东洋则有日本，南洋则有暹罗。"[1]北京大学图书馆珍藏的稿本《盛伯羲杂记》中也介绍了泰国国王朱拉隆功学习西方改革的情况并指出泰国将"接日本而起"。[2]可见当时中国改革派人士对日本及泰国仿效西方改革经验的重视。

基于以上原因，所以笔者选择了19世纪下半叶中日泰三国改革与现代化进程进行比较研究。这个课题涉及面很广，本文试图着重探讨以下几方面的问题及其历史经验，即改革的契机与现代化的启动，改革的深度与现代化的进展，改革的领导与现代化的成效，改革的阻力与现代化的延误。由于篇幅关系，只能对每个问题作简要的论述。

在这个课题的研究过程中，笔者曾应邀赴日本庆应大学地域研究中心、日本东京大学社会科学研究所、泰国法政大学东亚研究所进行访问研究，得到上述三个研究所的支持帮助，收集了不少资料，并与一些日本、泰国学者进行了学术交流、增进了友谊，谨在此表示衷心的感谢！

---

① 薛福成：《出使英法义比四国日记》，岳麓书社1985年版，第233页。
② 盛昱：《盛伯羲杂记》稿本，北京大学图书馆藏书。

二、改革的契机和现代化的启动

对于现代化的概念，历史学家、政治学家、经济学家和社会学家有着各种不同的解释，本文拟从历史学的角度，将现代化界定为人类社会从传统农业社会向现代工业社会转变的整个历史过程。现代化启动的条件和顺序在西方国家原发型现代化与东方国家后发型现代化之间有很大差别。西方原发型现代化的启动一般是由内部资本主义因素增长和海外市场的开辟引发的。其启动顺序往往是以自下而上的商业革命和工业革命为先导，推动政治改革和经济变革。而东方后发型现代化则一般是在外来势力冲击压迫造成的民族危机和社会危机的刺激下启动的，其顺序常常是以统治阶级自上而下的政治改革为先导，推动经济变革和技术更新。

下面让我们来看19世纪中叶中日泰三国在西方冲击下出现改革的契机和现代化启动过程中的互相联系、影响和差异。

1840年英国发动了侵略中国的鸦片战争，1842年强迫清政府签订《南京条约》。1856年英法联军又发动第二次鸦片战争，迫使清政府签订《天津条约》（1858）和《北京条约》（1860）。中国终于在西方冲击下被迫开放并面临严重的民族危机。

西方列强把侵略中国的两次鸦片战争作为威胁要挟日本和泰国开国的口实，并以强迫清政府签订的一系列不平等条约作为缔约的蓝本。1844年荷兰国王威廉二世给日本国王的亲笔信，就是以鸦片战争为由，敦促日本开国。1854年美国培理舰队从香港启航驶入江户湾，以《中美望厦条约》为蓝本，迫使日本幕府缔结《日美神奈川条约》，敲开了日本锁国大门。1855年，原美国驻中国宁波领事哈理斯（Harris）调任驻日本首任总领事。1858年，他用中国第二次鸦片战争的消息胁迫日本订立《日美修好通商条约》。接着，英、法、俄等国也与日本缔结以《天津条约》为蓝本的通商条约（通称"安政五国条约"）。值得注意的是列强与日本签约的代表，正是刚在中国签完《天津条约》的英国特使额尔金（Elgin）、法国特使葛罗（Gros）和俄国特使普提雅廷（Putiatine）。

1855年，英国驻华公使兼香港总督鲍林（Bowring）率英国使团来到暹罗（泰国）。护送他的是参加过鸦片战争的英国军舰格雷欣号。鲍林迫使暹罗政府签订《英暹条约》（又称"鲍林条约"），取得种种特权。接着，美国驻日总领事哈理斯也来到曼谷，于1856年签订《美暹条约》。然后，法国驻上海领事蒙蒂尼（Montigny）也到曼谷迫签《法暹条约》。不久，蒙蒂尼转任法国驻暹罗代办，后来又调任驻中国上海和广州的总领事。

从上述史实可以看到，19世纪中叶中日泰三国都遭到西方列强侵略冲击，外敌相同。有的西方殖民者如哈理斯、鲍林、蒙蒂尼等在对中日泰三国或两国的交涉中都扮演了重要角色。三国处境也相似，都被迫签订了包括治外法权、协定关税、最惠国待遇等条款的不平等条约，丧失了大量主权。但是也正是这种外来压力和民族危机刺激了三国统治者的改革意识，成为三国改革起步和现代化启动的契机。

然而，中日泰三国统治集团在对西方冲击的反应与改革的主动性上却有不同。鸦片战争虽然使中国一些爱国开明的士大夫如林则徐、魏源等开始睁开眼睛看世界，主张"师夷之长技以制夷"。可是作为最高统治者的清朝皇帝和权贵们却没有从失败中吸取教训，一味迷信和议，苟且偷安。不去认真了解世界大势，寻求革新御敌之策。反而斥责学习西方技术制造船炮为"靡费"，翻译西书了解外国是"多事"。以至中国从1840年到1860年白白丧失了20年改革时机。直到1860年英法联军打进北京焚烧圆明园，而太平天国农民起义又席卷江南占领南京。内外交困下的清朝统治集团才如大梦初醒，惊呼"几千年未有之变局"，为了挽救统治危机不得不开始一场以学习西方军事技术为中心的洋务运动（又称"自强运动""同光新政"），成为中国近代第一次改革的契机和中国现代化进程启动的先导。

中国鸦片战争的炮声给日本敲响了警钟，日本统治阶级立即产生了紧迫的危机感，忧虑"何时波及日本"？有识之士还进一步分析总结中国鸦片战争失败的原因，认识到日本要避免重蹈覆辙，就必须学习西法实行改革。1858年幕府老中堀田正睦明确指出："中国拘泥于古法，日本应在未败前学到西洋之法。"①因此，19世纪五六十年代，从幕府到各藩纷纷主动进行改革，如制造

---

① 藤间生大：《近代东亚世界的形成》，日本春秋社1977年版，第60页。

西式船炮、训练新式军队、培养西学人才等。中国改革思想家魏源关于世界地理和海防的名著《海国图志》在国内未被统治者重视，在日本却广泛流行，出版了20多种选本，被誉为"天下武夫必读之书"[1]。日本维新志士吸取中国鸦片战争和太平天国农民起义的教训，发动倒幕维新，推翻幕府旧政权，实现明治维新全面改革。比较起来，日本统治阶级的危机意识比中国统治者更强烈。维新领导集团抓住了启动改革与现代化的机遇，从而掌握了决定本民族前途命运的主动权。

泰国国王拉玛四世蒙固王1851年即位后，看到中国遭到西方侵略，日本被迫开国，邻国缅甸、越南也遭英法入侵，产生了强烈的危机感。他认为只有学习西方进行改革才能维护民族的生存，因此采取了开放和开明的政策，主动推行一系列社会改革措施。他的儿子拉玛五世朱拉隆功王1868年继位后，也意识到为了保持泰国的独立，免遭缅甸等邻邦沦为殖民地的命运，"就要动手改革"。克服民族危机成为泰国拉玛四世、五世父子推行改革和启动泰国现代化进程的契机和重要动力。

中日泰三国都是西方列强侵略冲击的对象，但压力大小程度不同。地大物博的中国是西方列强向东方扩张的主要目标和争夺的重点。列强对中国发动了一次次大规模侵略战争，并力图扼杀中国争取民族独立富强的努力。相对而言，在西方列强眼里，日本还不是向亚洲扩张的重点，加上受到列强之间矛盾以及亚洲民族解放运动的牵制，尚未对日本"大动干戈"，使日本维新获得较为有利的国际环境。地处东南亚的泰国虽然也是西方列强觊觎的对象，但它正好处于英法两大殖民势力之间的缓冲地带，以至可以利用英法矛盾，勉强保持独立国地位。

总之，19世纪中叶，中日泰三国都处在西方冲击之下，严重的民族危机成为三国统治者发动改革的契机，改革又成为三国现代化启动的先导，可以说当时的起步基本上是在同一起跑线上，都还具有选择自己命运道路的机会和可能。但是，由于开国的时间、方式和外来压力大小的不同，特别是三国统治者对世界形势的认识、危机意识和改革主动性自觉性的差别，决定了中日泰三国的改革与现代化从一启动就产生了差异。

---

[1] 南洋梯谦：《海国图志筹海篇译解》，再思堂1855年版，序。

三、改革的深度和现代化的进展

近代东方国家的后发型现代化进程启动后，一般的规律都是采取仿效西方革新变法的基本模式。在学习西方推进改革和现代化的层次上，往往是由器物层面到制度层面，再深入到精神层面，而这三个层面又是互相关联和制约的。19世纪下半叶，中国、日本、泰国的统治集团，以西方冲击引起的民族危机为契机，以学习西方救亡图存富国强兵为目标，展开了一场他们自己并未意识到的改革与现代化的竞赛。然而，由于各国改革的具体动机目的和指导思想、政策策略的差异，三国改革的深度、力度及现代化进展的速度大不相同。

中国清王朝统治集团是在西方侵略和农民起义的双重打击下开始洋务运动的。在他们心目中维持封建统治首先要对付农民起义。恭亲王奕䜣明确指出农民起义是“心腹之害”，而西方侵略只是“肘腋之忧”“肢体之患”[①]。所以洋务改革的第一项措施便是采用西法练兵和购买制造枪炮。洋务派最初办的军事工业如1861年曾国藩建的安庆内军械所和1862年李鸿章设的上海洋炮局都是为镇压太平军制造洋枪洋炮。直到大规模农民起义被镇压下去后，加强海防、抵御外侮才上升到主要地位。洋务派陆续开办了江南制造总局、福州船政局等大型军事工业，并创建近代海军。由于军事工业和办海军需要大量经费，又需要原料燃料供应和交通运输配合，才把创办民用工业提到日程上来，建立了开平矿务局、上海机器织布局、轮船招商局、汉阳铁厂等一批民用工业。洋务改革的中心始终是在学习西方的器物层面上，某些行政和教育方面的改革也是十分被动的。如为了应付对外交涉的需要，1861年设立了总理各国事务衙门。为了外交翻译和军事工业技术等方面人才需要，创办了京师同文馆、上海广方言馆等外语学校和福州船政学堂等专门学校。1872年开始派幼童赴美国留学，然后又派学生赴欧洲学习军事和工程技术。

以上这些改革措施毕竟是中国国防、工业、教育现代化的肇始，但由于领导改革的洋务派集团动机和目标的狭隘，缺乏长远全盘规划，改革措施被动

---

① 奕䜣等：统计全局折，《筹办夷务始末（咸丰朝）》卷七十一，中华书局1979年版。

零碎。特别是"中体西用"的指导思想，严重影响了改革的深度和力度。所谓中体西用即以学习西方科学技术之"用"，维护中国封建制度伦理道德之"体"。这种思想虽然在洋务改革之初曾起过打开缺口减少阻力的作用，但又成为改革继续深入的障碍。洋务派首领李鸿章1876年1月会见日本驻华公使森有礼时，断然表示中国决不会进行像日本那样的制度及服装礼俗的变革，"只是军器、铁路、电话及其他器械是必要之物和西方最长之处，才不得不采之外国"①。洋务派坚持拒绝制度层面尤其政治体制的改革，使洋务改革始终停留在器物低层次，严重制约和阻碍了改革深化和现代化进展。1895年甲午战争中国败于日本，标志了洋务运动和中日现代化第一阶段竞赛的失败。中国维新派迫切要求仿效西方和日本，进行制度层面的改革。维新派首领康有为提出"不妨以强敌为师资"②的口号，并向光绪皇帝进呈《日本变政考》一书，总结日本明治维新经验，作为中国变法指南，认为只要仿行日本模式改革，"一切已足"。光绪皇帝接受维新派建议于1898年6月下诏变法，首先从官制改革裁撤冗官闲衙入手，还有设农工商总局，废八股改科举，采用西洋兵制等一系列政治、经济、军事、文化改革措施，使改革深入到制度层面。可惜由于新旧势力对比过于悬殊，戊戌维新如昙花一现仅103天就被西太后为首的顽固派推翻了。在更加险恶的国内外形势下，中国已经基本上丧失了选择现代化道路的自主权。

日本19世纪五六十年代幕府和各藩的改革，重点也是器物层面，如学习西方科学技术制造船炮练兵等。而1868年明治维新以后，就开始在各层面全面改革。1868年4月6日明治天皇率公卿诸侯祭祀天地神祇，宣读作为明治政府纲领包括"广兴会议，万机决于公论"，"破旧来之陋习"，"求知识于世界"等内容的五条誓文，并宣布将实行日本"未曾有之变革"。③明治政府首先从官制改革下手实行太政官制度，以后又陆续实行废藩置县，取消封建俸禄、地税改革等。1878年以后更大力推行殖产兴业、文明开化、富国强兵三大政策。其指导思想是全面向西方学习，"脱亚入欧"，把日本建设成一个能与欧美列强并驾齐驱的资本主义现代化国家。由于有了这个积极长远的目标，明治维新

① 木村匡：《森先生传》，日本金港堂1909年版，第102页。
② 康有为：《日本变政考》，北京故宫博物院藏进呈本，序。
③ 伊文成、马家骏主编：《明治维新史》，辽宁教育出版社1987年版，第355—356页。

改革和现代化进程在各个层面、各种领域全面展开，逐步深入，1889年颁布宪法，1890年召开国会，1894年订立《日英改正通商航海条约》，废除治外法权等不平等条款，1897年实行货币金本位制度等，基本上实现了向资本主义现代化国家的转变。

泰国统治者改革的动机和目的主要是为了应付外来的威胁，保持国家的独立。他们意识到泰国如果想要避免像邻国缅甸、越南那样沦为西方殖民地，就必须主动在社会习俗、行政、经济等方面实行改革，"按照流行的欧洲观念把本国治理好"，使泰国文明起来，以顺应世界的潮流。这种指导思想可称之为"文明自保"。拉玛五世朱拉隆功曾指出："目前我们所面临的最大困难就是保卫我们的领土"，"今天在我们左边有英国，右边有法国，我们无法如以往一样再过孤立的生活"。他认为"要保卫我们的国家，可以采取的三种方法是"："友好外交关系，国防力量的维持以及有条理的行政。"[①]拉玛四世的改革从社会生活和教育礼仪等方面着手，如废除在国王面前必须跪行、国王出游百姓必须回避等旧习，允许百姓到王宫击鼓鸣冤。另外在军事上仿西法编练军队，建立近代步兵团、炮兵团。在经济上创办皇家造币厂、造船厂等。更重要的是对传统萨卡迪纳制度的改革，逐步用雇佣工人承担公共建设工程来代替无偿的强迫性徭役。同时颁布法律限制奴隶买卖，允许奴隶赎身等。改革已经深入到制度层次。拉玛五世朱拉隆功1873年亲政以后进一步加强改革力度，逐步废除奴隶制和各种封建依附关系。如1874年下令凡1868年10月1日以后出生的奴隶到21岁时便可获得自由。1898年又颁布新敕令取消农民对封建主的依附关系。他还实行行政制度的改革，如废除封爵授田的萨卡迪纳制度，改为官员薪俸制，在中央设部，在地方派专员。对立法司法制度也进行改革，1892年设立司法部，在日本法律顾问政尾藤吉等的帮助下，制定了民法、刑法、银行法等各种法律。在经济方面推行税制改革，以人头税代替徭役，取消包税制，建立中央金库统一税收。在军事改革方面，1887年设立陆军部，建立起一支初具规模的现代化常备军。在教育改革方面，改变过去传统的寺院教育方式，1872年建立泰国第一所世俗学校。1892年设立宗教事务和国民教育部，陆续开办各种专门学校和平民学校。可见泰国拉玛四世和五世国王的改革已经深入到制度

---

① 泰国内务部：《内务部60周年纪念文集》，曼谷，1952年版，第146—148页。

和各个领域，改革的深度广度超过中国洋务运动。通过改革维护了泰国的独立和统一，推动了泰国的现代化进程。但是，也应看到，朱拉隆功认为改革仅是统治者的事情，实行政治制度改革是为了加强中央集权和君主统治。因此当1886年11位受过西方教育的贵族官员向他提出一份60页的请愿书，其中要求在泰国进行国家政治体制改革，即制定宪法，召开议会，设立责任内阁时，遭到了拒绝。拉玛五世不想推行更深刻的立宪改革和政治民主化，同时也不够注意发展工商业。直到19世纪末，泰国的经济、科技、教育发展水平还比较低，这些因素都制约了泰国改革的深入和现代化的进展。

四、改革的领导和现代化的成效

国家权力是推动社会变革的历史杠杆。革新力量必须掌握和运用国家权力除旧布新，才能为现代化创造必要条件。尤其在东方国家，由于长期君主专制统治，国民文化教育水平低，参政意识薄弱。因此改革势力是否掌握国家权力，改革领导集团的素质以及君主对待改革的态度，对于改革与现代化的成效，起着举足轻重的作用。

下面我们可以比较一下19世纪下半叶中日泰三国改革领导势力的组成结构、能力素质及其是否掌握国家权力。

中国洋务运动的领导势力洋务派，主要是一批在镇压太平天国农民起义中起家受重用的汉族地方官僚军阀，如湘军统帅曾国藩、淮军统帅李鸿章等。他们虽然官居总督巡抚，握有地方军政实权，但并不处于国家权力中心。因此他们的改革处处都要受到掌握国家统治实权的西太后及其周围一批守旧派亲贵大臣的制约和阻挠，举步维艰。这些洋务派领袖人物深受传统儒家思想尤其宋明理学的影响，一般没出过国，缺乏西方知识和世界眼光。而且年龄偏大，洋务运动开始时曾国藩、左宗棠已50多岁，李鸿章也已40多岁，为保官位处事谨慎、圆滑，不敢得罪西太后，改革难有成效。戊戌维新的领导势力是光绪皇帝、帝党官僚和维新派知识分子。光绪虽是皇帝，但四岁继位，一直由西太后垂帘听政，并无实权。他所依靠的帝党官员也大多是翰林、进士之流文学之士，也无军政实权。而维新派领袖康有为、梁启超、谭嗣同等是一批年轻知识分子，热情有余，政治经验不足，缺乏谋略。辅佐光绪百日维新时急于求成策略失误。在西太后为首的保守势力反扑之下变法失败，改革流产。

日本明治维新领导势力以明治天皇为首，维新派中下级武士为核心。他们推翻了幕府旧政权，成为新的天皇制明治国家的权力中心。这是一个了解国情和世界形势，富于政治斗争经验，年轻有朝气，勇于进取的改革领导集团。明治天皇登基时仅16岁，实权在一批西南强藩改革派中下级武士手中。他们大多在维新前就受过西学影响，有的如伊藤博文、井上馨等还曾赴英国留学。维新后不久的1871年，明治政府核心人物岩仓具视、木户孝允、大久保利通、伊藤博文等就组织大型使节团出访欧美12国，精心考察西方制度，确定日本改革的目标和步骤。当时他们大多只有三四十岁。他们还请著名学者西村茂树、加藤弘之等为明治天皇讲授西方政治、历史、法律知识，使明治天皇逐渐成长为能顺应世界形势领导改革的君主。日本改革领导集团注意策略，使改革稳步推进，并利用国家权力和天皇权威，镇压西南士族叛乱，排除阻碍改革的保守势力，保证了改革和现代化进程的顺利进行。

泰国改革领导势力是国王为首的王族改革派。他们大多受过西方文化教育或影响。拉玛四世曾向英美传教士和医生了解西方知识，还特地聘请英国女教师安娜（Anna）到宫廷中向王族子弟讲授英语和近代科学文化知识。拉玛五世朱拉隆功从小就随英国女教师安娜和美国传教士钱德拉（Chandler）学习英语和西方文化。1868年朱拉隆功15岁登基后由摄政王素里雅旺掌权。1871年18岁时两次出访英国殖民地新加坡、马来亚、缅甸、印度和荷兰殖民地爪哇（印度尼西亚）等国，大开眼界，回国后即提倡改革旧俗。1873年朱拉隆功亲政以后，就开始实行改革和逐步夺回国家权力。到80年代摄政王、副王等旧臣相继去世后，他真正掌握了国家权力中心，并依靠由王室成员为主的青年暹罗集团作为改革领导力量。他还派自己的弟弟和儿子出国考察、留学，回国后委以重任，领导改革。如1887年派王弟外交部长德旺萨亲王赴英考察，回国提出改革计划。1891年派王弟丹隆亲王出国考察，归国后任命其为内政部长，主持全面改革。王子契腊留学回来则担任国防部长，领导军事改革。1892年建立的内阁，12个部长中有9个是国王的弟弟。朱拉隆功本人于1897年至1907年间又先后两次出访欧洲，考察西方政治。由于泰国改革的领导者朱拉隆功国王具有较广博的知识和开阔的眼界，又掌握国家权力，拥有很高威望，并有一批受过西方教育身居要职的王室成员作为改革的中坚力量，使泰国的改革和现代化进程取得了一定的成效。

五、改革的阻力和现代化的延误

改革和现代化涉及社会体制、结构和观念等的转换，触及社会集团权力、利益的再分配，因此旧秩序的代表总要千方百计地反对改革。改革和现代化的进程绝不可能一帆风顺，必然会遇到阻力，充满了斗争和曲折。下面简单分析一下19世纪下半叶中日泰三国改革的阻力和新旧势力的斗争。

中国的洋务运动中，几乎每一项改革措施都会遭到封建顽固势力的反对和传统思想观念的阻挠。如1866年同文馆天文算学馆招生时，顽固派就制造流言蜚语蛊惑人心，宣称"外国奇技淫巧不必学"，致使报考者寥寥无几。1872年顽固派又攻击洋务派造船是"名为远谋，实为虚耗"。1880年顽固派还诋毁洋务派修建铁路计划是"资敌""扰民""夺民生计"，甚至危言耸听，声称火车会惊动山川之神、祖宗之灵，招来灾难。以致中国丧失了在80年代自建铁路的大好时机。留美幼童被接任留学生监督的顽固派官员吴嘉善等诬为"适异忘本，目无师资"，"以夷变夏"，结果于1881年全部撤回，半途而废。曾任驻英公使的洋务派官员郭嵩焘因主张学习西方而被顽固派弹劾去职，连出使日记也被毁版。洋务改革在强大阻力下难见成效。至于1898年戊戌维新深入到制度层面，更引起旧制度旧秩序卫道士们的反对。如因官制改革、军制改革被裁汰的大小官吏、绿营军官与变法势不两立。废除八股又使大批以科举为升官发财之途的八股士人群起攻之。守旧地主官员对光绪皇帝的改革命令阳奉阴违拖延搪塞，甚至"从未办过"，"无一字复奏"。有的顽固派还制造政治谣言煽风点火，说康有为要"尽废京师六部九卿衙门"，光绪皇帝吃了外国人迷药等。湖南绅士曾廉甚至上书请杀康梁。反对改革的守旧势力以掌握最高权力的西太后为首，包括控制中央和地方军政实权的大贵族、大官僚，以及因改革措施触及其切身利益而反对变法的各级衙门官吏、绿营军官、旗人、八股士人等等，形成庞大的守旧阵营。他们掌握政权、军权、财权，富有政治经验，擅长阴谋诡计，全力以赴扼杀戊戌维新，终于使19世纪下半叶的中国改革受挫，现代化遭到延误。

日本明治维新阻力较小，当时以幕府为中心的守旧势力已经十分脆弱，统治摇摇欲坠。而维新势力以下级武士为核心，抬出天皇为旗帜，与反幕强藩相结合，既有基地，又有军队，还得到商人、市民、农民的大力支持，通过武装斗争，一举推翻幕府旧政权。维新后仍有阻力，如西乡隆盛代表保守派武士反对改革甚至发动武装叛乱。改革派利用国家权力毫不留情加以武装镇压，通过1877年西南战争平息了士族叛乱。但封建旧思想观念仍很顽固，1877年以元田永孚为首的保守派攻击学制改革是"破品德，伤风俗"，迫使改革带上更多封建残余色彩。尤其是军国主义在日本日益恶性膨胀，发展到悍然发动对中国和亚洲国家的侵略战争，最后付出沉重代价，导致民族悲剧，使现代化进程受到挫折。

泰国改革也是有阻力的。旧秩序的代表是享有特权的摄政王集团和副王集团。拉玛五世朱拉隆功1868年继位时因年幼由汶纳家族的素里雅旺摄政。正如朱拉隆功回忆所说，当时他就像一个"傀儡国王一样，里里外外，都有敌人包围我"[①]。1873年亲政后有一段时间实权仍在摄政王手里，六个部中有三个部控制在汶纳家族手中。摄政王虽然并不正面反对改革，但限制改革必须符合他的利益。作为王位当然继承人的副王威猜差的势力也很大，甚至拥有大大超过国王卫队人数的副王卫队。副王因朱拉隆功的改革触及本集团的既得利益，公开发难反抗。1874年底到1875年初发生了"前宫事件"，国王的军队与副王的军队发生了武装冲突。朱拉隆功在青年暹罗贵族集团支持下战胜了副王，威猜差躲入英国使馆。但在旧势力的威胁抵制下，朱拉隆功不得不暂时停止改革，十多年内未实行重大改革措施。直到80年代末副王、摄政王和几位守旧大臣相继去世后，消除了阻力，才大刀阔斧地推行改革。但是泰国政治、经济和文化教育的落后，仍在很大程度上制约了朱拉隆功的改革。改革尚未在政治民主化、经济工业化和文化教育世俗化等方面跨出有决定意义的步伐，导致现代化进程的缓慢。

从以上对19世纪下半叶中日泰三国改革与现代化的简要比较研究中，我们可以得出几点有意义的历史经验。

第一，在外力冲击挑战下，要善于把压力变成动力。认清世界大势，顺应时代潮流，抓住机遇，把握历史选择的主动权，克服各种各样的阻力，坚持

---

① 贺圣达：《泰国传统社会与朱拉隆功改革的局限性》，《东南亚》1988年第3—4期。

改革与开放，这是维护国家独立和实现现代化的重要前提。

第二，应该选择适合本国国情的改革蓝图和现代化模式，确定全面的社会改革目标，并不断调整、深化、推进改革进程，这是进行改革和现代化的基本要求。

第三，强有力的统一的国家政权，开明能干的领导集团，坚定灵活的政策策略，稳定和平的国内国际环境，是实现改革和现代化的重要保证。

（原载于《北大史学》第3辑，北京大学出版社1996年版）

中国太平天国农民革命与韩国东学农民革命比较研究

19世纪下半叶，在东亚地区曾经发生过两次大规模的农民革命，这就是中国的太平天国农民革命和韩国的东学农民革命。中韩两国的学者已经分别对本国的农民革命进行了大量具体深入的研究，取得了丰硕的成果。

太平天国农民革命研究是中国近代历史研究中成果最多、争论最热烈的领域之一。据不完全统计，在中国出版的关于太平天国史研究的著作有一百多种，论文有数千篇。中国学者代表性的著作，如罗尔纲著《太平天国史》，共4册88卷，150多万字；茅家琦主编《太平天国通史》，共3册，130多万字；香港简又文著《太平天国全史》与《太平天国典制通考》，共6册，300万字等。研究的问题涉及太平天国革命的性质，政权的性质，起义的原因、时间，革命的各种纲领、制度、政策、宗教、思想、文化艺术、军事战略战术、失败原因、历史意义，以及各种历史事件、历次战役、各种各样历史人物的分析评价问题等，并举行过许多次太平天国史的学术讨论会。

韩国学者关于东学农民革命研究的成果也很多，代表性的著作如卢泰久的《东学革命研究》；韩国历史研究会编《1894年农民战争研究》，共5卷；李观熙的《东学革命史论》等，还有许多研究论文。[①]

但是，迄今为止，把中国太平天国农民革命与韩国东学农民革命两者加以比较的研究还很少见。在中国尚未见到这方面的研究论文，在韩国仅见卢泰久《中国太平天国的民族主义政治思想——与东学革命比较》、姜永汉《作为

[①] 中国学者研究太平天国史的代表性著作如罗尔纲：《太平天国史》，中华书局1991年版；茅家琦主编：《太平天国通史》，南京大学出版社1991年版；简又文：《太平天国全史》、《太平天国典制通考》，香港猛进书屋1962年、1958年版等。韩国学者关于东学农民革命研究的代表性著作如卢泰久：《东学革命研究》，白山学堂1981年版；韩国历史研究会编：《1894年农民战争研究》，历史批评社1993—1995年版；李观熙：《东学革命史论》，大光书林1998年版等。

新宗教拜上帝教和东学的比较》等文。[①]

　　笔者在中国北京大学历史系从事中国近代史和中外关系史的教学和研究多年，也曾在韩国高丽大学东洋史系讲学。对中国和韩国近代历史的进程和比较都有兴趣，并曾在北京大学历史系指导韩国留学生进行过这方面的研究和撰写学位论文。因此本文试图运用比较研究的方法，从几个不同的角度，着重对中国太平天国农民革命与韩国东学农民革命的相似点和不同点，进行初步的考察分析和比较。

一、太平天国农民革命与东学农民革命的相似点

（一）从其历史地位角度考察，都是本国近代历史上规模最大的农民革命

　　中国和韩国原来都是农业国，农民占人口的大多数，农民问题是两国的重要社会问题。在中韩两国古代和近代的历史上，曾经发生过大大小小许多次农民起义，然而太平天国农民革命和东学农民革命则是中韩两国近代史上规模最大而且影响最大的农民起义。

　　中国太平天国农民革命从1851年金田起义到1864年天京失陷，前后持续了14年。太平军战斗过的省份共计18省，占领过的城镇包括当时中国江南最大的城市南京在内达600多个。太平天国号称"百万大军"（实际上至少也有几十万），战争中消灭了清朝政府军和地方武装有几十万。太平天国建立了与清王朝对峙的农民国家中央政权和各级地方政权。颁布了农民革命纲领《天朝田亩制度》和中国第一个近代化改革方案《资政新篇》，实行了圣库制度、乡官制度等一系列制度政策。因此太平天国无论是规模之大、水平之高、影响之深，都达到了中国农民革命的高峰，而且也成为东亚甚至世界历史上规模最大的一次农民革命。

　　韩国的东学农民革命规模也很大，从1894年1月古阜民乱开始到11月全琫

---

　　① 对中国太平天国农民革命与韩国东学农民革命进行比较的研究论文在中国尚未见到，在韩国仅见卢泰久：《中国太平天国的民族主义政治思想——与东学革命比较》，《国际政治论丛》1996年第36辑；姜永汉：《作为新宗教拜上帝教和东学的比较》，《韩国社会学》1997年第31期。笔者在北京大学历史系曾指导韩国留学生卢在轼进行过这方面的研究并撰写硕士学位论文。

准被捕失败，前后历时10个多月。起义以全罗道为中心，几乎波及全国。两度崛起的东学农民军人数达10万余人。农民军曾占领朝鲜南部重镇全罗道的首府全州，并在全罗道53个郡中建立地方自治机构执纲所，提出了有12条内容的"弊政改革方案"。东学农民革命基本失败后，一部分余部还加入了抗日义兵斗争和英学党起义。因此，东学农民革命在韩国近代史上，就其规模、影响和水平来说，也是前所未有的。

（二）从其原因和性质角度考察，都是在外国势力入侵造成严重社会危机的原因下爆发的反封建反侵略性质农民革命

中韩两国历来的农民起义都是由于本国封建地主官僚的剥削压迫引起的，即所谓"官逼民反"。中国从秦末陈胜吴广起义至清代中叶白莲教起义均是如此。

自1840年鸦片战争起，西方列强入侵中国，给中国农民带来新的灾难和苦难。除了战争中侵略军的烧杀抢掠外，战后对英国的2100万元巨额赔款和庞大军费开支，大部分变成苛捐杂税向农民摊派。贪官污吏还乘机巧立名目敲诈勒索。战后鸦片大量输入，洋货大量倾销，白银大量外流，不仅造成中国严重财政危机，而且封建统治阶级吸鸦片、买洋货的大量耗费也大多转移到农民身上。大批农民、手工业者贫困破产、丧失土地与生计，甚至流离失所。战后裁撤军队和开通海运，又造成了大批散兵游勇和失业挑夫。1851年，太平天国革命终于在曾经直接受到外国侵略危害，阶级矛盾尖锐，有反抗斗争传统，还存在土著、客家矛盾冲突的广东广西地区爆发了。可见太平天国革命是在外国势力入侵激化中国社会矛盾背景下发生的具有反封建、反侵略双重性质的农民革命。

韩国自19世纪40年代以来也遭到法国、美国、英国、俄国等外国势力的入侵，发生过多次"洋扰"事件。特别是1876年日本用武力强迫签订《江华条约》而开港以后，日本商人大量涌入，掠夺韩国资源，并依仗条约规定不纳税等特权，控制韩国的对外贸易和金融。日本还从韩国大量进口廉价大米，造成粮食匮乏，米价暴涨。而李朝封建统治者不顾财政困难，仍然挥霍浪费，并横征暴敛，把沉重负担转移到农民群众身上。因此韩国农民对外国势力尤其是日本的侵略和封建统治者的暴政深恶痛绝。1894年古阜郡守贪官赵秉甲霸占万民洑，强征水税，终于直接引发"古阜民乱"。东学农民革命一开始就提出了

"内斩贪虐之官吏，外逐横暴之强敌"的口号。[①]说明东学农民革命也是在外国入侵激化韩国社会矛盾原因下爆发的具有反封建反侵略性质的农民革命。

（三）从其发动和组织角度考察，都是由下层知识分子领导者利用宗教形式来发动组织农民进行革命

由于农民的分散、散漫、文化低等特点，农民革命的领导者往往是一些具有一定文化素质的下层知识分子，而且常常利用宗教的神秘力量来发动和组织农民群众。中国历史上如东汉末年农民起义利用太平道、五斗米道，清代农民起义利用白莲教、天理教等等。

太平天国农民革命的发起和领导者是当过农村塾师的下层知识分子洪秀全。他1814年出生于广东花县一个农民家庭，7岁入塾读书，熟读儒家诗书，因家庭困难辍学务农，后被聘为村塾教师。洪秀全四次参加科举考试均告落榜。个人遭遇使他更加痛恨社会的黑暗腐败。在阅读了基督教传教书籍《劝世良言》后，他利用西方基督教的一些教义、教规，加以改造，创立了拜上帝教。洪秀全利用基督教至高无上、无所不能的上帝为旗帜来对抗从皇帝到孔子的封建权威。他又利用《圣经》中耶稣降生的神话，把自己生病和怪梦附会为"上天受命"。自称是上帝之次子、耶稣之弟，奉上帝之命讨伐清朝皇帝"阎罗妖"。并用基督教"天堂""天国"理想来号召农民建设太平天国"人间小天堂"。他还借助基督教摩西十诫等戒律制订"十款天条"等革命纪律。这样就为这场旨在推翻清朝的农民革命披上宗教外衣，涂上神秘色彩。不仅洪秀全利用自称上帝之子和"上天受命"树立了教主和最高领袖地位，其他领导人如杨秀清、萧朝贵也自称上帝之子并能为天父、天兄传言而提高自己地位并号令群众。拜上帝教在太平天国革命发动和发展阶段曾起到一定积极作用，但到后期宗教迷信和天命思想却越来越产生消极作用。以至南京被清军包围断粮后，洪秀全仍不肯主动突围，竟迷信"天兵多于水"，甚至幻想上帝会降"甘露"拯救太平天国军民。[②]

东学的创始人崔济愚出生于韩国庆尚北道，父亲是乡村塾师，他8岁就随父学习儒学，10岁丧母，16岁丧父，家道衰落，而且由于庶子身份不能参加科举考试，只得遍游名山，访师求友。他见到西方传教士布道，便萌发了创立新

---

① 东学农民军：《白山檄文》，吴知泳：《东学史》，大光文化社1941年版，第112页。
② 《李秀成自述》，《太平天国文书汇编》，中华书局1979年版，第528、513页。

宗教与洋教对抗的想法，于是入干圣山修道。崔济愚与洪秀全一样把个人的坎坷境遇与反对现实黑暗统治结合起来。1860年崔济愚取儒、佛、道三教之长创立了东学道。1862年又设立包接制，自号天主大神师，下面各道有大接主，郡有接主，吸引了大批农民信徒。1864年崔济愚被政府处死。其弟子崔时亨继续传教，并建立严密的教团组织。1892年和1893年以为教祖申冤为名发起了参礼集会、伏阙上书和报恩集会。东学道南接主全琫准，出生于高敞郡一个衙吏属家庭，父亲因反抗郡守暴政被杀。自己幼读史书，略通古今。1894年，全琫准利用东学宗教组织，发动古阜民乱。东学农民革命能从地区性民乱发展成全国性农民战争，东学道的宗教宣传和包接制组织形式起了很大作用。教主下有包（大接主），包下有接（接主），形成严密组织体系。东学农民革命爆发前夕，东学教团已有19个包与大接主。起义首先由以全琫准为首的"南接都所"发起，然后各地纷纷"起包"响应。

（四）从其历史作用和失败原因角度考察，都打击了本国的封建统治和外国侵略势力，但是也都是在本国封建统治者和外国侵略者的联合镇压下失败

太平天国农民革命沉重打击了中国清王朝的封建统治。太平军从广西起义经湖南、湖北、江西、安徽、江苏进军南京，几乎席卷整个长江以南地区。建都南京后又分兵北伐、西征，并有各地各族人民起义响应。太平军14年战斗中消灭清朝军队包括八旗兵、绿营兵及湘淮军不下几十万，杀死贪官污吏、土豪劣绅更是不计其数。北伐军曾长驱天津、逼近北京，震惊朝廷，甚至传闻咸丰皇帝要逃往热河。太平天国革命还迫使清朝最高统治者重用汉人官僚，使以曾国藩、李鸿章为首的湘淮系集团崛起，掌握地方军政实权，削弱了清中央政权对地方的控制，造成晚清外重内轻的局面。太平天国农民革命在后期也直接打击了外国侵略势力。太平军曾三次进攻外国侵略势力盘踞的上海，并与英法联军及外国侵略者组织的洋枪队激战，击毙法国海军少将卜罗德（A.L.Protet）、"常胜军"美国统领华尔（Ward）、"常捷军"法国统领勒伯东（Ce Brethon）等人。太平天国经过1856年天京事变遭到严重内耗，最终被清政府依靠湘淮军并勾结外国侵略军联合所绞杀。因此太平天国干王洪仁玕被俘后曾沉痛指出："我朝祸害之源，乃洋人助妖之事。"[1]

---

① 《洪仁玕自述》，《太平天国文书汇编》，第555页。

东学农民革命也打击了韩国李朝的封建统治。1894年2月15日，全琫准领导古阜农民暴动，袭击了古阜郡衙，郡守赵秉甲仓皇逃跑。5月4日，全琫准又率东学农民军袭击泰仁县，驱逐县监李冕周。各路起义军会师白山，成立湖南倡义军，在一周内连下数郡，5月11日又在黄土岘大败官军。6月1日攻占全罗道首府全州。当时李朝政府惊恐万状，慌忙向中国政府求援，而日本却乘机出兵，大举入侵，甚至占领王宫。东学农民军已与政府谈判签订停战协议，但鉴于日本的侵略和政府的卖国，再次揭竿而起，抗击日本侵略军。日本驻朝公使井上馨报告："东学曾切断我军用电线，袭击兵站部，虐杀日本商人和人伕等。"[1]东学农民军在公州附近聚集了5万多人，计划先占领公州，然后"驱兵入京"。但由于日军兵力和武器占优势，全琫准指挥农民军两次进攻公州均遭失败。最后全琫准被叛徒告密被捕解送汉城，东学农民革命宣告失败。韩国史书称东学农民军"与官军及日兵交战九个月仍罢，死者三十余万，流血之多，亘古未有"。东学农民革命最终在日本侵略军和韩国亲日派政府的联合镇压下失败。

二、太平天国农民革命与东学农民革命的不同点

（一）其时间先后和所处环境、形势的不同

中国太平天国农民革命发生于1851—1864年，而韩国东学农民革命则发生于1894—1895年，时间先后差不多相距30多年。由于这个时间差和东亚国际形势的变化，使两次农民战争所处的环境有所不同。

19世纪50年代到60年代初，中国刚经历了两次鸦片战争，实现了打开闭关门户的过程。外国侵略势力还没有普遍深入到中国内地和完全控制中国经济命脉。西方列强尚未在中国展开激烈的竞争和瓜分势力范围的角逐。当时中国社会的主要矛盾尚是农民阶级与封建统治阶级的矛盾，在这种形势下发生的太平天国农民革命斗争锋芒主要指向封建统治者清朝皇帝、贵族和官僚地主。镇压太平天国的主要力量是中国汉族地方武装湘淮军。太平天国一度以为西方侵略者是信仰上帝的"洋兄弟"而幻想得到他们的帮助，而西方列强也曾一度对

---

[1]　戚其章主编：《中日战争（七）》，中华书局1996年版，第37页。

太平天国采取"中立"观望态度。当时日本尚处于幕府末年同样遭到西方列强侵略，存在沦为半殖民地的危险。不但还没有加入到侵略中国的列强行列之中，而且太平天国牵制了西方列强的力量，减轻了对日本的压力，为日本明治维新创造了有利的国际条件。日本维新志士久坂玄瑞在1862年指出："英法现在还未向我国大动干戈，是因为长发贼（即太平天国）势盛之故。"[①]

而1894年韩国发生东学农民革命时，国内国际形势已大不相同。韩国自19世纪70年代开港后，遭到西方列强和日本势力的竞相入侵。尤其明治维新后的日本把韩国作为对外扩张的首要目标，大力鼓吹"征韩论"。日本不仅从经济上控制着韩国的对外贸易和经济命脉，而且在政治、军事各方面进行渗透，并支持韩国亲日派发动甲申政变。19世纪90年代韩国已成为日本及英、美、法、俄等列强激烈争夺的对象。日本还把韩国与中国的传统宗藩关系看成妨碍其扩张的重要障碍，同时企图把朝鲜半岛变成其向中国大陆侵略扩张的跳板，因此处心积虑要在韩国挑起与中国的冲突和战争。1894年日本抓住韩国政府请中国派兵帮助镇压东学农民革命的机会，立即大举出兵，制造事端，发动突然袭击，挑起中日甲午战争。同时日军占领韩国王宫，扶植亲日派政府。因此东学农民革命后期的主要斗争矛头针对日本侵略者，而东学农民革命最终也主要被日本军队所镇压。

（二）其政治纲领、革命措施的差异

中国太平天国农民革命曾经提出了一整套纲领、制度和政策。1853年太平军占领南京后不久，天王洪秀全就颁布了太平天国的基本纲领《天朝田亩制度》。它反映了农民要求土地和平等的愿望，提出按人口平分土地。"凡天下田，天下人同耕"，"凡分田照人口，不论男妇"。并实行绝对平均主义分配制度。"天下人人不受私，物物归上主"，收获除留口粮外，"余则归国库"。还用军事体系把全国人民组织起来，进行生产和各种社会活动。地方乡官则由下面保举。期望建立一个"有田同耕，有饭同食，有衣同穿，有钱同使，无处不均匀，无人不饱暖"的农民理想社会[②]。这是一个具有鲜明反封建色彩的农民革命纲领，但是由于当时的战争环境和绝对平均主义不利于生产发

① 久坂玄瑞：《解腕痴言》，详见王晓秋：《太平天国革命对日本的影响》，《历史研究》1981年第2期。
② 《天朝田亩制度》，《太平天国印书（上）》，江苏人民出版社1979年版，第409页。

展，而未得到真正实行。太平天国占领区有些地方把土地分给了农民或减轻地租，多数地方仍执行"照旧交粮纳税"的政策。太平天国还曾实行统一的分配供给的圣库制度和对手工业生产统一管理的诸匠营百工衙制度，以保证革命战争的需要。

太平天国后期由去过香港的干王洪仁玕在1859年提出了一个向西方资本主义国家学习，进行近代化改革的新政纲《资政新篇》，并得到洪秀全的批准。《资政新篇》介绍了世界各国情况，并提出发展近代交通、工业、邮政等，允许民间投资开矿、办银行、鼓励科技发明、提倡兴办学校、医院、报馆和社会福利事业。还提出"与番人并雄"即与西方列强竞争，建设"新天、新地、新世界"[1]。《资政新篇》是中国近代第一部要求发展资本主义的近代化纲领，表现出太平天国农民革命已具有向西方学习、探索救国救民道路的新特点。但是当时尚没有实行这些计划的条件和环境，因此无法实现。

比起太平天国来，韩国东学农民革命提出的纲领、措施比较简单。1894年2月，全琫准领导的东学农民军以白山为根据地曾颁布名为《四大名义》的行动纲领，内容是"一曰不杀人，不杀物；二曰忠孝双全，济世安民；三曰逐灭夷倭，澄清圣道；四曰驱兵入京，尽灭权贵"[2]。体现其反封建反侵略宗旨。1894年6月，全琫准与两湖招讨使洪启薰等经过谈判签订《全州和约》，提出12条"弊政改革案"，也可看作东学农民革命的一个纲领性文件。如政治上要求停止政府对东学的镇压，严惩贪官污吏、残暴富豪、不良儒林两班及勾结日本侵略者的韩奸。烧毁奴婢文书，改善"七班贱人"（苦役）待遇，废除以社会身份的歧视。在经济上提出平均分配土地给农民耕作，废除苛捐杂税，取消公私债务。在社会生活方面也提出允许年轻寡妇改嫁等[3]。这些改革措施反映广大农民的要求，受到农民的欢迎和支持。但不久就发生了甲午中日战争，农民军没有机会在各执纲所全面推行改革，但是一部分改革内容却被后来开化派官员进行的"甲午更张"改革所采纳。

（三）对待本国封建政权和儒学思想态度的不同

中国太平天国农民革命的目标是推翻清王朝统治，建立新王朝。洪秀全

---

① 《资政新篇》，《太平天国印书（下）》，第679页。

② 曹中屏：《朝鲜近代史》，第150页。

③ 吴知泳：《东学史》，大光文化社，第126—127页。

48

把清朝皇帝比作"阎罗妖"，而清朝官吏、军队则是"妖徒鬼卒"，声称上帝命他下凡救世，诛灭妖魔。他曾批评三合会的"反清复明"口号，指出明朝已灭亡200多年，"我们可以仍说反清，但不可再说复明了。无论如何，如我们可能恢复汉族山河，当开创新朝"[①]。太平天国建立了自己的农民革命政权与清朝封建政权对峙十余年，并派出北伐军进军北京，企图一举推翻清王朝。

而韩国东学农民革命提出的目标是"内惩贪官污吏，外逐外来势力"[②]。他们认为当时韩国存在的社会危机和农民贫困痛苦，主要是各地贪官污吏的腐败和暴虐造成的，而仍把李朝国王称为"圣上"，强调"忠君报国"。东学农民军颁发的倡议文和通文中说"圣明在上，生民涂炭，何者民弊之本？由于吏逋。吏逋之根，贪官之所纪"[③]。在《四大名义》中也声明要"驱兵入京，尽灭权贵，大振纲纪，立定名分，以从圣训"[④]。东学农民军在《弊政改革案》中重点要求严惩贪官污吏、残暴富豪与不良儒林两班。可见东学农民革命并不主张推翻李朝统治，只是希望在李朝体制内进行改革，通过打击贪官污吏，革除苛政，任用贤臣，来保国济世救民，解决韩国的社会矛盾。

对于在东亚国家占统治地位的传统儒家思想，两国农民革命的态度也大不相同。太平天国前期曾出现激烈的排儒反孔行动，除了由于推翻清朝政治斗争的需要外，也与太平天国信奉拜上帝教的排他性以及洪秀全本人屡次科举考试失败的个人经历有关。洪秀全1843年第四次应试落榜后下决心今后再也"不考清朝试"，而要自己来开科取士。他仿效基督教创立的拜上帝教，只崇拜"唯一真神"上帝，而废弃一切中国传统的偶像崇拜。洪秀全在1844年首先打掉了村塾中供奉的孔丘牌位，而且编造了上帝斥责孔子"教人之书多错"[⑤]，甚至鞭挞孔子并罚他去种菜园的故事。太平军在进军过程中所到之处往往拆毁孔庙、焚烧儒家经书。而在太平天国定都南京后，又成立删书衙，删改儒家经典。但是洪秀全不可能完全摆脱儒家思想的影响，到后期为了巩固其统治地位，仍要大肆宣扬三纲五常等儒家伦理道德观。

韩国东学农民革命所信仰的东学本身就是以继承发扬东方传统文化尤其

---

① 《太平天国起义记》，《太平天国（六）》，第872页。
② 吴知泳：《东学史》，第112页。
③ 韩国国史编纂委员会编：《东学乱记录（上）》（影印本），1971年版，第138页。
④ 曹中屏：《朝鲜近代史》，第150页。
⑤ 《太平天日》，《太平天国印书（上）》，第38页。

是儒家思想来对抗西学为己任。东学革命一开始就标榜"忠君保国""忠孝双全"等儒家思想，并经常用儒家思想阐明其起义的宗旨目的，而且欢迎儒生参与。如1893年3月16日东学指导部颁发的《东学人令》中说："伏愿金员道儒，一心同志，扫清妖氛，克复宗社，更睹重光之日月，岂非士君为忠为孝之道乎！"①在1894年5月东学农民军颁布的《四大名义》政纲中更强调"忠孝双全，济世安民"，"大振纲纪，立名定分"。②体现了浓厚的儒家思想色彩。

（四）利用宗教及对待外国列强态度的差异

中国太平天国农民革命与韩国东学农民革命虽然都利用了宗教，但他们所利用的宗教有很大的差异。太平天国是利用了从西方传来的基督教加以改造而创立的拜上帝教。这是一种与中国过去的传统文化和宗教完全不同的外来宗教，使农民感到新鲜和神秘。洪秀全用基督教的上帝、天堂、天下一家、天条等思想素材加工改造来发动组织中国农民群众，并与清朝政府、地主阶级及封建传统思想相对抗，产生轰动效应。但同时也因沉湎宗教迷信，而丧失斗志，因与传统思想的矛盾冲突，而失去一部分群众特别是知识分子的支持。

太平天国农民革命是中国农民革命史上第一次与外国势力发生关系。他们缺乏国际知识也没有外交经验，尤其是因为宗教的原因，太平天国农民领袖在革命前期一直天真地把西方列强都当成同样信奉上帝的"洋兄弟"而友好相待。1854年4月北王韦昌辉接见英国人密迪乐时，听说英国人也信奉上帝时，就高兴地连声说："同我们的一样，同我们的一样。"而且表示："吾等今后不特彼此相安无事，而且还可以成为亲密的朋友。"③并且幻想西方列强会帮助太平天国诛灭"清妖"。在太平天国前期西方列强曾经打出中立幌子，英国、美国、法国公使先后访问了南京。太平天国农民领袖由于受到中国传统华夷思想影响，声称天王洪秀全是"天下万国之真主"，而把西方列强公使来访看作是"归顺我朝"，希望他们"能随吾人勤事天王，以立功业而报答天神之深恩"④。而西方公使却要求太平天国承认列强与清政府签订的不平等条约和各种特权。可是他们发现太平天国坚持民族独立自主的立场，拒绝承认不平等

① 韩国国史编纂委员会编：《东学乱记录（上）》，第113—114页。
② 曹中屏：《朝鲜近代史》，第150页。
③ 《英国蓝皮书中之太平天国史料》，《太平天国（六）》，第903页。
④ 太平天国东王西王致英国公使文翰复信，《太平天国（六）》，第909页。

条约。太平天国东王在一份回答英国船长麦勒西所提问题的《诰谕》中明确表示允许各国往来通商，但必须遵守太平天国法令，开埠之事要等平定清朝后才定，鸦片毒品等"害人之物为禁"[①]。因此西方列强最后认为太平天国是"一个比想象的还要可怕的团体"[②]，决定支持清政府镇压太平天国。他们先是帮助清朝地方政府镇压小刀会、红巾军起义，并用炮舰威胁太平军。第二次鸦片战争后，清政府向西方侵略者"借师助剿"。西方列强便完全撕下中立伪装，公然派军队和组织由外国人指挥的洋枪队直接与太平军作战。这时太平军才逐渐认识西方列强的侵略真面目，严正拒绝列强提出的不进攻上海、拆除宁波太平军炮台等无理要求，并奋起与外国侵略者战斗，在江苏、浙江战场上痛击了英法联军的洋枪队。

韩国东学农民革命利用的宗教东学则是东方传统文化思想的产物。第一代教主崔济愚取儒、佛、道三教之长，创立了东学。东学一开始就包含着对西学强烈的对抗意识，认为西学与西教（西方基督教、天主教）是西方势力向东亚侵略扩张的先导，因此要用东学抵抗它，由于日本对韩国的侵略，并掠夺韩国资源、控制韩国经济，严重影响了韩国农民的生活，因此东学还具有强烈的"斥倭"即反日色彩。1893年3月东学举行"报恩集会"时，就公开提出了"斥倭洋"的口号。在给报恩官衙发送的《通告文》中指出："今倭洋之贼，入于心腹，大乱极矣。""诚观今日之国都，竟是倭洋之穴。"为此号召群众起来"扫破倭洋"[③]。还在报恩大都所门前插上"斥倭洋倡义"大旗。1894年全琫准发动东学农民起义后，曾以倡义军大将名义颁布了《四大名义》政纲，其中第三条就是"逐灭夷倭，澄清圣道"[④]。所以东学农民军始终以外国侵略势力作为自己斗争的对象。特别是当日本出兵后，全琫准决定接受李朝政府的议和建议，经过谈判签订了《全州协议》，其中包括"严惩与日寇奸通者"的内容。甲午战争爆发后，东学农民军再次崛起，并在各地进行抗日斗争，切断日军军用电线，袭击日军兵站部。1894年11月，全琫准在致忠清观察使的信中愤怒谴责"日寇动兵，逼我君父，扰我民黎"[⑤]。全琫准战败被俘后，官员问

① 东王杨秀清答复英人三十条诰谕，《太平天国文书汇编》，第300页。
② 罗尔纲：《太平天国史稿》（增订本），第207页。
③ 韩国国史编纂委员会编：《东学乱记录（上）》，第108页。
④ 曹中屏：《朝鲜近代史》，第150页。
⑤ 韩国国史编纂委员会编：《东学乱记录（下）》，第383—384页。

其为什么要再"起包"？全琫准回答："因日军入都城，夜半击破王宫，惊动主上，故野士民等，忠君爱国之心，不胜慷慨，纠合义旅，与日接战。"[①]可见东学农民军再起的原因主要是抵抗日本侵略势力，维护民族独立和主权，体现了强烈的反侵略爱国主义精神。

结论

通过上述比较研究可以加深对近代中国与韩国的这两次大规模农民革命的认识，并从东亚地区更广阔的视野和多种视角来考察分析东亚国家的农民和农民革命问题。同时也希望以此进一步推动中韩历史比较研究的进展和促进中韩两国的文化学术交流。

（原载于《韩国学论文集》第9辑，2002年）

---

① 《全琫准供草》，《东学乱记录（下）》，第529页。

近现代两次中日战争比较研究

1895年4月17日，在日本下关春帆楼上，清政府全权大臣李鸿章在丧权辱国的《马关条约》上签字，宣告第一次中日战争（中国称为甲午战争，日本称为日清战争）以中国失败而告终。

1945年9月2日，在日本东京湾内美国军舰密苏里号上，日本外务大臣重光葵代表天皇和政府、陆军参谋总长梅津美治郎代表军部在投降书上签字，宣告第二次中日战争（中国称为抗日战争，日本称为日中战争或十五年战争）以日本帝国主义的彻底失败而结束。

相隔半个世纪的两次中日战争对于中日两国的历史发展及兴衰荣辱以至亚洲与世界国际关系的变化，都产生了十分巨大和深远的影响。

那么，这两次中日战争之间究竟存在怎样的联系，有着哪些相同点和不同点，并为中日两国乃至全世界留下了什么历史经验教训呢？

本文试图从两次中日战争比较研究的角度，着重对战争的性质、手段、成败因素以及两次战争之间的联系和历史教训等问题，进行初步的分析探讨。

一、两次中日战争性质、目的、手段的比较

两次中日战争最重要的相同点是其性质。从日本方面来说都是对中国的侵略战争，从中国方面来说都是抵抗日本入侵的反侵略战争。如果要说差别的话，日本发动的第一次中日战争还包含了对朝鲜的侵略，而日本发动的第二次中日战争后期则扩大为对亚洲及太平洋地区侵略的太平洋战争。对于中国，第二次中日战争既是一场民族解放战争，又是世界反法西斯战争的一个重要组成部分。

两次中日战争是日本侵华战争的性质本来是无可置疑的历史事实，然

而，从战争期间直至现在，在日本一直有人企图对此加以否认和辩解。如声称发动甲午战争是为了"维护朝鲜独立""保卫日本的利益线"；发动日中战争和太平洋战争则是为了"解放亚洲国家""捍卫日本的生存权"等等。这些宣扬侵略有理、侵略有功的论调完全是篡改历史，颠倒黑白。因此我们有必要分析比较一下日本军国主义发动两次中日战争的目的、方式和手段。

首先，日本统治集团发动两次中日战争的目的都是为了侵略中国，称霸东亚。其方针明确，野心昭然，而且蓄谋已久。

早在德川幕府末年日本就流行"海外雄飞论"。如佐藤信渊声称"皇国日本之开辟异邦，必先肇始于吞并中国"，并主张"朝鲜中国次第可图也"①。吉田松阴也鼓吹"割取朝鲜、满洲，吞并中国，所失于俄美者，可取偿于朝鲜、满洲之地"②。1868年明治天皇即位时发表的《御笔信》公开宣布要"开拓万里波涛，布国威于四方"。1874年就发生了日军侵犯中国台湾南部高山族地区的事件。当时任陆军大辅的山县有朋曾向天皇"奏请率三万之兵，先蹂躏江苏，乘机攻天津，向中国要求城下之盟"③。接着日本加紧对朝鲜的侵略渗透，作为侵犯中国的桥头堡。明治政府以侵略中国和朝鲜、称霸东亚为既定国策，早就开始进行发动侵华战争的准备。在日本三浦梧棲家文书中发现的1887年日本参谋本部局长小川又次大佐起草的《清国征讨方案》就是一份未来中日战争的具体作战计划。他建议派出8个师团分别攻占京津和长江中下游，争取把辽东半岛、山东半岛、舟山群岛、澎湖列岛、台湾全岛以及长江沿岸划入日本版图。并要求每年支出军费1500万日元，5年完成扩军计划。④1890年，日本内阁首相山县有朋在帝国议会公然提出不但要保卫国家的"主权线"，而且必须进而保卫领土外的"利益线"的侵略理论，并认为日本的"利益线之焦点在朝鲜"⑤。日本扩张的利益线不断向前推移，形成了吞并朝鲜，侵占满蒙，征服中国的大陆政策。1892年日本已提前完成海陆军扩军计划。1893年颁布《战时大本营条例》，决定设置由天皇直接任统帅的最高军事统帅部战时大本营，标志着日本军国主义已经完成了发动第一次中日战争的准

---

① 佐藤信渊：《宇内混同秘策》，《日本思想大系》45，第426页。
② 吉田松阴：《幽囚录》，《日本思想大系》46，第193页。
③ 德富猪一郎：《公爵山县有朋传》中卷，第259页。
④ 小川又次：《清国征讨方略》，《抗日战争研究》1995年第1期。
⑤ 《山县有朋意见书》，第196—200页。

备。与此同时，日本政府和军部还派遣大批间谍特务收集朝鲜和中国的政治军事情报，绘制军用地图，甚至对每一个村庄、每一条道路都标示得十分详尽。因此，欧洲人波尔纳在看到地图后评论道："这份地图本身就是日本久已蓄意侵略中国的证据，它驳斥了日本当时是被迫作战的说法，相反地，那是一次有意图的、精心策划的侵略行动。"①

如果说日本统治集团发动甲午战争的目的主要是侵略中国、吞并朝鲜和称霸东亚的话，那么发动第二次中日战争的野心更大，则妄图灭亡中国、侵略亚洲和称霸世界了。早在1907年，日本首次制定由天皇批准的《国防方针》，正式提出对外扩张采取攻势战略，强调日本的发展命运有赖于中国大陆，把中国作为侵略掠夺的主要对象，并把俄美等列强也列为假想敌国。1911年日本军部曾制定《对华作战方针与计划概要》，提出"在确实占领南满洲之同时，攻占北京，并占领浙江、福建"②。1926年日本军部又制定《大正十五年度作战计划》，计划动员16个师团兵力侵华，并把中国划分为满洲、华北、华中三个作战区域，而且选择了具体作战方向和登陆点③，这实际上就是第二次中日战争作战计划的蓝本。1927年6月27日至7月7日，日本首相田中义一主持召开有内阁、军方、关东军首脑和驻华使领参加的东方会议，制定《对华政策纲领》，进一步明确侵占东北进而侵略中国与亚洲的大陆政策为日本国策。纲领特别强调日本为保护其在东三省的"重大利益关系"，将"及时采取适当措施"④。预示将要发动对东北的武装侵略。外间流传的《田中奏折》宣称："惟欲征服支那，必先征服满蒙，如欲征服世界，必先征服支那。"⑤不论有无此文件，是否原话，与东方会议精神是完全一致的。第二次中日战争和太平洋战争正是沿着这一轨迹发展的。

1929年开始的世界资本主义经济危机加速了战争的发动。1929年4月，关东军作战参谋石原莞尔中佐提出《扭转国运的根本国策——满蒙问题解决案》，竭力鼓吹"为了消除国内的不安，需要对外战争"，"满蒙问题的解

① 丁名楠：《帝国主义侵华史》第1卷，第331页。
② 《军事史学》（日本）1973年3月号。
③ 日本防卫厅研究所：《战史丛书·大本营陆军部（一）》，第30页。
④ 日本防卫厅研究所：《战史丛书·大本营陆军部（一）》，第276—277页。
⑤ 王芸生：《六十年来中国与日本》第8卷，第377页。

决是日本的唯一出路"①。1931年，参谋本部制定了《解决满洲问题方案大纲》，规定以一年为期对中国东北采取军事行动，并把指令下达给关东军，终于发动了长达14年之久的第二次中日战争。在侵占东北之后，日本军国主义统治集团又把"利益线的焦点"逐步推向中国华北、华中、华南以至整个亚洲太平洋地区，妄图灭亡中国、称霸亚洲和世界。1936年日本广田弘毅内阁就决定将"确保帝国在东亚大陆地位之同时，向南方海洋发展"的"北南并进"订为根本国策②。同年参谋本部制定《1937年度对华作战计划》，具体规定动员14个师团进犯，其中8个师团在华北攻占京津；5个师团在华中，占上海，进击武汉；1个师团在华南，占广州、福州③，从而把第二次中日战争逐步扩大为全面侵华战争和太平洋战争。

其次，日本发动两次中日战争，都是采取制造事端、突然袭击的方式。

日本在甲午战争前做好扩军备战的充分准备后，便利用朝鲜发生东学农民起义、朝鲜政府向中日求援的机会，怂恿清政府与日本一起出兵。起义平息后又拒绝撤军，故意制造事端。1894年6月22日，天皇主持的御前会议决定向朝鲜增兵，并向中国发出绝交书。同一天外务省训令驻朝公使大鸟圭介采取一切手段制造战争借口。17日御前会议正式决定对华开战。23日日军占领朝鲜王宫，囚禁国王，实际上已拉开甲午战争的序幕。7月25日日本联合舰队在朝鲜丰岛附近海面突然袭击北洋舰队军舰济远、广乙号，击沉运兵船高升号，终于不宣而战，挑起了第一次中日战争。

丰岛海战后日本却贼喊捉贼，倒打一耙。外务大臣陆奥宗光在致各国公使照会中竟反诬"中国军舰在牙山附近轰击日军"。日本军方编的《二十七八年海战史》也写道："七时五十二分，彼我相距约三千米之距离，济远首先向我发炮，旗舰吉野立即应战。"④实际上早在7月20日，日本大本营接到北洋舰队船只将赴牙山增援的情报后，就密令海军军令部长桦山资纪到联合舰队基地佐世保传达了到朝鲜海面伺机袭击北洋舰队的命令。7月25日早晨双方军舰在丰岛海面接近时，日舰已下达战斗命令。浪速号舰长东乡平八郎海军大佐在日

① 日本国际政治学会《走向太平洋战争之路》别卷"资料篇"，第86页。
② 广田内阁：《国策基准》，《日本外交年表与主要文书（下）》，第344—345页。
③ 《战史丛书·大本营陆军部（一）》，第369页。
④ 日本海军军令部编：《二十七八年海战史》上卷，第88页。

记中证实："午前七点二十分，在丰岛海上远远望见清国军舰济远号和广乙号，即时下达战斗命令。"①至于日舰发动突然袭击打响第一炮的确切时间，近年发现的《济远航海日志》上明确记载为，七时"四十五分，倭三舰同放真弹子轰击我船，我船即刻还炮"。②

第二次中日战争日本故伎重演，制造一系列事端，发动和扩大侵华战争。1931年9月18日夜，日本独立守备队副中队长河本未守中尉以巡视铁路为名，在沈阳北郊柳条湖铁路路轨上点燃炸药包，炸断铁轨，以爆炸声为信号，日军开始向附近东北军营地发动突然袭击，这就是震惊中外的"九一八事变"，标志着第二次中日战争也就是抗日战争的开端。当时日军即向旅顺关东军司令部发电报，谎称中国军队破坏铁路，袭击日本守备队。关东军立即进攻沈阳，并在东北各地展开全面攻势。

紧接着1932年1月，日军又在上海制造事端，由日本特务指挥暴徒向中国工人挑衅。1月28日夜，日军突然袭击上海闸北中国十九路军，挑起了"一·二八事变"和淞沪战争。

1937年7月7日，驻北京丰台的日本驻屯军在卢沟桥制造事端，进攻宛平中国驻军，然后大举进攻北京和华北。这就是标志日本全面侵华战争开始的"七七事变"。当时日本宣传的所谓"一名士兵失踪"和"受到中国军队非法射击"等借口都是十分荒唐可笑的。原来所谓失踪士兵只是因大便暂时离队，20分钟后就已经归队。而宛平城的中国军队经过查证，在受到袭击前不仅从无开枪之事，而且"每人所带子弹并不短少一枚"。

正如当时日本驻华公使重光葵所言，只要"陆军在北方制造事件，在上海的海军也必然要挑起某些事端"③。果然8月13日，驻上海日本海军陆战队便以一名中尉在虹桥机场挑衅被打死为借口，向中国军队发动大举进攻，并对上海、南京等城市进行轰炸，制造了"八一三事变"，把战火从华北燃到华中。

最后，日本军国主义在两次中日战争中采取的战争手段都是极其野蛮残酷、惨无人道的。

在甲午战争中，日本侵略军于1894年11月21日攻占旅顺口以后，便接连

---

① 《东乡平八郎日记》，《中日战争（六）》，第32页。
② 《济远航海日志》，引自戚其章《甲午战争史》，第54页。
③ 重光葵：《日本侵华内幕（中译本）》，第130页。

四天大肆屠杀手无寸铁的无辜平民两万多人，制造了震惊中外的旅顺大屠杀惨案。日本政府却竭力掩盖暴行，外务大臣陆奥宗光竟向各国驻华公使谎称"在旅顺被杀的人大部分被证实是化装成平民的兵士"[1]。但是墨写的谎言终究掩盖不住血的事实，美国《纽约世界》记者克里曼、英国《伦敦时报》记者柯文、《黑白画报》记者威利阿士等都是当时在旅顺的惨案目击者。他们报道了大量日军滥杀平民、屠杀老人婴孩，以及剖腹挖心等暴行。英国法学家胡兰德博士在《关于中日战争的国际公法》一书中也指出，日军"一连四天，野蛮地屠杀非战斗人民和妇女儿童……在这次屠杀中，能够幸免于难的中国人，全市只剩三十六人。这三十六人完全是为驱使他们掩埋其同胞的尸体而被留下的"[2]。最近清理死难者万忠墓时，挖出与累累白骨在一起的有不少妇女、儿童的饰物，这是日军屠杀无辜居民老弱妇幼的铁证。

第二次中日战争日本侵略军的战争手段更加残忍，而且使用各种现代化杀人手段。日本法西斯军国主义实行烧光、杀光、抢光的三光政策，焚毁中国城镇和村庄，屠杀中国平民百姓，制造了许多起惨绝人寰的大屠杀惨案，目前在中国已经发现的万人坑就有80余个。据统计，第二次中日战争中国军民伤亡达3500多万人，直接财产损失在1000亿美元以上。重大惨案如1932年9月16日抚顺平顶山惨案，日军把全镇男女老幼集中到洼地用机枪扫射后又用刺刀残杀伤者，共屠杀无辜居民3000多人，第二天又用32桶汽油焚尸灭迹[3]。1937年12月，日军烧毁江阴房屋2000多间，杀死居民1000多人。1941年1月25日，河北丰润县潘家峪惨案，日军包围该村后焚毁全村房屋，集中屠杀村民达千余人。最骇人听闻的是1937年12月日军攻占当时中国首都南京后，制造了震惊世界的南京大屠杀。在6个多星期中，屠杀了30余万无辜市民和放下武器的中国士兵，同时使全市1/3房屋化为灰烬。日本法西斯烧杀淫掠，无恶不作，除了枪杀以外，还用砍头、挖心、剖腹甚至进行杀人比赛等残暴手段。英国《曼彻斯特卫报》记者田伯烈在《外人目睹之日军暴行》中认为，这是"现代史上破天荒的残暴记录"，是"现代文明史上最黑暗的一天"[4]

---

① 《陆奥声明》，《中日战争（七）》，第460页。
② 陆奥宗光：《蹇蹇录（中译本）》，第63—64页。
③ 日本帝国主义侵华档案资料选编：《东北历次大惨案》，第3—13页。
④ 田伯烈：《外人目睹之日军暴行》。

日本侵略军在第二次中日战争中还公然违背国际公法和人道主义，使用了细菌战、毒气战等现代化杀人手段，残害中国军民。如日军731部队、关东军100部队、第1855部队、荣字1644部队都是专门施行细菌战的机构，进行大规模的细菌研制、生产和散布，还惨无人道地用活人人体做细菌实验。日军还有化学毒气部队，各步兵联队有瓦斯中队，在中国各地施放毒气上千次。①

综上所述，日本军国主义发动的两次中日战争从性质和手段角度分析，都具有侵略性、冒险性、掠夺性、野蛮性等共同特点。

二、两次中日战争胜败因素的比较

两次中日战争最大的不同点是战争的结局。甲午战争前中国官员普遍轻视日本。两江总督刘坤一曾说："以日本手掌之地，而又土瘠民贫，如欲与中国为难，多见其不知量矣！"②北洋舰队访问长崎时曾震惊日本朝野。可是战争结果却是陆上几十万湘淮军连战连败，海上北洋舰队几十艘舰艇全军覆没。中国战败求和，被迫签订割地赔款的《马关条约》，给中华民族带来巨大民族灾难，而日本却通过甲午战争大发横财，加速工业和军事的现代化。

第二次中日战争时日本统治集团十分狂妄，认为中国军队一击即溃。参谋本部中国科高桥中佐狂言："军车通过山海关时中国方面就会屈服。"③然而战争结果却是中国军民经过浴血抗战取得了百年来第一次反侵略战争的完全胜利，而日本帝国主义遭到了彻底的失败。

两次中日战争的结局胜败方发生了根本的转化，其原因究竟何在呢？当然影响战争胜负的因素很多，涉及时代、国情和国内、国际、主观、客观各个方面。下面着重从中国方面在两次中日战争中的四个重要因素的变化来加以比较分析。

第一是战争领导因素。掌握国家统治权和战争指挥权的集团或个人的表现，对战争的胜负起着非常关键的作用。

甲午战争时统治中国的是腐败的清政府。名义上的国家元首是光绪皇

---

① 日本帝国主义侵华档案资料选编：《细菌战与毒气战》。
② 两江总督刘坤一奏折，见《洋务运动（二）》，第505页。
③ 《日本外交文书》第27卷第1册，第113页。

帝，但实际上的最高统治者却是慈禧太后，而军事外交大权和战争指挥权则掌握在北洋大臣李鸿章之手。1894年正值慈禧六十大寿，清政府在一年前就开始筹办盛大庆典，庞大开支除要各级官员捐纳外，还提用户部饷需与边防经费，甚至挪用海军军费。11月7日寿辰恰好是日军攻陷大连之日。重镇失守，慈禧太后却照样在宫中升殿受贺，大宴群臣，还让皇帝与大臣陪坐听戏三日，不问国事。指挥战争的李鸿章一方面迎合慈禧太后不希望因战争影响六旬庆典的心理，另一方面为了保存自己控制的北洋舰队和淮军的实力，总的指导思想是消极避战，积极求和。朝廷内后党与帝党钩心斗角，军队内湘系与淮系互相指责，海军中南洋水师袖手观望。前线清军将领有的贪生怕死、临阵脱逃，有的贪污腐化、克扣军饷。这样腐败的政府领导指挥战争，怎么可能不失败呢！

抗日战争期间中国实际上存在两个政权和两支军队，一个是国民党领导的中央政府和军队。一个是共产党领导的局部政权（陕甘宁地区和各敌后抗日根据地）和八路军、新四军、游击队。国共两党是在中国近现代不同时期推动中国社会前进最有影响的两大政党。国共第一次合作曾赢得反对北洋军阀的北伐战争胜利，以后两党关系破裂经历了近十年内战。日本帝国主义发动的第二次中日战争使中华民族处于生死存亡关头，中日民族矛盾成为中国社会主要矛盾。中国共产党及时提出停止内战，一致对外，建立抗日民族统一战线的主张。1936年12月通过和平方式解决西安事变，终于迫使国民党同意停止内战，联共抗日。抗日战争中国共两支军队各自担负一定的战略任务，开辟了正面战场和敌后战场，分别牵制着大量日本侵略军，使它处于腹背受敌的境地，遭到重大伤亡和消耗。两个战场互相依存、互相配合、共同对敌，经过艰苦卓绝的奋斗，终于取得了抗日战争的最后胜利。

第二是民众动员因素。战争的伟力最深厚的根源存在于民众之中。甲午战争中清政府不但不发动和依靠人民群众进行反侵略战争，而且压制民众抗日热情，阻挠破坏民众的抗日斗争。如战争爆发不久，就有人建议在天津兴办团练，却遭到李鸿章的斥责。当台湾军民在极其艰苦的条件下与日本侵略军浴血奋战时，清政府竟借口"有碍和约"，不但不许接济饷械，连刘永福和台湾义军派人到大陆募集的捐款也被扣留，严重破坏了台湾军民的反割台斗争。

在抗日战争中，中华民族已经觉醒，除了少数汉奸以外，中国各阶级、阶层，各党派、团体，各民族、不同宗教信仰者，包括海外华侨华人，结成了最广泛的抗日民族统一战线，如广大农民积极参加抗日武装，成为抗战的主力军；还为抗日军队运送粮草、站岗放哨、抢救伤员、传递情报等。妇女也组织各种抗日救国团体，慰劳抗战将士。代表民族资产阶级、小资产阶级和知识分子的各爱国民主党派也是抗日民族统一战线的成员，1936年组织了全国各界救国联合会。各少数民族也积极投入抗日斗争，仅东北抗日联军中就有朝鲜族、蒙古族、满族、鄂伦春族、锡伯族、赫哲族等族官兵。还有著名的冀中回民支队，海南岛黎族、苗族的琼崖纵队等。海外爱国华侨除了亲自回国投身抗战外，还大量捐款、捐物、筹赈伤兵难民。总之，中华民族都动员起来投入反侵略战争，使第二次中日战争成为一场真正的民族解放战争。

第三是战略战术因素。制定战略和运用战术正确与否，是决定战争胜负的重要因素。

甲午战争中清政府没有健全的军事指挥和参谋机构，战争的指挥大权基本上操于北洋大臣李鸿章一人之手。李鸿章缺乏积极抗战的战略思想，死守消极防御的战略方针，以致造成清军经常处于被动挨打的地位。陆路清军株守以待，坐失战机。北洋舰队始终执行保船避战方针，不敢主动出击，放弃制海权，最后被困威海刘公岛，坐以待毙，全军覆没。战略战术上也没有从海陆协同角度组织防御。辽东半岛和山东半岛的抗登陆作战，只是单纯守卫、分兵把口，忽视了在军港侧后方设防，以至旅顺、威海相继失守。另外忽视战略战役的侦察，对敌人战略意图和敌情缺乏了解分析，导致一系列战役的指挥错误和失败。

在抗日战争中，中国方面坚持了持久战的总战略方针。毛泽东还把抗日游击战争提高到战略地位，系统地提出了抗日游击战争的六点具体战略方针，即主动地、灵活地、有计划地执行防御战中的进攻战，持久战中的速决战和内线作战中的外线作战；和正规战争相配合；建立根据地；战略防御和战略进攻；向运动战发展；正确的指挥关系。在这些正确战略方针的指引下，中国共产党领导的武装力量，挺进华北、华中和华南敌后，建立根据地，发动群众，广泛开展游击战争，开辟敌后抗日战场，同国民党领导的正面战场互相配合，互相呼应，赢得抗日战争的最后胜利。

第四是国际环境因素，也对战争的胜负有重大的影响。

甲午战争时中国处于很不利的国际环境之中。西方列强都是从维护与扩大自己在中国和朝鲜的侵略利益和在东亚的势力出发，来制定其远东政策。当时远东地区成为西方列强激烈争夺角逐的重要场所，英俄美法等列强的态度直接影响第一次中日战争的发生和发展。英国在中国、朝鲜有巨大经济利益，希望维持在远东的优势，害怕俄国势力南下，因此扶植日本以抵制俄国。战争前夕英日签订新约，使日本发动战争无所顾忌。因此英国外交大臣金伯利在条约签字仪式上说，"此约之性质，对日本来说，远胜于打败清帝国大军"①。在整个甲午战争中，英国的基本态度是既不愿战争损害自己的商业利益，同时又偏袒日本，压迫清政府对日本作更大的让步。俄国虽然一方面不希望日本北进朝鲜和中国东北，以维持自己在东亚的利益范围。但是另一方面也试图讨好日本，避免把日本完全推入英国的怀抱。因此俄国在战争中采取中立观望的态度，俄国外交大臣吉尔斯宣称："帝国政府所遵循的目标是不为远东敌对双方任何一国的一面之词所乘，也不被他们牵累而对此局势有偏袒的看法。"②美国则企图利用日本作为其在东亚扩张和开放远东市场的工具，因此在整个甲午战争期间都支持日本，并单独操纵调停，敦促中国接受日本侵略要求。前国务卿科士达甚至威胁清政府，如果拒绝批准《马关条约》，"将在文明世界面前失去体面"。

抗日战争时期的国际环境与甲午战争大不相同。虽然前期西方国家曾实行远东慕尼黑纵容日本侵华。但自1939年9月以后，英、法、苏、美先后参战，国际环境有所改善。尤其日本发动太平洋战争后，1942年1月1日，美、英、苏、中等16国签署《联合国家宣言》，正式组成了国际反法西斯统一战线。中国军民的浴血奋战是抗日战争胜利的根本原因。但苏联红军出兵东北和美国在日本本土投掷两颗原子弹，也加速了日本法西斯的崩溃和投降。

中国人民的抗日战争博得各国人民的广泛同情和支持。1937年8月，国际工会联合会号召各国工人抵制日货发起募捐。1938年7月，共产国际执委会号召加强国际援华运动。国际友人还组织医疗队来华到抗日前线救治伤病员。还有斯诺、史沫特莱、斯特朗等美国进步记者向世界宣传中国的抗战事迹。

---

① 《红档杂志中有关中国交涉史料选译》，第67页。
② 丁名楠：《帝国主义侵华史》第1卷，第369页。

三、两次中日战争的联系和历史经验教训

相隔半个世纪的两次中日战争的不同结局之间实际上有着密切的内在联系。一方面，日本虽然在甲午战争中取得了胜利，却促使军国主义恶性发展，埋下了第二次中日战争日本军国主义最终走向彻底失败的种子。

甲午战争使日本成为亚洲的暴发户，加速了日本的工业和军事近代化，实现了向帝国主义的过渡。《马关条约》中国赔款2亿两白银，加上赎还辽东费3000万两，威海驻兵费150万两，共23150万两，折合35000万日元，几乎相当于日本4年的财政收入。曾任日本外务大臣的井上馨说道："一想到现在有三亿五千万日元滚滚而来，无论政府或私人都顿觉无比地富裕。"[1]日本明治政府将这批巨款的绝大部分用作扩充海陆军及扩大军事工业生产经费。据统计其中用于陆军扩张费5680万日元，海军扩张费13926万，军舰水雷艇补充基金3000万，临时军事费7896万，合计已达3亿日元以上。此外还用2000万为天皇皇室基金，1200万为台湾殖民经费，1000万为教育基金。日本还利用这笔巨款建立起金本位货币制度，把日本货币纳入了国际货币金融体系，增强了日本的经济实力和商品输出、资本输出能力。日本政府又通过对朝鲜和台湾的殖民统治，掠夺大量财富和原料。台湾还成为日本帝国主义向东南亚扩张的基地。

甲午战争后军部的势力和地位大大增强，军人飞扬跋扈并直接干预国内国际政治。军阀山县有朋、桂太郎等先后担任首相。1900年还规定陆海军大臣必须由现役大将或中将担任。军部可以随时通过拒派陆海军大臣而推翻内阁，标志着日本的政治已向军国主义体制演变。日本政府还强化了军国主义奴化教育。在甲午战争期间和战后，出现了大量神化天皇、赞美战争、讴歌军国主义、宣扬武士道精神的小说、诗歌、歌曲、漫画等，甚至写入了中小学教科书。

总之，甲午战争使日本军国主义者尝到了侵略战争的甜头，刺激了它向外扩张的贪欲，其侵略野心越来越大。此后参加八国联军侵华、在中国东北发动日俄战争、吞并朝鲜、向袁世凯提出灭亡中国的二十一条，出兵山东，侵占东三省，以至发动全面侵华战争，又与德国法西斯相呼应，挑起太平洋战争，

---

① 石井宽治：《日清战后经营》，岩波讲座《日本历史（16）》，第54页。

妄图称霸世界，最终走向彻底失败与毁灭。

但另一方面，甲午战争中国的失败强烈刺激了中华民族的觉醒，推动了中国人民的爱国救亡运动，加速了民主革命的进程，为最后赢得抗日战争的胜利准备了条件。

甲午战争在给中国带来巨大的历史灾难的同时，也唤起了中华民族的觉醒。正如梁启超所说："吾国四千余年大梦之唤醒，实自甲午战败割台湾、偿二百兆以后始也。"[1]甲午之败、马关之辱以及接踵而来的瓜分狂潮，使中华民族的各阶级各阶层普遍产生了亡国灭种的危机感、大祸临头的紧迫感和难以立足世界民族之林的耻辱感。危机意识大大增强了中华民族的凝聚力，近代中国的志士仁人正是怀着强烈的危机意识和变革意识，历尽千辛万苦，不怕流血牺牲，去探索和寻找挽救中国的思想和道路。甲午战争以后发生的戊戌维新、辛亥革命、五四运动、北伐战争、抗日战争，以及兴中会、同盟会、中国国民党、中国共产党、抗日民族统一战线的诞生，都是在"救亡图存，振兴中华"这面爱国主义大旗下进行的。甲午战争以后中华民族的觉醒、进步和团结，成为中国最后取得抗日战争胜利的决定性因素。

通过对两次中日战争的比较研究，可以提供不少历史的借鉴和启示。

第一，历史的辩证法是无情的。两次中日战争的成败得失深刻体现了历史的辩证法。甲午战争中国失败给中华民族带来巨大历史灾难。但正如恩格斯指出的，"没有哪一次巨大的历史灾难不是以历史的进步为补偿的"[2]。甲午战败激发了中国人民的觉醒和奋起，推动了中华民族的进步和团结，经过半个世纪的奋斗，终于赢得了抗日战争的胜利，迎来新中国的诞生。而甲午战争日本的胜利使其大发横财，同时也促使军国主义和侵略野心恶性膨胀，踏上走向毁灭的道路。然而，日本军国主义在日中战争和太平洋战争的彻底失败，却又迎来日本民族的新生。

第二，历史的经验教训需要总结吸取。"前事不忘，后事之师"，对两次中日战争经验教训进行认真反思和科学总结，对于振奋民族精神、加强民族凝聚力、推动有中国特色的社会主义现代化建设以及促进中日友好都有很大意义。甲午战争中国的失败说明落后就要挨打，腐败导致失败，愚昧必然落伍。

---

① 梁启超：《戊戌政变记》卷一，《戊戌变法（一）》，第249页。
② 《恩格斯致丹尼尔逊》，《马克思恩格斯全集》第39卷，第149页。

而抗日战争中体现出来的中华民族的凝聚力和意志、勇气、智慧、力量、创造精神都是宝贵的历史遗产。认真吸取历史教训，也是中日两国人民世世代代和平友好的重要前提。

第三，历史不容篡改。两次中日战争都是日本军国主义发动的侵略战争，给中国人民造成巨大的民族灾难，也给日本人民带来巨大的痛苦，这是用血和火以及无数死难者的生命和尸骨构成的历史事实。必须尊重历史、正视历史，并把历史的真相告诉广大人民和子子孙孙。如果有人想用谎言和狡辩歪曲篡改历史，企图为日本军国主义的侵略和暴行辩护，以至复活军国主义的幽灵，必将会引起世界人民的愤慨和谴责，也一定会遭到历史的惩罚。

（原载于《北京大学学报》1995年第4期）

晚清中国人走向世界的历史轨迹

在21世纪的今天，随着中国改革开放的发展和世界经济日益全球化，中国人走向世界，早已是极为普通平常的事情了。只要看一看北京首都机场的盛况，每天有多少中国代表团出访外国，又有多少中国游客赴海外旅行，便一目了然了。

可是，当我们把目光回溯到100多年前的晚清时代，中国闭关锁国的大门刚刚被西方列强敲开的时候，走出国门、走向世界的中国人，尤其是政府官员，只是凤毛麟角，屈指可数，而且他们的脚步是那样蹒跚、踉跄。

那么，晚清中国人究竟是怎样一步一步地走向世界的呢？他们都是些什么人，通过什么途径走向世界的呢？他们在走向世界的过程中遇到了什么样的艰难遭遇和曲折故事呢？本文试图把晚清中国人走向世界的历程，大致分为三个时期，简要描述其变化发展的历史轨迹。

一、19世纪40—60年代：华工、洋人雇员和最初的外交使团

鸦片战争前，清政府实行海禁政策和闭关政策，严格限制中国人出海贸易和旅行。1840年英国发动了鸦片战争，用军舰大炮敲开了中国的大门。1842年签订的中英《南京条约》开放了上海等5个沿海通商口岸，从此外国商人、传教士、外交官、军人、旅行家等大批涌入中国。但中国人出国却为数很少。

19世纪40—60年代出国的中国人大致有以下几类人：

第一类是被西方殖民者诱拐贩卖的中国契约华工，当时被称为"苦力"或"猪仔"。厦门和澳门一度成为所谓苦力贸易的中心。外国洋行及其雇用的买办、掮客，诱骗华工签订契约搭乘外国轮船出洋，贩卖到急需劳工的古巴、

美国、秘鲁、澳大利亚等地。据统计，1847—1852年，厦门已输出华工8281名，而1856—1864年，澳门每年送出的华工约有一二万人。这些华工在贩运途中和劳动场所，遭到非人待遇，被当作奴隶和牲畜一样残酷虐待，死亡和伤残率很高，生活极为悲惨。这与非洲黑奴贸易一样，根本不是正常的国际人员交往。后来还有一些华侨和华工出海来到东南亚各国开垦和移民。

第二类出洋的中国人是个别从事对外贸易的商人或替西方商人、洋行、外国外交、宗教、文化教育机构团体服务的买办、雇员、翻译。例如福建人林鍼，受雇于厦门美商，1847年6月到美国，工作一年多后于1849年3月回国，他写了一部《西海纪游草》，是晚清中国人最早的美国游记。书中介绍了自己在美国的见闻，还记录了他在旅美期间援助被英人诱骗到纽约的26名华人打官司回国的故事。又如广东南海文人罗森，寓居香港时认识了英国传教士卫廉士，1854年由其推荐担任美国培理将军远征日本舰队的汉文翻译。随培理舰队到过日本横滨、下田、箱馆等地，参与了日美订约、开埠过程，回国后写了一篇《日本日记》，在香港发表，这是晚清中国人第一部日本游记。还有苏州文人王韬曾受雇于英国传教士在上海开办的墨海书馆。1867年应英国传教士理雅各邀请，赴欧洲访问。王韬曾在英国牛津大学讲演孔孟学说和中英关系，可以说是晚清第一位在欧洲大学讲坛上宣讲中国文化的中国学者。他还把自己携带的一批中文书籍赠送给大英博物馆。1870年回到香港后，办了《循环日报》，还写了《普法战记》。

第三类是由外国传教士带到西方留学的中国青少年。其中最有名的是1847年被美国传教士、香港马礼逊学堂校长布朗带到美国马萨诸塞州留学读书的容闳、黄宽、黄胜三人。容闳1854年在美国耶鲁大学毕业，成为第一个从美国大学毕业的中国人。后来他又曾带四批中国幼童赴美留学，被称为"中国留学生之父"。黄宽后来在英国爱丁堡大学医科毕业，成为经过欧洲医科大学正规训练的中国第一位西医。

第四类出洋的中国人则是由外国人士带领前往西方游历访问的少数中国官员。例如1866年清政府海关总税务英国人赫德要请假回国结婚，总理衙门便派遣了前山西襄陵县知县斌椿与其子广英以及凤仪、德明、彦慧等3名同文馆学生，随赫德赴欧洲观光游历。他们在英、法、荷、德等9国游历了7个月后归国，这是晚清中国官员走出国门海外游历的第一次尝试。他们所写的游记如

《乘槎笔记》《航海述奇》等记录了晚清官员对欧洲最初的见闻。还有1868年的蒲安臣使团。这是清政府向海外派遣的第一个肩负外交使命的正式外交使团，却偏偏要请一位外国人即刚卸任的美国公使蒲安臣来率领，并授予"办理中外交涉事务大臣"的头衔。为了维护面子和平衡列强关系，使团成员还包括两名清政府总理衙门的章京志刚、孙家谷，以及一名英国人柏卓安和一名法国人德善。使团自1868年2月出发，1870年10月回国，历时2年8个月，访问了欧美11个国家。使团基本上被美国人蒲安臣操纵了领导权，他四处包揽交涉、谈判，甚至擅自与外国缔约，而中国使臣几乎成了点缀品和观光客。近代中国政府第一个外交使团竟然由外国人率领和控制，使这次走向世界的行动抹上了屈辱的色彩。但是蒲安臣使团毕竟跨出了中国外交走向世界迈向国际社会的第一步。使团里的中国官员也通过出访大开眼界，接触了新事物、新思想，这可以从他们的游记，如志刚的《初使泰西记》、孙家谷的《使西述略》、张德彝的《欧美环游记》等书中看出来。

二、19世纪70—90年代：驻外使节、游历官员与官派留学生

19世纪70年代，清政府开始向外国派遣外交使节、独立的游历考察官员和官费留学生，中国人由完全被动到逐渐主动地走向世界。

1860年第二次鸦片战争结束之后，列强通过《北京条约》取得公使驻京权利。西方国家陆续派遣公使驻华，并在北京开设公使馆，在上海等地开设领事馆。而清政府直到70年代才开始派遣赴外使臣。最早在1870年派遣三口通商大臣崇厚为出使法国特使、钦差大臣，其使命只是为"天津教案"向法国道歉。1875年任命的出使英国钦差大臣郭嵩焘，最初的使命也是为了"马嘉理案件"赴英国道歉，然后才转为长驻英国的晚清第一位驻外公使。当时中国官员均以出洋为"畏途""苦差"，郭嵩焘开始也以年老多病请辞，经慈禧太后亲自召见，劝他"须为国家任此艰苦"，这才勉强接受。出国后，郭嵩焘能认真考察和分析西方国情和现状，在日记和报告中对西方文明有些肯定的描述。不料竟遭到顽固保守派士大夫的群起攻击。尤其是驻英副使刘锡鸿还打小报告诬告郭嵩焘"崇洋媚外""有失国体"，甚至有"私通洋人之嫌"，最后任期未满就被清政府调回。他写的《使西纪程》一书也被禁止发行并毁版。这位晚

清中国人走向世界的先行者，最后落得悲剧性下场。自1877年至1878年，清政府陆续在英国、法国、德国、日本、美国等国开设了驻外使馆，派遣了驻外使团，还在旧金山、古巴、新加坡等地开设了领事馆。早期的中国外交官群体为晚清中国人走向世界、认识世界起了重要作用，如郭嵩焘、曾纪泽、薛福成、黄遵宪等人都撰写了许多考察研究外国的报告、日记和著作。

19世纪70—80年代清政府还主动独立地派出一些官员出洋考察、游历和调查。例如1874年清政府曾派出陈兰彬、容闳等官员专程到美洲古巴和秘鲁调查华工受虐待状况，力图维护华工权益。1876年派遣浙海关文案李圭与海关洋员一起前往美国费城参观世界博览会。李圭从上海出发，途经日本，渡太平洋到美国，再横渡大西洋到欧洲，最后经地中海、红海、印度洋又回到上海。他写了一部《环游地球新录》，不仅记录了费城世博会及各国见闻，而且以亲身经历证明了"地球确实是圆的"。1879年官员徐建寅受北洋大臣李鸿章派遣到欧洲订购铁甲舰，同时考察了各国工厂。他写的《欧游杂录》是中国官员第一次对欧洲近代工业进行深入考察的珍贵记录。这个时期地方大员也开始派员出国游历考察，如1878年四川总督丁宝桢派江西贡生黄楙材游历考察缅甸、印度等国。1879年两江总督、南洋大臣沈葆桢派遣道员王之春赴日本，名义上是观光游历，实际上还负有对日本调查侦察的任务。他回国后写了《东瀛录》，书中还附有日本地图。1886年两广总督派记名总兵王荣和等游历南洋群岛，考察华侨状况。

1887年清政府还通过考试，从中央六部中下级官员（如郎中、员外郎、主事）中选拔钦点了12名海外游历使，分别派赴亚洲、欧洲、南北美洲二十多个国家，进行了为期两年的、以调查研究外国情况为主要任务的海外游历考察。海外游历使们最远到达了南美洲的智利、巴西等国，其路程之远及所到国家之多，是前所未有的。而且游历取得的外国调查研究的成果也是空前的。其中仅兵部郎中傅云龙一人就撰写了游历日本、美国、加拿大、古巴、秘鲁、巴西等国的调查报告和游记、纪游诗等共达110卷之多。可惜这批海外游历使回国后却没有被重用，也没有让他们在外交岗位上发挥作用，他们的外国调查研究成果也被束之高阁未受重视，以致这样一次走向世界的举动，竟然渐渐被历史所埋没和遗忘。

这个时期清政府开始向海外派遣官费留学生。最早是官派幼童留美。

1871年在容闳的建议下，曾国藩和李鸿章联名奏请派幼童赴美留学，获清廷批准。在上海设立出洋肄业局招生，从1872年至1875年先后分四批派遣120名10—16岁幼童赴美国留学。他们被分散安排在美国居民家中住宿，在美国的中学毕业后，陆续有五十多人考入耶鲁、哈佛、哥伦比亚等美国大学学习。留美幼童在美国学习勤奋，生活丰富多彩，同时思想、习俗也渐渐发生变化，如见了官员不愿下跪，要求穿西装，剪辫子，进出教堂等，因此被守旧顽固派攻击为"适异忘本，目无师长"，要求将留美学生赶快撤回。加上当时美国出现排华风潮，清政府在1881年决定将留美幼童全部撤回，以致幼童留美计划半途而废，令人遗憾！这些留美学生回国后不少人成为清末民初中国政界、军界、外交界、科技界和教育界的著名人物，为中国的现代化建设作出了贡献。如主持修建京张铁路，被誉为"中国工程师之父"的詹天佑、民国第一任内阁总理唐绍仪、清华学堂校长唐国安、北洋大学校长蔡绍基等。

1877年至1897年清政府又先后派遣了4批共八十多名学生留学欧洲，主要是英国和法国。因为这些学生大多数是从福州船政学堂学生中选拔的，赴欧主要是学习海军和造船和驾驶专业，故史称留欧船政学生。这些学生回国后成为中国早期海军和造船工业的骨干，为中国近代海军的创立、发展和工业化作出了贡献。晚清北洋舰队的主要将领、舰长如刘步蟾、林泰曾、邓世昌、林永升等都是留欧船政学生，并都在甲午战争中英勇为国捐躯。还有近代著名的启蒙思想家、翻译家、民国初年北京大学第一任校长严复，当年也是官派留学英国的船政学生。1896年清政府还选派了唐宝锷等13名学生赴日本留学，这是中国第一批官派留日学生。

值得注意的还有1896年李鸿章的出洋。当时清廷派大学士李鸿章为特命头等钦差大臣出席俄国沙皇尼古拉二世的加冕典礼。他负有"联俄拒日"的使命，与俄国政府签订了《中俄密约》，还应邀访问了德国、法国、英国、美国、加拿大等国，会见了各国元首和政要，如英国女皇维多利亚、德国首相俾斯麦、美国总统克利夫兰等。李鸿章使团是19世纪清政府派出的最高级别外交使团，此行共历时190天，水陆行程9万里，是晚清中国人走向世界历史上一件大事。

三、20世纪初：赴日留学、考察与五大臣出洋

1895年甲午战争后，中国民族危机空前严重，广大爱国知识分子强烈要求向西方与日本学习，通过改革或革命救亡图存。因此在20世纪初出现了一个赴日本留学和考察的热潮，成为晚清中国人走向世界第三个时期的新特色。当时清末新政急需人才，清政府实行提倡、鼓励官费、自费并举赴日留学的政策。1905年废除科举考试后，出洋留学也成了知识分子的重要出路。而且日本政府采取主动吸引中国留学生的政策，加上赴日留学路途近、交通方便、费用省、文字习俗相似等因素，都是留日热潮形成的重要原因。留日学生从1901年的200多人，1903年增到1300多人，1904年2400多人，1905—1906年猛增到8000多人，达到最高潮。大批中国青年学生争先恐后涌向日本留学，有的甚至夫妻、父子全家赴日。后来因中、日双方的限制政策和国内教育的逐渐普及、欧美国家也积极招收中国留学生，留日热才逐渐降温。1908—1909年减到5000多人，1911年辛亥革命后许多留日学生回国投身革命。与19世纪清政府派往欧美的官费留学生大多学习理工和海军不同，20世纪初以自费生为主的留日学生学习的专业非常广泛，从政法、文史、军事、外语、师范到理工、农医、商业以及音乐、美术、体育等等，而其中以学政法和陆军为最热门。很多留日学生在日本吸收新知识、新思想，参加爱国运动，逐渐从改良走向革命。他们利用在海外求学的条件，组织革命团体，出版革命书刊，使日本东京成为20世纪初中国革命派的主要海外基地。孙中山领导的同盟会的主要骨干如黄兴、宋教仁、胡汉民等都是留日学生。重要的革命宣传家如陈天华、邹容及历次武装起义的指挥和骨干如刘道一、秋瑾等，也都是留日学生，他们为发动辛亥革命推翻清王朝作出了重大贡献。

另外，归国的留日学生也是清末新政改革的骨干力量。筹备立宪、法制改革、教育改革、军事改革的许多建议、法令、制度都是他们起草的。不少归国留日学生成了清政府各种新政机构的官员和新军的各级军官。

除了赴日留学外，20世纪初还有大批中国官员、士绅、文人、学者或官派或自费赴日本考察游历。他们调查考察日本新政，涉及的范围很广，从宪政、法律、军事、教育、工业、商业、农业、交通到司法、卫生、监狱等等。

如教育方面从大学、中学、小学到职业学校、女子学校、聋哑学校、幼稚园，都有深入考察。他们还撰写了不少调查报告和考察笔记，为中国改革和建设提供借鉴和参考。

这个时期还应特别提到1905—1906年的五大臣出洋，它标志着晚清中国官员在走向世界的历程上又迈出了一大步。1905年由于民族危机加深和日俄战争的影响，中国要求立宪的呼声日益高涨，驻外公使和地方督抚也纷纷奏请仿效日本与欧美的政治，实行君主立宪。清廷决定派王公大臣出洋，深入考察欧美与日本的政治，归国报告后再作决策。于是就有了1905年的五大臣出洋。这次出洋的特点是官员级别高、随员多、目标明确、效果显著。出洋人选几经变动，最后派出的是镇国公载泽、户部侍郎戴鸿慈、湖南巡抚端方、山东布政使尚其亨和顺天府丞李盛铎五人，全都是王公亲贵和一、二品大员。还选调了近百名素质高的官员和归国留学生为随员。出洋目的是"分赴东西洋各国，考求一切政治，以期择善而从"。他们分成两路先后考察了欧美13国和日本，共半年左右。其中载泽一行重点是考察日本和英国、法国，戴鸿慈、端方一行重点是考察德国、美国和俄国。他们的考察虽以宪政为中心，但实际调查范围很广，涉及议会、政府、司法、工厂、银行、学校等，并请外国政治家和学者讲解宪政原理和各种制度，还大量收集、翻译各类外国图书资料。因此五大臣出洋收获丰硕，效果明显，直接推动了清政府预备立宪的决策。他们一回国就向慈禧太后和光绪皇帝复命，力陈中国立宪之必要，终于促使清廷在1906年9月1日正式颁布"仿行立宪"的上谕。他们还向慈禧和光绪进呈了介绍各国政治的《欧美政治要义》《列国政要》等书和大批外国书籍，对清末新政和预备立宪的各项改革和制度、法律建设有重要参考价值。

此外，戊戌变法失败后被迫流亡海外的维新派领袖康有为、梁启超等也周游列国，考察和分析各国政治和文化，撰写游记。如康有为写了《欧洲十一国游记》，梁启超1902年美洲之行，写了《新大陆游记》。他们的著作为中国人认识世界提供了新的视角和资料。

综上所述，我们可以看到晚清中国人特别是中国官员走向世界的一个大体发展轨迹。从在洋人带领下走出国门，到中国人独立周游世界；从选拔中下级官员海外游历，到派遣王公大臣出洋考察；从出洋观光或泛泛调查异国风情，到全面深入考察外国国情特别是政治制度；从回国后默默无闻几乎被历史遗忘，到推动立宪决策发挥重要作用。反映晚清中国官员在走向世界的艰难曲折道路上，一步一步地在前进，逐步地迈向国际社会，登上世界舞台。但同时也暴露了清王朝的衰败和腐朽，终究不能挽救其最后灭亡的命运。此外晚清走向世界的中国留学生也经历了从留美幼童的半途而废，到留欧船政学生的甲午悲剧，再到留日学生的革命风潮。中国爱国青年学生通过走向世界，走向革命，终于成了清王朝的掘墓人。

（原载于《文史知识》2011年第2期）

晚清中国改革先驱者的世界认识

一个自我封闭的国家，一个不认识世界的国家，是无法实现近代化的。晚清中国的改革先驱者们在认识世界和走向近代化的道路上，经过了漫长、曲折、艰难的历程。本文试图通过鸦片战争时期的魏源、洋务运动时期的郭嵩焘和戊戌维新时期的康有为这样几位晚清中国走向世界的杰出代表人物及其著作，勾画出19世纪下半叶，为争取中国的独立、富强和进步，改革先驱者们如何一步步认识世界和推动中国近代化进程的历史轨迹。

一、魏源与睁开眼睛看世界

长期以来，中国历代王朝的统治者都把中国看成是世界的中心，以"天朝上国"自居，而把其他国家视为野蛮落后的"夷狄"，应向自己朝拜进贡。清朝乾隆皇帝给英国国王乔治三世的敕书中就宣称："天朝统驭万国，一视同仁。"乾隆年间编纂的《皇朝文献通考》对世界的描述是："中土居大地之中，瀛海四环。"而乾隆与嘉庆年间所编的两部《大清会典》中，竟把西方国家包括英国、荷兰、意大利、葡萄牙等，都算作中国的"朝贡国"。1840年，英国发动的鸦片战争，像晴空霹雳，惊破了中国封建统治者的迷梦。可是他们对驾着炮舰入侵的英国人，却"实不知其来历"。道光皇帝仓皇向大臣询问英国究竟在什么地方？到底有多大？他甚至连英国是大西洋岛国这样的地理常识都没有，居然提出英国是否与俄罗斯接壤这样荒唐可笑的问题。鸦片战争中国失败丧权辱国的结局，说明了对世界愚昧无知的可悲。

受到鸦片战争的强烈刺激，中国官僚和知识分子中间的一批爱国开明的有识之士开始睁开眼睛看世界，了解国际形势，研究外国史地，总结失败的教训，寻找救国的道路和御敌的方法。而鸦片战争及战后闭关大门的开放，也使他们能够通过收集传入的外国报刊、书籍、地图，以及战争中审问英军俘虏和向外国商人、传教士直接询问等各种方式，获得许多世界知识。

林则徐（1785—1850）可以算得是近代中国睁眼看世界的第一人。他被道光皇帝派到广东领导查禁鸦片和抗英斗争时，就组织人翻译各种西方书刊。1841年，他组织翻译了英国人慕瑞的《世界地理大全》，并亲自加以修改润色，编成《四洲志》一书。书中叙述了世界五大洲30多个国家的地理历史，是中国近代第一部比较系统介绍世界地理的书籍。不过，该书基本上还只能算是一部译作。

林则徐在广东禁烟抗英有功，却遭到投降派的诬蔑陷害，竟被道光皇帝下令革职并流放新疆。1841年6月，林则徐在北上途中经过镇江会见了好友魏源。两人同宿一室，彻夜长谈。林则徐把自己在广州收集翻译的一部分外国资料和《四洲志》书稿交给了魏源，嘱托他进一步研究外国史地，编撰一部新书。魏源（1794—1857），字默深，湖南邵阳人，是当时著名的学者。他受托后立即埋头著述，除了引用《四洲志》全文外，还征引了历代史志、中外著作、翻译书刊、奏稿文件等各种资料，终于在1843年1月编成《海国图志》50卷共57万字。以后又陆续加以修订增补，1847年补充为60卷，1852年又增加到100卷。百卷本全书约88万字，并有各种地图75幅、西洋船炮器艺图说42页。其内容除世界各国的历史地理以外，还有总结鸦片战争经验教训论述海防战略战术的《筹海篇》、翻译西人论述的《夷情备采》及西洋科技船炮图说等。这是近代中国人自己编撰的关于世界史地的第一部重要著作，也是当时东亚国家关于世界知识最丰富的一部巨著。当时中国人编写的其他关于世界史地的著作，还有徐继畬的《瀛环志略》、梁廷枏的《海国四说》等。

魏源的《海国图志》冲破了"中国中心""天朝上国"等传统旧观念，树立了中国并非世界中心而只是世界一员，而且应向外国的长处学习的新世界观念。他把香港英国公司绘制的地球全图放在全书之首，如实反映世界整体面貌和中国在世界上的位置及大小。书中强调"以夷人谈夷地"，利用外国资料，力图介绍世界各国的真实情况及各种近代自然科学知识。更可贵的是，他在《海国图志》中提出了"师夷长技以制夷"的思想，就是要了解世界形势，学习外国先进的军事和科学技术，以实现富国强兵，抵御外国侵略的目标，开创了中国近代向西方学习、探索近代化道路的时代新风，对以后的洋务运动、维新运动都具有重要的思想启蒙意义。

值得注意的是，魏源的《海国图志》很快就传入日本，广泛流传并引起强烈反响，推动了日本的开国与维新。据长崎进口汉籍账目档案，《海国图志》传入日本最早是在1851年，由中国赴日贸易商船带去3部。但被长崎奉行所官员发现书中有涉及天主教的文字，按德川幕府的《天保镇压西学令》上交幕府，最后由官方的御文库和学问所征用。以后仍不断有《海国图志》输入的记载，而且由于在市场上供不应求，书价不断上涨。《海国图志》受到日本有识之士的重视，纷纷加以翻印、研读、评论。据笔者在日本各图书馆调查所见，仅仅自1854年至1856年的3年之中，日本出版的关于《海国图志》的选本就有21种之多。其中按原文翻印的翻刻本和加训读符号的训点本有6种，日文翻译的和解本有15种。选本的内容有关《筹海篇》、《夷情备采》、武器图说的有5种，关于美国的有8种，关于英国的3种，关于俄国的2种，其他关于法国、德国、印度的各1种，从中也可以反映出幕末日本人对世界各国不同的关心程度。

中国近代第一部介绍世界史地和海防知识的名著《海国图志》传到日本，对同样面临西方列强冲击、急于了解世界和加强海防的幕末日本人士有很大的启发和帮助。因此当时日本学者杉木达高度评价道："本书译于幕末海警告急之时，最为有用之举。其于世界地理茫然无知的幕末人士，此功实不可没也。"[1]学者南洋梯谦甚至推崇《海国图志》是一部"天下武夫必读之书也"[2]。幕末维新思想家佐久间象山、吉田松阴等都深受《海国图志》影响。象山甚至把魏源称作自己的"海外同志"[3]。松阴被囚于野山狱中仍潜心钻研《海国图志》。因此中国近代著名思想家梁启超在一篇文章中认为："日本之平象山、吉田松阴、西乡隆盛辈，皆为此书所刺激，间接以演尊攘维新之活剧。"[4]

遗憾的是，《海国图志》在中国反而受到统治者的冷落。清朝皇帝和权

---

① 杉木达：《美理哥国总记和解跋》，常惺篆刊行，日本安政元年（1854）。

② 南洋梯谦：《海国图志筹海篇译解》序，再思堂，1855年。

③ 佐久间象山：《跋魏邵阳圣武记后》，《日本思想大系》55，岩波书店，1917年，第415页。

④ 梁启超：《论中国学术思想变迁之大势》，《饮冰室合集》第1册文集之七，中华书局1989年版，第97页。

贵们在鸦片战争后不仅不吸取教训亡羊补牢，改弦更张，反而迷信和议，苟且偷安，依然麻木不仁，不肯积极认识世界。正如魏源所揭露的那样，如果有人主张师夷长技造船制炮，则被斥为"糜费"，如果有人建议翻译洋书、了解外情，则必被指责为"多事"[①]。以至日本人士也为之扼腕叹息。学者盐谷宕阴感叹："呜呼，忠智之士，忧国著书，不为其君所用，而反落他邦。吾不独为默深悲矣，而并为清帝悲之！"[②]

二、郭嵩焘与走出国门看世界

19世纪40—50年代最初开眼看世界的先驱者们尚未有机会走出国门。他们描述世界史地的著作，主要是参考西方人编著的书籍、地图和中国的史志、游记等资料编成。由于条件局限，基本上是依靠别人的知识和经验来间接地认识世界。对西方"长技"的认识，也仅停留在武器、科技等方面。

19世纪60年代开始，在太平天国农民起义和第二次鸦片战争的双重打击下，清朝统治集团为挽救自己的统治，进行了一场以"自强""求富"为目标的洋务运动。洋务运动以学习西方军事、工业、科技、教育为主要内容。为此，清政府开始陆续派官员出国游历考察，派外交官长驻外国，还派留学生出国留学。中国少数官僚和知识分子终于有机会跨出国门，通过自己的眼睛观察外国，主动地、直接地去认识世界。俗话说"百闻不如一见"，这些人自然会产生新的世界认识，同时也会发生与传统保守势力的冲突。郭嵩焘就是这批洋务官僚知识分子中的佼佼者，同时又是一位孤独的先行者。梁启超曾经这样描写过他："光绪二年，有位出使英国大臣郭嵩焘，做了一部游记。里头有一段大概说，现在的夷狄和从前不同，他们也有二千年的文明。嗳哟，可了不得，这部书传到北京，把满朝士大夫的公愤都激动起来了，人人唾骂，日日奏参，闹到奉旨毁板，才算完事。"[③]

郭嵩焘（1818—1891），字伯琛，号筠仙，湖南湘阴人。19岁中举人，29岁成进士，历任翰林院编修，江苏道台，代理广东巡抚，兵部、礼部侍郎，跻

① 魏源：《海国图志·筹海篇》，岳麓书社1998年版，第26页。
② 盐谷宕阴：《翻刊海国图志》序，江都书林，1854年。
③ 梁启超：《五十年中国进化概论》，《饮冰室合集》第5册文集之三十九，第43页。

身于封建士大夫上层。他曾在上海、广东接触过西人、西学，认为办洋务必先"通其情、达其理"。郭嵩焘虽然与曾国藩、左宗棠、李鸿章等洋务派首领关系颇深，却批评他们提倡的练兵、制器、造船、筹饷，都是"末也"，而认为西方的"政教"，即政治、法律、教育，才是"本也"。可见他在出国前见识已超过同时代洋务派官员。

1876年，清政府任命郭嵩焘为"出使英国钦差大臣"，这是近代中国向西方派遣的第一位驻外公使。在当时，多数封建官僚知识分子都自命清高，轻视涉外事务，甚至把出使外国视为放逐苦差，因此很多人都劝他辞谢使命，以保声名，有人还以为他"可惜""苦命"。连慈禧太后也对他说："这出洋本是极苦差使"，"你须是为国家任此一番艰难"①。郭嵩焘此时虽已年近六十，有病在身，但考虑到国家多难，任重道远，而且可以进一步"通察洋情"，"探究西学和西洋政教"，因此毅然受命。

郭嵩焘于1876年年底由上海出发，1877年1月21日抵伦敦，至1879年1月31日离英归国。他在英国虽然只有两年时间，但作为中华帝国出使西方世界的第一位高级官员，经过亲自观察与思考，对世界尤其是西方政治与文化，生发出许多新的认识。首先是通过实际考察，他认为对西洋各国再不能以夷狄视之，指出"西洋立国二千年，政教修明，具有本末"。他敢于承认西方资本主义文明已超过中国封建文明，并列举大量事实说明欧洲国家的文明程度。如出席伦敦万国公法学术讨论会，见其"议论之公平、规模之整肃"，在中国从未见过。承认落后是进步的起点，郭嵩焘树立这种世界认识是需要很大的勇气和理智的。

其次，郭嵩焘对西方世界长处的认识不同于一般洋务派官员常说的练兵、制器（办工业），而更注重西方资产阶级民主的政治制度。他认为，"西洋所以享国长久，君民兼主国政故也"。他对西方国家的议会制加以赞扬，不仅亲临会场旁听，而且向人询问并作笔记，还把心得写信告诉亲友、上奏朝廷，希望改革中国政治。他还参观西方监狱等司法机构，对其整洁严明赞叹不已。郭嵩焘批评李鸿章等洋务大员"专意考求富强之术，于本源处尚无讨论，是治末而忘其本，穷委而昧其源也"。同时，他还提倡学习西方资本主义的经

---

① 郭嵩焘：《伦敦与巴黎日记》，岳麓书社1984年版。郭嵩焘言论引文大多出自该书，不再一一加注。

济、文化和教育。他一边实地考察西方国家的工厂、学校，一边探讨西方的经济、教育理论。他主张在中国发展民族企业，以利民政策达到民富的目的。并强调教育在建设近代文明中的重要作用，建议多办学校，多派留学生，学以致用。他还呼吁加强对西方文化学术的介绍和研究，使中国人了解世界，跟上世界发展潮流。他在日记中曾经详细地记述了希腊学术史和欧洲科学史，可能是近代中国最早的介绍。

值得一提的是郭嵩焘在英国还曾会见日本人士，与他们探讨近代化的途径，并对中日两国学习西方的情况加以比较。他在伦敦曾会见赴英考察的日本前大藏大辅井上馨，畅谈经济税收等问题，并询问井上馨读过哪些洋书，记下了亚当·斯密、约翰·穆勒等名字。他在日记中赞叹井上馨"所言经国事宜，多可听者。中国人才相距何止万里，为愧为愧！"他还比较当时中国在英国的留学生不过数人，而且全是学海军的，而日本在英国的留学生则有二百多人，仅伦敦就有90人，学习各种技艺。郭嵩焘就亲自见过二十余人，"皆能英语"。有一位名叫长冈良之助，原是诸侯，也在英国学习法律。他深深感到日本全面学习西方，日新月异，连西方人也佩服其"求进之勇"，而中国人仍然"自以为安"，不禁"深为忧惧"。

由于郭嵩焘的世界认识超过了前人和同时代人，竟遭到保守势力的诋毁和围攻。他出使之初，曾把途经香港、新加坡、锡兰等地到伦敦的50天见闻写成《使西纪程》一书抄寄总理衙门刊印。因为书中赞扬了西方的政治和文化，并批评中国官员不明时势虚骄自大，立刻引起轩然大波，遭到保守势力的围攻。李慈铭竟责问他"不知是何肺肝？"翰林院编修何金寿甚至弹劾他"有二心于英国"[①]。以致清政府下令把《使西纪程》毁版，禁止刊印。

在出使英国期间，郭嵩焘又遭到顽固派副使刘锡鸿的诬蔑陷害。刘锡鸿向朝廷揭发郭嵩焘的所谓"三大罪"，实际上非常可笑。第一件是说郭嵩焘参观甲敦炮台时披了洋人的衣服。他认为"即令冻死，亦不当披！"第二件是指郭嵩焘见到巴西国王时起立，认为"堂堂天朝，何至为小国主致敬！"第三件是揭发郭嵩焘到白金汉宫听音乐，取节目单是"仿效洋人所为"。刘锡鸿还抄录英国蓝皮书中称誉郭嵩焘的一段议论，作为其里通外国的证据。郭嵩焘上疏

---

① 王闿运：《湘绮楼日记》，商务印书馆1927年版。

为自己辩解，反而遭到朝廷的斥责。国内保守势力也纷纷要求将他撤职查办，"以维护国体人心"。在这种形势下，郭嵩焘只得自行引退，奏请因病辞职，清政府很快另派曾国藩的儿子曾纪泽接任驻英公使。郭嵩焘回国后再也不受任用，甚至回到故乡湖南，还受到当地守旧士绅的敌视和谩骂。他却坚定地表示"谤毁遍天下，而吾心泰然"。这位近代中国第一位驻外公使，宁可做一个在认识世界和走向世界历程上充满悲剧色彩的孤独的先行者。

三、康有为与仿洋改制看世界

1894年至1895年的中日甲午战争在给中国带来巨大历史灾难的同时，也刺激了中华民族的觉醒。甲午之败、马关之辱和接踵而来的瓜分狂潮使中国人普遍产生了亡国灭种的危机感和难于立足于世界民族之林的耻辱感。先进的中国人开始把认识世界与顺应世界潮流变法维新、救亡图存紧密地结合起来。戊戌维新运动的领袖康有为就是其中杰出的代表人物。

康有为（1858—1927），名祖诒，字广厦，号长素，广东南海人。青年时代他除学习传统儒学外也钻研西学，了解世界大势和各国历史。甲午战争后康有为奔走呼号，陈述时势之险恶、救亡之危急。他对世界形势作了新的认识和判断，强调当今世界是一个列国竞争的世界，各国"争雄竞长，不能强则弱，不能大则小，不能存则亡"[①]，而中国"既不能出大地之外，又不能为闭关之谋"，只有在竞争中求生存。康有为放眼世界，比较研究各国历史与政治，一方面看到亚非许多国家被西方列强宰割，都是"守旧不变，君自尊，与民隔绝之国也"，说明守旧就会亡国，可作前车之鉴。另一方面他又看到欧美一些国家和日本通过资产阶级革命或改革走上富强之路，可作学习榜样。例如俄国通过彼得大帝改革，"变政而遂霸大地"；日本经过明治维新，"改弦而雄视东方"。因此他得出结论：在当今竞争的世界上，要救亡自强，"除变法外，别无他图"。[②]

过去论者常常强调，康有为的"托古改制"即把儒家圣人孔子说成变法

---

① 康有为：《日本变政考》序，北京故宫博物院藏进呈本。

② 康有为：《上清帝第五书》，《康有为全集》第4集，中国人民大学出版社2007年版，第6页。

改制的祖师爷，为其发动维新提供历史根据。而笔者认为，康有为的"仿洋改制"才是其发动维新运动的最重要的理论根据，而且更集中地反映了他认识世界、要求向西方学习、走资本主义近代化道路的政治主张。也是他在戊戌维新期间花精力最多的一项工作。

在以康有为为首的维新派的大力宣传鼓动下，许多人认识到要救中国只有维新，要维新只有学外国，年轻的光绪皇帝也决心实行变法。可是究竟怎么样学外国，外国有哪些变法经验教训呢？皇帝与大臣们都"不知万国情状"。因此康有为决定下功夫编纂一批列国变政考进呈给光绪皇帝，介绍各国变法经过，"究其本原，穷其利弊"，总结历史经验教训，提出中国近代化的蓝图，以供中国变法维新借鉴采用。据康有为自编年谱，他在1898年戊戌维新期间，先后向光绪皇帝进了《俄彼得变政记》《日本变政考》《波兰分灭记》《列国比较表》及法国、德国、英国变政考等书。这些书除了《俄彼得变政记》外都没有刊印，以往一般认为经过戊戌政变早已被销毁，难于再睹其真面目了。然而值得庆幸的是，除了英、法、德等国变政考尚无下落可能根本没写出来外，康有为当年进呈给光绪皇帝的《日本变政考》《波兰分灭记》等书仍原璧保存于北京故宫博物院内。笔者1980年初在故宫发现《日本变政考》进呈原本后，曾在《历史研究》杂志发表长篇考证评介文章[①]。下面对康有为为仿洋改制而写的3部外国变政考略作介绍。

《俄彼得变政记》于1898年3月进呈光绪，并收入同年4月上海大同译书局出版的《南海先生七上书记》之中。康有为希望光绪皇帝"以俄大彼得之心为心法"，"以君权变法"。他首先要求光绪学习彼得大帝顺应历史潮流树立变法决心。其次要求光绪学习彼得"破弃千年自尊自愚之习"，仿行"万国之美法"。最后，针对中国守旧顽固势力千方百计阻挠破坏变法，他希望光绪学习彼得大帝"乾纲独断"，雷厉风行打击旧势力。这部书对光绪皇帝下决心下诏维新起了很大作用。

《波兰分灭记》共7卷，是百日维新后期即1898年8月中旬进呈，其目的和重点是如何扫除变法的阻力把变法进行到底。康有为用这部书为光绪皇帝提供了波兰由于变法不及时、不果断，遭到守旧派破坏和外国干涉，以致变法失

---

① 王晓秋：《康有为的一部未刊印的重要著作——〈日本变政考〉评介》，《历史研究》1980年第3期。

败被瓜分灭国的惨痛教训，作为中国的"前车之鉴"。光绪阅后很受刺激和启发，增强了变法的勇气，不久就采取了撤去礼部六大臣职务等打击守旧势力的重大行动。

康有为所写外国变政考中最重要的一部，也可以说是他的仿洋改制维新思想的代表作是《日本变政考》。这是他奉光绪皇帝旨意于1898年7、8月间分卷陆续进呈的。我在故宫发现的进呈本正文共2函12卷，另有附录《日本变政表》1卷，约15万字左右。《日本变政考》是一部编年体史书，以明治元年至明治二十三年，按时间顺序分条记载日本明治维新后的大事和各项改革措施，并加上自己的按语，一方面分析日本政府采取此项改革措施的原因、方法和意义，论述其成效、利弊，另一方面则结合中国实际情况，提出中国变法维新的具体建议，集中体现了康有为的变法主张。可以说是一份中国通过变法维新向西方和日本学习实现近代化的蓝图。

康有为通过对世界的认识和对东西方各国历史的分析比较，选择了日本明治维新作为中国维新变法最理想的榜样。他认为日本经过明治维新达到富国强兵和甲午战争取胜的成效已足以证明变法的必要和可能，而日本明治维新的具体步骤措施也为中国变法指明了改革的途径和方法。日本变法的利弊曲折，则提供了借鉴的经验教训，可以"收日人已变之成功，而舍其错戾之过节"。康有为幻想依靠光绪皇帝像明治天皇一样亲掌大权发号施令，以君权在中国实现自上而下的资产阶级改革。而且日本与中国地理、风俗、文化相近，学习日本变法有许多方便条件和有利的心理因素。因此康有为在《日本变政考》的最后断然宣称："我朝变法，但采鉴于日本，一切已足。"

《日本变政考》不仅描述了日本明治维新改革的整个过程，也涉及中国戊戌维新所需变革的各个方面。康有为把自己仿洋改制的主张、建议，有时寓意于记载日本维新的史实之间，有时则直接阐发于自己所写的按语之中。他把这部书进呈给光绪皇帝，希望此书成为光绪皇帝变法的指南、实行戊戌维新和中国近代化的蓝图。所以他在书的跋语中对光绪说："切于中国之变法自强，尽在此书，臣愚所考万国书，无及此书之备者。""我皇上阅之，采鉴而自强在此。若弃之不采，亦更无自强之法矣！"[1]俨然有欲以一部书救中国的气

---

① 康有为：《日本变政考》跋，北京故宫博物院藏进呈本。

概。光绪皇帝见到《日本变政考》果然如获至宝，一卷刚进，又催下卷，"日置左右，次第择而行之"。百日维新期间光绪的许多新政命令诏书都参考了《日本变政考》的内容。但是，由于中国戊戌维新与日本明治维新的时代、国情、条件都有很大不同，尤其是中国新、旧势力力量对比太悬殊，1898年9月21日，以慈禧太后为首的强大守旧势力发动政变，百日维新迅速失败。光绪皇帝被幽禁于中南海瀛台，康有为、梁启超被迫流亡海外，连《日本变政考》等书也被长期打入冷宫无人知晓。中国近代化又遭到了一次挫折和延误。

近代中国人认识世界和走向近代化的道路尽管艰难曲折，却在不断前进。中华民族经过一个多世纪的努力奋斗，终于昂首走向世界，自立于世界民族之林，开创了现代化建设的新时代。

（原载于《光明日报》1996年1月30日）

晚清中国人走向世界的一次盛举

关于晚清中国人走向世界的历史，其中19世纪下半叶清政府陆续向国外派遣使团、外交官、留学生的历史，已经受到国内外学术界的关注，并取得了不少研究成果。如对斌椿使团、蒲安臣使团，郭嵩焘、曾纪泽等驻外使臣，容闳与留美幼童、留欧船政学生等的研究。然而，令人感到惊讶和遗憾的是，对于1887年清政府同时派遣12名海外游历使分赴世界四大洲二十多个国家游历考察这样一次走向世界的盛举，长期以来竟然在各种清史、中国近代史和中外关系史著作和教材中，均无记载。甚至专门研究近代中国人走向世界和海外游历的著作和文章中，也很少涉及。它几乎成了一段被遗忘被埋没的历史。

有鉴于此，笔者近20年来锲而不舍，潜心这项研究课题，力图挖掘和探索这段一度辉煌而又被遗忘埋没的晚清历史。本文将首先论述1887年海外游历使在历史上的地位和特色，阐明为什么说它是19世纪80年代中国人走向世界的一次盛举？它究竟在哪些方面超越前人甚至打破历史的记录？并且简要介绍1887年清政府派遣海外游历使的背景、由来、选拔考试、游历章程、人员统计及游历概况。其次论述海外游历使归国的境遇与这段历史被遗忘和发掘的经过。如他们回国后的任用、奖励情况，如何受到压制和忽视？这段历史又怎样逐渐被淡化和遗忘？以及我们今天如何通过史料的收集梳理，重新发掘这段被埋没的历史。本文最后还要探讨1887年海外游历使被遗忘埋没的原因，以总结历史的经验教训。他们回国后为什么没有受到应有的重视，不能发挥应有的作用？调研成果也未能产生应有的影响，究竟原因何在？

一、晚清中国人走向世界的一次盛举

为什么要把1887年清政府派遣海外游历使之举，称为晚清中国人走向世界的一次盛举呢？这是因为它超越前人，打破了好几项历史的纪录。

为了说明这个问题，有必要先简单回顾一下清代中国人走向世界的历程。在1840年鸦片战争之前，由于清政府实行闭关政策，严格限制中国人出海贸易和旅行，极少数能去西方的中国人，一类是跟随西方天主教传教士搭乘外国商船到欧美旅行和留学的中国人，如随耶稣会传教士赴意大利和法国学习的中国天主教徒。还有一类是在沿海航行遇到风暴而被西方船只救起带往欧美国家的中国商人和船民，如口述《海录》的广东人谢清高等。而鸦片战争后，19世纪40—50年代出国的中国人则主要是以下几种人，一种是被西方殖民者诱拐贩卖的中国契约华工，又被称为"苦力"或"猪仔"。另一种是从事对外贸易的中国商人和替西方洋行或外国外交、宗教、文化教育机构团体服务的买办、雇员、翻译。如1847年受美国商人雇用赴美的林鍼，写过一部《西海纪游草》。还有广东南海人罗森，被美国培理舰队聘为汉文翻译，1854年随培理赴日本，参与日本神奈川条约的签订，回国后写了《日本日记》，刊登在香港中文月刊《遐迩贯珍》上。第三种是由外国传教士带到西方留学的中国青少年，其中最著名的是1847年被美国传教士、中国香港马礼逊学堂校长布朗带到美国留学的容闳和黄宽、黄胜等人。

第二次鸦片战争后的19世纪60年代，清政府才开始派遣官员和使团出国。最早是1866年（同治五年）利用海关总税务司英国人赫德请假回国结婚的机会，派前山西襄陵县知县斌椿带领其子广英还有德明（即张德彝）、凤仪、彦慧等三位同文馆学生，一起随赫德赴欧洲游历。这是近代中国第一个官派游历使团。接着，1868年清政府又向海外派遣了第一个正式外交使团蒲安臣使团。这是以刚卸任的美国驻华公使蒲安臣为团长，加上两位清政府总理衙门章京志刚和孙家谷，还有一位英国人驻华使馆翻译柏卓安和一位法国人海关职员德善组成。晚清中国官员走向世界就是在"洋大人"的带领和操纵下跨出了第一步。而1870年清政府派遣的第一位贵族大臣外交特使崇厚，其出洋使命则是为"天津教案"向法国政府道歉，充满了屈辱的色彩。甚至1875年清政府派遣的第一位出使外国钦差大臣、驻英公使郭嵩焘，最初的使命也是因"马嘉理案件"而赴英国道歉的。其后的19世纪70—80年代，清政府陆续派出了一批驻欧美和日本等国的使臣与外交官。同时还派遣一些官员赴欧美和日本考察、调查或游历。如1876年参观美国费城世界博览会的浙江海关文案李圭。1874年调查美洲古巴、秘鲁华工问题的陈兰彬与容闳。1879年受北洋大臣李鸿章派遣到欧洲考察工厂并订购铁甲舰的徐建寅。同年受南洋大臣沈葆桢派遣到日本侦察的王之春等。此外还有1872—1874年容闳带领赴美留学以后又于1881年全部撤回的四批留美幼童，以及1877年开始福建船政学堂派出的留欧船政学生。

以上便是1887年海外游历使派遣前中国人走向世界的概况和背景。总的特点是步履蹒跚，行为被动，甚至常带屈辱色彩，对外国调查研究也不够深入。

那么1887年清政府派遣海外游历使之举又是怎样一次盛举，打破了哪些历史纪录呢？

其一，清政府破天荒第一次为中央各部保举出国的几十名官员举行了别开生面的选拔考试。这次考试完全不同于以往的科举考试，只考外交与洋务方面论文，笔试后又经总理衙门大臣面试，最后由皇帝亲自圈定12名海外游历使，可谓是清代历史上选拔出洋官员的一次创举。

1887年清政府派遣海外游历使之举实缘起于1885年1月（光绪十年十二月）御史谢祖源的一份奏折《时局多艰，请广收奇杰之士游历外洋》。他在奏折中对同治以来派遣出使人员的状况提出批评，认为以往的出使人员特别是使馆各级外交官真正由科举正途出身的不多，传统文化修养不足，素质太差，而且出国后耳濡目染易被"洋化"，不堪担当出使重任。因此他主张要选拔科举正途出身的翰林院、詹事府、六部的士大夫出国游历，从中培养出使人才。谢祖源建议："今翰詹部属中，不无抱负非常者，可否令出使大臣，每国酌带二员，给以护照，俾资游历。一年后许其更替，愿留者听。其才识出众者，由出使大臣密保，即备他日使臣之选，亦可多数员熟悉洋务之人。"[①]它实际上是代表了通过科举考试获得进士功名的所谓正途出身而又未被重用的翰林院及六部中下级官员说话，争取出洋游历和充当使臣的机会。

谢祖源的奏折获得了光绪皇帝、慈禧太后及周围亲贵大臣的赞同。光绪皇帝便谕令总理衙门议奏。1885年3月27日（光绪十一年二月十一日）总理衙门大臣庆郡王奕劻等向皇帝复奏。首先肯定了出洋游历和培养使才的必要性。"是以欲周知中外之情，势必自游历始。""今外务日繁，诚宜广为储才，以

---

① 葛士濬编：《皇朝经世文续编》卷一二〇，光绪二十四年，上海宏文阁藏版。

收群策群力之效。"然后婉转地反驳了谢祖源的批评，"历年奉使及参佐人员，亦多取材于曾任翰林詹部属之人"，至于使馆随员翻译则不能光讲学历出身，而应从需要与能力出发。最后复奏表示接受谢祖源的建议并稍加变通。"至翰詹部属中，如确有制器、通算、测地、知兵之选，坚朴耐劳，志节超远，可备出洋游历者，可否请旨饬下翰林院、六部，核实保荐，并资送总理各国事务衙门考核，再行奏请发往各国游历。"①

总理衙门大臣奕劻等议覆御史谢祖源奏请派员游历外洋的奏疏，得到了光绪皇帝的批准，并通知了翰林院、六部及驻外使馆。但具体实施却一直拖了下来，各部门并不积极，未见动静。直到1887年1月3日（光绪十二年十二月初十）光绪皇帝又下谕旨："前据谢祖源奏请饬保荐出洋人员，经总理衙门议覆，请由翰林院六部核实保荐，现在凡及两年，尚未据保荐有人，着该衙门传知翰林院、六部迅即查明有无可以保荐之员，限三个月内咨覆该衙门，勿再迟延，钦此。"②

在皇帝严旨催促下，六部不得不开始陆续保荐本部官员，选拔游历使的程序终于真正启动。总理衙门也于1887年5月18日（光绪十三年四月二十六日），特别拟定了《出洋游历章程》，"缮呈御览"。③《章程》共14条，是一份派遣海外游历使的基本纲领性文件，同时也包括了一些具体实施细则。《章程》第一条规定选派出洋游历官员的人数，由于经费只能从出使经费中节省出来，因此人数只得限定十至十二名。第二条规定采取考试选拔方式，由于"各衙门人员之愿出洋者，固不乏有志有才之士，然其中志大才疏，于洋务一道难以体贴者，亦恐难免"。因此各衙门保举人员"名单会齐之后"，拟由总理衙门"定期传集考试，以定去取"。第三条规定游历期限为二年。第四条规定游历使的薪水待遇。第五条规定交通费的报销。第六条规定薪水的预支和借支办法。第七条规定差旅费报销细则。第八条建议游历使随时咨询驻外使领馆。第九条规定了游历使调查考察的任务，要求游历使"游历之时应将各处地形之要隘、防守之大势以及远近里数、风俗、政治、水师、炮台、制造厂局、

---

① 葛士濬编：《皇朝经世文续编》卷一二〇，光绪二十四年，上海宏文阁藏版。
② 《大清德宗景皇帝实录》卷二三六，北京中华书局1987年影印本。
③ 《总理衙门各国事务衙门庆郡王奕劻等奏为拟游历人员章程事》，王彦威辑，王亮编：《清季外交史料》卷七一，民国二十年北平清季外交史料编纂处铅印本。

火轮舟车、水雷炮弹，详细记载，以备考察"。第十条鼓励游历使学习外语与西学。第十一条规定游历使回国后应向总理衙门总结汇报，清政府将根据其成绩优劣，分别给予保举官职和奖励。第十二条关于领取护照。第十三条规定游历使领到护照后应尽快动身，不必等齐后同时出洋。第十四条规定了游历使的请假制度。这份相当细致周密的《出洋游历章程》经过光绪皇帝朱批"依议"之后，派遣海外游历使的计划就正式进入了考试选拔和派遣的实施阶段。

1887年6月12日至13日（光绪十三年闰四月二十一日至二十二日），在北京总理各国事务衙门所属的同文馆大厅内，举行了两场别开生面的考试，这就是中国近代史上第一次选拔出国游历官员的考试。与传统的科举考试科目不同，这次既不考四书五经，也不考八股诗文，而只作关于边防、史地、外交、洋务方面的策论。

这次考试是由总理衙门大臣主持的，当时掌管总理衙门的王大臣是庆郡王奕劻，他在1884年取代恭亲王奕䜣，而从出题到阅卷具体主办这次考试的，则是上年（1886）从出使英国公使任满回国任总理衙门大臣的曾纪泽。根据曾纪泽本人日记的记载，此次游历使选拔考试考场设在总理衙门所属同文馆大厅内，试题由曾纪泽亲自拟定。6月12日考吏、户、礼三部保送人员，由曾纪泽与沈秉成、续昌监考阅卷。6月13日考兵、刑、工三部保送人员，由曾纪泽与福锟、廖寿恒监考阅卷并最后判定名次。六部共保送人数为76人，实际出席考试人数为54人。[①]

至于考试的题目，据应试的兵部郎中傅云龙记载，第一天的试题是"海防边防论"与"通商口岸论"，第二天的试题是"铁道论"与"记明代以来与西洋各国交涉大略"。[②]两天考试共初步录取28人。其中兵部郎中傅云龙名列第一，1887年10月28日的《申报》特地在头版刊登了他的试卷《记中国明代以来与西洋交涉大略》，"愿与留心世事者共击节赏之"。[③]

通过选拔考试初步录取的28名六部官员，先由总理衙门大臣接见面试，以"观其器识"。然后再带领这些官员向皇帝引见，最后由光绪皇帝亲自用

① 曾纪泽：《曾纪泽日记》下册，岳麓书社1998年版，第1597页。
② 傅云龙：《游历日本图经余纪》，见《走向世界丛书》第1辑，第3册《甲午以前日本游记五种》，岳麓书社，第192页。
③ 《申报》1887年10月28日第1版。（光绪十三年九月十二日）

朱笔圈定傅云龙等12人为正式钦定游历使，派遣他们分别游历亚洲、欧洲及南北美洲各国。这12名海外游历使的姓名、籍贯、出身、职务和年龄状况如下：傅云龙，浙江监生，兵部候补郎中，46岁。缪祐孙，江苏进士，户部学习主事，33岁。顾厚焜，江苏进士，刑部学习主事，44岁。刘启彤，江苏进士，兵部学习主事，33岁。程绍祖，江西监生，兵部候补主事，38岁。李秉瑞，广西进士，礼部学习主事，32岁。李瀛瑞，山东进士，刑部候补主事，40岁。孔昭乾，江苏进士，刑部候补主事，31岁。陈爔唐，江苏进士，工部学习主事，31岁。洪勋，浙江进士，户部学习主事，32岁。徐宗培，顺天监生，户部候补员外郎，32岁。金鹏，广西进士，户部学习主事，33岁。[①]

如果我们对以上名单中的数据作一个计量统计分析的话，可以发现这批海外游历使的一些共同特点。第一，他们基本上都是科举正途出身，其中进士9名，监生3名。第二，他们基本上都是中央六部衙门五六品的中低级官员，其中有五品郎中1名、员外郎1名，六品主事10名。而且又都是候补官员，大多是闲职的六部京官，其中户部4名，兵部3名，刑部3名，工部、礼部各1名。第三，其籍贯以江浙籍居多，其中江苏5名，浙江2名，广西2名，江西、山东、顺天（北京）各1名，这可能与江浙文化较发达思想较开放有关。第四，其年龄均为三四十岁，正是思想较敏锐、精力较充沛之时，其中31—38岁年龄组有9人，40—46岁年龄组有3人。可见，经考试选拔录取的1887年海外游历使，基本上是一批文化素质较高，有进取心而又年富力强，希望通过出洋游历改变生活经历并得到仕途提升的中央政府机关里的中青年中低级官员。

其二，清政府第一次同时派遣12位官员前往亚洲、欧洲、南北美洲的几十个国家，进行为期两年的游历考察，最远到达南美智利和加勒比海的古巴等国。其路程之远及所到国家之多，都是史无前例的。而且这批游历使全部是中国官员，无一洋人参与，并在所到之处，进行了大量调查研究、友好外交和文化交流活动。

根据《光绪朝朱批奏折》中总理衙门1887年8月28日（光绪十三年七月初十）的奏报，总理衙门把12名钦定游历使分成5组，并分别确定了游历应往之国。具体分别派遣名单如下：第一组傅云龙、顾厚焜前往日本国、美利坚合众

---

① 据《申报》1887年10月28日第1版公布的考试录取考察游历人员名单。

国、附英国属地之在美利加者（即加拿大）、秘鲁国、附日斯巴尼亚国（即西班牙）属地古巴及巴西国游历。第二组刘启彤、李澜瑞、孔昭乾、陈爋唐，前往英吉利国及印度等处之英国属地，法兰西国及阿尔吉利（即阿尔及利亚）等处之法国属地游历。第三组李秉瑞、程绍祖前往德意志国、奥斯玛加国（即奥地利）、荷兰国、比利时国、丹玛国（即丹麦）游历。第四组缪祐孙、金鹏前往俄罗斯国游历。第五组洪勋、徐宗培前往西班牙国、葡桃牙（即葡萄牙）国、意大利国及瑞典、哪威（即挪威）各国游历。[①]仅在该名单中已指明的游历任务国已有亚洲、欧洲、北美洲、南美洲、非洲的21个国家，而实际上根据游历使后来的行程游记，他们游历的国家及途中顺带考察游历的国家更大大超过了这个数字。他们游历的路程之远和所到国家之多，打破了历史的记录。在此之前1868年派遣的蒲安臣使团最多到过美洲的美国和欧洲的英国、法国、瑞典、丹麦、荷兰、普鲁士、俄国、比利时、意大利、西班牙等11国。而明代郑和下西洋最远也只到了东非的肯尼亚。[②]

　　下面再以几组游历使的游历路线和里程为例作具体介绍。如傅云龙、顾厚焜一组1887年10月2日从北京起程，先到天津和上海考察一些洋务企业，收集资料，聘雇翻译仆役，作出国准备。11月12日从上海出发，乘船先到日本游历考察6个多月后，再乘船横渡太平洋，于1888年5月14日到达美国西海岸旧金山，随后坐美国南太平洋铁道公司的火车横穿美国到首都华盛顿。9月下旬自美国东北部乘火车到加拿大蒙特利尔和首都渥太华等地短期游历。然后再回到美国游历，并从南部佛罗里达州乘船去古巴。在古巴游历后，1889年1月乘船到加勒比海的海地、多米尼加及中南美洲的哥伦比亚、巴拿马、厄瓜多尔，1月15日抵达秘鲁首都利马。在秘鲁游历后，绕道智利、阿根廷、乌拉圭，3月7日到达巴西首都里约热内卢。游历巴西之后，经西印度群岛于4月19日返回美国纽约，对美国作第三度考察，又从东部乘火车横贯美国到西部旧金山。5月11日离美乘轮船西行，再次横渡太平洋到日本。在日本又作了5个月考察后才乘船于1889年10月21日回到上海。11月11日回北京销差。据傅云龙自己统计，总共日程为26个月，770天。总行程为120844华里（60422公里），其中海路81549华里（40774公里），陆路38264华里（19132公里）。傅云龙一行重点游

<hr>

① 《光绪朝朱批奏折》，中华书局1996年版，第一一二辑，第692—693页。
② 英国人孟席斯虽提出了郑和发现美洲之说，但是尚未得到可靠史料证实。

历了上谕指定的日本、美国、加拿大、古巴、秘鲁、巴西6国，并顺途考察了哥伦比亚、巴拿马、智利、阿根廷、乌拉圭5国，往返共游历11国。[①]

还如派往欧洲游历的洪勋、徐宗培这一组，于1887年初冬，在上海乘坐德国商船赴意大利，途中曾停泊香港、新加坡和锡兰（即今斯里兰卡）的科伦坡，经印度洋、阿拉伯海到亚丁，渡红海、苏伊士运河，入地中海。在游历了意大利之后，经奥地利赴德国柏林，再北行游历瑞典、挪威，然后经丹麦、德国到比利时，再至法国首都巴黎。又渡英吉利海峡到英国首都伦敦。由伦敦出发，经西班牙抵达葡萄牙的里斯本。在葡萄牙游历一个月，再经西班牙，至意大利，最后仍乘德国商船回中国，历时近两年。据洪勋自己统计行程包括船路6万余里，铁路约4万余里，此外马车、步行等约数千里，"总计何止10万里"。[②]游历国家也超过指定的西班牙、葡萄牙、意大利、瑞典、挪威5国，沿途还考察了英国、法国、德国、奥地利、丹麦等国。

再如派赴俄国游历的缪祐孙、金鹏一组，1887年10月29日从上海乘德意志公司萨克森号轮船启程，途经香港、新加坡、锡兰、意大利、德国等地抵达俄国首都彼得堡，然后前往莫斯科，又南下基辅、第比利斯、巴库、萨拉托夫，再往东经尼什诺夫哥罗德、秋明，越乌拉尔山，穿过西伯利亚，经托木斯克、克拉斯诺雅尔斯克，抵伊尔库茨克。最后从恰克图，经外蒙古库伦（今乌兰巴托）、张家口等地返回北京。从现有资料看，缪祐孙是晚清中国第一个由官方派遣横穿俄国欧亚和西伯利亚地区游历并留下详细记录的清朝官员。

游历使们到欧美各国游历，路途漫长艰辛，在海上常常遇到狂风骇浪，往往晕船不能进食。有的路途十分险恶，如傅云龙等经过南美洲南端麦哲伦海峡时，"狂风迅烈，昏雾迷漫，涛浪猛恶"，轮船驶过后，大家不禁"额手喜若更生"。有的地方正值瘟疫流行，如傅云龙等到巴西首都里约热内卢时，当时正流行霍乱，"死者日二百有奇"，旅行过境者"皆弗登岸"[③]，但他们坚持登岸实地考察。有的游历使在途中劳累致病，游历使孔昭乾与李瀛瑞竟然在国外游历期间病故，以身殉职。

---

① 据傅云龙：《游历图经余纪》卷一、卷二，并加考订。《游历图经余纪》均见傅云龙《西政丛书》，光绪二十一年铅印本。

② 洪勋：《游历闻见总略》，王锡祺辑：《小方壶斋舆地丛钞》再补编，第11帙，上海著易堂，光绪二十三年。

③ 傅云龙：《游历巴西图经余纪》。

游历使们在国外进行了不少外交活动，会见各国总统、国王及部长等官员，虽然大多属于礼节性拜访，但毕竟加强了中外联系和友谊。如傅云龙在游历期间曾会见了美国总统格罗弗·克利夫兰、秘鲁总统尼古拉斯·彼罗拉、智利总统何塞·曼努埃尔·巴尔马塞达、巴西国王佩德罗二世等各国元首和日本首相伊藤博文等政府首脑。美国总统克利夫兰称傅来自"文物大国"，并询问其"来程去路"，还说"你官兵部，可惜敝国兵无奇制堪供游目"。①洪勋在意大利参加宫廷舞会并见到意大利国王洪伯尔特一世，国王说："与先生相见，孤之幸也，愿永敦相好，商务繁兴，国之福也。"②

　　游历使们在各国还进行了一些中外文化交流活动。如傅云龙曾和许多日本文人学者交往、唱和诗文，并为他们题字、作诗、写序，还在日本寻访中国古典珍籍佚书。赴欧游历使们也参观了欧洲各国的博物馆、美术馆，还往往签名题词留念。游历使在海外还特别注意与侨居各国的华商、华工接触，调查了解他们的生活状况和疾苦要求，有时还应邀为当地华侨会馆题写匾额和楹联。

　　其三，这次游历考察所取得的对外国调查研究的成果之多，也是打破历史记录的。游历使们撰写了几十种对外国调查研究的著作、考察报告及海外游记、日记、笔记和诗集等，其数量在中国人介绍研究外国的历史上是空前的。

　　总理衙门在制订《出洋游历章程》时就规定了游历使的调查任务和考察内容，而且要求回国后必须向总理衙门呈明所著书并择优请奖。一些胸怀大志有抱负的游历使也不愿把这次出洋的游历仅仅当作一般例行公事去应付差使，或只是以游山玩水了解异国风情为满足，而是把这次出洋游历看成观察世界施展抱负的好机会，并把它作为调查研究、著书立说，以帮助国人认识世界借鉴外国的千秋大业。正如当时的驻日公使黎庶昌赞扬傅云龙时所指出的"夫游历，官事也，懋元（傅云龙字）不肯视为官事，直以千秋著书为业，寓乎其间"。③游历使们访问各国政府机关、议会团体，参观各类工矿企业、各级学校，考察港口、铁路、邮政，调查兵营、炮台、监狱，游览各地博物馆、动植物园、教堂寺庙，了解当地民俗民风等等。游历使们通过广泛深入的调查

---

　　① 傅云龙：《游历美利加图经余纪》。
　　② 洪勋：《游历意大利闻见略》，洪勋的游历各国见闻均见《小方壶斋舆地丛钞》再补编，第11帙，上海著易堂，光绪二十三年。
　　③ 黎庶昌：《游历日本图经》卷末题识。光绪十五年德清傅氏铅印本。

研究，获得了大量关于世界形势和各国国情的第一手资料、最新信息和感性认识，并在此基础上，撰写出一批有分量的游历考察报告和游记。

12名海外游历使之中，以选拔考试第一名傅云龙最为勤奋，成果也最为卓著。仅仅他一个人在游历期间撰写的外国调查研究著作和海外游记、纪游诗就达110卷之巨。大致可分三类，一类是外国调研著作，傅云龙称为《游历图经》。采用中国传统史地书籍中图经的体裁，即以地图、表格为主体，配以简明的文字叙述评论。他每到一个游历国，便努力收集该国地理、历史、政治、经济、民俗等方面资料，并亲自察访，实地踏勘，还绘制各种地图、统计表，力图向国人提供该国真实详细的国情资料。他奉命重点游历考察6国，写下游历图经6种共86卷。其中包括《游历日本图经》30卷、《游历美利加图经》32卷，《游历英属加纳大图经》8卷，《游历古巴图经》2卷，《游历秘鲁图经》4卷，《游历巴西图经》10卷。每种图经下分若干大类和子目，如《游历日本图经》分为天文、地理、河渠、国纪、风俗、食货、考工、兵制、职官、外交、政事、文学、艺文、金石、文征等15大类183个子目，共30卷，堪称是黄遵宪《日本国志》以后晚清中国人日本研究的又一部力作。[1]而《游历美利加图经》则分11大类162个子目，32卷，更是晚清中国人对美国研究的一部空前巨著。他的游历古巴、秘鲁、巴西图经，恐怕也是晚清中国人对这几个中南美洲国家所作的最详细深入的调查研究报告。

傅云龙的第二类著述是海外游记，他称之《游历图经余纪》，共有15卷。其中包括《游历地球图》1卷，《游历天时地理合表》1卷，《游历日本图经余纪》3卷，《游历美利加国图经余纪》4卷，《游历加纳大图经余纪》1卷，《游历古巴图经余纪》1卷，《游历秘鲁图经余纪》2卷，《游历巴西图经余纪》1卷和《余纪叙例》1卷。这实际上是傅云龙在各国的游历日记，具体记录了游历旅程、行踪、考察、游览活动、著述情况及感想议论。《图经》为纪事体"以地为主"，《余纪》为编年体"以日为主"，"图经以所游之国为范围，而余纪就一日之见闻"[2]两者可以互相补充对照。第三类是海外纪游诗。傅云龙每游历一国还即兴写了不少诗篇，回国后又加整理修改，编为《不易介

---

① 关于对傅云龙《游历日本图经》的研究、介绍、评介，可参见王晓秋：《傅云龙〈游历日本图经〉初探》，《北京大学学报》日本中心十周年特辑，1998年。

② 傅云龙：《游历图经余纪》卷一五，余纪叙例。

集诗稿》，共有6种9卷。其中包括《游古巴诗董》1卷，《游秘鲁诗鉴》1卷，《游巴西诗志》1卷，《游日本诗变》4卷，《游美利加诗权》1卷，《游加纳大诗隅》1卷。这些诗有叙事，也有咏史、抒情，可以与《图经》、《余纪》对照起来读，相映成趣。

与傅云龙一起游历日本和南北美洲的顾厚焜则着重考察外国的政治和地理。他撰写了《日本新政考》《美利坚合众国地理兵要》《巴西政治考》《巴西国地理兵要》《英属加拿大政治考》《秘鲁政治考》《古巴政治考》等著述。顾厚焜的《日本新政考》虽从篇幅、内容和价值上比不上傅云龙的《游历日本图经》，但它专记日本明治维新后的新政，收集大量统计数据，还有对许多工厂企业的实地考察记录，特别是对于日本对外贸易、财政收支、银行、海军、学校等方面的调查甚细，对中国人了解日本明治维新后的国情颇有帮助。

奉派游历英国、法国及其殖民地的刘启彤也撰写了不少关于欧洲政治的调查考察报告，如《英政概》《法政概》《英藩政概》等，对英法等国的议会制度、官制、司法审判制度等都作了详细介绍，其行文条理清楚，简明扼要，流畅自然，较以往这方面的著作水平更上一层。同时他对各国铁路建设也非常关心，专门撰写了《欧洲各国火轮车道纪略》《英国火轮车道编年纪略》《英国各属地车道纪略》《印度车道纪略》《美国车道纪略》《火车运客货考略》等文，编为《星轺考辙》4卷。该书可以说是当时中国人所写水平最高的关于铁路建设的著作。不仅有助于普及铁路知识，对在中国修建铁路也有很大的借鉴作用。

派遣游历西欧、南欧、北欧的洪勋也是一位著述甚丰的游历使。他撰写了许多游历闻见录，如《游历意大利闻见录》《游历西班牙闻见录》《游历葡萄牙闻见录》《游历瑞典挪威闻见录》《游历闻见总略》《游历闻见拾遗》等。书中不仅记录描述了洪勋在欧洲各国游历的所见所闻，而且反映了他对欧洲各国政治、经济、社会、民俗等状况和问题的观察与思考。其他赴欧洲的游历使如孔昭乾在游历途中暴死，留下遗著《英政备考》，介绍了英国的书院、属地、矿业等情况，尤其是对中国人较少关注的英国殖民地马耳他和直布罗陀作了详细的介绍。李瀛瑞有一部游历著作《欧西风土记》，因患病身亡而未能完成。

奉派游历俄国的缪祐孙是游历使选拔考试的第二名。他对俄罗斯调查研究的成果是《俄游汇编》，共12卷。其中包括《俄罗斯源流考》《译俄人自记取悉毕尔（即西伯利亚）始末》《译俄人自记取中亚细亚始末》《疆域表》《铁路表》《通俄道里表》《山形表》《水道记》《舟师实》《陆军制》《户口略》和《俄游日记》等部分。《俄游汇编》考证精细，记载全面，不愧为晚清中国人实地考察研究俄国的一部空前力作。

游历使们的这些著作尽管重点、详略、体裁、文笔各有特色，但毕竟都是19世纪80年代对世界各国进行实地考察调查研究的成果。比起此前那些仅仅依靠翻译外国地理书或据道听途说传闻写成的所谓研究外国的著作来说价值要高得多，并向晚清中国人提供了当时世界各国真实具体的国情资料。

游历使们亲历亲闻欧美各国的资本主义政治制度和工业文明，对其立宪政体和议会政治、司法制度等，都作了不少介绍和评论，对于当时正在探索中国改革道路的人士也有一定启发。游历使们对于日本和欧美各资本主义国家的政治法律、经济管理、工矿企业、铁路航运、财政贸易、海陆军制、学校教育、文化艺术、民俗民风等各个方面，都进行了具体的考察和介绍，对于中国的改革和近代化建设都有一定参考借鉴价值。

游历使们为撰写这些调查研究外国的著述付出了辛勤的劳动。他们经常是在游历途中进行写作，"以行路之岁月倍于闭户著书，汽船才泊，笔不得停，一纸未终，火车复上"。[①]而且是在异国他乡，还要克服语言不通、风俗不同、资料难寻等种种困难。必须要有强烈的责任感和顽强的毅力，才能坚持下去。如傅云龙自述："每至墨枯笔秃，力难可支，辄自责曰'期近矣'，自是四鼓辄起伏案。"[②]为此，他经常写作到深夜，甚至通宵达旦，废寝忘食，以至驻日公使黎庶昌盛赞"勤亦至矣！"并感叹道："推是以治天下事，则亦何适而不办哉？"[③]

综上所述，1887年清政府通过史无前例的出洋官员选拔考试，最后由皇帝亲自圈定钦点了12位海外游历使。他们历尽千辛万苦，时达两年，分别游历了欧亚及南北美洲的几十个国家。最远到达中南美洲的古巴、秘鲁、智利、巴西，绕过南美洲南端的麦哲伦海峡。其游历路程之长，考察国家之多，打破了

---

① 傅云龙：《游历日本图经》卷三〇。光绪十五年德清傅氏铅印本。
② 傅云龙：《游历日本图经余纪》。
③ 黎庶昌：《游历日本图经》卷末题识。

历史纪录。这批海外游历使在世界各国游历考察，并开展各种友好外交和文化交流活动。他们在游历期间还撰写一大批对外国调查研究的著述和游记，其成果之丰硕也是前所未有的。发生在19世纪80年代的这一历史事件，难道不能称为晚清中国人走向世界的一次盛举吗？1887年海外游历使们用他们的非凡经历和成果，创造了一段相当辉煌的历史。

二、发掘一段被埋没和被遗忘的历史

当人们了解清政府1887年派遣海外游历使分赴欧亚南北美洲各国进行的走向世界盛举之后，可能更想知道这批海外游历使回国后的命运如何？他们的才能有没有发挥作用？他们的著述有没有产生影响？这次走向世界的盛举究竟在历史上留下了什么样的痕迹？可是答案却是令人十分遗憾和惊讶的。

先看这批海外游历使回国前后的遭遇。1889年（光绪十五年）秋冬，在规定的游历期满后，游历使们陆续回国。可是其中有一位已在游历途中身亡，成了海外不归客，也是海外游历使中命运最悲惨的一位。他就是奉命赴欧洲游历的刑部主事孔昭乾，他是在英国游历期间精神病发作，1889年1月5日，在伦敦中国驻英公使馆自杀身亡的。当时正在南美洲游历的傅云龙从英国报纸上得到消息，甚为悲伤。1889年6月25日的《申报》上也报道奉派游历英法两国之主事孔昭乾"近在外洋身故"，由驻英公使刘瑞芬"奏报九重，并恳赐恤"。[①]还有一位赴欧游历使李瀛瑞也很不幸，他刚踏上祖国的故土，还没有来得及入京销差，就因在途中病重不治，在山东烟台一命呜呼。《清实录》光绪十六年六月戊申条中有"予游历南洋病故刑部主事李瀛瑞议恤"的记载。[②]看来似乎是在南洋游历过程中病死的。但实际上据20世纪80年代在山东莱阳市瑞岭村发现的李瀛瑞墓志铭所述乃"期满归，道病殁于烟台，己丑十一月也"。[③]可见病故是在回国后的光绪十六年十一月即1889年12月死在烟台。次年五月葬于故乡山东莱阳水台村南。后来朝廷议恤，以"游历劳卒"，"赠员

---

① 　《申报》光绪十五年三月二十七日（1889年6月25日）。
② 　《大清德宗景皇帝实录》卷二八六，第5页。
③ 　《李瀛瑞墓志铭》，见《莱阳文史资料》第6辑。

99

外郎衔列刑部主事加四级"。[①]以身殉职，也不过是加赐一个员外郎衔。

实际上海外游历使们出洋两年，往返十万余里，艰辛备尝。任务繁重又经费不足，身处异乡客地，车马舟船劳累，饮食风俗不适，有些地方还正在闹瘟疫。因此致使不少人健康恶化，疾病缠身。如顾厚焜在游历美洲途中患病，"咳痰不已"，只得提前回国。傅云龙到巴西游历时，正值巴西流行黄热病，首都里约热内卢每天死于疫病者二百多人。船上旅客怕危险都不敢下船登岸，只有中国游历使傅云龙一行为完成游历使命而登岸。再如缪祐孙在俄国游历西伯利亚时患病，"痛苦万状"，只得在伊尔库茨克租房一间，养病数月后，才启程回国，途中"病痛增剧，一路苦撑，才得回国"。[②]还有赴欧游历使陈爁唐，回国后即在上海卧病不起，以致无法进京销差。

按《出洋游历章程》规定"各员游历回华，将所学习何业，所精何器，所著何书，呈明臣衙门之后"，由总理衙门"择其才识卓越之员，奏请给奖"。[③]但实际上海外游历使回国之后的奖励保举颇费周折。一来是游历使回国及销差日期先后不一，要等多数人销了差才能入奏保举。二来游历使尚未回国，国内官员已生妒意，担心他们得到保举超常升迁。因此御史何福堃上奏要求"预立游历人员得奖限制"，"请薄其奖叙，即有佳者，只可发往南北洋当差"。尚未保举，已造成不可重奖的舆论。缪祐孙见此情况叹息道："受此一击，定难得大好处矣！"[④]在这种气氛下，总理衙门大臣也不敢轻易保举请奖，而要先对游历使所呈报告著述等加以审查考核，才能决定分别应否给奖和保举，以致保举时间拖延，保举级别也有意压低。

因此，直到1890年7月26日（光绪十六年六月初十）以庆郡王奕劻为首的总理衙门大臣才正式向皇帝上了《奏请给奖游历人员疏》，这离有的游历使回国时间已经差不多快一年了。从总理衙门的这份保奖奏疏中，我们可以分析出以下几点：第一是12位海外游历使中这次获得保奖的人员仅6人，即傅云龙、缪祐孙、刘启彤、顾厚焜、李秉瑞、程绍祖。其他半数人员如孔昭乾、李瀛瑞已故，陈爁唐病重，洪勋、徐宗培、金鹏则情况不明，可能尚未销差。第二是

---

① 《李瀛瑞墓志铭》。
② 缪祐孙：《俄游日记》，北京大学图书馆馆藏稿本。
③ 《清季外交史料》卷七一。
④ 顾廷龙校阅：《艺风堂友朋书札》上册，上海古籍出版社1980年版，第246—277页。

总理衙门对此次派遣的海外游历使总的评价是"查各员等分历欧美各洲,驰驱二十余国,艰苦备尝,不无微劳足录"。⑤只是肯定他们海外游历的辛劳。另外提到6位游历使"各呈有札记及翻译编选之册",比较重视他们的调研成果。而并没有对他们在海外的游历活动和促进中外友好及文化交流等方面贡献有所表彰。第三是在保奖的6位游历使中实际分了两个等级,一等是傅、刘、缪三人,表扬"傅云龙所著游历日本等国图经八十六卷,纂述较多,征引尚博,实属留心搜辑,坚忍耐劳。缪祐孙、刘启彤亦能探讨精详,有裨时务"。特别指出傅、刘两人,"于外洋情形考究尤为详确",可称是"其中才识较优者",酌照"异常劳绩"请奖,可发往北洋差遣委用,而其他三人程绍祖、顾厚焜、李秉瑞则属二等,只给予照"寻常劳绩"保奖。第四是游历使被保举的官职大多只是遇缺即补和赏加虚衔。即使是以"异常劳绩"请奖的原兵部候补郎中傅云龙,原是三品衔分发省分补用知府,现保举"拟清免补知府,以道员分发省分即补,并赏加二品衔",已经算是超常升迁了。原兵部候补主事刘启彤为双月候选知府,"拟请免选知府以道员不论双单月选用,并赏加二品衔"。总理衙门还请旨将他们两人"发往北洋大臣差遣委用"。而原户部学习主事缪祐孙仅是"拟请免补主事,以本部员外郎遇缺即补,并赏加四品衔"。至于原兵部候补主事程绍祖只是"拟请以本部主事遇缺即补",⑥而原兵部候补主事顾厚焜、礼部候补主事李秉瑞连这样的保举也没有,三人都是"均请赏加四品衔",仅赏个虚衔,并非实职,只能耐心等待候补部内实缺或外派地方小官。

可见这批海外游历使尽管出洋后经历了两年艰辛历程,开眼界,长见识,并积累了不少外交活动的阅历和经验,但是回国后却没有真正得到重用,几乎没有一人被任命为出使外国使臣和各级外交官,在外交岗位上发挥作用。有的竟郁郁不得志,英年早逝,实在是很大的人才浪费和埋没。

游历使中获得最高评价的傅云龙一回国就遭丧子之痛,他的三个儿子范冕、范成和范焜在他回国前不到一个月,因患时疫在两天内先后病故。他在受到总理衙门保举后,1891年被分发至北洋大臣李鸿章处,任命为北洋天津机器局会办,1895年升总办,总算在洋务企业岗位上运用到在海外日本、美国等国

---

⑤ 《申报》1890年8月14日。

⑥ 同上。

考察学习到的企业管理制度和经验。但后来又遭到继任北洋大臣裕禄之亲信伍某的诬告而被迫离开北洋机器局。傅云龙曾深入考察研究日本与美国，了解世界形势，并积累了一些外交经验和见解，可惜未能在外交岗位上发挥其才能。

刘启彤被破格升迁为二品衔候选道发往北洋委用，由北洋大臣李鸿章任命为海防支应局会办。1893年李鸿章还派他去山西、河北赈灾。刘启彤对父母极为孝顺，海外游历回国不久，因父亲去世，哀伤成疾，并报丁忧守丧。山西赈灾回来又遭母亲病逝。"启彤奔丧归里，毁痛吐血，年四十有四卒。"[①]刘启彤游历西欧，对英法政治和铁路建设均有钻研及论著，可惜英年早逝，不能发挥更大作用。

缪祐孙赴欧洲俄国游历两年，并对俄国进行了深入调查研究，回国却仍在户部当差。总理衙门保奖其为"以本部员外郎遇缺即补，并赏加四品衔"，竟遭吏部非议。后来还是自己报考当上总理衙门章京，总算与外交事务沾上边。缪祐孙1891年进入总理衙门后，先是在司务厅任收掌，后又在俄国股当差，可以说他是游历使回国后唯一在外交部门工作的。不过他仍抱怨"事琐而劳，颇觉吃力"，而且收入太少。由于在游历期间备尝艰辛，健康受到很大损害。1893年8月13日突然中风，1894年8月26日在北京去世。与刘启彤一样，年仅44岁便英年早逝，"时人多惜之"。[②]

与傅云龙一起游历日本和南北美洲的顾厚焜虽然也有不少著述，但在总理衙门保奖时仅仅赏加四品衔，直到1898年戊戌维新时，仍是一位刑部主事。《光绪朝东华录》中记载"刑部奏代递主事顾厚焜呈请京城邮政，广设分局"。[③]后来曾外放出任过安徽庐州府江防同知。直到1901年清政府开始新政，下谕改革科举考试内容，增考中外政史策论等。为了适应考生们应试的需要，他编了一套赶考参考书《精选新政应试必读六种》，内容包括各国政治、各国艺术方面参考资料，这总算用上了一些他在日本和美洲游历获得的外国政治史地的知识。

李秉瑞与顾厚焜一样在总理衙门保举中只获赏加四品衔未予重用。他曾请求过李鸿章推荐去北洋工作，被李鸿章婉拒。后来李秉瑞辗转去了台湾，

---

① 《宝应县志》卷一二，1932年。
② 《江阴县续志》卷一五，民国九年。
③ 《光绪朝东华录》，中华书局1958年版，第4188页。

1895年参加台湾军民反割台抗日斗争。曾先后任"台湾民主国"军务衙门督办，内政衙门会办和外务衙门会办，还率众参加了抵抗日军的基隆攻防战，也总算多少运用了他在海外游历时所得到的外交、军事知识和经验，为保卫祖国神圣领土台湾贡献了一分力量。

另外几位游历使如洪勋、程绍祖、陈燨唐、徐宗培、金鹏等回国后的情况因缺乏资料而不详，总之都未获重用和担任外交官职务。

1887年海外游历使们在游历过程中和回国后，撰写了不少外国调查研究考察报告和海外游记、闻见录、日记、纪游诗等。除了一部分当时就已刊印并受到好评外，多数未受重视，以致被历史埋没，或束之高阁，尘封于书库之中。傅云龙海外游历的各种著述，最早的是在1889年秋从日本游历回国前，在东京刊印完成《游历日本图经》和《游历古巴图经》两种，书的扉页题"光绪十五年夏六月印于日本"。傅云龙回国后把这两种刊本和其他各国《游历图经》及《游历图经余纪》的抄本一起交到总理衙门，并上呈光绪皇帝。因此总理衙门在保奖奏折中表扬他"纂述较多，征引尚博，实属留心搜辑，坚忍耐劳"。光绪十六年十月二十日光绪皇帝召见傅云龙时，也当面夸奖他"著书详细"。因此后来《游历日本图经》某些版本的扉页还盖了"御览"或"天语重褒著书详细"的印章。军机大臣翁同龢也在自己的日记中记载"傅云龙从日本游归，所著书甚多"。还称赞"此人笔下极好"。[1]李鸿章在为《游历日本图经》作的序中也对该书给予高度评价："繁而成体，博而得要，洵足备考镜之资，可谓用力勤而成书速矣！"[2]而驻日公使黎庶昌在该书跋中更盛赞"余虽不敢谓东倭事迹遂已囊括无遗，而巨细精粗条理灿然，亦极著书之能矣！"[3]尽管如此，由于当时光绪皇帝与大臣们尚未有迫切学习日本维新的要求，因此对此书未予特别重视。而到甲午以后戊戌变法之时黄遵宪的《日本国志》和康有为的《日本变政考》才对光绪仿日维新发挥了重要作用。傅云龙的《游历美利加图经》和《游历图经余纪》有光绪二十一年（1895）《实学丛书》的版本。而《游历秘鲁图经》和《游历巴西图经》则到光绪二十七年（1901）才刊印出版。卷首还印有苏松太道严禁私自盗版翻印的告示。此外，在王锡祺编的

---

① 《翁同龢日记》，中华书局，光绪十五年十一月十一日，光绪十九年十一月二十四日。
② 李鸿章：《游历日本图经·序》，光绪十五年冬十月。
③ 黎庶昌：《游历日本图经·跋》。

《小方壶斋舆地丛钞》各编中也选编了傅云龙《游历日本图经》中的一些类目。至于傅云龙已刊未刊的游历图经、游记与纪游诗稿本大多收入《纂喜庐文二集》和《不易介集诗稿》中，现藏于杭州图书馆特藏室，一般人难以见到。

刘启彤所著游历欧洲考察英法政治的著作《英法政概》，光绪十六年（1890）由广百宋斋排印出版，6卷1册。后来也收入《小方壶斋舆地丛钞》再补编第11帙，分别包括《英政概》《法政概》《英藩政概》三篇。1897年又被收入《西政丛书》第三函第二十四册，为慎记书庄石印本。出使英法意比公使薛福成曾在光绪十六年七月二十二日的日记中详细摘录了刘启彤《英政概》中关于英国议院的记载。刘启彤另一部调查研究西方铁路建设的著作《星轺考辙》于光绪十五年（1889）就由同文书局石印出版，李鸿章写信赞扬刘启彤对火车铁路的研究，"创始造端，又为当务之急，可谓善于择题矣"。[①]因此后来张之洞要筹办芦汉铁路时，也想借调刘启彤去主持。

缪祐孙的《俄游汇编》于光绪十五年（1889）由上海秀文书局石印出版。书中若干部分也被《小方壶斋舆地丛钞》收录，该书还被收入《清史稿·艺文志》的书目之中。薛福成在其《游历英法意比四国日记》中曾大段摘录《俄游汇编》中对俄罗斯源流的考证。缪祐孙还将此书呈送李鸿章，李鸿章阅后也"甚见推许"，还向他"殷殷访问欧事，并及边亭诸隘"。[②]

顾厚焜的《日本新政考》是游历使著作中完成得较早的，约在1888年3月从日本赴美洲游历前已脱稿排印成编。驻日公使黎庶昌在该书序中赞扬顾厚焜仅在日本"居游半载，遂能提纲挈领掇其国之大政，都萃而条列之"，"不繁言费辞，使全国维新治迹灿若列眉"。[③]该书另一版本是1897年的西政丛书本，由慎记书庄石印。另外《小方壶斋舆地丛钞》也全文收录了该书及美国、巴西地理兵要和巴西政治考。

洪勋撰写的游历欧洲的各种闻见录如意大利、西班牙、葡萄牙、瑞典、挪威闻见录及游历闻见总略、拾遗都被《小方壶斋舆地丛钞》收录在1897年出版的再补编第11帙内，但没见到对这些著述的评论和反应。

李瀛瑞在游历欧洲期间撰写了《欧西风土记》，并翻译了西方制造工业

① 李鸿章复游历英法等国兵部刘启彤，见李鸿章：《李文忠公尺牍》。
② 李鸿章：《李文忠公尺牍》，民国五年合肥李氏石印本，第67页。
③ 黎庶昌：《日本新政考序》，光绪十四年春于日本东京使署。

之书，可惜他刚回国即病故。死后由其子李方伟将所著译之书上呈总理衙门，这些书稿可能已被总理衙门束之高阁，默默无闻不为世人所知了。

在英国自杀身亡的孔昭乾也有游历笔记，因其在国外暴死而未能完成，只得由其同僚们略加整理后上交总理衙门。北京大学图书馆善本部收藏有孔昭乾遗著稿本《英政备考》两卷。陈爔唐也有游历著作，据其故乡《江阴县续志》称其"游历英法，著有游编四册，以疾归"。①但是这个"游编四册"究竟叫什么书，写什么内容却不得而知。徐宗培则在光绪十六年十一月（1890年12月）才呈交手枪及关于机器的书，到底是什么书也不清楚。至于李秉瑞、程绍祖、金鹏游历后有什么著述，尚有待进一步挖掘史料说明。

总的来说，1887年海外游历使的著述中，以傅云龙、刘启彤、缪祐孙、顾厚焜等人的著作当时获得出版并受到好评较多。他们的一部分著述及洪勋的欧洲各国闻见录，由于《小方壶斋舆地丛钞》的选录，得到一定的传播。其他人的著述或者未加刊印甚至不知下落。总之，作为两年海外游历的大量调查研究成果，并没有发挥其应有的作用和影响。

更令人惊讶和遗憾的是晚清中国人这样一次走向世界的盛举、一段颇为辉煌的历史，竟然逐渐被埋没和被遗忘，甚至在后人的史书和记载中难见其踪迹。民国初年所编536卷《清史稿》中既无1887年派遣海外游历使的记载，也无12位游历使中任何一位的传记。清代国史馆所编的80卷《清史列传》中也没有他们的传记。笔者曾遍查《清代碑传文通检》《清代三十三种传记综合引得》等关于清人传记的主要工具书，均无12位游历使的名字。

近一个世纪以来出版的大量清代通史著作中几乎都没有1887年派遣海外游历使的踪迹。如民国时期出版的黄鸿寿《清史纪事本末》80卷（文明书局，1915年）、许国英《清鉴易录》28卷（药思堂，1917年），萧一山《清代通史》6册（商务印书馆，1928年）、孟森《清史讲义》（中国文化服务社，1947年）；新中国成立后出版的戴逸主编《简明清史》（人民出版社，1980年）、郑天挺主编《清史》（天津人民出版社，1989年），以及90年代后出版的新成果，如王戎笙主编《清代全史》（辽宁人民出版社，1991—1993年）、朱诚如主编《清朝通史》（紫禁城出版社，2003年）。甚至最近出版的篇幅最

---

① 《江阴县续志》卷一六，民国九年（1920），传记。

大的清代编年史《清通鉴》22册300卷（山西人民出版社，2000年）和《清史编年》12卷（中国人民大学出版社，2000年）中也未提及此事。

近百年来出版的大量中国近代史通史著作虽然比较重视中外关系和中西文化交流，可惜也都没有提到1887年海外游历使之举，如1949年前出版的陈恭禄、蒋廷黻、郭廷以等人分别编著的《中国近代史》，到新中国成立后出版的范文澜、林增平、戴逸、胡绳等分别编著的《中国近代史》。近二十年出版的中国近代史通史著作至少有几十种，包括外国学者的著作如费正清主编的《剑桥晚清史》等也无一提及此事。

更专门的近代中外关系史、近代中国外交史上本应有所记载，但是很遗憾也是付之阙如。新中国成立前出版的如向达《中西交通史》（中华书局，1930年）、方豪《中外文化交通史》（独立出版社，1943年）、曾友豪《中国外交史》（商务印书馆，1926年）、蒋廷黻《近代中国外交史资料辑要》3卷（商务印书馆，1931—1934年）。新中国成立后出版的如王绍坊《中国近代外交史》（河南人民出版社，1988年）、赵佳楹《中国近代外交史》（山西高校联合出版社，1994年）、刘培华《近代中外关系史》（北京大学出版社，1986年）等书均无记载。就连1999年湖南人民出版社出版的彭小平著的《中国人走向世界的历史轨迹——中国海外旅行与文化交流》和2002年世界知识出版社出版的李喜所主编的五卷本《五千年中外文化交流史》，比较系统地介绍了从古代到近代中国人走向世界和中外文化交流的历史，而且重点叙述了晚清游历、出使、考察的历史，竟然也未提到1887年海外游历使的事迹。

1887年至1889年清政府派前12位海外游历使历时两年考察亚洲、欧洲、南北美洲的几十个国家，这样一次走向世界的盛举，居然几乎成了一段被人遗忘和埋没的历史，不能不令人感到十分遗憾和惊讶。

挖掘这一段被埋没的历史，通过收集史料，考订史实，搞清其来龙去脉，恢复其历史本来面目，并反思和探讨这段历史之所以会被埋没的原因，进而以史为鉴，总结历史经验教训，的确是一项具有很大学术意义和现实意义，同时又是极富吸引力和挑战性的研究课题。

笔者最早接触这段历史是在20世纪80年代初，在搜集研究近代中国人的日本游记时，找到了傅云龙的《游历日本图经余纪》，并加以标点、解说，收入湖南人民出版社1983年3月出版的《早期日本游记五种》一书。后又收入钟叔河先生主编的《走向世界丛书》之一《甲午以前日本游记五种》（岳麓书社，1985年），从该史料出发，笔者对傅云龙1887年作为海外游历使时对日本的游历考察经过及其历史背景作了初步研究，并在拙著《近代中日启示录》（北京出版社，1987年）、《近代中日文化交流史》（中华书局，1992年）、《中日文化交流史话》（增订本，商务印书馆，1996年）等书中对1887年派遣海外游历使一事加以简要的叙述和介绍。1996—1997年，笔者在日本京都国际日本文化中心担任客座教授期间，又潜心研究了傅云龙《游历日本图经》30卷全书，并撰写了若干篇论文。笔者的研究视野和范围逐渐扩大到傅云龙的南北美洲游历，并进一步扩展到对1887年海外游历使的全面系统研究，撰写了《晚清中国人走向世界的一次盛举——1887年海外游历使初探》（《北京大学学报》，2001年第3期），并在中国社会科学院近代史研究所主办的第二届近代中国与世界国际研讨会和第二届北京大学文科论坛上作研究报告，还在国内外多次演讲，获得好评。最后在多年深入研究的基础上，笔者和自己的学生杨纪国一起完成了30万字专著《晚清中国人走向世界的一次盛举——1887年海外游历使研究》（辽宁师范大学出版社，2004年12月）。

回顾现代学者的研究著作中较早提及此事的是舒新城的《近代中国留学史》（中华书局，1927年），书中把游历与游学并提，有很简单的论述。以后台湾学者林子勋在《中国留学史》（台湾华岗出版有限公司，1976年）中也提到此事，并节录出了《出洋游历章程》，但他把游历使人数误认为是28员。钟叔河在《走向世界》（中华书局，1987年）和《从东方到西方》（岳麓书社，2002年）两书中，曾利用笔者标点解说的《游历日本图经余纪》和提供的相关材料，在"甲午以前的日本观"一章中论述了傅云龙的日本游历。最近出版的张海林编著的《近代中外文化交流史》（南京大学出版社，2003年）则参考了笔者的论文，叙述了1887年海外游历使的简况。外国学者的研究，特别要提到的是日本学者佐佐木扬的《洋务运动时期清朝的外国事情调查》（收入其论文集《清末中国的日本观与西洋观》，东京大学出版会，2000年），较具体论述了此事经过并简要介绍了一部分游历使的生平。这是至今看到外国学者关于这段历史唯一比较详细的研究成果。

由于这段历史长期被埋没，挖掘史料，考订史实，作分析研究，经历了艰苦的历程。笔者主要从以下角度去发掘、利用、分析第一手原始资料，作为研究的依据和基础。首先是游历使的大量著述，包括考察报告、游记、笔记、日记、诗文等，这是最基础的史料，分散收藏于北京大学图书馆、国家图书馆、浙江图书馆等各图书馆，或刊录于某些丛书、类书、文集之中。例如笔者在北大图书馆找到了傅云龙撰写并已刊印的《游历日本图经》30卷、《游历美利加图经》32卷，《游历巴西图经》10卷、《游历古巴图经》2卷、《游历图经余纪》15卷，以及顾厚焜的《日本新政考》2卷、缪祐孙《俄游汇编》12卷、刘启彤《星轺考辙》4册等。北大图书馆甚至还藏有缪祐孙的《俄游日记》稿本和孔昭乾《英政备考》的未刊本等珍本。另外在《小方壶斋舆地丛钞》这套丛书的各编中可以找到顾厚焜的《美国地理兵要》，古巴、巴西、秘鲁等国政治考，刘启彤的《英政概》《法政概》《英藩政概》，洪勋的游历意大利、西班牙、葡萄牙、瑞典、挪威等国的闻见录等重要著述。还有一些游记诗文散见于这些游历使的文集诗集中，如傅云龙的《纂喜庐文集》《不易介诗集》，缪祐孙的《柚岭诗抄》等等。

其次是档案史料，如第一历史档案馆收藏的军机处档案、总理衙门与外务部档案。档案中甚至还保存了傅云龙、洪勋等人游历各国的经费报销册。还有已刊的《清实录》《光绪朝朱批奏折》《光绪朝东华录》《清季外交史料》《续文献通考》《皇朝政典类纂》等等。外国档案如日本外交史料馆所藏日本外务省档案等。

再次是报刊史料，如当时的《申报》等报刊的报道、评论等，可惜还缺少当时游历使所到国家的外国报纸的报道、评论，希望以后能有机会与外国外交档案一起加以收集和补充。

还有当时人的日记、书信、笔记、文集也是重要原始资料。如李鸿章的《李文忠公尺牍》中，李鸿章分别写给傅云龙、刘启彤、缪祐孙、李秉瑞等人的书信，《艺风堂友朋书札》中缪祐孙致缪荃孙的信，以及《曾纪泽日记》、《翁同龢日记》、李慈铭《越缦堂日记》、张荫桓《三洲日记》等，还有许景澄《许文肃公遗书》、黎庶昌《西洋杂志》等等。

考察游历使的生平经历的另一个重要史料来源是他的原籍的地方志。如考证傅云龙的生平最初是从其故乡浙江的《德清县新志》上发现他与他的儿子傅范初的两篇小传。而刘启彤的生平则是在其故乡江苏《宝应县志》上有他一篇小传。顾厚焜也仅有其故乡江苏《吴县志》中很简略的传记。在赴欧洲游历使李瀛瑞的故乡山东莱阳发现了他的墓志铭等文物。有些游历使至今尚很难找到他们的传记。

还应提到的是游历使后人提供的一些珍贵资料。特别是傅云龙的曾孙傅训成看到笔者的有关傅云龙的文章后特地赶到北京与笔者交流，并提供了家藏的傅云龙的行状、讣告、墓志铭和一些日记、书信抄件等珍贵资料。后来傅训成进一步收集整理其先曾祖的资料事迹，编写了《傅云龙传》（浙江古籍出版社，2003年）和《傅云龙日记》（浙江古籍出版社，2005年），并请笔者分别为这两本书写了序言。

通过以上这些史料的一点一滴的挖掘、收集、积累和梳理、分析，才使我们能够逐渐搞清1887年清政府派遣海外游历使的整个过程，游历使们的基本情况及其游历过程，以恢复历史本来面目，重现这一段长期被埋没、遗忘的历史。

三、探讨人才被埋没、历史被遗忘的原因

1887年的海外游历使既然是晚清时代中国人走向世界的一次盛举，加之游历使们又撰写了一大批外国调查研究的著述，有的还获得朝廷和官员学者们的好评，可是为什么这样一次盛举都会被慢慢淡忘，甚至逐渐埋没于历史沉淀之下，尘封于历史资料之中，以至默默无闻，鲜为人知，连历史学者都几乎把它遗忘了呢？清政府经过专门选拔考试，又经总理衙门大臣面试和皇帝亲自圈定钦点的12名海外游历使，经历千山万水、千辛万苦，分别游历欧亚及南北美洲的几十个国家，了解了不少世界形势和外国国情，积累了一些外交经验和西方知识，可是为什么他们回国以后几乎没有一个被任用为外交官发挥作用？他们勤奋努力写出来颇有见地的海外调研报告，为什么也很少受到重视和流传，产生应有的影响？这一切究竟是什么原因造成的？历史的经验教训值得我们认真思考总结。笔者试图从以下几个角度加以初步分析和探讨。

首先可以从清政府派遣海外游历使的动机和目标的角度来探讨。

1887年清政府派遣海外游历使之举从一开始就立意不高，目标不明确，其效果影响不大，也是必然的。细考总理衙门的游历章程，并没有提出求知识于世界、借鉴外国经验、培养外交人才等较远大的动机和目标。而仅仅着眼于

调查考察，只要求游历使"将各处地形要隘，防守之大势以及远近里数、风俗、政治、水师、炮台、制造厂局、火轮舟车、水雷炮雷详细记载，以备考察"。[①]选拔游历使时标准是"专以长于记载叙事有条理者入选"，[②]即强调其调查写作能力。而回国保举时也主要看重其调查考察成果，是否"留心搜辑，呈有札记及翻译编选之册"[③]。对他们的海外促进中外友好和文化交流等方面贡献却不予表彰。以致多数游历使只是满足于记录所见所闻，或罗列现象，不加思考。如后来张謇批评的"仅观粗浅，莫探精微"[④]。即使其中有比较全面深入的外国调查报告，如傅云龙的游历各国图经、缪祐孙的《俄游汇编》也没受到应有的重视，发挥应有的作用。另有考察西方政治较有见识的著述，如刘启彤的《英法政概》，在中国较早地系统介绍西方的三权分立和议会制度，却由于政治环境的制约，也没引起清政府当权者的兴趣。直到十多年之后清政府要实行"新政"和预备立宪，才急忙派大员出国考察外国宪政。

游历使们的考察也没有重点分工，所以李鸿章批评"不如议定专门，博求详说，有裨实用"，而且像造船制造和水师陆军等方面情况，"中外学者颇有汇集，然此事日新月异"[⑤]，如果游历使们仅仅翻译介绍一二种著作，显然是远远不够的。另一方面，清政府《游历章程》又提出游历与游学并举，规定"各国语言文字、天文算学、化学、重学、光学及一切测量之学、格致之学，各员有性情相近者，自能审责学习，亦可以所写手册交总理衙门查考"[⑥]。实际上游历使们游历的路程长、国家多、调查考察任务重，游历时间紧，精力有限，加上本身又缺乏西学基础素养，因此游学任务根本没法完成。

清政府也没有把这批海外游历使作为外交人才来加以培养锻炼和使用，加上清代官僚制度当时缺乏选拔职业外交官的机制。因此游历使回国后仍然是回到六部或外放地方任职，而不考虑充分利用他们通过这次宝贵的海外游历实践获得的海外知识和外事经验，发挥其外交人才的作用。12位游历使中竟然没

---

① 《清季外交史料》卷七一。

② 同上。

③ 《申报》1890年8月14日。

④ 张謇：《条陈立国自强疏》，《张謇全集》第1卷，江苏古籍出版社1994年版，第38页。

⑤ 李鸿章：《李文忠公尺牍》。

⑥ 同①。

110

有一个出任驻外外交官，只有缪祐孙一度担任总理衙门章京，还算与外交工作沾边。傅云龙、刘启彤分别任北洋机器局和海防支应局会办，也算与洋务有关。但是总的说来是浪费埋没了人才，也辜负了当时舆论要求从中培养一批出使人才的期望。如《申报》所指出的"中国之派员前往外洋游历，实为近日之创举"，"将欲资其游历之所见闻，备将来出使之用，又安得忽以视之？"①

如果我们对比一下1868年日本明治维新后派遣岩仓使节团海外游历的情况，就可发现巨大的差异。当年岩仓使节团赴欧美游历立意远大，目标明确，分工具体，成效显著。明治政府的动机就是"求知识于世界"，即对欧美资本主义文明进行全面考察研究，以供日本改革借鉴，并寻求日本今后发展的道路和方向。日本政府和社会对此举极为重视和支持。太政大臣在给使团送行时甚至说："日本内治外交，前途大业成败与否，在此一举。"②因此政府重臣要员几乎倾巢出动。游历考察目的很明确，正如岩仓使节团副使伊藤博文所说，"内政如何改革，应有何种法律、政务，应施何等之方略，外交应以何为标准，以及应如何交际等等"，"都是需要咨询和研究的"③。其立意之高与清政府派一些中下级官员仅仅注意调查外国地理、军事设施等相差何止千里！而且岩仓使节团成员考察调研重点各有明确分工，"分科各自负责其主管事务"进行考察。如大使岩仓具视重点考察各国宗室制度，副使木户孝允着重考察各国宪政，副使大久保利通重点考察各国工商业状况等等，因此取得了巨大成效，可以说为日本明治维新后日本确定近代化的道路和方向起到了决定性的作用。

其次可以从当时的内外环境，此举遭到保守势力攻击和所游历国歧视的角度来探讨。

1887年海外游历使的派遣还受到社会偏见尤其是保守势力的攻击。同时在游历过程中，由于晚清国力衰败，游历使本身级别又低，往往遭到所游历国家的歧视和无礼对待，这也降低了这次海外游历的效果和影响。

早在1887年海外游历使派遣之时，一些有保守倾向的官员和知识分子就

---

① 《派员与随员不同说》，《申报》光绪十三年十月一日（1887年11月15日）。

② 大久保利谦：《岩仓使节之研究》，日本宗高书房，1976年，第120页。

③ 伊藤博文：《关于特命全权大使的意见书》。转引自吴廷璆主编：《日本近代化研究》，商务印书馆1997年版，第3页。

对此举不以为然，并冷嘲热讽游历官员。例如思想较为保守的晚清名士李慈铭在其《越缦堂日记》中就攻击去应试争取出洋游历的六部官员，"大抵非穷途无聊，即行险侥幸者耳"[①]，讥讽这些人只是在六部候补闲得无聊，又提升无望，才冒险找一条以海外游历为升官捷径的出路。这实际上是对那些胸怀大志真正想通过海外游历开眼界长才干为国效力的游历使的偏见。李慈铭还奇怪以往中国的士大夫均以出洋为苦差使，不屑为之，而现在海外游历居然成了热门，有科举正途出身的六部官员，居然还需要经过考试竞争入选，连像兵部郎中傅云龙这样钻研经学考据颇有建树的"饱学之士"竟也来应试。他不禁摇头感叹社会风气的变化，"国家考试，至有出洋游历一途，而应之者不乏考据人才，亦今日风尚使然也"。[②]不过使他聊感自慰的是傅云龙在试卷中阐述了"西学中源论"，"引证甚博，推原化学、重学、汽学之法，实本于墨子"。[③]总算在一定程度上安慰和满足了中国士大夫保守自大的心理。

游历使在海外游历期间已遭到不少非议。有人造谣说游历使私带中国绸缎等物品，沿途出售，瞒关漏税，以牟取私利。甚至诬蔑某些游历使在外行为不端，滥交洋妇以至得病等等。游历使尚未回国，国内已经有不少官员产生妒意。如六部同僚担心他们得到保举超常升迁，以致"压其班次"。总理衙门章京则忌妒游历使们一旦分派到本衙门，"以熟悉夷情见长"，会使自己相形见绌。于是御史何福堃上奏要求"预立游历人员得奖限制"，"请薄其奖叙，即有佳者，只可发往南北洋当差"。[④]尚未保举，已造成不可重奖的舆论，致使总理衙门不敢破格选拔和重用海外游历使出任驻外公使、参赞、领事等职。即使是对缪祐孙与程绍祖给予以本部员外郎、主事"遇缺即补"这样很轻的保奖，竟然还遭到吏部的刁难，指责他们"既非总理各国事务衙门章京，又非同文馆学生出身，所保京职升阶班次，与定章成案均不相符，应饬另覆"。几乎保奖不成，后来经光绪皇帝朱批"缪祐孙、程绍祖均着原保给奖"，才算通过。有些保守人士甚至把海外游历使简称"游员"，"视同游民、游勇等，安

---

① 李慈铭：《越缦堂日记》，光绪十三年闰四月二十四日。北京浙江公会，1920年，第48册。

② 同上。

③ 同上。

④ 同上。

得委以重任？"①可见当时保守势力阻力之大。

　　游历国家的态度也影响了这次游历的成效。由于当时中国国力衰弱，游历使级别又低，有时会遭到所游历国家的歧视和冷遇。有些国家政府和官员对中国游历人员对该国军事、工业设施的调查考察不抱合作态度，甚至拒绝游历使参观炮台、船厂、军械库或购买地图、统计资料的要求。洪勋在意大利、瑞典、挪威游历时就遇到这种情况。缪祐孙要求参观里海船厂和大型铁甲舰时，也遭到俄方阻挠。俄方翻译"于要紧处言语便少"，所以"奈总未透彻底蕴"。他在进入俄国西伯利亚地区游历时，发现俄国官员"多轻华人"，而当他想搜寻俄国最新绘制的铁路图时，俄国地方官也予百般刁难。

　　再次从游历使的人选及其素质和知识结构的角度来考察。

　　海外游历的成效影响大小与游历使的人选及其素质也有很大关系。首先是派出的官员级别和地位太低。1887年派遣的海外游历使只是一些中央各部的中下级官员，即五六品的郎中、员外郎和主事，而且都是尚未得到实职的候补官员。由于级别低，到所游历国往往不受重视，如缪祐孙就抱怨当时俄国人得知他只是六品官员时，"皆甚轻慢"②。当他们辛勤游历两年回国后，仍不过是获得一个二品或四品虚衔，仍在本部补缺或外放低级地方官。游历使们人微言轻，因此他们的言论和著述，也难以发挥更大的影响，他们的事迹也逐渐被淡忘。对比日本岩仓使节团，成员都是明治政府的实权人物和部长、副部长级高级官员，在欧美考察回国后，有力地推动各项改革措施。因此后来中国维新派人士学习日本经验，纷纷要求派遣王公贵族大臣们出洋游历。

　　游历使人员的素质和知识结构也有些问题。1887年游历使虽然经过总理衙门出题考试洋务外交策论的选拔，但这些官员基本上都是科举出身，由传统文化学术培养出来的旧学人才，西学和外国知识很少，即使其中最出类拔萃的傅云龙也是如此。他们不通外语也没有外交经验，因此在国外调查交流都遇到很多困难。尽管有些游历使勤奋好学，有的甚至还想学外语、练翻译，但临时抱佛脚也来不及，而且时间精力有限，难以投入。如刘启彤出洋前曾准备学习外国语言，然后自己练习翻译外国书籍，但是后来一忙也只好放弃这个计划。缪祐孙在学会几句俄语后，也因忙于游历考察，无法坚持下去。还有的游历使

---

　　①　《申报》1887年11月11日。

　　②　缪祐孙：《俄游日记》。

身体素质不好，如孔昭乾据说出国之前精神已有病，以致在海外精神病发作自杀身亡。

最后从游历经费和游历使与驻外公使的矛盾角度加以剖析。

清政府由于财政困难，因此拨给海外游历使的经费不够充分，而且它的来源是"设法节省出使经费每年四万余两，以供派员游历之费"③。按《游历章程》规定游历使每月薪水仅200两，所雇翻译每月50两。游历使的薪水才相当于驻外公使馆的三等翻译。章程还规定游历使在游历途中舟车只能乘坐二等舱。虽然游历使在出发前可以预支6个月的薪水和1000两公项银，但是海外游历远涉重洋，花费大，又要保持中国官员的体面，所以经费常常短缺不足。而有些国家旅馆费和交通费十分昂贵，以至游历使们常常叫苦连天，有些地方只能走马观花，蜻蜓点水，甚至干脆不去了。例如傅云龙对加拿大这么个大国仅仅游历了几天工夫，主要也是由于经费的制约。到了有些城市，进了旅馆，一问价钱，吓得马上退了出来。至今中国第一历史档案馆尚存有傅云龙游历日本、美洲等地的报销册，详细开列了游历途中各种费用开支，并说明最后在日本刻印图经，"此两个月有余，未敢支薪水"，"马车及借助使署饭食皆用自薪水，未敢开销"。如此节省，最后只剩余银子4两7钱随报销册上交总理衙门。④

再举缪祐孙在俄国游历的开支为例，途中每次乘车马需花七八卢布，加上请俄国人吃饭送礼等，在俄国游历三个月左右，开销就达一千卢布，合400两银子。而从西伯利亚秋明到托木斯克时，虽然天气不好身体又患病，可是仍然"稍愈即便买车启程，因房租太贵，万难久住。前所过皆因此不能久停，然所费已不支矣"。⑤为了节省旅费，缪祐孙只得抱病赶路，由于经费快花完，他原定到海参崴游历考察中俄东北边界的计划只好取消。所以后来郑观应指出造成1887年游历使成就不大的重要原因之一在于经费不足。"但闻每员薪水月仅二百金，以外洋用度之繁，应酬之巨，安得敷用？亦只深居简出，翻译几种书籍，以期尽职而已，未能日向各处探访，时与土人咨询也。"⑥

---

③ 《游历章程》，《清季外交史料》卷七一。
④ 《傅云龙游历日、美等地报销册》，中国第一历史档案馆藏。
⑤ 《艺风堂友朋书札》上册，第299页。
⑥ 胡秋原等编：《近代中国对西方列强资料认识汇编》第2分册第3辑，台湾中研院近代史研究所，1972年刊。

1887年海外游历使与当时清政府驻外使馆的矛盾也影响了他们的游历成效。特别是总理衙门规定游历的经费要从出使经费中克扣出来。具体做法是出使东西洋各国大臣及出使西洋各国公使馆的参赞、领事、翻译、随员等的俸薪都要酌减十成之二，以此省下来的四万两银子充作游历经费。这样就造成驻外使馆人员与游历使人员之间经济利益上的矛盾，加上使馆人员还担心游历使回国后可以获得优待保举恐怕影响自己的升迁。因此有时竟发生驻外使馆人员刁难自己本国的游历使，或者不予关照和配合的现象。尤其是当时任驻俄德奥荷四国公使的洪钧与游历使的关系最不融洽。先是赴德国的游历使李秉瑞和程绍祖受到他的冷落。洪钧甚至禁止公使馆人员与他们交往，使两人备受冷遇，不久被排挤往比利时。比利时本来只是他们的"兼游之地"，而李程两人宁可放弃自己奉命游历的主要对象国德国，"誓不返德"①。在这种情况下，游历效果可想而知。

赴俄游历使缪祐孙与驻俄公使洪钧的矛盾更为尖锐。缪祐孙到俄国后发现洪钧组织翻译的俄国地图不准确，提出重新翻译，因而得罪洪钧。然后又因为经费问题，再度交恶。洪钧以怕花费太多为理由，不让缪祐孙再度到俄国欧洲部分游历，而要他从西伯利亚直接回国，使他对俄国欧洲部分的考察不够细致。洪钧还捏造缪祐孙在俄国游历途中贩卖中国绸缎牟利和逃避关税的谣言，甚至告诉俄国外交部，以败坏缪的名声。同时洪钧还给李鸿章写信"痛斥游历"。缪祐孙虽然对洪钧一再退让，始终"待以长官之礼"，但是担心这样下去，将会使游历一无所得。于是写信给总理衙门章京袁昶诉苦，指责洪钧"实不喜游历者在俄国也。"还反驳了洪钧的造谣，表白自己从未携带中国商品出售，沿途俄国官员经常开箱查验可为证明。驻外公使与海外游历使的种种矛盾冲突都影响了游历的成效。

经费不足及与驻外人员的矛盾还影响到海外游历使的续派和停派。总理衙门一度曾有续派海外游历使之议。但1887年派出的海外游历使尚未回国，驻俄公使洪钧已公开表示对游历经费占去出使经费份额的不满，上奏要求将游历所需经费单列，不要再与出使经费挂钩。总理衙门在议复时对以后是否续派海外游历也无信心，故表示待"现在游历人员期满后，再由臣衙门酌覆情形，奏

---

① 《艺风堂友朋书札》上册，第300页。

明办理"。[①]1889年游历使回国后，曾有准备从海军衙门、神机营人员中选拔续派游历使之议。但后来又停止了续派。1892年12月4日，总理衙门大臣恭亲王奕䜣等上奏中写道："臣衙门因派员出洋游历需费浩繁，议将出使东西洋各国大臣及西洋参赞领事翻译随员等俸薪酌减十成之二……现在游历各员暂停续派，出使经费尚可挹过。臣等公同商酌拟请将出使西洋各国大臣及参赞、领事、翻译、随员薪俸加复一成，武弁、供事、学生薪数本属无多，均加复二成，庶于体恤之中仍寓樽节之意。"[②]可见海外游历使的确停止续派了，驻外人员的薪俸也得到部分恢复。直到1895年甲午战争后兴起维新运动，又有人提出派遣海外游历使的新建议。1898年戊戌变法高潮之际，维新派极力主张派王公大臣出洋游历，礼部主事王照甚至上书建议请光绪皇帝亲自游历日本，还引发了一场守旧势力与维新势力的激烈斗争。20世纪初，经过了义和团运动、八国联军战争，清政府内外交困统治风雨飘摇，在各种压力之下被迫实行新政改革。其后出现了官员出洋游历考察的高潮。1905年甚至派亲贵王公载泽等五大臣出洋考察外国宪政，这段历史已有不少论著和研究成果了。

历史是一面镜子，回顾历史，可以温故知新，鉴往开来。晚清时代，清政府于1887年选拔派遣了12名海外游历使，分赴四大洲几十个国家游历考察，成为晚清中国人走向世界一时之盛举，呈现一度之辉煌。可是由于当时历史条件、政治制度、社会坏境以及种种具体原因和因素的制约，使这次海外游历没有达到应有的效果，游历使的才能和著述也没有发挥应有的作用。而这段历史却逐渐被淡化和埋没，甚至几乎被遗忘。今天重新发掘和探讨1887年海外游历使的历史，认真总结晚清中国人走向世界的经验教训，可能对于当代中国人走向世界和实现中华民族的伟大复兴，会有一定的借鉴和启示意义。

（原载于《清史论丛》2007年号）

---

① 《光绪朝朱批奏折》第112辑。
② 同上。

晚清中国官员三次集体出洋之比较

本文试图以清政府官员从19世纪60年代至20世纪初的三次大规模集体出洋为例，比较其出洋的背景、动机、成员、活动及走向世界的效果、影响等层面，进而探讨晚清中国官员走向世界的轨迹及其历史经验教训。

实例之一：蒲安臣使团（1868—1870）
——由洋人带队的中国第一个外交使团

晚清中国官员初次集体出洋，跨出走向世界和国际社会的第一步，应是清政府1868年派赴欧美的第一个正式外交使团蒲安臣使团。尽管在此前的1866年，清政府曾派前山西襄陵县知县斌椿率其儿子和三个同文馆学生，随回国休假的海关总税务司英国人赫德赴欧洲游历，开了晚清官员出洋的先例，不过那仅仅是一次试探性的观光旅行。

清政府首次向海外遣使乃形势所迫，同时也颇具戏剧性。19世纪60年代以来，西方列强陆续派遣公使常驻北京，而中国却尚未遣使出洋。清政府已深感："近来中国之虚实，外国无不熟悉，外国之情伪，中国一概茫然，其中隔阂之由，总因彼有使来，我无使往。"[①]尤其是1858年《天津条约》规定的十年修约之期将至，清政府担心西方列强趁修约之机"索要多端"，急欲事先遣使笼络各国。可是使臣的遴选和中外礼仪纠葛却成为两大难题。无论未出过国不通外语的总理衙门官员，或是毫无外交经验的同文馆师生，都不堪当此重任。"若不得其人，贸然前往，或致狎而见辱，转致贻羞域外，误我事机。"[②]

正当主持总理衙门外交事务的恭亲王奕䜣和文祥等大臣百般焦虑，忧心

---

① 《筹办夷务始末》，同治朝，卷五〇，故宫博物院，1930年。
② 同上。

忡忡之时，在欢送卸任美国公使蒲安臣的宴会上，听到蒲安臣表示"嗣后遇有与各国不平之事，伊必十分出力，即如中国派伊为使相同"。①奕䜣等不禁灵机一动，何不干脆请洋人为使呢？既可达到遣使出洋的实效，又能避免中外礼仪的纠葛。在取得蒲安臣的同意和赫德的支持之后，奕䜣正式向朝廷上奏"请派蒲安臣权充办理中外交涉事务使臣"。奏折中赞扬前美国公使蒲安臣"其人处事和平，能知中外大体，遇有中国为难不便之事，极肯排难解纷"。而且说明由于中外礼仪不同，"用中国人为使臣，诚不免于为难，用外国人为使臣，则概不为难"。②

于是开始组建清政府第一个外交使团。前美国公使蒲安臣摇身一变，成了中国皇帝的钦差，率领中国外交使团的"办理中外交涉事务大臣"。为了维护大清帝国的面子，清政府又任命了两名级别不太高的总理衙门章京，即记名海关道志刚和礼部郎中孙家谷，"赏加二品顶戴"，也以同样的名义，会同蒲安臣办理中外交涉事务。为了不得罪英国和法国，寻求列强之间的平衡，又特地聘请英国驻华使馆翻译柏卓安和法籍海关职员德善分别担任"左协理"和"右协理"。此外，使团还包括中国随员、译员（大部分是同文馆学生）等共约30多人。

蒲安臣使团于1868年2月25日从上海出发，先乘船横渡太平洋到美国，访问了旧金山、纽约、华盛顿等城市。然后又横渡大西洋赴欧洲，访问了英国、法国、瑞典、丹麦、荷兰、普鲁士、俄国、比利时、意大利、西班牙等国。直至1870年10月18日回到上海，历时两年八个月，先后访问了11个国家。③

对于蒲安臣使团应该给予客观全面实事求是的评价。

一方面，蒲安臣使团表现了清政府外交的半殖民地和屈辱色彩。近代中国第一个外交使团居然要由外国人来率领，晚清中国官员的第一次大规模集体出洋竟是在洋大人的带队和挽扶下，摇摇晃晃地迈出国门，小心翼翼地走向国际社会。美国人蒲安臣基本上操纵了使团的领导权。尽管组建使团时总理衙门曾有限制蒲安臣权限的如意算盘，向皇帝报告说："凡于中国有损之事，令其

---

① 《筹备夷务始末》，同治朝，卷五一。
② 同上。
③ 关于蒲安臣使团的详情可参见王晓秋指导闵锐武撰写的博士论文《蒲安臣使团研究》，中国文史出版社2002年版。

118

力为争阻；凡于中国有益之事，令其不遂应允，必须知会臣衙门覆准，方能照行。在彼无可擅之权，在我有可收之益。倘若不能见效，即令辞归。"①使团出发前又给蒲安臣8条训令，要求他前往各国，所办之事，所到之处，都应与中国使臣"和衷商酌"，大小事件都要"逐细告知"。遇到重大事情，必须与中国使臣一起"咨明中国总理衙门候议，再定准否"。②也未授予其订约之权。可是当使团出国以后，蒲安臣便独揽大权，包办各种谈判交涉，甚至擅自订约。如在美国，蒲安臣多次单独与美国国务卿西华德秘密会谈，商订有利于美国输入华工及在华贸易、传教的《中美续增条约》（俗称《蒲安臣条约》）。中国官员直到举行签约仪式时，才被请去出席并画押、盖印，清政府事后也不得不予以批准。中国使臣志刚、孙家谷在前期几乎成了点缀品和观光客，主要活动是参观游览。直到1870年2月蒲安臣在俄国彼得堡因病去世，使团才由志刚主持。

另一方面，蒲安臣使团作为中国政府出访欧美的第一个正式外交使团，毕竟跨出了晚清官员走向世界、迈向国际社会的第一步，成为中国外交从传统走向近代、从朝贡体系转向条约体系的开端。出洋期间，蒲安臣还为使团设计了第一面中国国旗，即黄地蓝镶边，中绘一龙，长3尺，宽2尺，"与使者命驾之时，以为前驱"。③作为中国象征的黄龙旗飘扬在欧美各国，标志着中国第一次以主权国家面目出现在国际社会之中。蒲安臣使团在一定程度上完成了"笼络各国"的外交使命，得到了美、英等国政府不借修约干涉中国的承诺。《中美续增条约》也在客观上对赴美华工、侨民起了某种保护作用。同时，蒲安臣使团也为以后中国近代外交使节制度的建立开辟了道路。当时李鸿章就指出，此次乃"权宜试办，以开风气之先，将来使回，如查看有效，另筹久远章程，自不宜常令外国人充当"④，19世纪70年代清政府终于开始陆续派出驻外使节。蒲安臣使团里的中国官员也通过这次出访大开眼界，接触新事物，吸收新思想，并锻炼了外交才干。如使臣志刚参观美国国会后，赞扬议会制度可使"民情达而公道存"⑤，并深感国际交往之必要。志刚在出访期间也锻炼了外

---

① 《筹办夷务始末》，同治朝，卷五二。
② 同上。
③ 志刚：《初使泰西纪》卷二，《走向世界丛书》，岳麓书社1985年版。
④ 《筹办夷务始末》，同治朝，卷五五。
⑤ 同③。

交能力，[甲]此能在蒲安臣病逝后担当起领导使团的重任，主持了访问俄国等国时的交涉。参加蒲安臣使团的晚清中国官员对世界的认识、见闻和思想变化，可以从他们所写的几部游记，如志刚《初使泰西纪》、孙家谷《使西述略》、张德彝《欧美环游记》等书中看出来。

实例之二：海外游历使（1887—1889）
——几乎被历史遗忘的出洋盛举

19世纪70—80年代，清政府陆续向国外派遣驻外公使和外交官。第一位是1875年任命1877年正式到伦敦上任的驻英公使郭嵩焘，以后又派出了驻美国、日本、法国、德国、俄国等国的公使。1885年有一位御史谢祖源上奏，批评以往出使人员大多非科举正途出身，素质较差，对外国调查研究也不够，建议选拔一批文化修养较高的中央各部官员出国游历，可为国家培养外交和洋务人才。此奏得到皇帝重视，命总理衙门议奏和实施。由此引出了1887年清政府派遣一批海外游历使集体出洋、周游世界之举。①

在蒲安臣使团出洋20年之后的这批晚清官员集体出洋，又跨出了近代中国人走向世界新的一步，至少打破了好几项历史记录。

首先，这次出使的全部是中国官员，清政府破天荒第一次为中央各部保举出国的官员举行了别开生面的选拔考试。这次考试完全不同于以往的科举考试，考试由总理衙门主持，在同文馆举行。考试内容不考四书五经和八股诗文，而只做关于边防、史地、外交、洋务方面的策论。考试于1887年6月12—13日举行，由总理衙门大臣曾纪泽等亲自出题、监考、阅卷。吏、户、礼、刑、兵、工六部共保送了76名官员，实际应考者54人，经笔试初步录取28人。第一名是兵部郎中傅云龙，其试卷《记明代以来与西洋交涉大略》还被刊登在1887年10月28日《申报》的头版头条。初试录取之28名官员又经总理衙门大臣面试，"观其器识"，然后再向皇帝引见。最后由光绪皇帝亲自用朱笔圈定傅云龙等12人为钦定海外游历使。如果对这些人作个数量分析的话，可发现以下特点：他们都是科举正途出身，其中进士9名、监生3名；都是中央六部五六品

① 关于1887年海外游历使的详情，可参见王晓秋、杨纪国著《晚清中国人走向世界的一次盛举》一书，辽宁师范大学出版社2004年版。

中级官员（如五品郎中、员外郎，六品主事），而且基本上都是候补官员；籍贯以江浙籍居多，年龄大多三四十岁。

其次，清政府同时派遣12名海外游历使，分赴亚洲、欧洲、南北美洲的二三十个国家，进行为期两年的游历考察，最远到达南美洲的智利和加勒比海古巴等国，其路程之远及所到国家之多，也是前所未有的。

总理衙门把12名海外游历使及其随员、译员，分成5个组，分别派赴亚洲、欧洲、南北美洲，指定重点游历的国家已有美、英、法、日等21个国家。而实际上根据游历们的报告和游记，他们所到的国家已大大超过这个数字。举傅云龙一组为例，他们先到日本考察6个月后，乘船横渡太平洋到美国，又乘火车横穿美国。然后到加拿大游历，回到美国，又乘船赴古巴考察。然后经加勒比海的海地、多米尼加和中南美洲的哥伦比亚、巴拿马、厄瓜多尔，到秘鲁游历。又绕道智利、阿根廷、乌拉圭到达巴西游历，然后经西印度群岛回到美国作第三次考察，再乘火车横贯美国东西部到旧金山，乘船再次横渡太平洋到日本又作5个月考察才坐船回到上海。傅云龙一行此次游历自1887年9月2日从北京启程，到1889年11月20日回到北京销差，共26个月770天，总行程120844里，重点游历6国，顺途考察5国，往返共经14国。不少地方如美洲南端麦哲伦海峡，恐怕是中国官员第一次经过的。而当年蒲安臣使团只到了欧美11国，在美洲仅访问了美国。这些海外游历使们在所到各国进行了不少外交礼仪及文化交流活动，会见了不少国家总统、国王和部长，加强了中外联系和友谊。他们还进行了大量参观访问和调查考察活动，涉及政府机关、军事设施、工厂矿山、学校图书馆、博物馆、动植物园等等。

最后，这次游历考察所取得的对外国调查研究的成果也是空前的。游历使们分别撰写了几十种对外国调查研究的著作、考察报告及海外游记、日记和诗文集。其中仅傅云龙一人就撰写了游历日本、美国、加拿大、古巴、秘鲁、巴西六国的调查报告（称为《游历图经》）、游记（称为《游历图经余记》）和纪游诗，共达110卷之多。奉命游历欧洲的刘启彤也写了《英政概》《法政概》《英藩政概》《欧洲各国火轮车道纪略》等著作。

因此我把这次清政府派遣海外游历使之举称为19世纪80年代"中国人走向世界的一次盛举"。可是令人惊讶的是，这批游历使回国后却没有受到重用，更没有在外交岗位上发挥作用。这样一次出洋盛举竟然渐渐被历史所埋没和遗忘，以致过去在各种清史、近代史、中国外交史和中外关系史的教材和著作中基本上都没有记载。

为什么会出现这样的怪现象呢？分析起来原因很多。首先清政府1887年派遣海外游历使之举，一开始就立意不高，目标不明确。当时总理衙门制订的《游历章程》，仅仅着眼于海外调查考察，要求游历使"将各处地形要隘，防守之大势以及远近里数、风俗、政治、水师、炮台、制造厂局、火轮舟车、水雷炮弹，详细记载，以备考查"。[①]并没有指出求知识于世界、借鉴外国经验等更远大的动机和目标，也没有把这批海外游历使真正作为外交人才来加以培养、锻炼、使用。因此他们回国后仍然是回到六部或是派遣地方任职，而不是考虑利用他们通过这次宝贵的海外游历实践获得的海外知识和外交经验，发挥其外交人才的作用。12名游历使中竟没有一个出任外交官，著述最多的傅云龙和刘启彤也不过加赏二品衔以道员分派北洋，任北洋机器局和海防支应局的会办。

其次是受到保守势力和社会偏见的打击压制。早在选拔考试和派遣出洋时，已有人冷嘲热讽，讥笑这些官员只是在六部提升无望，才冒险以海外游历为升官捷径和出路。游历使在海外期间又有人造谣诽谤，诬告他们谋取私利、行为不端。待游历使快要回国时，又有人妒忌他们可能得到格外保举升迁太快。御史何福堃甚至专门上奏，要求"请薄其奖叙，即有佳者，只可发往南北洋当差"。以致他们回国后，总理衙门不敢提拔和重用他们出任公使等外交职务。

再次，与海外游历使本身的地位及素质也有关系。这次选拔和派遣的海外游历使级别和地位太低，只是五、六品候补官员，人微言轻，其言论和著述难以产生更大影响，甚至连所到游历国家也常加以轻视怠慢。游历使们周游世界辛辛苦苦写下的调研报告交到总理衙门后，大多被束之高阁，有的书后来还是他们自己花钱印刷出版的。另外他们基本上都是科举出身传统文化培养出来的旧学人才，西学和外国知识很少，更缺乏外交经验而且不通外语，因此在国外调查与交流都遇到很多困难。

最后，是受到经费的制约并与驻外使馆发生矛盾。清政府由于财政困

---

① 《清季外交史料》，卷七一，北平清季外交史料编纂处铅印，1931年。

难，拨给游历使出洋的经费不足，而且这笔4万两银子经费还是从各驻外使馆人员经费中克扣出来的（每人节省20%薪俸），因此造成驻外使馆人员与游历使间的矛盾，有的使馆不仅不提供方便反加种种刁难。

由于以上种种原因，1887年清政府派遣海外游历使集体出洋的盛举，尽管又跨出了走向世界的一大步，甚至远至南美洲偏僻之地都出现了中国官员的身影。可是此举最终对中国政治、外交所起的作用和影响不大，致使这批风尘仆仆历尽千辛万苦周游世界的海外游历使多数在历史上默默无闻，渐渐被世人遗忘。这次走向世界的盛举也逐渐湮没于历史的尘埃之中而鲜为人知了。

实例之三：五大臣出洋（1905—1906）
——王公大臣走出国门考察政治推动立宪

19世纪末至20世纪初，随着清末新政改革的需要和推动，晚清官员出国游历考察逐渐形成风气，而且出现要求王公大臣出洋的呼声，考察外国政治特别是宪政，也被提上日程。1905—1906年的五大臣出洋，标志着晚清中国官员在走向世界的历程上又迈出了一大步。

早在1895年张謇为张之洞起草的《条陈立国自强疏》中就建议"亲贵大臣及满汉世家子弟，尤宜选其贤者，遣出游历"，因为"风气自上开之，视为下者事半功倍"。[1]1898年戊戌维新期间，康有为特地代御史杨深秀起草了《拟请派近支王公游历折》。礼部主事王照甚至上书请光绪皇帝奉慈禧太后东游日本，"藉以考证得失，决定从违"，结果被顽固派大臣斥为"用心不轨"。

20世纪初，经过了义和团运动、八国联军战争，清王朝内外交困，统治摇摇欲坠。1901年1月，镇压过戊戌维新的慈禧太后被迫宣布要"取外国之长"以"补中国之短"，实行变法新政。[2]同年张之洞、刘坤一联名所上《江楚会奏变法三折》中也明确提出"拟请敕派王公大臣"分赴各国游历。其理由是"亲贵归国，所任皆重要职事，所识皆在朝之达官，故其传述启发，尤为得

---

① 《张謇全集》，卷一，江苏古籍出版社1994年版，第39页。
② 《义和团档案史料》下册，中华书局，第914页。

力"。^①1902年以后逐渐出现官员出洋游历尤其是赴日本考察的热潮，对推动清末新政的进展起了一定的作用。

1905年由于日俄战争和民族危机加深的影响，要求立宪的舆论日益高涨，驻外公使和地方督抚也纷纷奏请仿效日本及欧美政治，实行君主立宪。清廷决定派王公大臣出洋，深入考察欧美及日本等国政治，归国报告后再作决策，于是就有了1905—1906年的五大臣出洋。

这次五大臣出洋的特点是级别高、随员多、目标明确、效果显著。

清廷所派考察政治出使大臣的人选几经变动，最初曾想派贝子载振、军机大臣荣庆、户部尚书张百熙和湖南巡抚端方，后荣庆、张百熙不愿去，改为军机大臣瞿鸿禨与户部侍郎戴鸿慈。以后又因载振、瞿鸿禨公务在身，不能出洋，改派镇国公载泽、军机大臣徐世昌，不久又追加商部右丞绍英。1905年9月24日正值使团在北京正阳门车站上车准备出发时，遭革命党人吴樾炸弹袭击。绍英等受伤，徐世昌兼任巡警部尚书也走不了，又改派山东布政使尚其亨和顺天府丞李盛铎。因此最后真正出洋的五大臣是载泽、戴鸿慈、端方、尚其亨、李盛铎，全部是高级别的一、二品大员。镇国公载泽，姓爱新觉罗，满洲正黄旗人，是嘉庆皇帝第五子惠亲王之孙，其妻是光绪皇后隆裕之姐妹，属近支王公，宗室贵胄，故出洋后常被外国报纸称为"亲王殿下"。他是深得慈禧太后宠信的满族亲贵。出洋前任盛京守陵大臣，回国后不久就升任御前大臣、度支部尚书。户部侍郎戴鸿慈与湖南巡抚端方都曾在慈禧西逃时护驾有功，获慈禧赏识，刚出洋就分别被升为礼部尚书和闽浙总督，回国后端方更调任两江总督兼南洋大臣。尚其亨是二品布政使，汉军旗人，并与慈禧沾亲。而李盛铎原是慈禧宠臣荣禄之心腹，此时被任命为出使比利时大臣兼考察政治大臣。可见五大臣都是地位显赫之高级官员。

五大臣出洋还选调了大批随员，选拔标准是"必须择其心地纯正见识开通者，方足以分任其事"^②。随员不仅人数众多，而且级别较高、素质较好，不少人后来成为政坛和外交界的风云人物。他们先是奏调了38人名单，实际上后来分两路出发时，仅载泽一路在其日记上提到的随行或先遣人员名单已达54

① 《光绪朝东华录》，中华书局1958年版，第4755页。

② 《清末筹备立宪档案史料》（上），中华书局1979年版，第3页。

人。[①]戴鸿慈一路，其日记所记同行随员也有48人。随员中包括部分京官，如御史、内阁中书、翰林院编修，各部郎中、员外郎、主事等，不少人级别已超过当年海外游历使。还有地方官员，如道员、知府、知县，海陆军官如参将、都司，以及地方督抚派的随员和留学生等，有些是精通外语和外国情况曾经留学欧美、日本的归国留学生。其中包括民国时代当过内阁总理或部长、公使的熊希龄、陆宗舆、章宗祥、施肇基等人，还有袁世凯的长子袁克定。随员们各有分工，分别担任先遣联络、考察、翻译、编撰等任务。

五大臣出洋目标远大，任务明确，调研细致。1905年7月16日上谕规定目的是"分赴东西洋各国，考求一切政治，以期择善而从"，并要求在国外"随事诹询，悉心体察，用备甄采，毋负委任"。[②]临行之前，慈禧太后和光绪皇帝连日召见考察大臣，认真听取了端方演讲《立宪说略》，[③]并让考察大臣带上些宫廷御点路上充饥。光绪帝还面谕军机大臣：考察政治是今天当务之急，务必饬令各考察大臣速即前往，不可任意延误。

载泽、尚其亨、李盛铎一行于1905年12月11日出京，1906年1月16日抵达日本，后经美国赴英国、法国，最后到比利时，7月12日回到上海。戴鸿慈、端方一行于1905年12月7日出京，也先到日本参观，1906年1月23日抵美，后取道英、法，抵德国，然后考察奥地利、俄国、意大利，并游历丹麦、瑞典、挪威、荷兰、瑞士，7月21日回到上海。实际上前者重点是考察日本和英国、法国，后者重点则是考察德国、美国和俄国。

戴鸿慈与端方在出洋途中与随员详细讨论和制订了考察方针和计划，立宗旨以考察各国政体、宪法为中心。并作分工、专责任、定体例、勤采访、广搜罗，以图"他山攻玉"，"纲举目张"。[④]

两路考察大臣出洋为时半年左右，前后到了14个国家。每到一国游历结束时，都及时向清政府奏报考察经过和心得，并介绍该国的政治体制和统治得失、经验教训。他们考察虽以政治特别是宪政为中心，但实际调查范围很广，包括议会、政府机关、工厂、银行、学校、警察、图书馆、博物馆、动植物

① 载泽：《考察政治日记》，《走向世界丛书》，岳麓书社1986年版，第571页。
② 《清末筹备立宪档案史料》（上），第1页。
③ 《时报》1905年9月17日。
④ 戴鸿慈：《出使九国日记》，《走向世界丛书》，岳麓书社1986年版，第333页。

园，以至监狱、浴池等。并请外国政治家、学者讲解宪政原理和各种制度，还大量收集、购买、翻译各类图书、资料。"①

五大臣出洋收获丰硕，效果显著，推动了预备立宪的决策。1906年回国后，载泽等编辑了书籍67种146册，并将其中30种分别撰写了提要，进呈光绪和慈禧御览。另将购回的400余种外交书籍送交考察政治馆备考。戴鸿慈、端方也带回许多书籍、资料，并赶写出介绍欧美各国政体制度的《欧美政治要义》供朝廷采择。以后又编写了介绍各国政治源流和概况的《列国政要》133卷。这些书对清末新政和预备立宪的各项改革和制度建设具有重要参考价值。

五大臣出洋所起的最重要作用是推动了清政府预备立宪基本国策的确定。他们一回到北京就直奔颐和园复命，慈禧太后和光绪皇帝立即召见他们。前后计召见载泽、戴鸿慈各2次，召见端方3次，尚其亨1次。他们在召见时力陈"中国不立宪之害及立宪之利"，并一连上了好几份奏折，详加阐述。其中最重要的是载泽的《奏请宣布立宪密折》，为解除慈禧太后对立宪的思想顾虑，着重指出君主立宪有三大利，即"皇位永固""外患渐轻""内乱可弭"，②为维护清王朝的统治开了一副包医百病的药方，令慈禧读后颇为动容。端方也上了《请定国是以安大计折》，洋洋万言，阐述考察欧美各国政治的结论："东西洋各国之所以日趋强盛者，实以采用立宪政体之故。"因此"中国欲国富兵强，除采取立宪政体而外，盖无他术矣！"③1906年8月25日，清廷命醇亲王载沣和各军机大臣、政务处大臣及北洋大臣袁世凯等共同阅看考察大臣的条陈各折并会议讨论。这实际上是决定国策的重臣会议。会上多数人赞同立宪，少数人尚有保留。8月29日慈禧太后与光绪皇帝召见诸大臣，决定预备立宪。三天之后，即1906年9月1日，清廷正式颁布"仿行立宪"的上谕。可见五大臣出洋在清政府确定实行预备立宪国策的过程中起了十分关键的作用。

可是，五大臣出洋和清政府的预备立宪仍然不能挽救清王朝的覆灭。虽然以后又实行了改革官制，颁布宪法大纲，设立咨议局和资政院等一系列措

---

① 五大臣出洋的详情，可参见王晓秋指导陈丹撰写的博士论文《清末考察政治大臣出洋研究》，社会科学文献出版社2011年版。
② 《清末筹备立宪档案史料》（上），第175页。
③ 同上。

施，但清王朝的腐败专制统治已像一座基础腐烂快要倒塌的房屋一样不可救药了。1911年，清政府实行了镇压立宪派国会请愿运动、成立皇族内阁、宣布铁路干线国有等一系列倒行逆施，最终引发了保路运动和武昌起义。1912年2月12日，清帝正式宣布退位，统治中国260多年的清王朝终于寿终正寝。

通过以上三个实例的比较，我们可以看到晚清中国官员走向世界的发展轨迹。从在洋大人带领下走出国门，到中国人独立周游世界；从选拔中下级官员海外游历，到派遣王公大臣出洋考察；从泛泛调查异国风情，到重点考察外国政治；从回国后默默无闻几乎被历史遗忘，到推动立宪国策发挥重要作用……反映晚清中国官员在走向世界、认识世界的艰难历程中一步一步地前进，逐步融入国际社会，登上世界外交舞台。但同时也暴露了清王朝的衰败和腐朽，终究不能挽救其灭亡的命运。

（原载于《学术月刊》2007年第六期）

晚清民初中国参与世界博览会的历史回顾和启示

　　回顾中国与世界博览会的历史渊源，可以追溯到晚清时期和民国初年。近代中国参与世博会的历史，有个变化发展的过程。如对世博会的认识，从只是"炫奇赛珍"，到可以"联交谊，振商务"。对世博会的态度，由疑惧、被动，到接受邀请，积极参展。参与世博会的方式，从私人展品到国家设馆，从海关包办到官商协力。它像一面镜子，反映出近代中国走向世界和现代化起步的艰难曲折历程。

　　第一届世界博览会是1851年在英国伦敦举行的。当时英国正处于工业革命的鼎盛时期，维多利亚女王通过外交途径邀请各国参展，其间还进行展品评比和文艺表演，奠定了以后各国举办世博会的基本模式。在俗称"水晶宫博览会"的伦敦世博会上，共有各国18000多商人提供的近10万件展品参展，组委会为其中的5084位参展商颁奖。中国的展品第一次在世博会上亮相，但都是以中国商人和在华英国人私人名义提供的。其中上海商人徐荣村的"荣记湖丝"荣获金银大奖。据1884年出版的《北岭徐氏宗谱》记载，徐荣村是广东香山人，道光中叶到上海经商，并充宝顺洋行买办。他经营丝茶出口贸易，重视质量信誉，"取材必精"，"一丝一茶，必居上品"。当他得知伦敦举办世博会的消息后，立即精选了12包"荣记湖丝"运往伦敦参展。起初因包装简陋遭到冷遇，但经数月展出，湖丝仍光彩夺目，终于荣获大奖，为国争光。评委会的《评审报告》的评语是"在中国展区，上海荣记的丝绸样品充分显示了来自桑蚕原产国的丝绸的优异品质"。据《评审报告》记载，当时在中国的一些英国外交官、商人也提供了一些中国产品参展，如茶叶、棉花、药材、瓷器之类农产品和工艺品，但基本上没有工业品，这也反映了当时中国与欧美工业国家的差距。

　　1867年在法国巴黎举行的世博会上，开始让各参展国建设自己独立的展馆。会上最引人注目的是英国的发动机、法国的炼钢炉和德国的克虏伯大炮等工业产品。巴黎世博会上首次出现了中国人的身影，但他并不是参展官员或商人，而是刚好旅行到巴黎的中国文人王韬。他以游客身份参观了巴黎世博会，并写下了中国人最早记述世博会的游记。王韬在其《漫游随录》一书中描述巴黎世博会"物玩精奇"，"美不胜收"。他还听说有广东来的戏班在世博会场演出，"旗帜新鲜，冠服华丽"，受到观众喝彩。

中国第一次派代表参展是1873年奥地利维也纳的世博会。这届世博会有30多个国家近7万家厂商参展。清政府应邀参展并委托海关总税务司英国人赫德全权负责有关事宜。赫德则指派粤海关副税务司英国人包腊为代表出席。海关从上海、天津、广州等14个城市征集了丝绸、茶叶、瓷器、中药等商品参展。由于清政府以为世博会只是"炫奇赛珍"的赛会，不加重视，又缺乏国际知识和外交人才，从此即放手让海关洋员包办参与世博会的事务，以致被人称为"赫德之赛会"。

中国官员第一次正式出席世博会是1876年美国为纪念独立百周年而举行的费城世博会。有来自35个国家的3万种产品展出。以前中国出席世博会的代表都是海关的外国职员，而此次代表团里也有一位中国官员即浙江海关文书李圭。他的游记《环游地球新录》卷一美会纪略，详细介绍了费城世博会的盛况与观感。赞扬其"基址之广阔，营构之奇崛，局变之恢宏，陈物之美备"，"志在联交谊，奖人材，广物产，并藉以通有无，是有益于国而不徒费"。李圭还记述中国馆占地8000平方尺，展品6801种。其中丝、茶、瓷器、绸货、景泰蓝等"在各国中推为第一"，铜器、漆器、银器、藤竹器"次之"。有华商十余人在会中值班，会上瓷器被抢购一空，而绸缎、古玩等因价格太贵，"购者较鲜"。茶叶"掺杂太多"，包装过大，丝斤"做法不善，粗细相杂"，也不受欢迎。因此他认为中国商品若不加改进，"上何以裕国？下何以利民？"李圭还描述了各国的展品，尤其对美国的大型蒸汽机、抽水机、印刷机、打字机，英国的织布机，瑞士的钟表，德国的钢琴等，"皆赞叹不止"，并认为中国也应"仿而行之"。李圭还遇到正在美国留学的一百多名留美幼童在老师带领下参观费城世博会。美国第18任总统格兰特还特地在费城接见了李圭和中国留学生。

1878年，世博会在法国巴黎举行。共有30多个国家展出产品5万多件，爱迪生发明的留声机和钨丝灯泡成了最大亮点。中国也是参展国之一，展馆以"中华会所"命名。最受欢迎的中国展品是广东绣屏和象牙折扇。世博会结束后，清政府把这幢中华会所作为礼物赠送给法国政府。当时清政府驻法国公使馆参赞黎庶昌也参观了巴黎世博会，并在《西洋杂志》一书中记述了世博会的全貌和盛况。

1900年，法国巴黎再次承办世博会。有40个国家参展，最受注目的是最新发明的电影机、无线电收发报机、千倍望远镜、X射线仪等新科技产品。观众达到破纪录的5000万人。这届世博会中国馆占地3300平方米，共有5座建筑分别模拟北京城墙、万里长城、孔庙等中国标志性建筑。中国提供的展品仍以瓷器、绸缎等工艺品和茶叶、小麦等农产品为主，另有工匠数十人每天为观众表演中国传统手工艺品的制作。

1904年美国举办了圣路易斯世博会，共有60个国家参展，参观人数近2000万。清政府首次以官方名义派遣高级官员率商人组团参加，标志中国政府正式登上世博会舞台。参展团由皇族贝子溥伦任正监督，并派副监督、候补道黄开甲先期赴美筹建中国馆。不过展品却仍以海关筹集的传统产品为主，更恶劣的是海关洋员竟把小脚女人、娼妓、乞丐、囚犯、鸦片烟鬼的塑像也作展品陈列，故意展示中国的落后面。对此，国人无不视为国耻，《东方杂志》刊文抨击"此次出品名曰陈赛，实无异于献丑也"。中国展品中还有一幅由美国女画家卡尔所绘的巨幅慈禧太后油画像，会后作为礼品送给美国政府。当时美国总统西奥尔·罗斯福专门在华盛顿白宫举行盛大典礼接收这幅画像。

1905年世博会在比利时列日举行，共有31国参展。中国也是参展国之一，并实现了官商合作参展的尝试。清政府任命当时驻比公使杨兆鋆为参会钦差大臣兼监督，同时仍委托海关总税务司赫德负责赴会具体事宜。中国馆是一幢典型中式建筑，包括国亭1座、会所2间、市房14间。展品分官方与私人两类，官方展品仍由各地海关筹集，多数仍是传统农副产品和工艺品。商人参展不够踊跃，虽各省"出示招商"，但只有17家华商参展。中国展品总共获奖牌百余枚。

1906年世博会在意大利米兰举行，有25国参加。中国应邀参展。清政府交由商部头等顾问张謇负责。张謇建议按商部所订《出洋赛会通行简章》，收回出洋赛会承办权，初步摆脱了由海关洋员包办的局面，并向制度化方向发展。张謇还牵头成立"七省渔业公司"汇集沿海各省产品参展。当时正在欧洲考察政治的大臣端方、戴鸿慈等也参观了意大利米兰世博会，感触颇深。他们回国后向清政府上奏，建议"仿外国赛会之例"，在中国举办类似的博览会。

1911年意大利又在都灵举办世博会。经驻意公使吴宗濂争取，清政府才同意参会。由外务部与农工商部制订《参赛办法》与《参赛须知》，并严令禁止小脚绣鞋、鸦片烟具、春画图册等参展。中国参展物品主要是丝绸、瓷器、服装、景泰蓝、文具等传统商品，还有各地学堂学生的外文作业、江南制造局的军舰图纸等等。共获奖256项，其中沈寿的刺绣等4项获得"卓越大奖"。

近代中国参与世博会最成功的一次是1915年在美国旧金山举行的巴拿马世博会，乃因庆祝美洲巴拿马运河通航而得名。有31个国家参展，参观人数达1900万。早在1912年美国就派人到中国游说刚成立的中华民国政府派员参加。在辛亥革命后实业救国潮流推动下，民国政府作出参展决定，由工商部、农林部、教育部、财政部协同筹备，并任命陈淇为赴美赛会监督兼筹备巴拿马赛会事务局局长。各省也先后成立"赴赛出品协会"负责征集展品。共征得19省的十万余种展品。1914年年底，陈淇率四十余人代表团赴美。1915年3月，仿中国宫廷建筑风格的中国政府馆举行隆重开幕式，高挂中美国旗，奏中国国歌。这次参加巴拿马世博会，由于政府重视，官商协力，展品丰富，分别陈列在农业、工业、教育、文艺、艺术、交通、矿物、食品、园艺9个馆展出。展品虽仍偏重于农业、手工业，但已有了近代工矿业、交通业如铁路、火车、轮船、厂矿的照片和模型参展。中国展品共获奖章、奖牌1211枚，为各国之冠，如茶叶、瓷器、丝绸、苏绣、贵州茅台酒等均获大奖。

从以上近代中国参与世博会的历史中，我们可以总结出不少经验教训和启示。世界博览会实际上是主办国和参展国展现国家综合实力和经济成就、科技水平以及宣传民族文化、促进国际交流、提升国际声望的重要舞台和大好机会。近代中国因为政府缺乏世界眼光、国际知识和外交外贸人才，思想保守，加上国力衰微，工业薄弱，科技落后，在世博会的参与上处于被动弱势状态，甚至长时期由海关洋员包办参展事宜。展品大多数是传统农业、手工业产品，缺乏现代工业制造业产品，更少自主创新的科技新产品。有些展品的质量和包装也比较粗糙，缺少竞争力。展品及展馆不能充分体现中华民族的优秀文化和民族精神，反而有时被海关洋员故意塞进一些丑化中国的缠足、抽鸦片等形象。直到清末收回世博会参办权，此种局面才有所改善。尤其是辛亥革命后，在实业救国浪潮推动下，民国政府重视，筹备人员得力，地方及民间积极参与，官商协力，终于在1915年巴拿马世博会上取得较大成功。这些都是值得我们以史为鉴的。

（原载于王晓秋著《改良与革命——晚清民初史事新探》，
北京大学出版社2012年版）

辛亥前孙中山在日本和南洋的革命活动

从1895年策划广州起义失败到1911年辛亥革命爆发，这15年间孙中山先生的绝大部分时间都是在海外度过的。其中时间最长的是日本，辛亥前进出日本十余次，居住五年多。其次是南洋（包括今东南亚的越南、新加坡、马来西亚、泰国等国），也进出多次，居住四年左右。[①]日本和南洋成为孙中山和中国革命党人进行革命活动最重要的两个海外基地，对辛亥革命的发动起了重大的作用。本文试图以世界眼光和亚洲视角，从历史事实出发，用比较研究的方法，对孙中山辛亥前在日本和南洋的革命活动，作一番初步的比较。

一

孙中山先生赴日本和南洋，虽然都是因其革命活动遭到挫折而被迫流亡海外，但他不畏艰难，百折不挠，以其顽强的革命毅力，在日本和南洋开展了大量革命组织和宣传活动，终于使日本和南洋成为中国革命党人海外活动的两个重要基地。

1895年10月孙中山策划兴中会广州起义，因消息泄露而流产。他遭到清政府通缉，从广州逃到香港，清政府又要求香港英国殖民政府引渡，11月被迫离港赴日，这是他第一次流亡日本。

1896年10月孙中山在英国伦敦遭清政府驻英公使馆的绑架囚禁，经英国友人救援脱险，于1897年8月再赴日本开展革命活动。

1900年6月，孙中山第一次下南洋，先到越南西贡（今胡志明市），再到新加坡，营救其日本友人宫崎寅藏与清藤幸七郎出狱，但不久即被英国殖民当

---

① 据《孙中山年谱长编》《孙中山日本史事编年》等资料统计。

133

局勒令离境。同年10月在台湾策划惠州起义，又因饷械无继而失败，只得又一次流亡日本。

1905年7月，孙中山由欧洲赴日本，筹建中国同盟会。10月，日本政府在清政府要求下，决定驱赶孙中山出境。于是孙中山再度流亡南洋，在越南、新加坡发展革命组织，筹集革命经费。1906年10月返回日本，不久即再次遭到日本政府驱逐。

1907年3月，孙中山又赴南洋，在越南策划指挥中国西南边境的多次反清武装起义。1908年1月，被越南法国殖民当局驱逐出境，但他仍坚持到新加坡、马来亚、暹罗（今泰国）进行活动。

1910年6月，孙中山由美国赴日，又遭日本政府下驱逐令，被迫再下南洋，先到新加坡，再到马来亚，在槟城策划广州黄花岗起义，1910年11月，再遭英国殖民当局驱逐。

从以上简要回顾孙中山辛亥前的海外流亡经历，可以看到他处于何等艰难境地，屡遭革命失败挫折和清政府的通缉、追杀以及日本政府与英法殖民当局的驱逐、迫害。但孙中山先生以大无畏的坚强革命意志和毅力，不仅没有气馁灰心，而是顽强奋斗，终于把流亡地日本和南洋变成中国革命党人海外革命活动的两个重要基地。主要表现在以下三个方面：

首先是孙中山在日本和南洋建立和发展革命团体，使其成为中国革命党人的海外组织基地。

1895年11月，孙中山首次赴日不久，就在日本横滨建立了兴中会横滨分会，成为中国革命党人在日本的第一个革命团体。

1902年12月到越南后，又组织了兴中会河内分会，建立了南洋华侨中的第一个革命团体。

1905年8月，孙中山在日本创建中国同盟会，成为辛亥革命的领导核心，也是中国第一个革命政党。孙中山担任同盟会总理，制定了三民主义革命纲领，总部下设3部6科，及国内外5大支部，包括南洋支部。

1905年10月，孙中山亲自到南洋，首先在越南建立同盟会西贡堤岸分会。1906年4月，到新加坡，组织同盟会新加坡分会。8月又赴马来亚建立同盟会吉隆坡分会，以后在马来亚槟榔屿（槟城）、芙蓉、怡保、瓜拉庇劳、麻坡和关丹等地也先后成立了同盟会分会。甚至还派人到印尼爪哇成立了荷属东印度的同盟会分会。①

1908年秋同盟会新加坡分会升格为同盟会南洋支部，成为南洋的革命活动中心。孙中山亲自为此发了《通告》。②1910年10月，南洋支部迁到马来亚槟城。

其次，孙中山在日本和南洋大力开展革命宣传活动，使其成为中国革命党人的海外宣传基地及与保皇派论战的主要战场。

孙中山在日本通过发表演讲、谈话、文章，创办报刊、学校，发行书籍等各种方式进行革命宣传，传播革命思想，扩大革命影响。

1895年孙中山刚到日本，就把带来的《扬州十日记》《原君》《君臣》等反清革命宣传品让横滨华侨、经文印刷店主冯镜如广为印刷散发。1899年他还亲自绘制了《支那现势地图》，鼓动中国有志之士"感慨风云，悲忧时局"，"奋发为雄，乘时报国"③。他还指示刘成禺撰写《太平天国战史》，并亲自为之写序，宣传反清革命。④影响最大的则是孙中山1905年8月13日在东京中国留学生欢迎大会上的演说和1906年12月2日在《民报》创刊周年庆祝大会上的演说，系统阐述了孙中山的三民主义革命纲领，⑤使其深入人心，成为发动辛亥革命的指导思想和理论基础。孙中山还在同盟会机关报《民报》上发表《发刊词》等重要文章，制定了《中国同盟会革命方略》等重要文件。面对保皇派对革命的攻击，在日本，孙中山与革命派以《民报》等报刊为阵地，与保皇派的《新民丛报》等报刊，展开了一场激烈的论战，最后取得了论战的胜利，促进了革命形势的发展。

孙中山在南洋也用各种方式开展革命宣传。如孙中山亲自给南洋华侨和同盟会员写信，仅《孙中山全集》第一卷中就收有他给新加坡华侨领袖陈楚楠、张永福和马来亚华侨领袖邓泽如等的50多封书信。还有一些演讲、谈话，

---

① ［澳］颜清湟：《东南亚华人之研究》，香港社会科学出版社有限公司2008年版，第109页、126页。

② 孙中山：《设立中国同盟会南洋支部通告》，《孙中山全集》第1卷，中华书局1981年版，第394页。

③ 孙中山：《支那现势地图》跋，《孙中山全集》第1卷，第187—188页。

④ 孙中山：《太平天国战史》序，《孙中山全集》第1卷，第258—259页。

⑤ 孙中山：《在东京〈民报〉创刊周年庆祝大会的演说》，《孙中山全集》第1卷，第323—331页。

如仅在马来亚槟城就曾发表4次公开演讲，宣传民族主义和革命思想。[1]

在南洋，孙中山和革命党人还采取创办报纸、书报社和剧团的形式进行革命宣传。如孙中山的支持者在新加坡创办的《图南日报》《中兴日报》《星洲晨报》《南侨日报》和槟城的《光华日报》，大力制造革命舆论，传播革命信息。各地还办了许多书报社，免费提供《革命军》等革命书刊，广泛传播革命思想。当时在新马两地至少设立了58个鼓吹革命的书报社，著名的如新加坡的星洲书报社、同德书报社、开明演说阅报社和槟城的槟城书报社（又称槟城好学会）等。[2]在越南西贡，一些粤剧团还上演《梁红玉》《岳飞》《戚继光》等历史剧，以激发华侨的民族观念和爱国心。

新加坡还成为革命派与保皇派论战的第二个重要战场，以革命派的《中兴日报》与保皇派喉舌《南洋总汇新报》为主要阵地，双方亦发表了数百篇文章，围绕革命与改良展开激烈论战。孙中山还亲自化名"南洋小学生"，撰写了三篇文章刊登在《中兴日报》上参与论战，即《论惧革命已瓜分者乃不识时务者也》《平实尚不肯认账》和《平实开口就会错》[3]。前者对保皇派攻击革命会招致瓜分的论调进行有力反击，后两篇则批判了改良派的时势观。

最后，孙中山还在日本和南洋，策划和组织、指挥兴中会和同盟会的多次武装起义，使其成为中国革命党人辛亥前发动反清武装起义的海外基地。

1900年孙中山先在日本，后到当时日本的殖民地台湾，策划和指挥兴中会发动会党举行的惠州起义。他还准备以菲律宾独立军在日本购买的军火供惠州起义军使用，并有一些日本志士参与了这次起义。1905年孙中山在日本创立中国同盟会后，也立刻开始策划发动华南武装起义，同盟会本部还在横滨设立了制造弹药的机关。

由于孙中山制订了在华南粤、桂、滇三省特别是边境地区发动武装起义的战略，加上日本政府对其革命活动的限制，因此1905年10月以后，孙中山把在海外策划、指挥武装起义的主要基地迁到了南洋，着重在南洋华侨中筹饷、筹款和动员组织起义队伍，并就近指挥起义行动。他在越南河内甘必达街61号

---

① 如孙中山：《在槟榔屿中国同盟会骨干会议上讲话》（1910. 11. 13），《孙中山全集》第1卷，第493页。

② ［澳］颜清湟：《东南亚华人之研究》，第111页。

③ 见《孙中山全集》第1卷，第380—383页、383—385页、386—388页。两报论战文章可参见《辛亥革命史资料新编》（5），湖北人民出版社。

设立指挥机关。先后策划组织了1907年5月的潮州黄冈起义、6月的惠州七女湖起义、9月的防城起义、12月的镇南关起义，以及1908年3月钦州起义、5月的河口起义等一系列武装起义。这些起义的经费大半出自南洋各地华侨之捐款。1908年3月的钦州起义，主力就是由200余名越南华侨组成的中华国民军南军。河口起义也是由越南河内同盟会员黄明堂、王和顺等发动的。[①]南洋华侨在历次起义中或筹措经费，或输送武器、接济粮草，或参加起义、冲锋陷阵，发挥了重要作用。1910年11月孙中山亲自到马来亚槟城召开会议，具体策划辛亥年的广州起义，会议决定以广州为起义地点，向南洋华人募集10万元经费，以新军为起义骨干，并选出500名革命志士为先锋。[②]据统计，1911年4月27日广州黄花岗起义中，牺牲的革命党人共86人，其中南洋华侨就有27人。[③]此外，南洋也成为历次武装起义失败后革命逃亡者的避难所。1907年12月镇南关起义失败后，就有数百名革命志士逃亡到南洋栖身。

二

孙中山先生辛亥前在日本和南洋的革命活动也有一些不同的特点，主要表现在其革命活动发动依靠的对象和革命工作重点的差异，这是由于两地不同的国情、形势、社会环境和孙中山革命战略和策略所造成的。

首先是孙中山在日本和南洋进行革命活动主要发动和依靠对象的不同。孙中山刚到日本时，最初接触的也是旅日华侨。1905年11月组织兴中会横滨分会时，主要成员基本上都是旅日华侨商人，如印刷业侨商冯镜如、冯紫珊，洋服业侨商谭发、杂货业侨商赵明乐等人。[④]但1898年戊戌变法失败后，康有为、梁启超等改良派领袖流亡日本，华侨界却多数倾向于改良派，连孙、康两派合办的横滨大同学校也被康派把持。由于留日潮的出现，形势才发生了变化。

20世纪初出现了一个大批中国学生涌向日本留学的热潮，其人数从1900

---

① 冯自由：《华侨革命开国史》，第40页。
② ［澳］颜清湟：《东南亚华人之研究》，第135页。
③ 邹鲁：《广州二月二十九日革命史》，长沙商务印书馆1944年版。
④ 冯自由：《革命逸史》第4集，第15页。

年的百人左右增加到1903—1904年的一两千人，再到1905—1906年形成高潮达七八千人，以后每年仍有三五千人。大约辛亥前十年至少有两三万中国学生先后赴日本留学。之所以出现这样一个声势浩大的留日热潮，主要是民族危机严重，爱国救亡思想的高涨，同时也与清政府实行清末新政，废除科举，鼓励留学以及日本明治政府吸引留学生政策有关。这些青年学子到日本接触到新思想、新文化，又因祖国贫弱而遭日本人歧视侮辱而受刺激，更痛恨清政府的腐败卖国，通过1903年拒俄运动和1905年反对日本《取缔规则》风潮等爱国运动，思想日益革命化。正如鲁迅先生描写的留日学生们"一到日本，急于寻求的大抵是新知识，除学习日文，准备进专门的学校之外，就赴会馆，跑书店，往集会，听讲演"①。孙中山也指出"赴东求学之士类，多头脑清洁，志气不凡，对于革命理想，感受极速，转瞬成为风气"②。这个群体成为孙中山在日本宣传革命、组织革命团体最理想的发动、依靠对象。1905年孙中山创建的中国同盟会，其领导骨干和最初成员，除孙中山外绝大多数都是留日学生，如黄兴、宋教仁、胡汉民等，同盟会机关报《民报》的编辑、撰稿人，同盟会总部派往各省和海外各地的主盟人，也几乎都是留日学生。所以孙中山后来说，当年在日本组织同盟会主要依靠一万多留日学生，"发起救国，提倡革命的风潮"③

　　孙中山先生在南洋主要发动、依靠的对象则始终是南洋各地的华侨。他在南洋的革命活动几乎完全以华侨社会为中心。中国人移居南洋，历史悠久，尤其是17世纪中叶以后，广大华侨在南洋各国历尽艰辛，勤劳创业，为南洋各国的开发做出了重大贡献。但自从西方列强势力东渐，南洋越南、新马、爪哇均沦为法国、英国、荷兰殖民地，华侨受到殖民当局各种歧视和压迫，而且还受到清政府的刁难和迫害。清政府把华侨视为甘愿"自弃王化"的天朝莠民，使华侨成为有国难归、有苦难诉的海外孤儿。因此，广大南洋华侨具有浓厚的民族意识和强烈的爱国思想，他们既痛恨殖民主义侵略压迫和清政府的腐败卖国，又急切期望祖国的独立富强，所以他们比较容易接受和理解孙中山的革命思想，从而积极支持和参与孙中山的革命活动。

---

① 鲁迅：《因太炎先生而想起的二三事》，《鲁迅全集》第6卷，第558页。
② 孙中山：《建国方略》，《孙中山全集》第6卷，第235—236页。
③ 孙中山：《在广州全国青年联合会的演说》，《孙中山全集》第8卷，第322页。

当然具体到南洋各地和各阶层华侨对孙中山革命活动的态度也不完全一样。如越南华侨有一部分是明末清初辗转流落到越南的明清遗民后裔，还有一部分是太平天国农民起义失败逃亡到越南的起义军以及曾在越南抗法的刘永福黑旗军将士及其后裔，他们的反清革命意识就比较强烈。在南洋华侨的富商和上层人士中，受保守和传统观念影响较深，并受到康、梁改良派的影响较大，还担心清政府对他们在国内的亲属实行报复，因此对孙中山的革命思想和行动尚有疑虑。但也有一部分较激进的分子成为孙中山的坚定支持者和南洋革命团体的骨干。而华侨下层如店员、小商贩、种植园工人、码头工人则很多成为孙中山革命活动的积极支持者和参与者。

其次，孙中山在日本和南洋进行革命活动的工作重点也有所不同。

孙中山在日本除了发动组织留日学生参加革命外，另一个工作重点就是争取日本政府和日本各界人士支持和援助中国革命，他为此投入了大量的精力和时间。这是与孙中山的中日联合抵御西方的"兴亚"思想及与日本大陆浪人的交往分不开的。孙中山早在甲午战争前就肯定日本明治维新的成效，他在1894年《上李鸿章书》中指出"试观日本一国，与西人通商后于我，仿效西方亦后于我，其维新之政为日几何，而今日成效已大有可观"[①]。他后来甚至说："日本明治维新是中国革命的第一步，中国革命是日本明治维新的第二步。"[②]孙中山倡导中日两国联合起来，共同抵御西方侵略以复兴亚洲的思想，因此对日本政府和各界人士支持中国革命寄予厚望。他在日本流亡期间广泛交往日本各界人士，包括政治家、财界、军界、外务省官员、大陆浪人、文人学者以至妇女界领袖（如下田歌子）等，积极对他们做争取工作。而这些人对孙中山和中国革命则抱着形形色色的动机和态度，对孙中山革命活动的支持度也大不相同。其中确有一批日本人真诚希望中日友好合作，并始终坚定支持孙中山的革命事业，如宫崎寅藏、梅屋庄吉、南方熊楠、菅野长知等人，他们为孙中山革命事业奔走出力，捐钱筹款，甚至献出生命（如惠州起义中牺牲的山田良政）。但也有一些人则主张以日本为盟主，日中提携，实现兴亚，如黑龙会的头山满、内田良平等。至于日本政府及其政界、军界、外交界要员们更多是从日本国家利益和大陆扩张政策出发，有时利用孙中山和革命党势力牵制

①　孙中山：《上李鸿章书》，《孙中山全集》第1卷，第15页。
②　孙中山：《与长崎新闻记者的谈话》，《孙中山全集》第11卷，第365页。

清政府，实现其南进侵略意图。而当清政府对日妥协让步时，便接受清政府要求，将孙中山驱逐出境，如1906年清政府庆亲王奕劻奉西太后之命致函日本驻韩国总监伊藤博文要求驱逐孙中山。1907年2月伊藤便通过内田良平，劝告孙中山"自动出境"。1910年10月孙中山从美国前往日本，又遭到日本桂太郎政府的驱逐，使孙中山寻求日本政府援助的工作遭到重挫。

孙中山在南洋虽也曾求助过越南法国殖民当局，但很快放弃了幻想。1900年孙中山从日本赴南洋前曾在东京会见过法国驻日公使哈马德，请求法国政府援助起义军火被拒绝。到越南后，法国殖民总督韬美只派一名助手会面，毫无结果。1902年孙中山应邀参观越南河内工业博览会，法国总督仅派其私人秘书接待他，并按法国政府的指示，拒绝支持孙中山的革命活动。因此，孙中山在南洋革命活动的工作重点，除了进行革命宣传和组织革命团体外，主要放在向南洋华侨筹款，特别是为发动武装起义集资筹饷之上。他认为经费是武装起义取得成功的关键，有了经费才可以购买武器弹药，发给队伍军饷，收买清军官兵，以及一旦起义失败时转移安顿革命志士。南洋华侨人数众多，财力雄厚，所以他号召南洋华侨对革命最有效的贡献莫过于捐款。实际上孙中山在南洋策划发动的粤、桂、滇六次武装起义的经费，大部分出自南洋华侨的捐助。据他自己估计，历次起义共用经费约20万元，其中越南、暹罗（泰国）华侨捐款约五六万元，新马、爪哇等地华侨捐款至少也有四万多元。[①]孙中山这项工作取得了相当的成功。

孙中山在南洋还做了一些支援亚洲殖民地国家民族解放运动的工作。他曾总结南洋各国受西方殖民主义侵略亡国的历史教训，并把中国革命与亚洲各国争取民族解放的斗争联系起来。1905年孙中山在日本东京曾与越南民族解放运动领袖潘佩珠进行过两次长时间笔谈。他的民主革命思想对潘的影响很大。1907年，孙中山在越南活动期间，曾与越南爱国人士取得密切联系。孙中山与越南东京义塾的教员做过几次笔谈，并向他们表示：一旦中国革命的大事告成，不论越南兄弟需要什么样的帮助，都将乐意给予。[②]

孙中山先生曾指出："世界潮流，浩浩荡荡，顺之则昌，逆之则

① 孙中山：《致吴稚晖函》，《孙中山全集》第1卷，第421—422页。
② 杨万秀、周成华：《孙中山与越南》，见林家有、李明主编《孙中山与世界》，第549页，吉林人民出版社2004年版。

亡。"①100多年前，孙中山先生正是顺应世界民主革命和民族解放的历史潮流，以大无畏的革命精神，通过艰苦卓绝的革命活动，使日本和南洋成为辛亥前中国革命党人宣传革命思想，组织革命团体，发动武装起义两个最重要的海外基地，对辛亥革命的发动起了重大作用。孙中山在日本和南洋的主要发动和依靠对象——留日学生和南洋华侨也为辛亥革命做出了巨大贡献。这些革命事迹和历史经验教训是值得我们认真深入研究和总结的。

（原载于《北京大学学报》2011年第5期）

---

① 《孙中山集外集》，上海人民出版社1990年版，第660页。

论辛亥革命的世界意义

当我们用世界眼光和国际视野去考察百年前的辛亥革命时，我们不仅要看到它是中国近代历史上一次极其重要的具有划时代意义的革命，而且也要看到它也是20世纪初世界历史上一次具有巨大影响的历史事件。因此，我们不仅要深入研究和阐发辛亥革命在中国的伟大历史意义，同时也应该深入研究和阐发辛亥革命的重大世界意义。

以往对辛亥革命的世界意义较少有专门的研究和探讨。即使在关于中国近代史和辛亥革命史的论著中，一般也只是简单罗列几条结论，而且往往过于笼统和抽象。那么，怎样才能进一步认识辛亥革命的世界意义呢？我认为不但需要站在世界和时代高度的宏观理论分析，而且需要作扎扎实实具体深入的微观实证研究。从超越中国地域局限的大量外国史料和史实出发，去进行认真的解读、剖析和阐发。本文试图把两者结合起来，对辛亥革命的世界意义作比较深入的再探讨。

一

1916年9月，孙中山在浙江海宁观看钱塘江大潮时，受到汹涌澎湃的浪潮启发，写下了著名的题词："世界潮流，浩浩荡荡，顺之则昌，逆之则亡。"[①]我认为辛亥革命的世界意义，从宏观上讲，正是顺应了20世纪初世界民主革命和民族解放运动这两股世界与时代的历史潮流。

列宁对中国辛亥革命的世界意义也有深刻的论述。他指出：辛亥革命不

---

① 刘望龄辑注：《孙中山题词遗墨汇编》，华中师范大学出版社2000年版，第217页。

仅标志着"地球上四分之一的人口可以说已经从沉睡中醒来，走向光明，投身运动，奋起斗争了"，[①]而且也意味着"极大的世界风暴的新的发源地已经在亚洲出现"。"我们现在正处在这些风暴以及它们'反过来影响'欧洲的时代。"[②]他还认为："亚洲的觉醒和欧洲先进无产阶级夺取政权斗争的开始，标志着20世纪初所开创的全世界历史的一个新阶段。"[③]

二

辛亥革命的世界意义，首先表现在它沉重打击了帝国主义的殖民体系和侵略势力。过去我们在阐发这一意义时，常常强调因为清政府已经成为帝国主义的走狗，清政府已是"洋人的朝廷"，所以推翻清政府也就是打击了帝国主义在中国的统治。但是仅仅这样解释还不够全面，而且过于简单化。实际上，中国当时是帝国主义列强在东方的最大一块半殖民地，也是列强在亚洲激烈争夺的"仅有的富源"。帝国主义列强通过军事、经济、政治和外交等各种手段，特别是强迫清政府签订一系列不平等条约，攫取了中国大量领土、主权和财富，腐败卖国的清政府已沦为帝国主义统治中国的代理人和驯服工具。因此，帝国主义决不愿意中国通过辛亥革命变为一个独立自主的国家，也不愿意中国成为一个民主富强的国家，当然更不愿意中国从其掠夺、奴役的对象变成与其竞争、抗争的对手。我们可以从帝国主义列强对辛亥革命的种种反应言行中，具体考察辛亥革命究竟如何打击了帝国主义殖民主义侵略势力。

受辛亥革命冲击最大的莫过于日本帝国主义。日本统治集团最不愿意看到自己的主要侵略扩张对象通过革命变成民族独立和民主共和的国家。日本前首相、军阀、元老山县有朋一语道破天机。他说："日本不希望中国有一个强有力的皇帝，日本更不希望那里有一个成功的共和国。日本所希望的是一个软弱无能的中国，一个受日本影响的弱皇帝统治下的弱中国，才是理想的中

① 列宁：《新生的中国》（1912年11月8日），《列宁全集》中文第二版，第22卷，人民出版社1990年版，第208页。

② 列宁：《马克思学说的历史命运》（1913年3月1日），《列宁全集》中文第二版，第23卷，第3页。

③ 列宁：《亚洲的觉醒》（1913年5月7日），《列宁全集》中文第二版，第23卷，第161页。

国。"①因此，日本政府一开始就对辛亥革命抱着仇视敌对的态度。

武昌起义的第二天，日本驻汉口总领事松贞村雄在给日本外务大臣的报告中，就把革命军称为"暴徒"。②日本政府闻讯立即增派军舰到长江中下游一带，一边保护日本在华利益，一边监视革命军的行动。同时伺机进行武装干涉，甚至阴谋策划分裂和蚕食中国。日本陆军和海军分别拟定了出兵占领大沽口和长江口等战略要地的计划。驻华公使伊集院彦吉甚至还建议："趁此绝好时机，亟应在华中、华南建立两个独立国家，而使满清朝廷偏安华北，继续维持统治。"③

辛亥革命的一大丰功伟绩就是推翻了统治中国几千年的君主专制制度，建立了共和国，这对犹在天皇制统治下的日本冲击很大。日本军部担心中国的共和革命会引起日本天皇制的危机。陆军的一个文件警告："日本帝国将为民主国欤，抑为君主国欤？此所谓天下成败之秋也。"④政论家德富苏峰甚至把中国革命比作"瘟疫"，叫嚷："鼠疫乃有形之病，共和制乃无形之病。"⑤当时，有一位英国作家曾这样生动描绘日本统治集团对中国建立共和制度的恐惧心情，"如果近在咫尺的中国，一个中央君主制王朝，能够像一个苦力一样，被一脚踢开，那么，在日本为什么不能这样呢？如果在中国，清王室能够被发给年俸而令其退位。那么，这同样的办法，难道不会施用于日本的天皇与藩阀官僚吗？"⑥

正是由于上述原因，日本政府在辛亥革命期间，曾经竭力企图在中国维持君主政体。1911年12月22日下午，日本驻华公使伊集院彦吉对袁世凯说："万一贵国变成共和国体，我国国民在思想上必受到不少影响。仅从此点出发，我国也要支持贵国实行君主立宪，并尽可能促其实现。"⑦12月24日，日

---

① 密勒：《民主政治与远东问题》，引自沈巨光：《日本对中国辛亥革命的态度》，《国外中国近代史研究》第2辑，中国社会科学出版社1981年版，第328页。

② 松村驻汉口总领事致外务大臣电（1911年10月11日），《日本外交文书选择——关于辛亥革命》，中国社会科学出版社1980年版，第3页。

③ 伊集院驻清公使致内田外务大臣电（1911年10月28日），《日本外交文书选译》第112页。

④ 信夫清三郎：《日本外交史》中译本，上册，商务印书馆1980年版，第277页。

⑤ 德富苏峰：《对岸之火》，《国民新闻》1911年11月12日。

⑥ A. M.波列：《日本的外交政策》，伦敦，1920年，第64—65页。

⑦ 伊集院驻清公使致内田外务大臣电（1911年12月13日），《日本外交文书选译》，第312页。

本天皇召开研究对华方针的元老会议，再次重申："帝国政府认为确立君主立宪制度为解救清国时局之最良方策。"①由于革命形势的迅猛发展和列强的意见分歧，日本政府才无可奈何地表示："暂时听任事态之自然发展"，并希望清政府"充分理解帝国政府曾为清国皇室及其国民煞费苦心，直到最后仍在尽最大努力设法维持"。②

日本统治集团还害怕中国的辛亥革命会刺激朝鲜等日本殖民地的民族解放运动，并助长日本国内革命思想的传播，动摇他们的统治。日本驻朝鲜殖民总督寺内正毅指出："中国共和论对我国人心影响甚大，实为可惧。试观今日我新闻界青年之辈种种议论，即可得知。"他强调，"当局须对这种趋势有相当之认识方可"。③日本报纸《大阪朝日新闻》更明确提出："我国如果同情邻国的叛乱（指中国的辛亥革命），就会影响新附的鲜民（指刚成为日本殖民地的朝鲜人民）。而且一方面严禁国内的危险思想，一方面又承认外国的危险行为，这在逻辑上也是矛盾的。"④因此，日本《报知新闻》公开鼓吹："必须最低限度地抑制清国的祸乱，以杜塞两国彼此的危机。"⑤

当时帝国主义列强对中国辛亥革命引发中华民族的觉醒和反帝国主义情绪普遍感到担忧。1912年3月22日，法国驻华公使馆武官高拉尔德给法国陆军部长的一份报告中说："在这儿的常驻外交代表们几乎一致认为，排外情绪隐藏在所有中国人的灵魂中，不管是'旧式的'或者是'少年中国'时代，某一次事端、一个谣言或仅仅是骚乱的延长，都足以使排外情绪表现出来。"⑥1912年12月20日，英、法、德、日、俄、美六国驻上海总领事给南北议和双方代表的照会说：六国政府认为"目前中国战事的继续进行，不仅使该国本身，而且也使外国人的重大利益和安全将遭受严重威胁"。⑦

---

① 内田外务大臣致伊集院驻清公使电（1911年12月24日），《日本外交文书选译》，第316页。

② 内田外务大臣致伊集院驻清公使电（1911年12月26日），《日本外交文书选译》，第326页。

③ 信夫清三郎：《日本外交史》中译本（上册），商务印书馆1980年版，第376页。

④ 《大阪朝日新闻》1911年10月27日。

⑤ 《报知新闻》1911年11月14日。

⑥ 高拉尔德致陆军部长先生（1912年3月22日），法国陆军部档案，《辛亥革命史资料新编》第7册，湖北人民出版社2006年版，第416页。

⑦ 朱尔典爵士致格雷爵士函（1912年12月28日）附件2：同文照会。《英国蓝皮书有关辛亥革命资料选译》上册，中华书局1984年版，第270页。

法国驻华公使裴格1911年12月8日致法国外交部长的信中，对辛亥革命冲击法国侵略势力及其在印度支那的殖民统治忧心忡忡。他说："实际上，将逃不脱这种必然的后果，即本来是一场反满清皇朝的运动，突然变成反对外国人的行动，并且可能给印度支那带来一系列困难，它们也许会年复一年地骚扰边界地区，甚至引起我殖民地内部的混乱。"①

在中国拥有最多侵略利益的英国帝国主义，也担心辛亥革命损害他们的既得利益，而希望稳定局势，维护在中国的半殖民地统治秩序。武昌起义后，英国政府不仅用武力保护其在汉口的殖民据点租界的安全，而且还想趁机扩大租界的范围。英国驻华舰队司令温思乐海军中将鼓吹："为了各国租界的安全起见，绝对有必要把这些租界扩展到铁路线，而且把那些居住在这个中间地带的中国人驱逐出去。"②

为了维护帝国主义的侵略权益，列强曾支持中国保持君主立宪而不是共和制。1911年11月14日，英国驻华公使朱尔典曾对袁世凯的儿子袁克定表示："外国人的一般看法认为，此问题最好的解决办法是，保留满清王朝作为国家的象征元首，而同时如所承诺地作立宪的改革。共和政体的政府在我看来仍不适合于中国，而是一项冒险的尝试。"③因此英国支持袁世凯以"妥协辅之以武力"对付南方革命派并维持君主立宪的方针。相反，英国政府对孙中山的态度却是比较冷淡甚至苛刻的。1911年11月，孙中山即将途经香港回国时，英国驻华公使朱尔典向外交大臣格雷报告："本人与香港总督皆认为，鉴于局势变化，我们无法阻止孙中山过境香港。但必须警告他不可停留香港从事革命活动。"④唯恐影响英国在香港的殖民统治。

美国驻华公使馆代办威廉1911年10月12日在给美国政府的报告中，认为武昌起义是中国"自太平天国事变以来最严重之叛乱"。⑤从美国侵华利益出

---

① 裴格致外交部长先生（1911年12月8日），法国外交部档案，《辛亥革命史资料新编》第7册，第238页。

② 朱尔典爵士致格雷爵士函（1911年11月27日），《英国蓝皮书有关辛亥革命资料选译》上册，第87页。

③ 朱尔典爵士致格雷爵士函（1911年11月24日），英国外交部档案，《辛亥革命资料新编》第8册，第100—101页。

④ 朱尔典爵士致格雷爵士函（1911年11月20日），《辛亥革命资料新编》，第8册，第106页。

⑤ 杨日旭：《美国国务院外交关系文书中关于中山先生的记载》，见《孙中山先生与近代中国学术讨论集》第2册，台北，1985年，第201页。

发，美国政府对袁世凯和孙中山的评价和态度截然不同。1912年1月16日，美国驻华公使嘉乐恒在致国务卿诺克斯的报告中，赞扬袁世凯是"今日中国最富才干之人"，而认为孙中山只是一个广东地方性的政治人物。因此，"孙逸仙能否掌握全局并统帅倒满之后各种不同之冲突势力及利益，颇值怀疑"。[①]

沙俄帝国主义也不愿中国通过辛亥革命强大起来，而更希望中国分裂。1912年1月10日，俄国外交大臣沙查诺夫在给沙皇尼古拉二世的奏章中提出，俄日两国是中国的邻国，"在中国有远比其他各国重要的政治利益。因此，俄日两国应利用目前特别有利的时机，以巩固其在华地位，并制止中国政府近年来所追求的、旨在反对俄日两国上述重大政治利益的政策"。[②]1912年11月9日，俄国代理外交大臣尼拉托夫在致俄国驻北京公使廓索维慈的信中说："我们认为，将中国划分成一个个在某种程度上独立的邦，符合广义理解的我国利益。"[③]

帝国主义列强的这些言论，不正是他们受到中国辛亥革命的冲击同时又竭力维护与扩大其侵略利益的有力证据吗？

三

辛亥革命的世界意义还表现在它是20世纪初亚洲民族解放运动的重要组成部分和"亚洲的觉醒"的主要标志。中国辛亥革命推翻清王朝封建统治和君主专制制度的成功，极大地鼓舞和推动了亚洲各国的民族解放运动和民主运动，而且孙中山和中国革命党人还积极支持和援助亚洲各国的民族解放斗争。

列宁曾经把20世纪初中国、印度、印尼、波斯、土耳其等国民族解放运动的高潮，称为"亚洲的觉醒"，而且特别高度评价中国的辛亥革命。1913年5月16日，他在《真理报》发表《亚洲的觉醒》一文，指出："中国不是早就被公认为是长期完全停滞的国家的典型吗？但是现在中国的政治生活沸腾起来了，社会运动和民主主义高潮正在汹涌澎湃地发展。""民主革命席卷了整个

---

① 杨日旭：《美国国务院外交关系文书中关于中山先生的记载》，见《孙中山先生与近代中国学术讨论集》第2册，台北，1985年，第201—202页。

② 外交大臣呈尼古拉二世奏章（1912年1月10日），《俄国外交文书选译》，中华书局1988年版，第257—258页。

③ 代理外交大臣致驻北京公使廓索维慈，《俄国外交文书选译》，第200页。

亚洲。"他还说亚洲"几万万受压制的、由于处在中世纪的停滞状态而变得粗野的人们觉醒过来了，他们走向新生活，为争取人的起码权利，为争取民主而斗争"。[1]列宁在《马克思学说的历史命运》一文中还说："不管各种'文明'豺狼现在切齿痛恨的伟大的中华民国的命运如何，世界上的任何力量也不能恢复亚洲的旧的农奴制度，不能铲除亚洲式和半亚洲式国家中的人民群众的英勇的民主精神。"[2]

辛亥革命对亚洲民族解放运动的鼓舞、推动和支持，是有大量历史事实可以证实的。

例如，中国辛亥革命使正处于革命低潮的越南革命者深受鼓舞，重新振奋和组织起来，推动了越南民族解放运动新高潮的出现。越南革命运动领导人潘佩珠于1912年年初来到中国广州，接着其他越南革命者也纷纷前来，两三个月内就聚集了100多人。1912年2月，越南革命者在广州沙河抗法英雄刘永福故居的刘氏祠堂集会，决定把原来主张君主立宪的越南维新会改组为争取民主共和的越南光复会。通过革命纲领为"驱逐法贼，恢复越南，建立越南民主共和国"。推举潘佩珠为总理，领导机关分为总务、评议、执行三个部，并决定组织光复军，制定国旗、军旗，还仿效孙中山发行军用票的方法筹集资金。可以明显看出，越南光复会从纲领到组织、活动，都深受中国同盟会和辛亥革命的直接影响。当时越南人民还在家里公开悬挂孙中山和黄兴的照片，以表示对中国革命领袖的敬仰。

中国革命党人也积极支持和援助越南民族解放运动。1912年2月，孙中山于公务繁忙之中在南京接见了潘佩珠，并邀请他旁听了中华民国临时参议院的会议。黄兴也与潘佩珠进行了几次会谈，黄兴表示"我国援越，实为我辈不可辞之义务"，[3]还建议越南革命者派青年学生入中国军校或军营，以储备革命人才。以后，便有不少越南革命青年进入广东、广西等地军事学校学习，为越南革命培养了一批军事人才。潘佩珠从南京回广州途经上海，拜访了当时的上

① 列宁：《亚洲的觉醒》（1913年5月7日），《列宁全集》中文第2版，第23卷，第160—161页。

② 列宁：《马克思学说的历史命运》（1913年3月1日），《列宁全集》中文第2版，第23卷，第3页。

③ 《潘佩珠年表》第78页，见陈锡祺主编：《孙中山年谱长编》上册，中华书局1991年版，第669页。

海都督陈其美，陈其美慷慨赠其革命经费4000元和炸弹30枚等武器弹药。

为了推动越南民族解放运动的发展，在孙中山和中国同盟会的积极支持下，1912年8月，中越两国革命者在广州共同组织了一个援越抗法的革命团体振华兴亚会，有200余人参加。以中国同盟会会员邓警亚任会长，越南潘佩珠为副会长。该会的宗旨是"振华以兴亚"，"第一步为援越南，第二步为援印度、缅甸，第三步为援朝鲜"。[①]该会还计划筹组援越军，后因形势变化而未能实现。

韩国（朝鲜）民族解放运动也受到辛亥革命很大影响。1897年朝鲜改国号为大韩帝国，1910年被日本吞并沦为殖民地。不少韩国爱国志士流亡到中国东北等地。中国爆发的辛亥革命使他们感到振奋和鼓舞，有的韩国革命者特地赶往南京和上海，近距离观察感受中国革命，并探索韩国民族独立解放的道路。如韩国爱国者李泰俊在1911年末流亡中国的动机就是"对日本帝国主义的残酷镇压的怨恨日益加深的时候，被震撼天下的内地的革命军消息所感动而启程的"。[②]后来任上海韩国临时政府外务部长的金奎植也是听到辛亥革命消息而于1912年秋天流亡上海的。而郑元泽则是获悉"中国正在兴起孙中山和黄兴为中心的革命运动，韩国的有志青年也参加了"的消息后，于1913年年初流亡上海、南京。

与辛亥革命及中国革命党人发生更密切关系的是韩国独立运动领袖申圭植。他在1911年11月下旬，中国武昌起义消息传到韩国后，便从汉城出发渡过鸭绿江，经沈阳到北京。12月中旬，又离开北京，途经天津、济南、青岛到上海。在上海他参加了中国革命党人戴季陶创办的《民权报》的工作，并在该报发表文章，还使民权报社成为上海流亡韩国学生的联络处。申圭植曾写汉诗献给孙中山和黄兴，歌颂中国革命和革命领袖，诗中写道："共和新日月，重辟旧乾坤，四海群生乐，中山万岁尊。"[③]而黄兴曾回信表达对韩国民族解放运动的支持，表示要"永远协助韩国人，使之迅速成功，共享自由

---

① 《潘佩珠年表》第84页，引自杨万秀、周成华：《孙中山与越南》一文，见林家有、李明主编《孙中山与世界》，吉林人民出版社2004年版，第561页。

② 裴京汉：《武昌起义后中韩纽带的开始》，《辛亥革命与二十世纪的中国》，中央文献出版社2002年版，第2029页。

③ 裴京汉：《武昌起义后中韩纽带的开始》，《辛亥革命与二十世纪的中国》，第2043页。

幸福"。^①1912年4月申圭植终于在上海见到了敬仰已久的孙中山。他在孙中山下榻的汇中旅馆经胡汉民介绍拜见了孙中山，受到孙中山的热情接待。虽然交谈时间不长，但对申圭植鼓舞很大，他不禁激动地高呼："中华民国万岁！""亚洲第一位总统万岁！"并在1912年4月18日的《民权报》上发表了《拜谒孙中山记》一文。^②申圭植在上海还曾与宋教仁、陈其美等人交往，并受到过上海都督陈其美的援助。

申圭植等韩国爱国志士在中国辛亥革命的鼓舞启发下，开始探索韩国民族救亡光复祖国的道路和方法。1912年7月，他们在上海组织了爱国团体同济社，以互相帮助、同舟共济为名团结韩国流亡者和青年学生开展爱国救亡活动，为以后进一步发展独立运动和成立上海韩国临时政府打下基础。申圭植后来担任1919年在上海成立的韩国临时政府的法务部长和国务总理。同时，韩国革命者又与中国革命党人联系，共同创办了新亚同济社的组织，有不少中国同盟会重要人物参加，如宋教仁、陈其美、胡汉民、戴季陶、廖仲恺等，成为中韩两国民族解放运动互相支援和联络的纽带。

此外，辛亥革命还对印度尼西亚等东南亚国家的民族解放运动产生过影响，这种影响主要是通过当地华侨起作用的。

如中国武昌起义爆发和中华民国成立的消息传到印度尼西亚（当时称荷属东印度，是荷兰殖民地）时，印尼广大爱国华侨欢欣鼓舞，热烈庆祝中国革命的成功。1912年2月，雅加达等地华侨上街游行，升挂中华民国五色旗，燃放鞭炮，却遭到荷兰殖民当局镇压。荷兰殖民政府逮捕华侨多人并发布禁旗令。在中华民国政府的强烈抗议和印尼华侨的坚持斗争下，荷兰殖民政府被迫答应释放被捕华侨，取消禁旗令。

辛亥革命不仅大大提高了印尼华侨的反抗荷兰殖民统治的斗争意志，而且也刺激和推动了印尼人民的民族解放运动，1912年成立了伊斯兰联盟等民族主义组织。印尼独立运动领导人之一穆罕默德·哈达在一次演说中曾指出："1911年中国革命推翻了世代相传的满洲政权，而代之以中华民国，要与欧洲国家享有平等权利和地位。中国内地发生的这个伟大事件中唤醒了印尼华侨心

① 裴京汉：《武昌起义后中韩纽带的开始》，见《辛亥革命与二十世纪的中国》，第2031页。

② 《拜谒孙中山记》，《民权报》1912年4月18日，第11页。

中的民族精神。他们对自尊心的觉悟表现在他们的日常行为之中。而这种情况也激动了印尼人民之心，并且促进了由伊斯兰联盟组织起来的最早的人民运动的出现。"[1]

辛亥革命对印度的影响以前研究较少。实际上孙中山、章太炎等在日本流亡期间就与印度爱国志士交往，并关心印度反抗英国殖民统治的民族解放斗争。辛亥革命后，印度革命者对孙中山更加仰慕，印度民族解放运动领袖甘地、高士等都把孙中山看成现代中国的缔造者。印度革命家哈尔·达雅尔在美国时曾会晤过孙中山。1913年他在美国旧金山建立太平洋沿岸印度人协会即卡德尔党时，把孙中山作为这个组织最崇敬的世界民族英雄之一。卡德尔党成员还常拿孙中山领导的中国辛亥革命来鼓舞自己的斗志。该党领导人之一穆拉·辛格说：如果中国人能建立共和国，印度人为什么不能？"我们必须走中国和另外国家所走的路，实现印度的革命。"[2]

值得注意的还有辛亥革命对日本民主运动的影响。当时日本的一些进步人士发表了不少声援中国革命，支持中国实行共和制和反对政府干涉中国的言论。同时也希望通过对中国革命的同情和支持，来表达对当时日本天皇、军阀、官僚专制统治的不满和反对，并借此启发民众的觉醒。因此也可以说中国的辛亥革命直接影响和推动了日本大正初年的护宪运动和"大正政变"。

《社会政策》主编和田三郎发表文章批判鼓吹干涉中国革命的言论。他指出：如果因为中国不采用日本一样的君主制就要干涉，那等于"以别人不与自己戴同样的帽子就去打那个人的头一样，是野蛮的、粗暴的"。他还说："我国人民虽然愚昧，但如果眼前展现出比我国先进之国家，实施自由之政治，则不能不觉醒。一旦觉醒，就将打破官僚统治。"他还一针见血地揭露，"现今的官僚政治家不正是有恐于此，才想假借皇室安危之名，干涉中国的共和制吗？"[3]早稻田大学教授永井柳太郎也指出要支持中国革命，首先应在日本"唤起国民运动，驱逐阀族统治"。[4]

---

① 周南京：《印度尼西亚华侨华人研究》，香港社会科学出版社有限公司2006年版，第91页。

② 古普塔：《印度革命运动史》，孟买，1972年，第42页。转引自林承节：《中印人民友好关系史》，北京大学出版社1993年版，第99页。

③ 和田三郎：《国际上的社会政策》，《社会政策》1911年12月号。

④ 永井柳太郎：《代中国人作文嘲笑日本人》，《中央公论》1913年1月号。

由于日本藩阀、军部的横行和对宪政的破坏，激起日本广大民众的愤怒，加上中国辛亥革命和民主共和思想的刺激鼓舞，日本在1912年（日本大正元年）到1914年爆发了两次声势浩大的护宪运动，推翻了两届军阀反动内阁，在日本历史上又被称为"大正政变"或"大正维新"。正在日本护宪运动蓬勃开展之际，孙中山于1913年2、3月来到日本考察，并到各处演说介绍中国革命经验和共和政体的由来，这无疑在日本护宪运动烈火上加了一桶油，对日本人民争取民主维护宪政的斗争，产生了积极的影响。一位日本诗人特地写了一首《给孙逸仙的诗》："呜呼，一世之鼓吹家，无冕的革命王孙逸仙，乞月淹留二月春，待日本宪政花开时，采一枝樱花来相赠。"[1]反映了日本人对孙中山的仰慕并期望护宪运动胜利的心情。日本学者稻垣伸太郎认为："在大正新时代的新政治之一，就是要去除藩阀、官僚这些明治时代留下的弊害，进行政治上的一大革命。也就是说，大正维新意味着第二个中国革命。"[2]

四

辛亥革命的世界意义还体现在它在世界上的思想影响。尤其是孙中山提出的三民主义思想以及振兴亚洲、世界大同、天下为公等思想主张，对亚洲以至世界各国也产生了巨大而深远的影响，这也是值得我们认真发掘和深入阐发的。

孙中山的三民主义思想，是当时亚洲民主革命和民族解放运动思想家所提出的思想主张中最为丰富、完整，也是影响最大的思想。

列宁1912年7月15日在俄国《涅瓦明星报》上发表了《中国的民主主义和民粹主义》一文，对孙中山的三民主义革命纲领给予高度评价。他指出："孙中山的纲领的字里行间都充满了战斗的、真诚的民主主义。""这是带有建立共和制度要求的完整的民主主义。它直接提出群众生活状况及群众斗争问题，热烈地同情被剥削劳动者，相信他们是正义的和有力量的。""我们现在看到的是真正伟大的人民的真正伟大的思想；这样的人民不仅会为自己历来的奴隶地位而痛心，不仅会向往自由和平等，而且会同中国历来的压迫者作斗

---

① 儿玉花外：《给孙逸仙的诗》，《太阳》1913年3月号。

② 稻垣伸太郎：《中国革命和我们的阀族政治》，《日本及日本人》1913年1月15日。

争。"[①]同时，列宁也深刻地剖析了孙中山民生主义经济纲领中的民粹主义和空想社会主义色彩，指出"中国的民主主义者真挚地同情欧洲的社会主义"，但提出的却是一个"十足资本主义的土地纲领"。[②]列宁还告诫中国将来的无产阶级政党在批评孙中山的小资产阶级空想观点时，"大概会细心地挑选出他的政治纲领和土地纲领中的革命民主主义内核，并加以保护和发展"。[③]列宁的这些论断是值得我们好好领会和深思的。

孙中山的思想早在他流亡日本时就受到亚洲各国革命青年的推崇。当时与孙中山有交往的菲律宾民族解放运动领导人彭西，1912年在马尼拉出版了《孙逸仙——中华民国的缔造者》一书，热情赞扬孙中山是一位冷静而有理想的思想家、演说家。他写道："孙中山善于把远东各国的共同问题综合起来加以研究。因此，他成为一群来自朝鲜、中国、日本、印度、暹罗和菲律宾的青年学生的热情鼓动者之一。"[④]

孙中山三民主义思想对亚洲国家的影响，可以举一个典型的例子。

印度尼西亚民族解放运动的著名领袖、印尼共和国的缔造者苏加诺，曾多次谈到他如何深受孙中山三民主义思想的影响。1956年10月4日，苏加诺总统访华期间在清华大学的演说中回忆道："在青年时代，我阅读过三民主义，我不是一次，而是两次、三次、四次，从头到尾地详细阅读三民主义。作为一个青年，我受到孙逸仙博士所提出的三民主义的鼓舞，三民主义即民族、民权、民生，鼓舞了我的灵魂。"[⑤]苏加诺还说，后来他把孙中山的三民主义思想和接触到的其他理论及印尼的实际情况相结合，成为1945年提出的"五民主义"——"潘查希拉"（即"印度尼西亚建国五原则"）。

1956年8月15日，苏加诺在雅加达为宋庆龄举行国宴的演说中，也讲到"我曾经把三民主义读过多少遍，它鼓舞我去斗争和热爱我的国家和人民"。他还说，他是在阅读了孙中山的著作之后，才第一次知道"亚洲是一家"这个

---

① 列宁：《中国的民主主义和民粹主义》（1912年7月15日），《列宁全集》中文第2版，第21卷，第427页。

② 同上，第430页。

③ 同上，第432页。

④ 彭西：《孙逸仙——中华民国的缔造者》，转引自周南京：《菲律宾与菲华社会》，香港社会科学出版社有限公司2007年版，第179页。

⑤ 苏加诺在清华大学的演说（1956年10月4日），《新华半月刊》1956年第21期。

概念的。他认为"孙中山不但是中国的领袖，而且也是整个亚洲的领袖。"①

　　苏加诺还曾经对印尼记者陈盛智说过："本人从18岁起，参加伊斯兰联盟，那时不知什么叫民族主义，后来拜读了孙中山先生的学说，才知道民族主义的重要。孙先生的民族主义，不单为中国，它并且适用于亚洲一切弱小民族。所以我敢说，要实现孙先生的理想，一定要使亚洲没有一个被统治的殖民地，为此，我对中国寄予极大希望，希望中国将援助要求解放独立的亚洲民族。"②

　　孙中山的三民主义以及振兴亚洲、世界大同、天下为公等思想对韩国、越南、菲律宾、印度等国革命者都有影响，在此不再一一列举了。

　　总之，辛亥革命的世界意义，还是一个需要不断开拓和深入挖掘、尚有很大潜力的课题，有待我们作进一步的研究和探讨。也希望世界各国学者发掘和利用各种外文资料，共同探讨这一课题。

（原载于王晓秋主编《辛亥革命与世界》论文集，

北京大学出版社2013年版）

---

　　① 苏加诺在招待宋庆龄国宴上的演说（1956年8月15日），见周南京、孔远志主编：《苏加诺、中国、印度尼西亚华人》，香港社会科学出版社有限公司，2003年，第119页。
　　② 苏加诺对印尼华人记者陈盛智的谈话（1947年），见周南京、孔远志主编：《苏加诺、中国、印度尼西亚华人》，第116页。

辑三

中日关系研究

古代中国人对日本的认识

中日相互认识是中日关系历史研究中非常重要的课题，从某种意义上说，一部中日关系史也是一部中日相互认识的历史。因为只有通过相互交往、交流，才能产生相互了解和认识，而相互认识又决定了两国之间的互动，如亲疏、好恶、和战等。通过各种形式的互动，进一步加深了相互认识，发生认识上的变化，从而又推动中日关系的发展变化。

中日相互认识是动态的、发展的，随着不同时间、空间、环境的历史变迁而变化。它主要受到下面三方面因素的影响：（1）中日两国国内政治、经济、军事、文化、思想、观念等变化的影响；（2）中日两国之间外交关系、文化交流、经济贸易、人员往来以及两国力量对比、政策互动等变化的影响；（3）国际关系、国际环境，特别是东亚地区战略格局和东亚各国多边关系等变化的影响。因此中日相互认识不可能是静止的、固定的，而是在不断变化、逐步深化的。同时还要看到中日相互认识反过来又给予两国历史和两国关系的发展变化以重大深刻的影响。对他者的认识往往是自我认识的一面镜子，中日相互认识曾在推动中日两国历史发展中起到重要的作用。

中日相互认识又是多元的。两国国内不同身份、地位、利益的阶层、集团和个人，可能有着不同的认识。如君主、贵族、官吏、诸侯、武士、文人、商人、庶民等往往都有着自己的认识，并用不同的方式、载体加以表述。

以史为鉴、面向未来，我们应该认真、深入、具体地加以研究，在两千年的中日关系史上，中日两国是怎样相互认识的？这种认识如何产生？如何表现？又如何影响两国关系和两国历史的发展？以及这种相互认识在不同时代如何变迁？有哪些因素促进或阻碍了相互认识？从中可以吸取什么历史经验教训？我们怎样才能更加全面、客观、科学地认识对方？怎样才能加深相互认识和相互理解，以构筑更加健康、稳定、友好、合作的中日关系？

以往关于中日相互认识的研究，比较集中在近现代和个案研究方面，因此本文试图着重较全面地论述古代中国人的日本认识。

一、古代中国人对日本认识的概况和特点

本文所述古代中国人对日本的认识，主要指从上古到清代中叶中国人对日本的认识，或称古代中国人的日本观。

（一）特点

古代中国人对日本的认识，简要概括起来，大致有以下特点：

（1）古代中国是世界上最早认识日本和记录日本历史的国家，而且两千余年来始终没有间断对日本的记载。最迟在公元前1世纪成书的《山海经》上第一次出现了关于"倭"的文献记载。[①]公元1世纪成书的《汉书·地理志》有中国史籍对日本的第一次明确记载。而公元3世纪成书的《三国志·魏书·倭人传》更是全世界最早对日本国情的具体认识。从汉代至清代中国古代正史（俗称二十四史）中就有十六部正史专门列有记载日本的倭国传或日本传。而且在历代各种野史、私人著作、笔记、诗文中也有不少对日本的记载。

（2）古代中国人对日本的认识进展比较缓慢。古代中国人对日本的认识虽然在逐渐进步和深入，但由于缺乏实地考察和受到华夷思想等影响，往往满足于因袭旧说和道听途说。明代由于防倭抗倭的需要，对日认识有所进展和深化，而到清代前期由于中日闭关锁国的影响，对日认识又有所停滞和倒退。

（3）古代中国人对日本的认识，主流是友好与正面的。有的甚至还带有理想和神秘的色彩，如把日本描述成"神仙之岛""君子之国""珠宝之国"等，尤其表现在写给日本来华文人、僧人的诗文之中。只有在元代和明代，由于倭寇对中国沿海的骚扰破坏，出现了日本倭寇残忍、奸诈的负面形象。

（4）古代中国人对日本认识的表现是多元的。表达统治阶级意识并主导主流舆论的是历代官修正史中的日本传。但也不能忽视唐、宋、元、明、清历

---

① 《山海经》的《海内北经》中写道："盖国在钜燕南，倭北，倭属燕。"这是中国古代文献中第一次出现"倭"的文字记载，并指出其方位在中国大陆的东方。以后"倭"逐渐成为中国人对古代日本的特定称谓。据学者考证"倭"与"委"意略同，本义是柔顺，又从人部，最初并无贬义。参见沈仁安《日本起源考》，昆仑出版社2004年版，第26—28页。

代大量中日文人、僧人间的互赠诗文和明清两代民间关于日本的私家著述。一些赴日商人、文人和漂流船民的见闻录也反映了中国平民百姓对日本的认识。

（二）历史阶段

如果按历史发展轨迹，古代中国人对日本认识的变迁，大体上可以分为以下几个阶段。

秦汉时期（公元前3世纪至公元3世纪）。此时期中国人对日本的认识尚处于朦胧阶段。模糊地知道东海之中有倭国，记载中往往带有许多神话传说的色彩。

魏晋南北朝时期（公元3世纪至6世纪）。这是古代中国人与日本初步发生交往与认识的阶段。中日之间主要是官方朝贡与册封的交往，留下了对日本上古历史，如关于邪马台国与"倭五王"等最早的记录。

隋唐时期（6世纪至9世纪）。这是古代中日文化交流的高潮和对日认识有所进步的阶段。官修正史的称呼，发生从倭国到日本的转变。唐代诗人写了大量给日本友人的送别诗歌，体现了中日人民间真挚感情，塑造了日本使节、留学生、留学僧的良好形象。

五代宋元时期（10世纪至14世纪）。这是古代中日民间贸易兴盛、文人僧人交往频繁的阶段。中国人开始从日本来华人员口中了解日本，中日文人、僧人通过唱和诗歌表达友谊。日本传入中国的方物，如日本刀、日本扇等，也增加了中国人对日本的好感。但是元军征日和早期倭寇毒化了气氛。日本传在宋、元正史中的地位从四夷传到外国传又到外夷传。

明清时期（14世纪至19世纪中叶）。这个阶段中国人对日本的认识有了一定的进步。明代由于倭寇严重，一方面产生了日本倭寇残暴、野蛮的负面形象，同时又推动中国人认识日本的要求。明清时代出现了一批对日研究的私人著述，加深了对日本的认识。除了文人、僧人之间的诗文唱和外，还出现了商人、漂流民的日本游记和笔谈记录。

（三）途径和渠道

如果按中日相互认识的途径、渠道、方式看，中日间有来往使节、文人、学者、日本赴华留学生、留学僧和中国赴日本贸易移民的商人、船民、文人以及漂流民等各种交流主体。认识渠道包括外交遣使、文化交流、商业贸易、宗教活动、战争对抗和漂流救助等。

（四）载体

如果按认识的载体，即文字记录的形式来看，有历代官修正史，私家著作，各种笔记、日记、游记，以及诗、词、曲、赋、戏剧、小说等各类文学作品，此外还有漂流记与笔谈记录等。

二、中国古代纪传体正史对日本的记载

中国古代历来有官修正史的传统，往往朝代更替以后，新王朝要专门为前朝修史。这些纪传体的正史，除了少数由私人编撰得到官方认定的外，大多由官方授意，或由政府专门立馆设官大规模组织编纂。它主要体现了当时统治者的立场与史观，往往流露出强烈的封建正统观念和华夷意识。

（一）《史记》和《汉书》

中国古代第一部纪传体正史是公元前1世纪西汉司马迁所著的《史记》，虽然未直接提及倭与日本，但在该书《秦始皇本纪》和《淮南衡山列传》中记述秦始皇遣方士徐福率男女及百工到东海"三神山"寻找长生不老之药，结果徐福一去不返，找到一片"平原广泽"，自立为王。司马迁并没有明确说徐福到了日本，后来却据此演义出许多徐福东渡日本的传说出来。徐福已成为上古中日文化交流中通过中国移民向日本传播先进文明的象征性人物了。同时这也反映了上古中国人的日本观中还带有不少神话传说和神秘仙岛的朦胧色彩。

中国古代第二部正史是公元1世纪班固所著《汉书》，该书《地理志》燕地条中记载："乐浪海中有倭人，分为百余国，以岁时来献见云。"这是中国古代正史中第一次出现表示日本的"倭"字。由于汉武帝时在朝鲜北部设乐浪郡，汉代中国人已可通过这个窗口了解日本。《汉书》明确指出"倭人"是中国东方大海中的一个民族，当时处于部落、小国林立状况，而且与汉王朝发生朝贡关系。这是古代中国人对日本最早的确切认识，值得注意的是该书还提到包括倭人的东夷"天性柔顺"。

（二）《三国志》和《后汉书》

按成书时间，第一个为日本立传的正史是公元3世纪（约289）陈寿所著的《三国志》。在该书卷30《魏书·乌丸鲜卑东夷传》中的倭人传（一般简称魏志倭人传，不够准确）中，用近两千字具体描述了日本的地理位置和社会形

态、政治制度、经济物产、风俗人情以及中日交往朝贡情况，可称为古代中国人对日本认识的奠基之作，也是研究3世纪日本上古历史最权威的史料。据书中记载，景初二年（238）日本邪马台国向中国魏帝遣使纳贡，魏明帝则下诏书册封女王卑弥呼为"亲魏倭王"，赐以金印紫绶和大量赏赐物品。描述了日本向中国朝贡称臣、"不盗窃、少争讼"、"尊卑各有差序"的礼仪之邦形象，以及日本人"黥面文身""食生菜""性嗜酒""出真珠、青玉"等异国形象。该书对以后中国人对日本的认识影响很大。

按朝代顺序，第一个专立日本传的断代正史是5世纪（约445）成书的范晔所著《后汉书》。该书卷115《东夷传》内有倭传。它成书比《三国志》晚150多年，内容大多参考《三国志·倭人传》，但是增加了东汉年间中日最早使节交往的重要史实，即"建武中元二年（57），倭奴国奉贡朝贺"，汉光武帝"赐以印绶"。这段记载已被1784年日本九州福冈县志贺岛出土的"汉委奴国王"金印所证实。对日本民俗、形象的描述基本沿袭《三国志》："男子皆黥面文身，以其文左右大小，别尊卑之差"，"人性嗜酒，多寿考"，"女子不淫、不妒"，"风俗不盗窃，少争讼"。

（三）《晋书》《宋书》《南齐书》《梁书》《南史》《北史》

《晋书》是唐初房玄龄编纂，卷97《四夷列传》中有《倭人传》，基本上是缩写《三国志·倭人传》。《宋书》是梁朝沈约所编，约488年成书。其书卷97《蛮夷列传》中有倭国传，主要记述南北朝刘宋时代中日通交关系的历史，尤其是提供了日本"倭五王"的重要史料；还录有一篇倭王武遣使奉贡的汉文表文，宋顺帝则册封他为"安东大将军、倭王"。《南齐书》为梁朝萧子显撰，卷58《东南夷传》中有倭国传，文字简短。《梁书》为唐代姚思廉编，卷54《东夷传》内有《倭传》，基本沿袭前史。《南史》和《北史》都是唐代李延寿编修。《南史》卷79《夷貊传》内有倭国传，《北史》卷94《四夷传》内有倭传。这两部书不但没有提供任何新资料，反而任意篡改前史，有不少错误。总之以上关于魏晋南北朝的六部正史中，虽都有倭传或倭国传，但最有价值的是《宋书》，提供了中日通交的新史料和倭王奉表的珍贵文献；同时反映当时中国士大夫对日本的认识，主要集中在遣使、朝贡、册封、构筑华夷体系等方面。[①]

（四）《隋书》

《隋书》是636年由唐朝宰相魏征主持编修的。其卷81《东夷传》内有倭国传。其特色为不再简单复述前史，而着重以断代史的记叙方法，来记载隋代中日两国通交往来的历史，并详细记录日本遣隋使史实，有很高的史料价值，并常为后代正史日本传所沿用。《隋书》表现了当时中国帝王与士大夫的华夷思想，当隋文帝听说倭使者言"倭王以天为兄，以日为弟，天未明时出听政……日出便停理务"，很不高兴，曰"此大无义理"，于是训令改之。而隋炀帝见到日本国书曰"日出处天子致书日没处天子"，"览之不悦，谓鸿胪卿曰："蛮夷书有无礼者，勿复以闻。"但《隋书》对日本制度礼俗的记载也表现了当时中国人对日本认识的进步和肯定，如记录了圣德太子制定的十二等阶冠位名称，还记述"至隋其王始制冠，以锦采为之，以金银镂花为饰"，"其王朝会，必陈设仪仗，奏其国乐"，"人颇恬静，罕争讼，少盗贼"，"敬佛法"，"性质直、有雅风"，"妇人不淫妒"，等等，都是正面形象。

（五）《旧唐书》和《新唐书》

关于唐代的正史有《旧唐书》与《新唐书》两种。唐朝中国国力强盛，中外文化交流频繁。日本先后派遣十多次遣唐使和许多留学生、留学僧来华，积极学习吸收中国制度与文化，出现中日文化交流的高潮。新旧唐书对此虽有记载，但十分简略，对日本遣唐使的次数与活动遗漏甚多，与唐代中日交流的盛况很不相称。产生这种情况的主要原因是当时唐朝统治阶级对日本不够重视。关于新旧唐书对日本认识，值得注意的一个问题是对日本称呼的转变。在后晋刘昫等编的《旧唐书》卷199《东夷传》中《倭国传》和《日本传》两传并存。在《倭国传》中称"倭国者，古倭奴国也"，并记载了唐太宗贞观年间的中日交往。而在《日本传》中则写道："日本国者，倭国之别种也"，并列举了倭国为什么改名日本的三种解释："以其国在日边，故以日本为名。或曰：倭国自恶其名不雅，改为日本。或云：日本旧小国，并倭国之地。"还记载了武则天长安三年（703）以后的中日交往。北宋欧阳修、宋祁等撰《新唐书》卷220《东夷传》内只列《日本传》，称"日本，古倭奴也"。写到唐

---

① 参见汪向荣《中日关系史文献论考》（岳麓书社1985年版），汪向荣、夏应元编《中日关系史资料汇编》（中华书局1984年版）等书。

高宗咸亨元年（670）日本"遣使贺平高丽"后也提到改名原因的三种说法："后稍习夏音，恶倭名，更号日本。使者自言：'国近日所出，以为名'。或云日本乃小国，为倭所并，故冒其号。"可见在当时中国士大夫心里，日本改国名称呼是在咸亨元年至长安三年之间，大体符合事实。当时日本正值大化改新（645）和白村江之战被唐击败（663）之后，为改善形象和提高自主性，并据其"近日所出"的地理位置，更国号为日本。按照中国正史体例"名从主人"的原则，唐以后历朝正史都称"日本传"了。《旧唐书·倭国传》描写日本"地多女少男，颇有文字，俗敬佛法"。《日本传》写日本遣使，"其人入朝者，多自矜大，不以实对"。但又赞美遣唐使粟田真人"好读经史，解属文，容止温雅"。欧阳修等编《新唐书·日本传》补充了不少新材料，尤其首次记载了历代天皇的世系。

（六）《宋史》和《元史》

宋代与日本无国交，但有相当活跃的民间贸易和僧侣往来。《宋史》是元朝宰相脱脱领衔主编的，共496卷，其中一个特点是把"四夷传"改为"外国传"，这可能与元朝是蒙古族统治有关。在该书卷491《外国传》中列有日本传，反映了古代中国人对日本认识的新进展。最大的进步是利用日本来华人员的笔谈和提供的资料来描述日本，增加了许多前史上未有的对日新认识。如《宋史》日本传几乎用三分之二篇幅记载日本东大寺僧人奝然入宋之事。根据奝然笔谈了解日本"国中有五经书及佛经，《白居易集》70卷，并得自中国。土宜五谷而少麦，交易用铜钱"，"多丝蚕，多织绢，薄致可爱"，"东奥州（当指陆奥）产黄金，西别岛（可能指对马）出白银，以为贡献。国王以王为姓，传袭至今王六十四世，文武僚吏皆世官"，并抄录奝然所进《王年代记》关于64世日本天皇的详细系谱和与中国交往大事，还介绍了日本的具体地理区划，"是谓五畿、七道、三岛，凡三千七百七十二郡"。宋太宗亲自召见奝然，"存抚之甚厚，赐紫衣"。特别是闻其言日本"国王一姓传继，臣下皆世官"，为之感慨不已，对宰相说："此岛夷耳，乃世祚遐久，其臣亦继袭不绝，此盖古之道也。"并叹息中国经常改朝换代，尤其唐末以来出现五代十国分裂割据局面，因而激励自己要"讲求治本，不敢遐逸"，以图能像日本天皇那样，实现子孙世袭"建无穷之业"。这是一位封建帝王从自己的立场和利益出发对日本的认识。《宋史》中还记录了奝然遣弟子喜因给宋帝的贡礼和谢表，表示"在彼在斯，只仰皇德之盛；越山越海，敢忘帝念之深"。这些文字则满足了中国统治者"天朝上国"、恩沐四海的虚荣心。《宋史》日本传中还首次记载了一些中日民间商人贸易及漂流民救难等史实。

《元史》是明代宋濂等编修。元代发生了元军征日之役，《元史》卷208《外夷传》中有日本传，主要写元日外交关系。该书以大量篇幅记述元世祖忽必烈发动两次征日战争的经过。这是在中国官修正史日本传中第一次见到两国交恶发生战争的详细记载。书中还写到元军征日失败，"十万之众，得还者三人耳"，此言常被后人引用，实际上是一种夸张说法，这里可能指的只是脱险逃回的征日元军莫青等三位将领而已。元代中日民间贸易和僧侣往来也很活跃，但《元史》基本上没有提到。

（七）《明史》

《明史》是清代由大学士张廷玉领衔纂修，历时50年，分量大，资料丰富。《明史》卷322《外国传》中有日本传，以明代中日关系为主线，主要叙述三件事，即日明朝贡贸易、倭寇之患和援朝抗倭（丰臣秀吉）战争。尤其是倭寇问题贯穿《明史》日本传始终，也成为古代中国人对日本认识发生重大转折的契机。中国正史、野史和文学作品中出现了日本倭寇狡黠、野蛮、残暴的形象，老百姓甚至用"倭寇来了"来吓唬孩子。《明史》日本传最后一段话是："终明之世，通倭之禁甚严，闾巷小民，至指倭相詈骂，甚以嚇其小儿女云。"不过《明史》中还是对前后期的倭寇成分有所区别，指出早期倭寇的确主要是日本九州领主属下的武士、浪人、奸商、海贼。"倭形黠，时载方物、戎器，出没海滨，得间则张其戎器而肆侵掠；不得，则陈其方物而称朝贡。东南海滨患之。"而后期倭寇中却有不少勾倭、从倭的所谓"滨海奸民"，即中国沿海的海盗、走私商人和被胁从的贫民。《明史》记载汪直（原名王直，其母姓汪，又称汪直）等"海中巨盗，遂袭倭服饰旗号，并分艘掠内地，无不大利，故倭患日剧"。汪直勾结诸倭大举入寇，"滨海数千里，同时告警。"由于倭患，造成明代防倭、御倭和禁海等政策转变。①

至于民国初年所编《清史稿》在卷164《邦交志》中有日本传，主要记述晚清中日关系，已不属本文论述范围。

---

① 参见郑樑生《明代中日关系史研究》，台北文史哲出版社1985年版。

总之，历代官修正史的日本传，可以说是古代中国官方即历代统治者与士大夫对日本认识的集中体现和主要载体，而且往往代表了当时对日认识的主流意识。

三、古代中国文学作品中的日本形象

中国古代诗词曲赋、散文小说等文学作品中塑造的日本形象，也是中国人的日本认识的一种体现。中国古代文人与日本使节、留学生、僧人的交往和对日本自然风景、风俗习惯、输入器物的描写，是中国古代文学作品塑造日本形象、表达日本认识的主要来源和内容。

（一）南北朝诗文

中国人描写日本的诗歌较早可以追溯到5世纪南朝僧人宝志写的《耶马台诗》。这是一首形式奇特的杂体诗，如果不标出顺序几乎无法读通。全诗5字一句，共24句，其中有"百世代天工""初兴治法事"等诗句。由于其难读难懂，据说唐代诗人曾用它来考日本入唐留学生吉备真备。与宝志几同时代的南朝诗人江淹的《遂古篇》也写到日本的风俗："东南倭国，皆文身兮；其外黑齿，次裸民兮；侏儒三尺，并为邻兮。"[①] 可能是根据《三国志》倭人传的记载描绘的日本人形象。

（二）唐代诗歌

唐代出现中日文化交流的高潮，日本遣唐使和入唐留学生、留学僧来华络绎不绝。唐代诗人写作了大量与日本友人交往、送别的诗歌，连唐朝皇帝也向日本遣唐使赠诗。如唐玄宗李隆基曾在开元十一年（723）接见日本遣唐使藤原清河一行，见到藤原举止风度优雅，赞叹道："闻彼国有贤君，今观使者趋揖有异"，并称许日本为"礼仪君子之国"，又命画工画下藤原的肖像收藏。藤原清河第二年回国时，唐玄宗又举行盛大宴会欢送，并赠诗送别："日下（指日本）非殊俗，天中（指中国）嘉会朝……因惊彼君子，王化远昭昭。"[②] 赞扬藤原为"君子"，使君主的德化远播海外。

许多唐代著名诗人都与日本入唐留学生后来留在唐朝做官的阿倍仲麻吕

① 杨知秋编：《历代中日友谊诗选》，书目文献出版社1986年版，第5—7页。
② 李隆基：《送日本使》，［日］上毛河世宁辑《全唐诗逸》上卷。

（中文名晁衡、朝衡）有过诗文交流和友谊。尤其是著名诗人王维的《送秘书晁监还日本国》一诗，前面有近千字的长序，叙述了源远流长的中日友好关系及与阿倍仲麻吕的深厚友情，也反映了当时唐代文人对日本的认识。序中写道："海东国日本为大，服圣人之训，有君子之风，正朔本乎夏时，衣裳同乎汉制。"还说日本使节"贡方物于天子，同仪加等，位在王侯之先。掌次改观，不属蛮夷之邸。我无尔诈，尔无我虞。彼以好来，废关弛禁，上敷文教，虚至实归"。虽然仍流露中华思想，但已不把日本看作"蛮夷之邸"，而视为"君子之国"。他还赞扬阿倍仲麻吕"咏七子之诗，佩两国之印。恢我王度，谕彼藩臣"，[1]塑造了一位日中友好使节的形象。正在苏州漫游的大诗人李白当听说谣传阿倍仲麻吕在归国途中遇难，十分悲痛，写下了著名的《哭晁卿衡》的悼念诗："日本晁卿辞帝都，征帆一片绕蓬壶。明月不归沉碧海，白云愁色满苍梧"，[2]对晁衡给予高度评价。诗人包佶也给晁衡写了惜别诗："上才生下国，东海是西邻……野情偏得礼，木性本舍真"，[3]赞扬他的知礼，朴实、纯真。

　　还有不少入唐的日本僧人也得到唐朝诗人的敬重和赞美。如诗人刘禹锡《赠日本僧人智藏》一诗，赞赏智藏的刚毅、虔诚和旷达："为问中华学道者，几人雄猛得宁馨。"[4]诗人朱千乘赠日本空海和尚诗，称其为"文字冠儒宗"，"能梵书，工八体，缮俱舍，精三乘"。[5]日本留学僧圆载在华40年，结交了许多中国诗人。唐代诗人陆龟蒙在诗中描述圆载回国时带回大量汉籍佛经，"九流三藏一时倾"，"从此遗编东去后，却应荒外有诸生"。[6]晚唐诗人韦庄《送日本僧人敬龙归》的诗中写道："扶桑已在渺茫中，家在扶桑东更东……此去与师谁共到，一船明月一帆风。"[7]上述唐代诗人送别日本友人的诗歌感情真挚，讴歌中日友谊，并塑造了日本友人的美好形象，寄予无穷思念。这主要由于当时日本人热诚学习中国文化、制度，"化夷为夏"，改变了

---

① 王维：《送秘书晁监还日本国》，《全唐诗》卷127，上海古籍出版社1986年版。
② 李白：《哭晁卿》，《全唐诗》卷184。
③ 包佶：《送日本国聘贺使晁巨卿东归》，《全唐诗》卷205。
④ 刘禹锡：《赠日本诗人智藏》，《全唐诗》卷359。
⑤ 朱千乘：《送日本国三藏空海上人》，《历代中日友谊诗选》第38页。
⑥ 陆龟蒙：《闻圆载上人挟儒书泊释典归日本国，更作一绝以赠送》，《全唐诗》卷629。
⑦ 韦庄：《送日本僧人敬龙归》，《全唐诗》卷695。

中国人眼中的日本形象。同时日本来华使节、文人、僧人也以其个人魅力——品行、才华、风度博得唐朝诗人们的赞赏和友情，形成唐代文人对日本普遍友好、亲切的氛围。

（三）宋元诗文

宋代中日民间贸易发达，日本输入的日本刀、日本扇等物品也受到中国文人的喜爱和赞美。如欧阳修的名篇《日本刀歌》，从赞赏日本刀的精美写到对日本的新认识："宝刀近出日本国，越贾得之沧海东"，"传闻其国居大岛，土壤沃饶风俗好……前朝贡献屡往来，士人往往工辞藻。徐福行时书未焚，逸书百篇今尚存。"①曾引起不少中国人对日本的向往之情。

日本折扇也在宋代传入中国，成为中国文人题咏的题材。如宋代诗人苏辙写过《杨主簿日本扇》一诗，构思巧妙风趣："扇从日本来，风非日本风……但执日本扇，风来自无穷。"②中国以前只有团扇、蒲扇、羽扇，传入日本后，被改造成精巧便利的折扇，很快成为中国士大夫和文人喜爱之物，并流行于民间。可见精美的出口物品和工艺制造也会带来对出产国良好的认识。

元代曾两度发动征日之役，后期又出现倭寇之患，中日两国曾产生敌对情绪。在元代文学作品中最早使用了"蕞尔倭奴"的贬词，如白朴的词中就写道："蕞尔倭奴，抗衡上国，挑祸中原。"③吴莱的《论倭》一文中也称："遂以倭奴海东蕞尔之区……奉使无礼，恃险弄兵。"④但是多数元代文学作品中仍保持了对日本人尤其是入元的日本僧人的好感及对日本的正面认识。如了复在《扶桑行送铦仲刚东归》一诗中称赞"扶桑人不恶……有国有人天性良……吾闻扶桑之国人，宁杀不受辱"。⑤杨维桢《送僧归日本》诗中则称誉日本，"其王尚礼乐，朝贡多珍奇"。不少入元日本僧得到中国文人的尊重和

---

① 欧阳修：《日事刀歌》，《欧阳修集》卷54。该诗历来均以为是北宋欧阳修所作，并收入《欧阳修集》。但有人认为是北宋司马光所作，并收入《司马公集》卷2。还有人认为是曾任北宋明州知府的钱公辅（字君倚）所写。他作为北宋对外贸易港口的地方官，可能从赴日商人处买到日本刀并作此诗。诗人梅尧臣曾有唱和钱君倚学士日本刀歌的诗。

② 苏辙：《杨主簿日本扇》，《栾城集》卷13。

③ 白朴：《木兰花慢·题阙了》，《天籁集》卷下。参见张哲俊《中国古代文学中的日本形象研究》，北京大学出版社2004年版。

④ 吴莱：《论倭》，《渊颖集》卷2。

⑤ 丁复：《扶桑行送铦仲刚东归》，《元诗选二集》卷16。

赞赏。如张镃盛赞日本学僧铦仲刚"才高楼五凤"。[1]郑东则说他的才华"中朝冠盖尽相知"。[2]元代文人对日本的书画、刀扇也评价甚高，不少诗人曾为日本画或日本折扇题诗，如贡性之《倭扇》一诗赞美日本扇"外番巧艺夺天工，笔底丹青智莫穷。好似越棠供翡翠，也从中国被仁风"，[3]想象用日本的折扇可以把中国的仁义之风吹到日本。

（四）明代诗文和小说

明代中日关系时断时续，时好时恶，并有长期倭寇之患与明末的抗倭援朝战争，同时又有不少日本遣明使、入明僧来华。因此明代中国文学作品中的日本形象，呈现多元、多面、多变的复杂面貌，也反映出明代不同时期、不同地区、不同阶层中国人对日本认识的差异。

明太祖朱元璋的日本认识前后就有很大变化。明初洪武五年（1372），明太祖曾派僧人祖阐、克勤出使日本通好，并亲自赋诗饯行，再三叮嘱："尔僧使远方，毋得多生事。入为佛弟子，出为我朝使"；"诣彼佛放光，倭民大欣喜。"[4]洪武九年（1376），朱元璋在龙河英武楼接见日本入明僧绝海中津，谈及徐福故事时，当场亲自赋诗赐和："熊野峰高血食祠，松根琥珀也应肥。昔时徐福求仙药，直到如今竟不归。"[5]绝海得之如获至宝，带回日本珍藏。可是后来由于倭寇不断骚扰，特别是发生了明朝官员勾结日本怀良亲王企图谋反的案件，明太祖对日本产生恶感，在《倭扇行》一诗中写道："国王无道民为贼，扰害生灵神鬼怨。观天坐井亦何知……肆意跳梁干天宪。"[6]下令对日本断绝来往，实行禁海与剿倭政策。

明成祖朱棣曾因日本室町幕府三代将军足利义满向明朝遣使上表纳贡，并取缔倭寇有功，于永乐四年（1405）颁赐诏书、金印、冠服，称其为"日本国王"，并封其国山肥后阿苏山为"寿安镇国之山"，还亲自题诗予以表扬："日本有国钜海东，舟航密迩华夏通。衣冠礼乐昭华风，语言文字皆顺

① 张镃：《老笔赠铦上人二首》，《南湖集》卷4。
② 郑东：《送日本僧之京》，《元诗选三集》卷11。
③ 贡性之：《倭扇》，《南湖集》卷下。
④ 朱元璋：《和宗泐韵》，伊藤松编《邻交征书》初篇卷2。
⑤ 朱元璋：《和绝海韵》，［日］伊藤松辑《邻交征书》初篇卷2，王宝平、郭万平等编，上海辞书出版社2007年版。
⑥ 朱元璋：《倭扇行》，《明太祖文集》卷19。

从"，并赐御制碑文，称"尔源道义，能服朕命，咸殄灭之，屹为保障，誓心朝廷。海东之国，未有贤于日本者也……日本王之有源道义，又自古以来未之有也。"⑦完全是把日本纳入华夷体系，以天朝君主的口气表扬日本幕府将军足利义满。

明世宗朱厚熜也曾写过送日本使策彦的诗。策彦周良是日本战国时代著名禅僧，曾奉将军足利义晴之命出使明朝，完成通商使命。明世宗曾亲自设御宴招待策彦，并即席赋诗相赠："东夷有礼信真缔，远越潮溟明国彝。入贡从今应待汝，归来勿忘朕敦仪。"还和诗赞扬他的才华："奇哉才业与渊深，佳作一章波澜心。"⑧策彦周良两次使明，并巡礼名山古刹，结交中国高僧，回国后受天皇赐宴，慰劳优赏。

倭寇之患成为明代最严重的社会问题之一。自元末至明末，日本的一些大名、武士、浪人勾结中国沿海的海盗、走私商人，武装骚扰中国东南沿海地区达三百年之久，尤以明代嘉靖以后最为严重。倭寇的烧杀淫掠，造成对中国沿海地区社会经济和人民生命财产的严重破坏，因此激起中国官民对倭寇的敌视、愤慨和厌恶情绪。

明代许多诗文、笔记、通俗小说中控诉、揭露了倭寇的残忍暴行和给中国人民带来的深重苦难。如孙承恩的《诅倭词》控诉："吾于倭非世仇兮，曷加我以暴凶。乘我不备，突而其冲，乐土居民，任汝焚劫。兵刃横加，谁敢尔掣。戕我骨肉，父母弟昆。漂血暴尸，尽空阛门……死者枕藉，生者奔亡。"⑨畲翔的诗则描写在倭寇洗劫下百姓生灵涂炭、妻离子散的惨象："城池初构难，衣冠尽涂炭"，"形骸半摧折，豺虎复纵横"，"万死始归来，妻子一悲哀"，"倭兵猛于虎，士女驱群羊"。⑩

明代诗文和通俗小说中塑造了日本倭寇凶悍、狡诈、残暴的形象。如王世贞写道："倭寇勇而戆，不甚别生死。每战辄赤体，提三尺刀舞而前，无能捍者。"⑪冯梦龙的《喻世明言》中有一篇通俗小说《杨八老越国奇逢》，写

---

⑦ 朱棣：《寿安镇国山碑》，《邻交征书》初篇卷1。

⑧ 朱厚熜：《送日本使策彦》，《邻交征书》二篇卷2。

⑨ 孙承恩：《诅倭词》，《文简集》卷11，参见张哲俊《中国古代文学中的日本形象研究》。

⑩ 畲翔：《读姚新宁苦竹记有感赋此为赠》，《薛荔园诗集》卷1。

⑪ 王世贞：《倭志》，《弇州四部稿》卷80。

道："原来倭寇逢着中国之人，也不尽数杀戮，掳得妇女，恣意奸淫……其男子但是老弱，便加杀害。若是强壮的，就把来剃了头发，抹上油漆，假充倭子，每遇厮杀，便推他去当头阵。"①

明代文学作品中虽有许多揭露控诉倭寇暴行的诗文，但也有不少歌颂赞扬日本入明僧人和中日友谊的诗文，日本著名画僧雪舟等扬入明两年，与许多中国文人画家交往。徐琏的诗《送别雪舟》赞扬他多才多艺。"家住蓬莱弱水湾，丰姿潇洒出尘寰。久闻辞赋超方外，剩有丹青落世间。"②都察院副都御史徐枫冈也赞日本入明僧即休，"美哉休师之有道也"。描写他"继拜天子，不忘恩也；再谒士夫，知所尚也。宜其业之精而艺之博矣"。并赠其诗曰："即休老人赋性奇，不嗜名利惟书诗……两贡天朝得真传，成仙作佛复奚疑。"③明代的中国士大夫往往是以自己的文化道德标准和面貌来复制和塑造与其友好交往的日本人形象。

明代文学作品中也常常写到传入中国的日本产品、工艺，写得最多的是日本折扇、日本刀和日本砚。日本折扇已成为日本朝贡市舶的重要出口品，在明代中国社会非常流行，几乎成为宫廷贵族、士大夫，直至民间文人、妇女的必备品。明代文人题咏日本扇的诗歌数量很多。如有的写皇帝将日本进贡的折扇分赐宗亲、朝臣。张羽《题倭扇》云："小国贡来东海外，尚方分给午门前。终身永保君王赐，总遇秋风莫弃捐。"④也有人作诗揭露某些日本商人廉价收购杭州等地的仿制品，冒充原产倭扇高价卖出。有的日本商人甚至以倭扇换购中国的青铜器古玩，牟取暴利。如王绂的《倭扇谣》中写道："倭收杭扇堪称怪，转眼街道高价卖……倭言我扇不欲利，只欲人间古铜器……吁嗟古器日应少，倭贡年年扇来好。"⑤

日本朝贡贸易带来的日本刀、剑，主要由政府收购，少数也流传到民间。明代也有不少描写倭刀、倭剑的诗歌。如唐顺之的《日本刀歌》，在赞赏日本刀的精美锋利同时也联系到倭寇之患，希望用日本宝刀去御敌。"谁

---

① 冯梦龙：《杨八老越国奇逢》，《喻世明言》卷18。
② 徐琏：《送别雪舟》，《邻交征书》初篇卷2。
③ 徐枫冈：《送即休师归国》，《邻交征书》二篇卷2。
④ 张羽：《题倭扇》，《清庵集》卷4。
⑤ 王绂：《倭扇谣》，《王舍人诗集》卷2。

能将此奠龙沙，边氓万户祈安枕。"①日本贡品中的日本砚也受到明代文人的喜爱，并在砚上题刻铭文。如宋濂的《日本砚铭》曰："夷而华四海一家，此非文明之化邪。"②把日本贡砚与传统华夷观念、王化思想相联系。杨士奇的《日本砚铭》赞赏日本砚的品质优良："员而泽，静而贞，效土贡，来东溟。"③

有的明代文人还从日本的贡品推测日本是盛产珠宝的富有之国。如董纪的诗中写道："对岸风帆日本船，龙女献珠来供佛。"④有的则从日本扇的画面推测日本十分富庶，"信知岛屿多殷富，故拟丹青入画图。海底珊瑚光跃出，松根琥珀等闲无"。⑤把日本想象成盛产珍珠宝玉的富裕国家，其实并不太符合日本的真实情况。

（五）清代诗文和戏剧

清代中叶以前因中日直接交往较少，除了赴长崎贸易的商人和侨居日本的明末遗民外很少有人到过日本，因此有关日本的文学作品中往往带有想象、猎奇或夸张的成分。

影响较大的有沙起云的《日本杂咏》。其序言云："日本为海外诸国之胜，舟楫辐辏，其中山水奇绝，景观佳妙。"沙起云作为对日贸易商人去过长崎，咏诗16首主要描写长崎民俗民风，如："年年迎送大明神，设想争奇故事新。打跌惯称天下一，采茶歌唱学唐人。"⑥尤侗的《外国竹枝词》中有两首写到日本，如"日出天皇号至尊，五畿七道附庸臣。空传历代吾妻镜，大阁终归木下人"。⑦诗注上称："木下人为平秀吉，万历中篡夺倭国，自号大阁王。"

有些诗反映了清初文人的日本认识。如邱璋《送舅氏海士先生之日本长崎岛》称："倭奴古国邻东辽，五畿七道连城壕。土物富厚民风饶，文身黥面

---

① 唐顺之：《日本刀歌》，《荆川集》卷3。
② 宋濂：《日本砚铭》，《文宪集》卷15。
③ 杨士奇：《日本砚铭》，《东里续集》卷15。
④ 黄纪：《海屋为彝古鼎》，《西郊笑端集》卷1。
⑤ 汪广洋：《题日本画扇应制》，《凤池吟稿》卷7。
⑥ 沙起云：《日本杂咏》，《昭代丛书》。
⑦ 尤侗：《外国竹枝词》，王慎之、王子今辑《清代海外竹枝词》，北京大学出版社1994年版，第7页。

黄垂髫。输诚中国尊唐尧，称臣北面瞻魁杓。"①袁枚的《赠沈南萍画师》一诗写道："东夷之国日本疆，晋唐书画多收藏。倭人字乞萧夫子，行贾诗歌白侍郎。将军重币聘高贤，画到中华以外天……七十二岛依然在，只隔人间海一重。"②

值得一提的还有《红楼梦》作者曹雪芹之祖父曹寅，康熙年间任江宁织造，并办理对日铜斤贸易。他于康熙四十二年（1703）署名柳山居士，写了一部杂剧《太平乐事》。其中有一出《日本灯词》，参考《日本图纂》等书的资料，描写日本男女的穿衣打扮、歌舞、语言，为康熙帝歌功颂德。剧中假借日本国王之口说："俺国都称筑紫，形类琵琶，读洙泗诗书，崇乾竺之法教，向自前明负国，颇肆猖狂。今者中华圣人御极，海不扬波，通商薄赋，黎庶沾恩。俺们外国，无以答报，惟有礼佛拜天，顶祝无疆圣寿。"③《日本灯词》中的许多语言，曹寅是用日语的汉字读音，即所谓"寄语"写成的，这在中国文学史上是一个创举。

四、明清私人著作中的日本认识

明代以前中国人的日本认识基本上由官修正史日本传所垄断、主导，一般知识分子与平民很少有接触日本的资料的条件，也没有深入认识和研究日本的要求。因此在明代以前很少有专门叙述或研究日本的私人著作，只是在一些笔记、游记、杂记中有某些零星记述。

到明代这种情况有所变化，尤其是明代中后期嘉靖、万历年间由于倭患日益严重，促使明代士大夫和民间知识分子开始关注日本，特别是生活在江浙沿海地区的士大夫及抗倭第一线地方军政官员迫切需要了解倭情，并主动编写有关日本的著述。除了摘抄旧史记载外，他们还有来自往来于中日两国间的商人、使者及倭寇俘虏的信息渠道，甚至还有亲临日本实地考察收集的第一手资料，使明代中国人对日本的认识达到了一个新的高度。

---

① 邱璋：《送舅氏海士先生之日本长崎岛》，《邻交征书》三篇卷2。
② 袁枚：《赠沈南萍画师》，《小苍山房集》。
③ 柳山居士（曹寅）《太平乐事》日本灯词。参见冯佐哲《从〈日本灯词〉看清初的中日文化交流》，《清代政治与中外关系》，中国社会科学出版社1998年版，第135—152页。

（一）明代著述

（1）《日本考略》

明代嘉靖年间浙江定海文人薛俊的《日本考略》堪称中国古代第一部研究日本的专著。其书名直接冠以"日本"，内容分为沿革、疆域、山川、土产、制度、风俗、朝贡、寇边、寄语等17类（称十七略）。尽管文字比较简略，而且大多摘自历朝正史，还有不少错误，比如把前史中所记一千多年前的日本情况当作日本现实国情，但该书毕竟是开了明代日本研究之先河。书中的"朝贡略"从汉代一直写到明代嘉靖二年的争贡事件，"寇边略"记述了明初到嘉靖年间倭寇的多次寇边事件。尤其是"寄语略"，为明代日本研究著作中的首创，即用汉字记录日语词汇的发音，共收录15类350多个词。这些大概是向直接接触过日本人的中国商人、船主、水手等做调查后记录下来的，有人称它为中国最早的"日汉辞典"。由于《日本考略》是为防倭、抗倭而编，作者薛俊根据自己的见闻对倭寇有如下认识："夷性多狡诈，狠贪，往往窥伺，得间则肆为寇掠。""狼子野心，剽掠其本性也。""倭尤反复无常，或服或叛，诡谲莫测。"①

（2）《日本风土记》与《日本考》

明代万历年间刊印的侯继高的《日本风土记》与李言恭、郝杰的《日本考》，经学者考证是一书两刻。②侯继高是浙江总兵，乃抗倭前线指挥官。李言恭为总督京营临淮侯，郝杰则是协理京营兵部右侍郎，都是高级将领，该书亦为防倭所编。全书共5卷，包括倭国事略、沿革、疆域、风俗、物产、歌谣、语言、诗文等上百个类目，其中寄语分56类，收词1186个，值得注意的是介绍了作为日本假名表的"伊吕波歌"（书中写为"以路法"），还收录了日本和歌39首，开创了和歌汉译先河。此外还附有日本地图。作者在《倭国事略》中对日本的认识是："日本之民，有贫有富，有淑有慝。富而淑者或登贡舶而来，或登商舶而来。凡在寇舶，皆贫与恶者也。"他还认为"欲望彼国之约束诸夷，断断乎不能也"。

（3）《筹海图编》

影响较大的是昆山人郑若曾编纂的《筹海图编》，这是一部以防倭、抗

---

① 薛俊：《日本考略》，《沿革略》《寇边略》。
② 汪向荣：《关于日本考》，《日本考》，中华书局1983年版。

倭为目的编写的海防全书。郑若曾曾担任负责江浙海防的总督胡宗宪的幕僚，《筹海图编》是郑在胡的支持下，将自己所著《日本图纂》和《万里海防图论》增补改订而成。全书13卷，图文并茂。其中卷2集中研究了中日关系史，有《王官使倭事略》与《倭奴朝贡事略》，记述了中日使节来往的史实，还附有赴日本"针路"即中日航线图。在《倭国事略》部分研究了倭寇的出身地区和活动规律，并附有《倭国图》和《入寇图》等地图。作者对日本的地理状况做了大量调查研究，列举了许多以前中国人没有记录过的日本地名，该书内容丰富，价值较高。

（4）《日本一鉴》

代表了明代日本研究最高水平的是郑舜功的《日本一鉴》。作者郑舜功曾于1556年由总督杨宣派赴日本"探访夷情"，在日本滞留半年，对日本进行了实地考察并收集资料，"谙其风俗，询其地位，得闻其说，得览其书"，因此该书内容丰富，信息量大，可信度高，体现了古代中国人日本认识的新进展。如"寄语"栏收集日语词3401个，为明代研究日本诸书之最。该书还利用了日本的文书典籍，对日本的官制、人物、器用、风土等都有以往从未有过的详细介绍，如"职员"栏介绍日本职官名称300多个，"草木"栏记载日本植物品种达360多种。

以上四部书可视为明代中国人对日本研究私人著述中的代表作，其他涉及日本的私人著述还有茅元仪的《武备志》、宋应昌的《经略复国要编》、王士骐《皇明驭倭录》、采九德《倭变事略》、郑茂《靖海纪略》、诸葛元声《两朝平攘录》、黄俣卿《倭患源考》、张焕《平倭四疏》、焦竑《国朝献征录》等十几种，不再一一介绍。

明代关于日本的私人著述有以下一些特点。首先从记载形式上突破了日本传作为官修正史四夷传或外国传中的一节这种模式，而扩大到拥有数卷甚至十几卷的单行本形式的专著，如《日本一鉴》达16卷。编写形式也突破正史日本传不分类目的通篇直叙，而是按类分述，详分细目，如《日本风土记》分为114目。

其次在记载内容上更加广泛深入。除了继承和补充前人研究的成果，分类加以详细介绍日本的地理、历史、自然、制度、物产、风土习俗之外，还开拓了许多新的领域，如研究中日间航路，用汉字注日语词汇读音的寄语，介绍日本的歌谣、棋艺，以及绘制日本地图、城市图、中日间航线图等，这些都大大扩展和加深了中国人对日本的了解和认识，甚至影响到明朝政府的对日政策和策略。尽管这些著述还存在许多缺陷和错误，但毕竟反映了明代中国人对日本的认识已经大大超越了前代的水平。

（二）清代前期著述

（1）《天下郡国利病书》

清代初年，中国文人学者对明末倭寇骚扰仍记忆犹新，谈到海防时常常警告提防日本的侵犯。如著名学者顾炎武在其名著《天下郡国利病书》卷119 "海外诸藩"中指出："海夷虽多，其国大为吾患者，莫如日本。日本诸州均以百数，其近于西南者萨摩为最，屡次入寇，多此州及肥后、长门二州之人。"强调明末倭患严重，"东南沸腾，生民之涂炭极矣"。他还介绍了日本的政治制度，"国虽有王，专政者为将军"。同时他对日本社会风气与治安也予以肯定，"货至彼，则报岛上市官，判价无欺客，买彼货亦不二价……其风俗淳朴，道不拾遗"。①

（2）《海国闻见录》

陈伦炯对日本的认识则主要来自实地考察。他曾任台湾总兵，1710年游历南洋与日本，著《海国闻见录》。该书的《东洋记》中对日本的政治、经济、文化有一定的介绍和赞扬。如说日本国王"受封汉朝，王服中国"，"习中华文字，读以倭音"，"予夺之权军国政事柄于上将军"。"禄厚足以养廉，故少犯法。""倘尚净洁，街衢时为拭涤。""通文艺者为高士，优以礼，免于徭。""至于男女眉目肌理，不敢比胜中华，亦非诸番所能比拟，实东方精华之气所萃。"②他的这些认识和赞语，亦常为后人所引用。

（3）《袖海编》

清代中日两国分别闭关、锁国，未建邦交，赴日中国人主要是到长崎从事贸易的中国商人，他们住在长崎为中国商人专修的唐馆里。中国商人写的日本见闻录最著名的是汪鹏的《袖海篇》。汪鹏是浙江钱塘人，商人兼画家，乾隆年间赴日贸易，曾寓居长崎唐馆，"云烟满目而跬步不能出"，凭个人所见所闻，记录了自己的日本认识。他对日本印象甚好，颇有溢美之词。他在文中

---

① 顾炎武：《天下郡国利病书》卷119，《海外诸藩》。
② 陈伦炯：《海国闻见录》，《东洋记》。

写道:"日本为海东富强之国。""长崎一名琼浦,风土甚佳,山辉川媚,人之聪慧灵敏不亚中华男女,无废时旷职,其教颇有方","向使明周官之礼,习孔氏之书","赋性和缓,虽甚怒,无疾言遽色"。他还说"长崎孤岛海隅,素称穷岛,然贫穷者较少。每家资十万夜悬一灯于门,倍者灯亦倍之,以示无敢私有之志。""唐山(中国)书籍历年带来甚夥,东人好事者,不惜重价购买,什袭而藏,每至汗牛充栋。""国无制举(科举),故不尚文墨,间有一二束脩自爱者,并颇能读圣贤书,博通经史,学中华所为。"贸易时日本商人看板投标,中国商人则"择善价而售之","不劳较论亦交易之良法也。"①总之,他认为日本政治上奉行儒家孔孟之道,经济上甚为富足,文化上崇尚中华文化,贸易上比较公道。

(4)漂流记

清代还有一些中国商人、船夫、渔民乘船在海上遇险,漂流到日本,后又被遣送回国,称作漂流民。这些人一般是社会下层,文化水平较低,其中也有人把其在日本的所见所闻及与日本人的交往笔谈记录下来,反映了中国民间百姓对日本的认识和印象。

道光六年(日本文政九年,公元1826年),中国商船"得泰"船从乍浦出航遇风漂到日本远州上陆,次年由长崎归国。船长和船员与日方人员有不少笔谈问答,很有意思。日方人士表示对中国文章书法佩服之至。中方人士则说:"贵邦山川秀丽,人物富庶,如君才甚,徜徉其间,并可倍壮志气。若我邦人羡慕贵土,并如君之欲至我邦也。"双方互表谦慕。中方还说:"日本人少,故衣食多足,我邦人众,故贫乏人多。"日方答:"我邦富则富矣,人不必少矣。"并问,"吾闻贵朝称为繁富,而今叹贫乏,何也?"中方答:"盖古礼勤俭之风渐靡,人流奢侈,是其所以老食之不足。"日方说:"我邦以质实立国,故不用侈,而不得不俭矣。贵邦以文华立国,故不用奢而不得不奢矣!"中方又说:"山水之胜莫过于日本矣,现在如本处琼山明媚秀丽,在我唐山所罕见。""可恨贵邦之禁森严,不能一游其地也。"中国漂流民还想观看日本地图,问"带有日本地图乎?乞一观"。日方回答:"吾邦禁图,不许外人看。"中方听传闻"闻日本上命各岛人,如一家有兄弟四五人者,许一人

---

① 汪鹏:《袖海篇》,《小方壶斋舆地丛钞》第十帙。

176

娶妇，其余不许娶妻？有之乎？望示"。日方则辟谣："此传之妄也。"①

（5）《吾妻镜补》

清代中叶以前中国人研究日本私人著述的代表作是翁广平的《吾妻镜补》。翁广平为江苏吴江县"穷乡朴学之士"，博学多才，有感于日本史籍《吾妻镜》不够完备，认为"海东诸国，日本为大"，决心编一部日本通志，以"备海东一方之掌故也"。②他花了7年时间，收集引用中日两国书籍190多种，于清嘉庆十九年（1814）编成《吾妻镜补》一书。该书别名《日本国志》，比黄遵宪的同名名著早了70多年。可惜该书未能刊印，只有28卷与30卷两种抄本存世。其书内容丰富庞杂，其中世系10卷写了日本天皇世系和中日关系的编年史。另有《地理志》2卷，《风土志》2卷，《食货志》1卷，《通商条规》1卷，《职官志》1卷，《艺文志》7卷等。涉及日本历史地理、政治、经济、文化、风俗、物产等各个方面。特别是艺文志收录了日本人的诗文146篇，另列中国人关于日本著述目录100多种，可谓古代中国人对日本认识的一部集大成代表作。可惜翁氏未出国门没机会到日本实地考察，该书内容基本上是对前人记载的排比摘录，对前人书上的错误也只能以讹传讹，而且没有自己的评价论述，在认识深度上较之前人进展不大。加上该书没有刊印，影响不大，几乎被历史所埋没。

总之，入清以后，由于倭寇已平，加上清政府实行海禁、闭关政策，中日交往减少，中国士大夫对日本的兴趣逐渐淡漠，关注较少，因此清代前期中国人对日本的认识几乎处于停滞甚至倒退状态，以至直到鸦片战争后，徐继畬、魏源的世界地理名著《瀛寰志略》与《海国图志》在谈及日本地理时，竟然都会犯日本是由长崎、萨摩、对马三岛组成这样的错误。

五　古代中日相互认识的历史经验和教训

从以上对古代中国人之日本认识的历史回顾中，我们可以作进一步分析，在历史上，究竟是什么因素促进或阻碍了中日两国的相互认识。

---

① 《得泰船笔语》，见《文政九年远州漂着得泰船史料》，日本关西大学东西学术研究所，1986年。

② 翁广平：《吾妻镜补》序，北京大学图书馆藏《吾妻镜补》抄本。

（一）促进因素

（1）建立友好邦交的国家关系是促进中日相互认识的重要条件和环境

东汉以来两国开始有使节来往，特别是南北朝时中日朝贡册封往来增多，促使中国人对日本认识的开拓和进步，出现了《三国志·倭人传》和《宋书·倭国传》那样的中国人对日本认识的奠基之作，而隋唐两代，由于日本政府派出遣隋使、遣唐使等大型使团，两国建立起友好、睦邻邦交关系，各方面交流来往频繁，大大推动了中日两国的相互认识。不仅《隋书》、新旧唐书等官修史书体现了对日本认识的深化，两国文人、僧人的诗文也表现了中日之间的友好感情。

（2）文化和人员交流是加深中日相互认识和友好感情的最重要途径

古代中日两国之间两千年来从未间断的文化交流，内容丰富、领域广泛、影响深远。中日两国同处汉文化圈，在汉文学、儒学、佛学等方面有许多共同信仰与共同语言。特别是以汉字、汉文、汉诗、书画为媒介，为两国相互认识创造了便利的条件。古代日本官员、文人、武士、僧侣大多认识汉字，会看汉文，会做汉诗，通过人员、书籍、文学、艺术等交流加深相互认识。人员交往时即使语言不通，尚可用汉字笔谈。因此隋唐时期形成了中日文化交流的高潮，宋元明清时代中日文化交流也始终不断。

（3）经济贸易关系和物品交流也是相互认识的重要渠道和动力

魏晋南北朝和隋唐时代中日之间的朝贡贸易，以及宋、元、明、清时代中日之间的民间贸易、勘合贸易、信牌贸易等，都是中日相互认识的重要渠道，也是加深相互认识的重要推动力量。两国的物品交流也会起到加强认识的作用，如宋、元、明时期日本输入中国的日本刀、日本扇、日本砚等精美物品。清代中国赴长崎贸易船带到日本的大量中国书籍等，更是大大推动了江户时代日本人对中国的认识。

（4）两国人员的交往、友谊，尤其是日本使节、文人、僧侣的个人品行、才华，表现出人格魅力，塑造了中国人对日本认识中的良好形象

对异国的认识往往是通过接触该国具体人物产生的，因此来华日本人的个人品质、言行、才能对古代中国人对日认识影响很大。唐代日本来华的遣唐使、留学生、留学僧中有许多杰出人才，他们还与中国诗人们建立了深厚友谊，以其个人魅力塑造了中国诗歌作品中日本的美好、正面形象。如唐代来华

的阿倍仲麻吕、藤原清河、空海等人，入宋日僧奝然、荣西等人，入明日本僧人策彦周良、画家雪舟等扬等人。明代虽有倭寇之患，但许多入明僧仍受到中国文人的器重和赞扬。

此外，还应提到的是即使中日两国之间有冲突、对抗甚至战争，客观上也会促使中国人更加关注对方，加强对日本的了解和认识，如明代一批研究日本的私家著作就是在倭寇骚扰的背景下产生的。

（二）阻碍因素

我们再来分析一下是什么因素阻碍了中日两国的相互认识。

（1）两国之间断绝邦交和往来，实行闭关锁国的政策，会严重阻碍互相认识

如清代本应是中日加深相互认识的重要阶段，但由于两国统治者为防范本国人民与外来势力接触，以及为了垄断对外贸易等因素，清政府和日本德川幕府分别实行了闭关和锁国政策，断绝了官方关系，并且不准两国人民自由出海贸易、交往。清代仅有的长崎中日贸易也受到许多限制，这就严重地阻碍了两国间的相互认识。

（2）两国间的对立、冲突，特别是发动侵略战争，危害邻国领土和安全，会严重影响两国相互认识，使对方产生恶感和负面印象

如元代统治者发动征日战争，引起日本人的反感，视为元寇。而日本倭寇骚扰中国沿海，成为明代极其严重的社会问题，改变了长期以来中国人对日本的正面感受。倭寇在中国沿海的烧杀抢掠，使明代中国人产生了日本人残暴、贪婪、狡诈等负面认识，而丰臣秀吉发动的侵朝战争更加深了这种负面印象。

（3）两国人士在著述中，互相攻讦、轻蔑甚至矮化对方，也会产生极为不良的后果，影响客观、友好的相互认识

中国文人由于中国文化优越感和华夷意识的影响，长期把日本视为东夷小国，加以轻视，并不屑对日本做深入了解研究。而日本文人也有自己的华夷观念和民族主义心理，有时也对中国作出对立和丑化的反应，如把清朝称为"鞑靼"。清代外交家黄遵宪曾在《日本国志》中批判这一现象说道："史家旧习尊己侮人，索虏岛夷互相嘲骂。中国列日本于东夷传，日本史亦列隋唐于元蕃传。中国称为倭王，彼亦书隋主、唐主，譬如乡邻交骂，于事何益？"

（4）个人的恶劣品质、行为，骄傲自大、奸诈无诚信等表现，也会严重影响两国相互认识

如一些来华日本奸商、海盗、浪人的不良行为，尤其是倭寇的残暴贪婪，造成明清时代中国人对日本的负面认识，严重损害了日本的形象。

我们应该认真总结吸取历史上中日两国相互认识的经验教训，以史为鉴，面向未来，加强两国相互认识和相互理解，构筑更加健康稳定、友好合作的中日关系。

（原载于步平、［日］北冈伸一主编《中日共同历史研究报告（古代史卷）》，社会科学文献出版社2014年版）

晚清民初中国人日本观的变迁

本文试图根据笔者在中国和日本收集的大量历史资料，着重对1840—1919年间，中国人对日本认识的逐渐深化过程，即晚清民初中国人的日本观的变迁，作一番比较系统的考察和剖析。

一、从轻视到重视

古代中国人对日本的认识，简单说来有两个特点。一方面中国是最早认识日本的国家。早在公元1世纪写成的《汉书》中已对日本有明确的记载："夫乐浪海中有倭人，分为百余国"。而3世纪成书的《三国志》中的《魏志·倭人传》，更对日本列岛的政治经济与社会习俗作了近两千字的描述，至今仍为研究二三世纪日本历史最权威的文献资料。以后历代中国史书中对日本的记载连续不断，自《三国志》到《清史稿》，有16部官修正史中专门列有日本传。

然而，另一方面古代中国对日本的认识进展却很缓慢，其主要原因是古代中国人对日本的轻视态度。也许是由于中国古代文明高于日本的缘故，加上中国知识分子浓厚的中华文化优越感和"华夷意识"，一般中国士大夫把日本称为"蕞尔三岛"的"东夷小国"，不愿意花力气对它作认真的了解研究。在中国古籍中往往把日本描写成虚无缥缈的仙岛神州，任意涂抹神秘色彩。历代正史中的日本传也大多因袭陈说，较少有深入的研究。尽管明代为对付倭寇的需要，出现了一批介绍日本的著述，但总的说来，直到清代中叶，中国人关于日本的知识仍相当贫乏。例如乾隆年间查禁私钱，在沿海某地发现一枚日本的"宽永通宝"铜钱，满朝文武及各省大吏竟无人认识。朝廷还以为是有人私铸货币图谋不轨，严令追查，闹得"守令仓皇，莫知所措"^①。可见当时对日本认识的无知程度。

鸦片战争以后，一些开明的中国知识分子开始睁眼看世界，研究介绍世界各国史地，寻求"制夷之策"。但是，他们注目的重点主要是侵略中国的西方列强，而对于东方邻邦日本，却仍然未给予重视。不过在某些著述中，已经开始把日本放在世界全局中加以考察，这毕竟是个进步。如福建巡抚徐继畬1848年编的《瀛寰志略》10卷，其中第一卷就是东洋二国，即日本和琉球。书中写道："东洋浩渺一水，直抵亚墨利加（阿美利加旧译）之西海，数万里别无大土，附近中国者，止有日本、琉球两国，盖神州之左翊也。"徐继畬还指出"西洋人海图将日本三岛列朝鲜以北，系属错误"。可是他自己对日本地理也没有正确的认识，书中竟然把日本说成由对马、长崎、萨峒马（即萨摩）三岛组成。实际上长崎、萨峒马同在九州岛，对马是朝鲜海峡中一小岛。作者承认自己对日本的了解很不够，原因是由于日本乃"海外远夷，招车罕至，往来者皆商贾之流，无由探悉其原委耳"。^②

魏源的名著《海国图志》的50卷本和60卷本中均无日本，直到1852年增补为100卷本时才添上日本。他在"日本岛国录"部分，引用了《明史》《海国闻见录》《坤舆图说》等十几种中外文献，然而作为最主要资料用大字全文抄录的却仍是上述《瀛寰志略》中关于日本的叙述，并据此批评了英国人的世界地图，结果也犯了与徐继畬同样的错误^③。因而后来薛福成批评徐继畬与魏源道："于西洋绝远之国尚能志其崖略，独于日本考证阙如。或稍述之而惝恍疏阔，竟不能稽其世系疆域，犹似古之所谓三神山之可望而不可至也。"^④

可见直到近代初期，中国人对日本认识仍是十分模糊的，黄遵宪的两句诗："只一衣带水，便隔十重雾。"^⑤恰是这种状况形象的写照。19世纪60—70年代，开始引起中国人注意日本的是连续发生的三件事：1868年日本明治维新，1871年中日建交和1874年日本侵略台湾。明治维新是日本历史上具有划时

① 石韫玉：《吾妻镜补跋》，北京大学图书馆藏《吾妻镜补》抄本。
② 徐继畬：《瀛寰志略》卷一，上海书店出版社2001年版，第17页。
③ 魏源：《海国图志》（百卷本）卷一七，光绪二十一年，上海积山书局石印本。
④ 薛福成：《日本国志序》，光绪二十四年，上海图书集成印书局铅印本。
⑤ 黄遵宪：《近代爱国志士歌》，《人境庐诗草》卷三，钱仲联《人境庐诗草笺注》，古典文学出版社1957年版，第102页。

代意义的转折点。推翻了德川幕府建立起来的明治政府进行了一系列的资产阶级改革，同时也试图打开与中国的外交贸易关系。1870年派柳原前光等来华谈判订约，清政府总理衙门最初以"大信不约"为借口加以拒绝，但洋务派官僚李鸿章却力主订约，他说："闻该国自与西人订约，广购机器兵船，仿制枪炮铁路，又派人往西国学习各色技术，其志固要自强以御侮。究之距中国近而西国远，笼络之或为我用，拒绝之则必为我仇"，并建议派外交官驻日，"借以侦探彼族动静，而设法联络牵制之"①。1871年中、日两国签订了《中日修好条约》和《通商条约》，并决定互派外交官，中日的建交遣使为中国人认识日本创造了有利条件。

日本明治维新这样的大事，最初并没有马上引起中国朝野应有的注意。直到1874年，日本公然派军队武装侵略台湾，才使中国的士大夫们大吃一惊，居然连"东夷小国"日本也敢来欺侮中国了，究竟日本国内发生了什么样的变化呢？于是他们开始睁眼看日本，注意了解分析日本的近况。目前所见中国人对日本明治维新最早的评论是1874年浙江海宁人陈其元所写的《日本近事记》。作者把明治维新看成是一次篡权夺位的改朝换代，而持完全否定的态度。他把幕府将军误认为日本国王，却把天皇重新执政斥为"篡国"。文中写道："往昔日本国王不改姓者二千年，国中七十二岛，岛各有主，列为诸侯。""自美加多（即日语天皇之译音）篡国，废其前王，又削各岛主之权。岛主失柄而怀疑，遗民念旧而蓄愤，常望一旦有事乘间蜂起。"他对明治政府学习西方进行变法改革尤为反感，"使国中改西服，效西言，焚书变法。于是通国不便，人人思乱"②。作者甚至异想天开地鼓吹乘明治政府尚未巩固之机，派兵渡海征日，帮助幕府旧政权复辟。

然而在当时中国知识分子中也有不同的见解。如嘉兴人金安清的《东倭考》就对明治维新给予较高评价。他对明治维新"大政复古"的认识比陈其元清楚，指出这是"今之倭王驱将军而自主其权"。他认为日本的明治维新可以与中国古代战国时期赵武灵王习胡服骑射的变法相比，应予肯定。明治天皇"焚诗书，易服色，其远大之志，如赵武灵王之类，虽国中不尽驯服不顾

---

① 李鸿章：《李文忠公全书》卷一七《奏稿》，上海商务印书馆1921年版。

② 陈其元：《日本近事记》，王锡祺《小方壶斋舆地丛钞》初编，第10帙，台北广文书局1990年版。

也"[1]。因此，他坚决反对"征日论"。

1874年12月10日，李鸿章在给皇帝的一份奏折中，表达了他对明治维新的认识。奏折中写道："该国近年改变旧制，藩民不服，初闻彼颇小哄，久亦相安。其变衣冠，易正朔，每为识者所讥。然如改习西洋兵法，仿造铁路火车，添置电报，开煤铁矿，自铸洋钱，于国计民生不无利益。并多派学生赴西国学习器艺，多借洋债，与英人暗结党援，其势日张，其志不小。故敢称雄东土，藐视中国，有窥犯台湾之举。"[2]说明李鸿章认识到日本敢于侵略中国台湾是明治维新后富国强兵的结果。他从洋务派的立场出发，赞成明治政府积极学习西方军事和工业技术，以及借洋债、派遣留学生等措施。但是对日本进行政治制度以及服装、历法方面的变革，则表示反对。并对日本企图"称雄东土，藐视中国"，感到担忧。

二、从走马看花到深入调查研究

"百闻不如一见"，近代中国人对日本的认识随着对日本的实地考察而逐步深化。

明治维新后到日本进行实地观察的第一位中国官员是浙海关委员李圭。他于1876年奉命赴美参加美国建国百年纪念博览会的途中访问了日本。游览了长崎、神户、大阪、横滨等地。明治维新后日本的新气象给他留下了深刻的印象。他在《环游地球新录》一书中记载："大小塾房、邮政局、电报局、开矿局、轮船公司，皆仿西法，而设官为经理，举国迫遍。而于电报、邮政两端尤为加意，几堪与泰西比美。"他认为明治维新是日本由弱变强的转折点。"窃为日本一国，当咸丰初年仍是大将军柄政，君位几同虚设，国势极不振。"通过明治维新，"近年来，崇尚西学，效用西法，有益之举，毅然而改者极多。故能强本弱末，雄视东海，而大将军遂不专国政"。[3]

1877年，清政府正式派出了第一个驻日使团，首任驻日使臣是翰林院侍讲何如璋。他在赴任日记《使东述略》中叙述了出使日本的见闻，肯定了明治

---

① 金安清：《东倭考》，《小方壶斋舆地丛钞》初编，第10帙。
② 李鸿章：《李文忠公全书》卷二四《奏稿》。
③ 李圭：《环游地球新录》，钟叔河主编：《走向世界丛书》，岳麓书社1985年版。

维新的成绩，同时也预料变法必然会遇到很大阻力，因而对维新能否成功抱有怀疑。他说："强公室，杜私门，废藩封，改郡县，举数百年积弊，次第更而张之如反手，然又何易也！"他根据实地考察，对日本的地理形势作了比较确切的描述，说明日本四大岛是本州、九州、四国与北海道。九州岛"西有长崎"，"西南曰萨摩"，"对马岛则近朝鲜数十里矣"[①]。这样就纠正了徐继畬、魏源等人的错误。

自从中国在日本设立公使馆、领事馆，有外交官长驻日本之后，中国的官员、文人联翩东渡。他们游览日本各地、广泛与日本人交往，写下了不少游记与诗歌。他们耳闻目睹日本维新后的进步，在著作和诗文中大多对日本明治维新表示同情与赞扬。如王韬的《扶桑游记》和王之春的《东游日记》都描写了日本维新后兴建铁路、电报、电话等所带来的便利，"斗巧争奇，令人目眩"。还盛赞日本的教育制度"诚善法也"。

也有一些中国士大夫顽固地站在守旧立场上，戴着有色眼镜观察日本，对明治维新处处看不顺眼，尤其对日本学习西方十分不满。如江西官员李筱圃1880年访日时写的《日本纪游》，指责日本维新改革后，"非但不能拒绝远人，且极力效用西法，国日以贫，聚敛苛急，民复讴思德川氏之深仁厚泽矣！"[②]另一位访日人士的《日本杂记》也认为日本因学西方实行维新改革而贫困。作者甚至连日本仿造西洋机器与用西法训练军队也加以非难，"自以为富强可以立待，殊不知慕西法而无生财之道，适足以自耗其财。今日通商改用西法之后，国用不断，不得不苛敛于民"[③]。他们把日本当时的财政困难都归罪于学习西方，实行改革，无非为了说明祖宗之法不可变，一切只能墨守成规。

还有人在1879年写的《日本琐志》中列举了一些统计资料，分析日本现状，得出了明治维新可能要失败的结论。作者认为日本潜伏着严重的政治经济危机，"自效西法，废封建为郡县，前后旧职去爵去禄者不知凡几，此乱萌隐伏也。且国计日蹙，不得不多取之于民，而民怨，此亦乱萌隐伏也"。他列举

---

① 何如璋：《使东述略》，《走向世界丛书》何如华等《甲午以前日本游记五种》，岳麓书社1985年版。

② 李筱圃：《日本纪游》，《小方壶斋舆地丛钞》初编，第10帙，原书署名"阙名"，经考证为李筱圃。

③ 佚名：《日本杂记》，《小方壶斋舆地丛钞》初编，第10帙。

了日本内债外债的统计数字，并警告滥发纸币将会造成货币贬值的危险。还指出日本严重的入超、金银外流、人多地狭、社会治安等问题，断言："乱必在二十年间。"[①]这位作者虽然对明治维新的分析过于悲观，但他能透过表面现象，看到日本社会潜伏的各种问题，认识颇有独到之处。

上面介绍的一些看法，多数是来自短期访问日本的士大夫写的游记中走马看花、浮光掠影的印象，这仅是表面肤浅之识。从19世纪80年代起，一些中国驻日使馆人员和专门派赴日本考察的官员，对日本的历史和现状进行了比较广泛深入的调查研究，写出了一批较有分量和价值的著作，反映了近代中国人对日本认识的进步。

曾任驻日使馆随员的姚文栋，看到日本明治维新政府刊行《清国兵要地理志》发给日本军人，几乎人手一册。可是中国人对日本地理却茫然无知，很受刺激。便根据日本的地理书，并参考近人航海记录等有关资料，编成10卷8册《日本地理兵要》，1884年由总理衙门刊行，这是中国近代最早出版的一部详细的日本地理书。

另一位驻日使馆随员陈家麟，通过调查研究，于1887年编成《东槎闻见录》4卷，对日本事情分成十几个类目加以介绍。他认为明治维新各项改革有利有弊，要加以区别分析。如"立学校、整矿务、开铁道、设银行，以及机器、电线、桥梁、水道、农务、商务各事，此利政也"。而"易服色、废汉学、改刑罚（刑律近效泰西，无笞杖名目，故国中盗贼之事近亦屡见）、造纸币（广造纸币，故民间大小交易俱无现镪）、加赋税以及用人（凡曾赴外国及能外国语者无论贤否皆用之，故官场中流品殊杂）、宫室（大小官署皆改造洋房）、饮食（亦行西式）、跳舞之属，此弊政也"[②]。这种认识恐怕可以说是当时中国一般知识分子对日本明治维新的较有代表性的看法。

对日本研究最全面深入的当然还要数首届驻日使团参赞官黄遵宪。他于1877年随公使何如璋出使日本。在日本的5年期间，他广泛结交日本各界人士，并到日本各地深入考察，还大量收集日本政治、经济、文化等各方面资料，尤其是各机关发布的各种公报、法令、统计表等第一手材料。他在日本期间写了二百多首关于日本的诗歌，编成《日本杂事诗》一书。并从1879年

---

① 佚名：《日本琐记》，《小方壶斋舆地丛钞》初编，第10帙。
② 陈家麟：《东槎闻见录》，《小方壶斋舆地丛钞》初编，第10帙。

起，花了8年工夫，至1887年完成了巨著《日本国志》。全书40卷50万字，分国统志、邻交志、天文志、地理志、职官志、食货志、兵志、刑法志、学术志、礼俗志、物产志、工艺志等十二种志，从各个角度深入系统地研究了日本的历史和现状，内容十分丰富。《日本国志》堪称中国近代研究日本的集大成代表作，也是近代中国人对日本认识的里程碑。该书被"海内奉为瑰宝"，在相当长时间里成为中国人认识日本最重要的参考书。

《日本国志》重点是研究日本的制度，总结明治维新的经验教训，为中国的维新变法提供借鉴。实际上，黄遵宪本人对日本明治维新的认识也经历了一个转变的过程。据他自己说，1877年刚到日本时，"时值明治维新之始，百废草创，规模尚未大定。论者或谓日本外强中干……纷纭无定论"。他所交往的日本人大多是些不满维新的旧学家，微言刺讥，咨嗟叹息，充溢于吾耳"。故而起初黄遵宪对明治维新也抱怀疑态度。然而随着对日本了解和研究的深入，逐渐改变了看法。他说："及阅历日深，闻见之日拓，颇悉穷变通久之理，乃信其改从西法，革故取新，卓然能自树立。"以后黄遵宪出使欧美，又见到西方国家，"其政治学术竟与日本无大异"。而且西方人士谈起日本也"辄敛手推服无异辞"。使他真正信服日本明治维新的成功，赞叹日本"进步之速，为古今万国所未有"。①

1887年，清政府通过考试选拔了12名官员，派遣分别游历日本和南北美洲及欧洲诸国。游历使团中最勤奋的是获得选拔考试第一名的兵部郎中傅云龙，他每到一个国家，即收集资料并撰写文字，绘制表格与地图，编为"图经"。仅《游历日本图经》就有30卷，包括天文、地理、考工、兵制、职官、外交、文学、风俗等部分，可谓是一部日本问题百科全书，为中国人认识日本提供了丰富的资料。

另一位游历使刑部主事顾厚焜考察后也编成《日本新政考》一书，共分洋务、财用、陆军、海军、考工、治法等9部90目，记载相当具体，对中国人认识日本也很有帮助。但是他对日本改革政治制度却大加批评，指责"日人乃好异矜奇，竟一变而无不变也，是诚何道也？""一旦举法度典章一一弃若弁

---

① 黄遵宪：《日本杂事诗定稿本自序》，《黄遵宪全集》（上），中华书局2005年版，第6页。

髦，岂得谓是邦之福哉！"①

这段时期，中国的封建知识分子中，指责嘲笑日本维新的还大有人在。如1885年一位自称"四明浮槎客"的守旧儒生访问日本时，写了若干首竹枝词，讥讽日本学习西方："国法纷纷日逐更，究依何国没权衡。昨天美法刚刚换，今又匆匆奉大英。"并指责日本改革是"暮令朝更，如同儿戏。"还嘲笑日本变法"移风易俗太荒唐，正朔衣冠祖制亡"。"文明开化说常夸，真是吴牛井底蛙。"②

1893年访问日本的黄庆澄曾对这种陋识加以批判。他指出日本明治维新"仿行新法，甚至改正朔，易服色"，乃是"急急于新耳目振国气者"，"虽贻千万邦之讪议而不之顾"。他赞扬日本维新领导人，"洞烛外情，知己知彼，甘以其国为孤注，而拼付一掷"。黄庆澄认为这才是"豪杰谋国"，"其深思远虑，非株守兔园册子者所可与语"。③

三、从全盘仿效到初步批判

历史的发展往往富于戏剧性。古代一千多年间日本人一直恭恭敬敬地以中国为师，处处向中国学习。然而，进入近代还不到半个世纪，中国人却迫不及待地要向日本求教了。之所以发生这样的变化，关键在于日本明治维新的成功，而转折点则是1894年至1895年的中日甲午战争。这场战争的结果，老大的清帝国竟然被新兴的日本一举击败，清政府被迫签订割地赔款丧权辱国的《马关条约》。

中国的爱国知识分子一方面愤怒谴责日本的侵略，把《马关条约》视为奇耻大辱而痛心疾首。另一方面，他们痛定思痛，首先要想一想为什么日本能够打败中国？通过对这个问题的思考，促使不少中国人对日本的认识发生巨大的变化。

康有为等维新派人士把日本在甲午战争中获胜的原因完全归结于维新变

---

① 顾厚焜：《日本新政考序》，慎记书庄石印本，1897年。
② 四明浮槎客：《东洋神户日本竹枝词》，王慎之、王子今辑《清代海外竹枝词》，北京大学出版社1994年版，第172页。
③ 黄庆澄：《东游日记》，《小方壶斋舆地丛钞》再补编，第10帙。

法。1895年他在《上清帝第二书》中指出："日本一小岛夷耳，能变旧法，乃能灭我琉球，侵我大国。前车之辙，可以为鉴。"①他们从中得出结论：要救中国，只有变法维新，而要维新，就要学习西方。既然日本向西方学习有成效，成功地进行明治维新，实现了富国强兵，那么中国人为什么不能向日本学习呢？为了救亡图存，变法自强，哪怕卧薪尝胆，也要认真地向昨天的敌人日本学习。因此康有为明确地提出了"不妨以强敌为师资"的口号。②

为了学习日本，便需要进一步认识日本。中国近代维新思潮的兴起，推动了对日本的研究，而对日本的研究，反过来又促进了中国维新变法运动的发展。中国维新派人士几乎人人谈日本，个个推崇明治维新。他们还力图通过宣传明治维新来为中国变法运动制造舆论。康有为在1886年就开始研究明治维新。1897年编写了《日本书目志》，并在女儿康同薇的帮助下编撰《日本变政考》。梁启超则在1897年写了《记东侠》一文，歌颂日本维新志士的献身精神。康同薇也在1898年春出版了《日本变法由游侠义愤考》一书，介绍日本维新志士在明治维新中的作用。湖南维新派骨干唐才常则鉴于"世罕知日本，罕知日本变法之难"，特地编写了《日本安政以来大事略述》，扼要地介绍日本维新的历史及其中之艰难曲折。此文在《湘学报》上连载，对推动湖南的维新运动起了一定作用。1898年6月11日光绪皇帝下诏"明定国是"，开始了"百日维新"。为了向光绪提供日本维新的具体经验，康有为进呈了经过补充润色并加大量按语的《日本变政考》13卷，它以编年史的形式，详细叙述明治维新的各项改革措施，评论其得失利弊，并结合中国实际情况，提出中国变法的建议。康有为把日本明治维新改革的重要性归纳为："大誓群臣以定国是，立制度局以议宪法，超擢草茅以备顾问，纡尊降贵以通下情，多派游学以通新学，改朔易服以易人心数者。"③他在该书跋语中还宣称："日本变政备于此矣。其变法之次第，条理之详明，皆在此书。其由弱而强者，即在此矣。"他主张全盘模仿日本，甚至断言："我朝变法，但采鉴于日本，一切已足。"尽管光绪皇帝得到此书如获至宝，仿效明治维新，发布了一系列改革诏令。但是中国

---

① 康有为：《上清帝第二书》，《戊戌变法（二）》，上海神州国光社1953年版，第153页。

② 康有为：《日本变政考》序，北京故宫博物院藏进呈本。

③ 康有为：《日本变政考·跋》。

封建顽固派的势力远比日本维新时幕府的力量大得多，新旧力量对比悬殊，百日维新只是昙花一现。不久，慈禧太后就发动政变，光绪遭软禁，康、梁仓皇出逃，那部集中反映维新派日本观的《日本变政考》也被打入冷宫，长期未能公之于世。

戊戌变法的失败，并未减弱中国人了解日本、学习日本的热情。尤其是在20世纪初，清政府实行"新政"，亦以日本为榜样，派出不少官员赴日考察取经。还有一些官员和学者文人自费东渡游历。他们写出了一大批游记、考察记或调查报告，仅笔者所见就有近百种之多。如考察农工商业的有刘学洵的《游历日本考查商务日记》、黄璟《游历日本考查农务日记》、潘学祖《考察东瀛农工记》等，考察教育的有李宗棠《考察日本学校记》、吴汝纶《东游丛录》、项文瑞《游日本学校笔记》等，考察政治的有载泽《考察政治日记》、逢恩承《日本最近政学调查记》、刘瑞璘《东游考政录》等，考察军事、司法的有丁鸿臣《游历日本视察兵制学制日记》、雷延寿《日本警察调查提纲》、王仪通《调查日本裁判监狱报告书》等等。

这些著作除了极少数只谈游山玩水、异国风情或敷衍交差外，多数还是对日本社会实际进行了一番具体的调查考察。不少人都在认真思考中国究竟向日本学习些什么？怎么学？并力图探讨日本的维新之要和富强之道。他们从各个方面、各种角度观察描述日本，大大加深了中国人对日本的认识。下面略举数例说明。如1898年到日本考察商务的中国政府特使刘学洵，受到日本朝野尤其是财界和工商界的隆重欢迎。他通过与日本各界人士会谈和参观各种工厂、商店，对日本资产阶级提出的"富国必以振兴商务为本""裕商即以保国"[①]等观点，十分欣赏，认为这就是日本富强的原因。而1901年罗振玉赴日考察两个月后得出的结论则是：日本强盛的关键，"首在便交通，继在兴工业，三在改军制"，"军政修明而又加之以兴教育，国力乃日臻强盛"[②]。中国民族资产阶级代表人物张謇1903年应日本大阪博览会之邀请赴日参观后，特别强调教育救国与实业救国。他说，根据日本维新的经验，如果按其重要性排次序的话，应是："教育第一，工第二，兵第三。"他还认为，"图存救亡，舍教育

---

① 刘学洵：《游历日本考查商务日记》，香山刘氏上海石印本，光绪二十五年（1899）。

② 罗振玉：《扶桑两月记》，教育世界社，光绪二十八年（1902）。

无由，而非广兴实业，何所取资以为挹注"[①]。有的人还把日本描绘成桃花源式的乐土。如1902年赴日考察农业的黄璟写道："入其境，见夫田畴井井，厘若画图，男妇勤能。风物都美。古所谓野无旷土，国无游民者，不图得于今日遇之。"他还说："遍国中学校如林，铁轨如织，无人不学，无学不精。凡商业、工艺、武备、警察、开垦、矿产诸大政，靡不悉心筹计，不稍留缺憾于纤微宜乎。"[②]

日本果真是这样尽善尽美吗？20世纪初，大批中国留日学生却有不同的感受和认识。他们大多是抱着向日本学习以挽救民族危亡的爱国热情东渡留学的。中国留日学生从半殖民地半封建的中国来到正在进行资本主义近代化建设的日本，一切都感到非常新鲜。他们看到日本工业的发达，教育的普及，对比自己祖国的落后，不禁感慨万分。湖南留日学生周家纯说："自入长崎以来，流连异土，百感交并，及达东京，益怦怦不能自持者。"[③]可是，对中国留日学生刺激更深的却是由于祖国的贫弱而遭到日本人的歧视和侮辱。有的留学生经过马关中日订约之处，或是看到东京靖国神社陈列的甲午战争"战利品"，不禁痛哭流涕，愤不欲生。有时穿着中国服装留着长辫的留日学生走在街上，竟有日本小孩跟在后面嘲骂"豚尾奴"。还有日本政府对中国留学生实行的种种歧视限制政策，如1905年颁布的所谓取缔规则等等。这一切都强烈地刺痛着留日学生的民族感情，激发起他们的爱国、革命热情，同时也使他们对日本有了更深刻全面的认识。留日学生的各种刊物，经常登载关于日本的评论和见闻，报道日本内政外交最新动态，并翻译日本报刊上的言论。他们还大量翻译日本书籍，介绍日本各方面的情况，加深中国人对日本的了解。中国人对日本的认识，逐渐克服全盘肯定的片面性，而开始对日本社会存在的问题和侵华政策进行初步的揭露和批判。

日本自明治维新后，一边发展资本主义，一边逐渐走上军国主义道路。日本统治集团一直以中国为对外侵略扩张的重点，并制定了以侵华为目标的大陆政策。甲午战争后日本逐渐成为亚洲唯一的帝国主义国家，更加紧对中国的

---

① 张謇：《东游日记》，《张謇全集》第6卷，江苏古籍出版社1999年版，第514—515页。

② 黄璟：《游历日本考查农务日记》，光绪二十八年（1902）刊本。

③ 周家纯：《致湖南青年劝游学外洋书》，《游学译编》第4期（1903年2月）。

侵略。如积极参与八国联军侵华，在中国土地上进行日俄战争。辛亥革命时也企图趁火打劫。1915年更利用袁世凯称帝之机，提出把中国变为其独占殖民地的"二十一条"。这一切事实，都教育了中国人，日本的侵略打破了中国人学日本的迷梦。一些进步的中国人逐渐擦亮了眼睛，抛弃幻想，重新认识日本，揭露批判日本帝国主义的侵略本质。

目前所见近代中国人对日本帝国主义较早的公开批判，是留日学生中的无政府主义刊物《天义报》1907年11月刊登的刘师培所写的《亚洲现势论》一文。该文一针见血地指出日本帝国主义政府是"亚洲之公敌"。揭露日本帝国主义与西方列强相勾结，在亚洲侵略扩张。"故欲保亚洲之和平，以谋亚洲诸弱种之独立，则白种强权固当排斥，即日本之以强权侮我亚人者，亦当同时排斥。盖帝国主义乃现今世界之蟊贼也。"他还认为"帝国主义实政府压制民庶之先声"，"军国主义无非用多数人民之性命以保卫少数有权力之人，复戕害境外无数之同胞，以增少数有权力之先宠"[1]。他主张亚洲各国民族解放运动应该和日本人民的革命运动互相配合呼应。

1915年日本帝国主义提出了灭亡中国的"二十一条"，正在日本留学的李大钊代表中国留学生总会，起草了《警告全国父老书》。文章历数甲午战争以来日本的侵华罪行，并揭露日本帝国主义"当民国初建立之际，挑兄弟阋墙之机，射影含沙，无所不至"。"今更恃强挟迫，无理要胁，大欲难填。"日本帝国主义对中国的侵略行为"于日本为自杀，于世界为蟊贼，于中国为吾四万万同胞不共戴天之仇雠"[2]。1917年，李大钊又著文批判日本帝国主义鼓吹的"大亚细亚主义"。他深刻指出：日本"假大亚细亚之旗帜，以颜饰其帝国主义，而攘极东之霸权，禁他洲人之掠夺而自为掠夺，拒他洲人之欺凌而自相欺凌。"[3]1919年元旦，李大钊进一步剖析日本帝国主义的"大亚细亚主义"是"吞并中国主义的隐语"、"大日本主义的复名"，"不是平和的主义，是侵略的主义；不是民族自决主义，是吞并弱小民族的帝国主义；不是亚细亚的民主主义，是日本的军国主义"。[4]

① 申叔（刘师培）：《亚洲现势论》，《天义》十一、十二卷合册，1907年11月30日。
② 李大钊：《警告全国父老书》，《李大钊文集》（上），人民出版社1984年版，第121—122页。
③ 守常（李大钊）：《大亚细亚主义》，《李大钊文集》（上），第450页。
④ 李大钊：《大亚细亚主义与新亚细亚主义》，《李大钊文集》（上），第609—610页。

中国的留日学生通过自己在日本的亲身体验和深入观察，对日本社会存在的贫富不均、阶级压迫、资本家的剥削、军阀的专制、统治集团的钩心斗角等问题，也给予揭露批判。1919年4月，周恩来在结束日本留学生活归国前夕，游历了京都。"九天西京炎凉饱看"，使他对日本社会有了更深入的认识。他在《雨后岚山》一诗中写道："登高远望，青山渺渺，被遮掩的白云如带，十数电光，射出那渺茫黑暗的城市。此刻岛民心理，仿佛从情景中呼出，元老、军阀、党阀、资本家……从此后将何所恃？"①

1919年8月，戴季陶在《建设》第一卷第一期上发表《我的日本观》一文，可以说是辛亥革命以后中国人对日本认识的一个总结。他认为以前中国人观察日本人的错误，大约有三种：第一以为"内地侵略主义是几个元老军人所信奉的，是当局的人自己特别主张的"。第二，"以为日本援助北方的军阀就是特别不好的，援助南方的似乎就是好的"。第三，"不加区别，不问理由，把日本对华政策的罪恶，当作日本全国国民的罪恶"。他深刻指出日本侵华政策的根源，"是在日本建国主义上"，"在日本统治者阶级的思想上，在日本政治社会的组织上"。因此在"军阀、官阀、党阀执政的时代"，要日本放弃侵华政策是"万万做不到的"。"侵华政策是政治上、产业上特权阶级的责任"，"并不是日本的农夫工人的责任"。大多数日本人，"到底还是中国好朋友"。这反映中国人对日本认识的重大进展。戴季陶在该文开头还说："我有一个希望，要想把'日本'这个题目，用我的思索评判的能力，在中国人的面前，清清楚楚地解剖开来，再一丝不乱地装置起来。"②说明了当时中国人已提出了更进一步全面深入地剖析日本，认识日本的要求。

通过上述关于近代中国人的日本观变迁过程的历史考察，可以为我们提供不少历史经验和启示。例如关于认识世界和研究外国的重要性。近代中国在历次对外交涉和战争中屡遭失败和耻辱，与昧于世界大势，不了解外国情况有很大关系。知己知彼才能百战不殆。清政府由于对日本认识的肤浅，对日本政治、经济、军事状况和实力缺乏正确分析，导致与日本关于台湾、琉球、朝鲜问题交涉和甲午战争战略指挥中的许多失误。相反，对世界形势及外国历史经

---

① 周恩来：《雨后岚山》（1919.4.5），《周恩来青年时代诗选》，人民文学出版社1978年版，第19—20页。

② 戴季陶：《我的日本观》，《建设》第1卷第1期，1919年8月。

验的研究介绍，则有助于促进中国社会的进步和近代化。如19世纪末对日本明治维新的认识和研究，有力地推动了中国的维新变法运动。黄遵宪的《日本国志》成为维新运动的启蒙读物。康有为的《日本变政考》则成为光绪皇帝实行百日维新的蓝图。

还有认识世界和研究外国的态度与方法。近代一些中国士大夫妄自尊大顽固坚持华夷意识和守旧立场。或者不屑于正眼看日本，或者戴着有色眼镜对日本的改革和进步百般挑剔、嘲讽。还有些人虽然也到过日本，却因只顾游山玩水或仅为敷衍交差，故而也得不到什么深刻的认识。而像黄遵宪、傅云龙那样一些杰出的外交官和勤奋的游历使，则通过自己艰苦细致的调查研究和认真思考写作，编著了《日本国志》《游历日本图经》等巨著，为中国人认识日本作出了卓越的贡献，这种精神是值得继承发扬的。同时，还要克服外国认识中的片面性，无论是认识日本或其他国家，那种盲目自大，一概否定，或者盲目自卑，全盘仿效，都不是正确的态度。应该对外国社会进行客观的辩证的具体分析，才能取其精华，弃其糟粕，透过现象，看到本质，获得全面科学的认识。

（原载于北京大学日本学研究中心编《日本学》第3辑，

北京大学出版社1991年版）

日本统治者对华观的历史演变

　　我们在研究抗日战争和总结其历史经验教训时，要有一种大历史的眼光，即不仅要考察1931—1945年的日本侵华战争，而且要追溯它之前100年甚至1000年中日关系变化的历史，同时还要看到它之后对现当代中日关系的深远影响。本文试图以这种大历史的视野，从1000多年中日关系演变的曲折历史和社会心理的角度，着重剖析日本统治集团的对华观与对华心态，以便有助于我们更深刻地认识抗日战争的原因和影响以及当代中日关系的变化。以史为鉴，面向未来。

一、古代日本的岛国心态与神国心态

　　日本由于地处亚洲东隅海岛，又处于东亚中华文化圈的边缘，古代日本人怀有岛国心态和神国心态，兼有自卑与自大交错的双重心理。日本统治者一方面仰慕、仿效中华文化，一方面又不甘心边缘地位，企图与中国平起平坐以至分庭抗礼。例如7世纪初日本推古女皇时代掌权的摄政圣德太子，他一方面努力吸收中华文化、仿行中华制度，在日本推行改革，同时又在给隋炀帝的国书上做小动作，书写"日出处天子致书日没处天子"、"东天皇敬白西皇帝"，正是这种心态的流露。

　　公元663年发生了中日之间第一场战争白江口之战。日本侵入朝鲜，联合百济，企图对抗和挑战中国，结果被唐朝与新罗的联军打败。这使日本统治者认识到自己羽毛未丰，尚不足以抗衡中国。故而继续派遣唐使加紧吸收中国先进制度文化，而且几百年间未敢再出兵朝鲜。

　　13世纪元朝元世祖忽必烈曾两次派大军渡海征日，由于战略战术失误和日本军民的顽强抵抗，加上两次都遭到狂风暴雨吹翻船只，损失惨重，只好撤退。日本人则把元军失败原因归结于"神风"保佑，更相信日本是一个"神国"，增强了日本武士、浪人们的狂妄自大心理。到元朝后期，日本武士、浪人开始骚扰中国沿海，烧杀抢掠。到明朝更成为中国严重的"倭寇之患"，给中国东南沿海地区人民生命财产带来严重危害和破坏。

16世纪末，丰臣秀吉用武力扫平战国群雄统一了日本。他野心勃勃，1592年发动了侵朝战争，企图占领朝鲜进而征服中国。丰臣秀吉狂妄地计划亲自渡海坐镇宁波指挥战争，而由养子丰臣秀次率兵攻占中国，并将日本国都迁至北京，以北京周围十县之地进贡天皇"御用"。他甚至还梦想远征印度，"统一天下"。结果日军在明朝与朝鲜联军的沉重打击下惨败，狂人丰臣秀吉也于1598年一命呜呼。

17世纪开始德川幕府统治的江户时代，日本与清朝虽然没有建立外交关系，但通过长崎贸易开展与中国的经济文化交流。日本朝野崇尚朱子学，喜读中国书，爱买中国货，如丝绸、茶叶、书画、药材等。然而有一批国学家开始制造疑华、贬华的舆论。他们一方面宣扬日本是"神造之国""皇道之国"，一方面鼓吹清朝已是"华夷变态"，儒教不过"无稽之谈"。如本居宣长宣称"世界万国中唯有天皇所统治的日本国才是最优秀的，才是万国之主宰，而中国却是累世紊乱"。这种"神国心态"成为日本人种优越论和轻视中国的心理支撑。

二、19世纪，从海外雄飞论到脱亚入欧论

19世纪初，日本受到西方列强冲击，幕末一些思想家既怀有强烈的危机意识，又鼓吹对外扩张。如佐藤信渊在1823年写成《宇内混同秘策》，宣称"皇国为天地间最初形成之国，为世界万国之根本，故全世界悉应为其郡县，万国之君主皆应为其臣仆。"他傲慢地断言日本"混同世界，统一万国，何难之有？"幕末著名维新志士吉田松阴在提倡尊王攘夷、倒幕维新的同时也鼓吹对外扩张的"海外雄飞论"。他提出失之英俄者，应以朝鲜和满洲的土地求得补偿。吉田松阴在一封信中建议要"收琉球，取朝鲜，摧满洲，压支那（中国），临印度，以张进取之势，以固退守之基"，妄想实现丰臣秀吉未竟之业。这种"海外雄飞论"已成为近代日本侵华政策的思想源流。值得注意的是

后来明治政府的许多领导人物如木户孝允、伊藤博文、山县有朋等，都是他的学生，并继承发展了他的海外扩张思想。明治维新后不久，他们就鼓吹"征韩论""征台论"和"大陆经略论"。不仅宣扬通过对外侵略成就日本"维新大业"，还希望通过对外扩张转移国内的不满和矛盾。

日本侵华政策另一理论基础是日本明治时代著名启蒙思想家福泽谕吉提出的"脱亚入欧论"。日币一万元上的头像就是其人。他在大力提倡向西方学习、文明开化的启蒙思想同时，又鼓吹"脱亚入欧"的民族扩张主义思想。1885年他在《脱亚论》一文中写道：中国和朝鲜不出几年就会亡国，其国土将被列强瓜分，我们不必可怜这些"恶邻"，不如"脱其伍与西洋文明国家共进退"，即与欧美列强联手去宰割中国和朝鲜等亚洲邻国，使日本进入世界强国之列。这种主张与日本传统武士道服从强者，蔑视弱者，崇拜强权，弱肉强食的心理一拍即合。福泽谕吉的脱亚入欧论在影响日本明治政府对外政策导向和造成日本人崇拜欧美、轻视与歧视中国之心态，起了极为恶劣的作用。甲午战争前后，福泽谕吉写了40多篇文章，宣扬发动侵华战争"是文明与野蛮的战争"，甚至鼓吹"日本的太阳旗尽早在北京城迎着晨风飘扬"。

实际上，明治初年日本对中国尚有畏惧之心，但经过1874年侵台事件，1879年吞并琉球等试探，已摸到清政府妥协软弱之底细，滋长了轻华、侵华之野心。虽然中国北洋舰队访日时，定远、镇远等巨型铁甲舰曾吓日本一跳，刺激日本朝野勒紧裤带发展海军，以致几年后海军实力已赶上中国。1887年日本参谋本部第二局局长小川又次已经暗地里制订了《清国征讨策》，制订侵华战争的具体进军路线和目标。主张日本宜乘中国"兵力尚弱，折其四肢，伤其身，使其不得动弹"。并建议"将中国分裂为数国，始得确保日本之独立。"参谋本部海军部樱井等军官，还分别拟订了海军作战的6个具体作战方案。1894年，日本终于发动了蓄谋已久的甲午战争。

甲午战争是中日关系史上的一个转折点，也是日本对华观转变的一个拐点，从此中日完全处于不平等地位。日本以战胜者、征服者自居，蔑视、鄙视中国。在甲午战争中，日本明治政府、军国主义团体、新闻报刊等大肆扇动狂热民族沙文主义情绪和反华仇华心理。污蔑中国落后、野蛮，美化日军侵略、掠夺、屠杀是"传播文明"的"圣战"。在1895年马关谈判中，李鸿章苦苦哀求，伊藤博文却步步紧逼，以至李鸿章说"台湾已是日本口中之物，何必着急？"伊藤博文竟凶相毕露答道："尚未下咽，饥甚。"《马关条约》还使日本成了亚洲暴发户，依仗从中国掠夺的巨额赔款，日本扩军备战，发展重工业，军事工业，实行金本位货币制度，实现向帝国主义过渡。不久又发动日俄战争，打败俄国，夺取了东亚霸权。

日本通过甲午战争尝到了侵略战争的甜头，军国主义侵略扩张野心不断膨胀。1889年首相山县有朋已把"经略大陆"定为国策，然后又提出"保卫利益线"的侵略理论，只要哪里成为日本侵略的目标，所谓利益线就可以推进到哪里。1910年果然吞并了朝鲜为其殖民地。

1911年中国爆发了推翻清王朝的辛亥革命，日本统治集团当然不愿意自己的侵略掠夺对象通过革命成为独立富强之国，也害怕中国的共和革命危及日本的天皇制和殖民统治。前首相山县有朋一语道破他们此时的心态："日本不希望中国有一个强有力的皇帝，日本更不希望那里有一个成功的共和国。日本所希望的是一个软弱无能的中国，一个受日本影响的弱皇帝统治下的弱中国，才是理想的中国。"因此日本政府一开始就对中国辛亥革命抱有仇视和敌对的态度。可见日本当权者的对华心态与其对华政策有着多么密切的关系。

三、20世纪，从征服中国论到中国威胁论

甲午战争以后，日本军国主义恶性膨胀，军部揽权，法西斯横行。军国主义的宣传和教育，使日本人心理更加扭曲。岛国心理的狭隘民族主义，神国心理的日本种族优越感，武士道精神的尚武好战，法西斯主义的残暴疯狂等心态都交织混合在一起，而且在中日战争及太平洋战争中暴露无遗。日本人对中国的轻视、歧视与侵华、亡华之心变本加厉，大肆鼓吹征服中国论。从清末侮辱中国留日学生为"豚尾奴"，到称东北和各沦陷区中国老百姓为"支那亡国奴"。在战争中，日本侵略军对中国人民施加各种骇人听闻的野蛮暴行："三光政策"、大屠杀、大惨案、细菌战、毒气战等等，无所不用其极。日本军国主义发动的侵略战争对中国、亚洲及世界人民犯下了滔天罪行。

第二次世界大战以德、日、意法西斯的彻底失败告终，军国主义几乎招致日本民族的毁灭。战后美国单独占领日本，由于冷战的需要，美国对日政策由压制打击转为扶植支持。美国占领军既不追究天皇战争责任，又包庇袒护战

争罪犯，还削减战争赔偿。美国还给日本美元贷款，并与日本订立军事同盟，提供安全保护伞，把日本作为美国和西方阵营在亚洲的反共反华前哨基地。

在得到美国庇护又没有对天皇和军国主义战争责任进行清算的情况下，尽管有一批正义人士和战俘、老兵怀有负罪感和赎罪心理，但是相当一部分日本政治家和各界人士形成了对战争罪责不认账、不谢罪、不反省的态度。他们一方面用所谓"一亿人总忏悔"来掩盖天皇和政府的战争责任。同时大肆宣传原子弹对日本的破坏，强化日本人战争受害者心理，淡化甚至抹杀日本人战争加害者心理。另一方面右翼势力和一些政客、学者、媒体还在制造各种理论为日本侵略战争辩护，甚至为侵略罪行评功摆好。如散布大东亚战争是"从白种人手中解放亚洲"，日本侵略战争是"自卫自存的战争"，东京审判"不公正"，南京大屠杀是"虚构"等等。这些谬论和谎言成了这种不认罪心态的所谓理论支撑。

随着战后日本经济的复苏和重新崛起，特别是经过20世纪60—70年代的经济高速发展，日本一跃成为世界第二经济大国。日本的电器、汽车充斥世界市场，日本资本输出，甚至买下美国纽约的洛克菲勒中心。有些日本人开始得意忘形，自高自大心理膨胀。石原慎太郎就与人合作抛出三部《日本可以说不》的系列著作，不仅否认日本的侵略战争罪行，而且鄙视和攻击中国和其他国家。

90年代日本经济泡沫破灭，出现十多年经济停滞、低迷和不景气，导致日本政治右倾化，国民心态普遍感到失望、迷茫和焦躁不安。特别是中国通过改革开放与和平崛起，2010年国民生产总值超越日本，取代日本成为世界第二经济大国。长期以来，日本称霸亚洲，经济独占鳌头，唯我独尊的局面被打破。这种反差使不少日本人产生强烈的失落感和心理不平衡。右翼势力和某些政客、媒体乘机大肆宣扬"中国威胁论""中国危机论""中国崩溃论"等，竭力鼓吹依靠美国，遏制中国，煽动民族主义情绪。如东京都知事石原慎太郎早在2002年就在《文艺春秋》杂志上发表《战胜中国重建日本的道路》的文章。2012年他又跳出来导演"东京都购买钓鱼岛"的闹剧，激化中日之间钓鱼岛争端的矛盾冲突，毒化中日邦交40周年的气氛，并为自己捞取政治资本。以后野田内阁和安倍内阁又不断挑起和激化钓鱼岛争端。安倍不仅竭力为侵略战争历史辩护，而且以中国威胁和做正常大国等为借口，鼓吹扩军、修宪，备战，修改和平宪法和安保条约，甚至在全世界到处游说，围攻中国。

其实，今天日本对中国的一些破坏中日关系的言行及其心态，不是可以从历史这面镜子中照到其源头和影子吗。以史为鉴，我们要认真总结和吸取中日关系的历史经验教训，坚持改革开放，提高国家综合实力，努力实现中华民族的伟大复兴。同时也要居安思危，加强国防，维护和平，警惕日本军国主义的复活，决不允许历史的悲剧重演。

（原载于《同舟共进》2012年10月号）

甲午战争与中华民族的觉醒

我们究竟应该怎样认识甲午战争这段历史呢？甲午战争到底是怎么发生的？中国为什么会失败？这场战争对中国与日本乃至世界究竟产生了什么影响？它给我们提供了什么样的历史经验和教训？这些问题都是我们需要认真研究和反思的。

甲午战争对中国的影响实在太大了，可以说是中国近代历史的一个转折点。近代著名思想家梁启超曾经说："吾国四千余年大梦之唤醒，实自甲午战败，割台湾，偿二百兆以后始也。"①这句话的意思是说，中国人做了四千年"天朝大国"之梦，什么时候才被唤醒？实际上是从甲午战争被日本打败，清政府被迫签订丧权辱国的《马关条约》以后开始的。为什么可以这样说呢？甲午战争究竟又是如何刺激了中华民族的觉醒呢？

一、万寿庆典

1894年是中国农历甲午年，这一年，日本发动了侵略中国的战争，中国称为甲午战争，日本则称之为日清战争。

然而，在这一年，清朝的官员们最关心的，并不是如何防备和抵抗日本发动的侵华战争，他们最为操心忙碌的却是另外一件事，这就是庆贺慈禧太后的六十寿辰，如何操办"老佛爷"的"万寿庆典"。

大家知道，当时中国名义上的国家元首是光绪皇帝，可是实际上的最高统治者是被称为"老佛爷"的慈禧太后。1894年是她六十大寿，60为一甲子，中国人历来对六十寿辰特别重视，而且不希望有不吉利事情发生。为了隆重庆

---

① 梁启超《戊戌变政记》卷一，《饮冰室文集》第6册专集1，中华书局1989年版，第1页。

祝她的六十大寿，清廷早就着手准备了，为此甚至挪用军饷、边防经费、海军经费为她修颐和园。颐和园的前身清漪园就是当年乾隆皇帝为庆贺其母亲皇太后六十寿辰而修建的，后来1860年被英法联军烧了。慈禧修建颐和园，打算在这里举行她的"万寿庆典"。1892年，光绪皇帝下圣旨："甲午年，欣逢太后花甲昌期"，"朕当率天下臣民"庆贺，所有典礼"必应专派大臣敬谨办理，以昭慎重"。于是特地任命礼亲王和大学士、六部尚书等"总办万寿庆典"。1893年春，还专门成立了庆典处，负责筹办宫廷修饰、道路景点、礼服首饰、庆贺筵宴、宫中演戏等等，耗费大量财力、人力、物力，其奢华糜费程度令人吃惊。根据清宫的《皇太后六旬庆典》档案，庆典期间不仅紫禁城、中南海、颐和园、万寿寺等都要修缮装饰，而且从颐和园到皇宫要布置龙棚、戏台、牌楼等景点60段，仅此一项就需240万两白银。另外像庆典宴会预算是23万两，庆典演戏则要花52万两，总计花销不下1000余万两。相当清政府全年财政收入的1/6。那么这么多钱从哪里来呢？庆典经费来源一部分由"部库提拨"，如动用户部（财政部）国库的军饷、边防经费100万两，铁路经费200万两等。另一部分由"京外统筹"，就是向京内外官员摊派报效银两，加上官员俸银按2.5厘扣，加起来也近300万两。而且皇帝带头，王公大臣、外省大员都要向太后进献"万寿贡品"。大小官员们挖空心思，绞尽脑汁，考虑送什么寿礼，才能讨得老佛爷的欢心。

真是一人庆寿，举国遭殃！

二、日本不宣而战

正在清廷上下忙于筹办这个劳民伤财的"庆典"的时候，日本明治政府发动了侵华战争，偏偏不肯让慈禧太后太太平平欢庆六十大寿。

日本为什么要发动甲午战争呢？原来日本自从1868年明治维新以后，一方面向欧美学习，实行一系列改革，逐渐走上资本主义发展道路；另一方面扩军备战，逐步走上军国主义对外扩张道路，而且侵略矛头首先对准其亚洲邻国中国和朝鲜。

1871年，中日两国经过谈判正式建交，签订了基本上对等互惠的《中日修好条规》，可是条约墨迹未干，1874年日本就出兵侵略台湾南部高山族地区，这是近代日本对中国的第一次武装侵略。明明是日本无理入侵，清政府却"息事宁人"，赔偿军费50万两妥协了结，这种软弱态度，更加助长了日本的侵略野心。

日本统治集团发动侵华战争是蓄谋已久的。这里我只举出一件证据。前些年在日本发现的1887年由日本参谋本部（军部）第二局局长小川又次大佐（后来甲午战争中任第一军少将参谋长）起草的《清国征讨策案》，就是一份发动侵华战争的具体作战计划。[①]这份计划建议派出8个师团侵华，争取把辽东半岛、山东半岛、台湾澎湖等全部划入日本版图。同时海军部也制订了6个作战方案。为此日本明治政府制订了五年陆海军扩军备战计划。中国北洋舰队1896年曾经访问日本，对日本震动很大，看到中国有这么大的军舰，日本朝野上下认为勒紧裤带，拼命也要加强海军。1887年明治天皇下令每年从皇家内库拨款30万元，文武官员拿出薪水1/10来买军舰，还发行了1700万海军公债。经过海军8次扩张案，军舰总吨位达到6万多吨，实力终于赶上并超过中国。这和清政府在1888年北洋海军成军后就停止购买船炮，还要挪用海军经费去修颐和园，形成何等鲜明的对比！1890—1893年，日本军费占国家财政预算达30%。扩军备战计划，到1892年已提前完成。1894年6月，成立了以明治天皇为最高统帅的战时大本营，这标志着日本已经完成战争准备，就等点燃战火了。

日本发动甲午战争的手段是采取突然袭击，不宣而战。1894年7月25日早晨，奉战时大本营的密令，日本联合舰队在朝鲜的丰岛海面突然袭击中国北洋舰队的军舰济远号和广乙号，击沉运兵船高升号，高升号上中国官兵死难871人。日本军方战史却反咬一口，竟说是中国军舰先开炮挑起战争。这里有两份驳斥他们谎言的证据：一是日本联合舰队浪速号舰长东乡平八郎（后来日俄战争时是日本联合舰队司令）当时的日记，他自己承认"午前七点二十分，在丰岛海上远远望见清国军舰济远号和广乙号，即时下达战斗命令。"[②]二是近年新发现的北洋舰队济远号的《航海日志》上也写道："倭三舰同放真弹子轰击

---

① 山本四郎：《1887年日本小川又次〈清国征讨方略〉介绍》，《抗日战争研究》1995年第1期。

② 《东乡平八郎日记》，《中日战争》（六），第32页。

我船，我船即刻还炮。"①

日军在丰岛海面袭击中国军舰和运兵船的同时，又袭击了驻守朝鲜牙山的清军。8月1日，清政府被迫对日宣战。

9月14日，日军大举进攻驻守朝鲜平壤的清军。接着，日军再次进攻中国海军，发生黄海大海战。

三、黄海海战

大家对甲午战争印象最深的可能就是黄海海战。过去有个电影《甲午风云》很多人看过，这部电影对黄海海战作了全景式描绘，但有些情节也有不完全符合史实之处。黄海海战的时间是1894年9月17日，地点是鸭绿江口大东沟黄海海面。这是甲午战争中规模最大、最关键的一次海战，可以说是中日两国海军的一次大决战。从参战军舰之多、时间之长、战斗之激烈，也是近代世界海战史上罕见的大海战。

中国北洋舰队与日本联合舰队遭遇，双方各有十多艘军舰，实力大体相当，势均力敌，各有优势。

北洋舰队的优势是，有两艘大铁甲舰定远号和镇远号，排水量各7335吨（德国造），是当时亚洲最大的军舰，并配备大口径重炮。另外还有8艘1000至3000吨的巡洋舰、炮舰。劣势是，军舰较旧，基本上都是19世纪80年代买和造的。速度慢，速射炮少。而日本联合舰队有12艘铁甲舰与巡洋舰，其中8艘在4000吨左右，总吨位超过中国，主要优势是军舰新，有些是90年代买和造的。速度快（最快的吉野号每小时23海里，而中方平均15海里左右），速射炮多，开炮速度快。而海战中最重要的是比速度、机动性。

这场海战打得非常激烈，双方鏖战5个多小时。北洋舰队多数官兵的表现十分英勇顽强。这里只举大家比较熟悉的邓世昌和致远号为例。邓世昌毕业于福州船政学堂，曾赴英国考察海军，当时任致远巡洋舰管带（即舰长）。致远号在奋战中受伤严重，船舱进水，这时正与日本舰队中速度最快的吉野号相遇。邓世昌说："倭舰专恃吉野"，如果把它击沉，可大伤其锐气。他激励

① 济远号《航海日志》，戚其章《甲午丰岛海战史考》，《中日甲午战争史论丛》，第31页。

官兵："吾辈从军卫国，早置生死于度外，今日之事，有死而已！"[1]便指挥致远舰开足马力向吉野撞去，决心与其同归于尽。吉野舰慌忙躲过，并连发炮火。致远舰不幸又中炮（过去说是中鱼雷，实际是炮火击中），舰身爆裂而沉没，邓世昌与致远号200多名爱国官兵壮烈牺牲，遇救幸存者仅7人。据说邓世昌落水后，他的随从要给他救生圈，他不接。爱犬游过来相救也被他推开。他说作为舰长，全舰沉没，"义不独生"！殉国时年仅45岁。在黄海海战中为国捐躯的还有经远号舰长林永升和北洋舰队许多爱国官兵。他们是中华民族的民族英雄。他们不畏强暴、前仆后继、赴汤蹈火、血战疆场的爱国主义精神，永远值得我们纪念和继承。

黄海海战的结局，有人说是中国大败，我觉得不能这么说。应该说双方互有损失，相比中国损失更大一些。北洋舰队共沉毁5艘，但两艘主力铁甲舰尚在。日本联合舰队重伤4艘，包括旗舰松岛号，而且先退出战场，北洋舰队还追了一阵。

但是值得注意的是，战后双方政府和舆论对黄海海战胜负的评估却大不一样。日本隐瞒损失，用帆布遮住舰艇伤处，宣布大胜。而李鸿章却夸大北洋舰队的损失，声称再也不能出海作战了，只能守口保船，并命令北洋舰队退守威海卫刘公岛港内，"不得出大洋浪战。"[2]不但放弃了至关重要的黄海制海权，而且导致北洋舰队剩余船只被围困挨打的局面。

李鸿章之所以采取这种态度，一个重要的原因在于，他把北洋舰队和淮军看作自己的私产，力图避战保船，保存淮系集团的实力。黄海海战之后，他更明确提出所谓"保船制敌"的方针。

四、北洋舰队的覆没

黄海海战之后不久，10月，日军渡过鸭绿江侵入中国辽东地区，11月，占领辽东半岛大连、旅顺。北洋舰队退守山东半岛威海卫刘公岛的海军基地。李鸿章与海军提督丁汝昌都受到皇帝的处分，李鸿章被革去花翎和黄马褂。

1895年1月，日军又从山东半岛东部荣成湾登陆，分水陆两路夹攻威海

---

[1] 池仲祜《海军实纪》邓壮节公事略，《清末海军史料》，第355页。
[2] 《李鸿章全集》电稿，卷十九，第1页。

卫。日军前用鱼雷艇封锁港口，后路包抄占领威海卫陆地炮台。清军陆路守军有的战败，有的逃跑了。山东各支部队也没有及时援救。南洋、广东海军更是袖手旁观。结果日军甚至用威海卫陆地炮台上的大炮轰击港内中国军舰。北洋舰队孤军苦战，打退日军多次进攻。但伤亡惨重，鱼雷艇队又擅自逃跑，丁汝昌等决定沉舰自杀，但他死后余部投降，最后洋务派下力气最大、花钱最多、最引以自豪的北洋舰队全军覆没。

在威海卫作战中，海军提督（即北洋舰队司令）丁汝昌多次拒绝日军劝降，下令炸沉镇远舰，自杀殉国。副司令、定远舰长刘步蟾曾在黄海海战中英勇督战，最后也自沉定远舰后自杀殉国。他们都是有民族气节、宁死不屈的爱国将领。过去电影《甲午风云》把刘步蟾描写成临阵惊慌失措的胆小鬼，主要根据一个与刘有矛盾的英国军官泰莱的诬陷不实之词，是不符合历史事实的。

在北洋舰队全军覆没之后，二三月，日军又在东北攻陷牛庄、营口。清军节节败退，清政府被迫遣使求和。

五、中国为何失败

甲午战争中，自认为"天朝大国"的大清帝国为什么竟然会败给新兴的东洋岛国日本呢？其原因很多，但这里要指出最根本的原因还在于清王朝政治的腐败和制度的落后腐朽。正如我们一开始所讲的，1894年甲午战争爆发前，清政府的头等大事就是筹办所谓太后万寿庆典，对日本发动战争缺乏警惕和防备。战争爆发后，大小官员们首先考虑的不是如何抵抗外敌，而是怎样讨好慈禧，给太后送什么寿礼。在国难当头的严重时刻，清朝统治集团竟然腐败、麻木到这种程度，简直是令人难以置信的。

具有讽刺意味的事情在于，1894年11月7日，慈禧太后60岁寿辰那天，恰好正是日军攻陷大连之日。国土沦丧，慈禧太后虽然宣布不去颐和园了，但照样在宫中升殿庆贺，大宴群臣，并赏戏三日，在宫里演戏，光绪皇帝和大臣们都得陪着看戏。当时有人建议省些祝寿经费用于战争军费，慈禧就大怒道："今日令吾不欢者，吾亦将令彼终生不欢！"慈禧太后的态度是赶快结束战争，赶快讲和，不要让战争影响到她的寿典。而掌握军事外交大权的北洋大臣李鸿章则迎合慈禧的心理，他对甲午战争的指导思想是消极防御，积极求和，同时幻想依靠西方列强出来调停，其实西方列强都是从自己的侵略利益出发，有的偏袒日本，有的声称中立，李鸿章的希望落空。在这种腐败的清政府的统治和指挥下，甲午战争最后不能不以中国的失败而告终。

中国政治制度和军事体制的落后还表现在中国是封建君主专制制度，没有近代意义上的军事指挥部和参谋部。皇帝和太后个人专断，军机处只能传达圣旨。而北洋大臣李鸿章作为军事统帅，也要受军机处、总理衙门制约。他能指挥北洋海军却调动不了南洋海军和广东海军，能指挥淮军却指挥不了湘军。而且湘淮军还是营官制，打起仗来临时调集，既缺乏训练，又各不相属。军官一般都是行伍出身，海陆军互不配合。

当然，中国的失败还有许多具体原因。如武器装备的相对落后，指挥系统不健全，军队素质、战斗力较差，某些军官将领的贪生怕死、克扣军饷、临阵脱逃，后勤保障不力，以及通讯联络、情报侦察不灵等等。这里再补充一个小细节：日本在战争爆发前就通过截获中国驻日公使馆给总理衙门的密电，破译了密电码。而清政府却不知道，仍然一直使用此密码，结果日本军部通过破译中方密电，以及得到间谍提供的情报，掌握了中方北洋舰队和各支军队的动向和作战计划，以及清政府的决策以至马关谈判中的底牌，取得了战争与议和的主动权。应当说，中国军队的这些弱点，在很大程度上也是由当时中国社会制度的腐朽、落后和清政府的腐败、无能所决定的。

六、旅顺大屠杀

日本发动的这场侵略战争，使中国人民蒙受了深重的灾难。大家都知道抗日战争中日军的南京大屠杀，但可能不一定知道甲午战争中日军的旅顺大屠杀。刚才讲到，1894年11月7日，慈禧太后万寿大典那天，正是日军攻陷大连之日。过了不到半个月，即1894年11月21日，日本侵略军攻占旅顺口以后，便接连4天大肆屠杀手无寸铁的清军俘虏和无辜平民2万余人，制造了震惊中外的"旅顺大屠杀"。日本政府竭力掩盖暴行，外务大臣陆奥宗光竟向各国公使谎称："在旅顺被杀的人大部分被证实是化装成平民的士兵。"但是谎言究竟掩盖不了血的事实。美国《纽约世界》记者克里曼、英国《伦敦时报》记者柯文、《黑白画报》记者威利阿士等都是旅顺大屠杀的目击者。他们报道了大

量日军滥杀平民、屠杀老人婴儿等暴行。日军第一师团长山地元治中将曾亲自
下令"格杀勿论"。英国法学家胡兰德博士曾在他的《关于中日战争的国际公
法》一书中指出：日军"一连四天，野蛮地屠杀非战斗人民和妇女儿童……在
这次屠杀中，能够幸免于难的中国人全市只剩36人。这36人完全是为驱使他们
掩埋其同胞的尸体而被留下的。他们的帽子上粘有"勿杀此人"的标记，才得
幸免"。①（有人考证幸存者约800人）后来清理埋葬死难者的"万忠墓"时，
曾挖出与累累白骨在一起的有不少妇女、儿童的饰物，这是日军屠杀无辜居民
老弱妇幼的铁证。

七、马关议和

甲午战争到底是怎么结束的？《马关条约》又是怎样谈判和签订的呢？

清政府内部确实存在着主战与主和之争。但是日军侵入辽东后，清军节
节败退，淮军打败仗，换了湘军也出师不利。主战派也拿不出御敌的好办法。
慈禧太后更是急于求和，还担心帝党借主战夺权。清政府请求列强联合调停，
又遭拒绝，只好决定直接向日本遣使求和。

1895年初，清政府先派了两位大臣即户部侍郎张荫垣和湖南巡抚邵友濂
赴日，都是二品大员，可是到了日本广岛却被日方借口"全权不足"而拒绝
了，日方说派别人都不行，必须派有十足全权的恭亲王或者李中堂即李鸿章来
议和。恭亲王当然不能去，只好派李鸿章去，皇帝下令赏还他因战败被革去的
花翎和黄马褂，作为头等全权大臣赴日议和，"便宜行事，订立和约"，并赐
以"商让土地之权"。②1895年3月19日，李鸿章率其儿子李经方和一批随员、
翻译及美国顾问、前国务卿科士达一行到达日本马关（今山口县下关）。与日
方全权代表、首相伊藤博文和外务大臣陆奥宗光在春帆楼里谈判。春帆楼原是
个吃河豚鱼的饭店，离伊藤老家不远，笔者曾去考察过。

马关谈判近一个月，经过七次会谈。据《马关议和节略》和《日本外交
文书》等史料，一开始中方要求先停战再谈判，日方横蛮拒绝，后又提出苛刻
条件，必须让日军先占领大沽口、天津和山海关，这样如果和谈破裂，日军可

---

① 胡兰德：《关于中日战争国际公法》，陆奥宗光：《蹇蹇录》，第63—64页。
② 《清光绪朝中日交涉史料》卷33，第51页。

以轻易占领北京。李鸿章也觉得"要挟过甚，碍难允行"。这时出了一个意外事件，就是3月24日下午第三次会谈结束后，李鸿章由会场坐轿回住处路上，突然一个叫小山丰太郎的日本浪人冲出来行刺，用手枪对李鸿章开了一枪，打在脸上，打破眼镜，子弹打入左眼下，当时流血昏迷，抢救未死。凶手小山是个右翼暴徒，他认为李鸿章是日清战争的罪魁祸首，甚至想去中国行刺。日本政府担心此事引起列强干涉，造成列强同情中国，只好勉强答应停战，签订停战协定。李鸿章一边养伤一边继续谈判，有时则由李经方出面。日方提出具体条款，双方讨价还价。日方凶狠贪婪，得寸进尺，中方则步步退让，苦苦哀求。伊藤博文在一次谈判中曾当面对李鸿章蛮横地说，对日方提出的有关条款，你"但有'允'与'不允'两句话而已"。① 例如，关于割地，日本提出割辽东半岛和台湾、澎湖，李鸿章想少割一点也不行，最后甚至说台湾已是你口中之物，急什么？而伊藤竟说：尚未咽下去，还饿着呢！关于赔款，日本最初提三万万两，清政府预定的底线是一万万两，讨价还价几次才成二万万两，李乞求再减二千万两，算给我一点面子和路费，伊藤也不答应。伊藤还用战争再起加以威胁，若不接受条件，战争再打下去，不知全权大臣还能不能回到北京？在日本威胁讹诈之下，李鸿章与清廷屈服，最后在1895年4月17日签订中日《马关条约》，内容主要有割让台湾、澎湖、辽东半岛（后来辽东半岛因俄、法、德三国干涉而赎回），赔款二万万两白银，增开口岸，允许日本在中国开设工厂等等。

李鸿章签完条约回到天津，称病不出，当时许多大臣、士大夫和民间舆论都反对批准《马关条约》，光绪皇帝在舆论压力下犹豫动摇，要不要拒约？军机大臣也有分歧。这时李鸿章让美国顾问科士达去见军机大臣和总理衙门大臣们，催促批准和约。科士达说："条约已不是李鸿章的条约而是皇帝的条约了，因为在签字前条约的每一个字都曾电告北京，皇帝根据军机处的意见，才授权签字。假若皇帝拒绝批准的话，那就会在全世界面前丢脸，而对皇帝的蒙羞，军机大臣是要负责的。"5月2日，光绪皇帝不得不批准和约。5月9日双方代表在烟台交换了批准书。

---

① 《中日议和纪略》，《中日战争》第5册，又见《日本外交文书》卷28。

八、台湾抗战

日本侵略者压服了清政府，但中国人民并没有屈服。我们特别要讲一讲台湾军民的浴血抗战，它与清政府的妥协投降形成了鲜明的对比。

《马关条约》规定割让台湾的消息很快传到台湾。台湾人民闻讯，十分激愤，大家"奔走相告，聚哭于市中，夜以继日，哭声达于四野"。他们鸣锣罢市，坚决开展反割台斗争，并发布檄文，宣布："愿人人战死而失台，决不愿拱手而让台。"[①]表达了誓与台湾共存亡的坚强决心。全国各阶层人民纷纷反对割台，很多官员、士绅上书，报刊上也发出"我君可欺，而我民不可欺；我君可玩，而我民不可玩"的强烈呼声。[②]但是清政府不顾全国人民的抗议，下令在台官员"内渡"回到大陆，并派李鸿章的儿子李经方为割台专使。6月2日，李经方在美国顾问科士达的陪同下，不敢上岸，就在基隆口外的日本军舰上在割台清单上签字，完成了所谓割台交接手续。然后日军就开始用武力侵占台湾，日军首先出动了由北白川能久亲王亲自指挥的近卫师团精锐部队进攻台湾。台湾军民为保卫祖国领土，与日本侵略军展开了五个月可歌可泣的浴血奋战。

台湾守军特别是台湾总兵刘永福的黑旗军与台湾民众自发组织的义军英勇抗战，经过艰苦卓绝的新竹、苗栗、台中、彰化、嘉义、台南等地的保卫战，日军才占领台湾。10月27日，日本台湾总督府宣告"全台平定"，对台湾实行殖民统治。而台湾人民在日本殖民统治50年间始终没有停止过反抗斗争。

台湾抗日英雄的感人事迹很多，这里仅举一位义军首领徐骧的例子。徐骧是台湾苗栗头份庄人，祖籍广东，秀才出身，自幼务农，喜读兵书，善习武艺。日军侵台后，他在苗栗组织义军抗日，身先士卒，奋不顾身。彰化保卫战率部坚守八卦山，展开肉搏战，击退数倍之日军。最后在曾文溪与日军展开决战，手持大刀，高呼"丈夫为国死可无憾！"[③]然后带头冲入敌阵，不幸中炮

---

① 《中东战纪本末》。
② 《申报》1895年7月15日。
③ 江山渊《徐骧传》，《中日战争》续编12册，第445—465页。

牺牲，为国捐躯，年仅38岁。

台湾人民的反割台斗争，给了侵台日军以沉重打击。英勇的台湾人民为了保卫祖国的神圣领土，在武器简陋、粮饷缺乏和孤立无援的艰难条件下，同日本侵略者进行了五个月殊死的搏斗。台湾军民浴血抗战，使日本侵略者付出了沉重的代价。日军先后派出两个师团和一支舰队共约5万人的兵力到台湾作战。其中在战场上伤亡和因病回国者达3.2万人（其中战死者4624人）。近卫师团长北白川能久亲王中将与第二旅团长山根信成少将都在台湾战役中伤病而亡。总计日军在侵台战争中死伤的人数比在整个甲午战争中与清军作战伤亡人数还要多。台湾军民反割台抗日斗争是中国人民反帝斗争史上英勇悲壮、可歌可泣的篇章。

九、民族危机

甲午战争和《马关条约》使中国遭受到空前的民族灾难。除上面讲过的关于中国被迫割让台湾这个问题以外，这里再着重说一下关于赔款的问题。

《马关条约》规定中国对日本的赔款是二万万两白银，这是一个十分巨大的数字。而实际上的赔款还不止此。后来，辽东半岛因俄法德三国干涉而赎回，日本又勒索三千万两"赎辽费"。日本还说威海卫要等交出2次赔款才撤兵，就是说，它侵占威海卫3年，还要中国交给它"守备费"150万两。所以，赔款总数实际上加起来是23150万两。这笔钱相当于清政府三年多全部财政收入（每年7000万两），折合日元是3.6亿日元，相当于日本四年多的财政收入。日本一下子成了亚洲的暴发户。

这笔巨额赔款日本是怎么用的呢？我特别查了日本的财政史资料，绝大部分即近3亿元用于海陆军军费与扩充费。另外2000万元作天皇皇室基金，1200万元为台湾殖民费，1000万元为教育基金，1000万元为灾害准备基金。而且日本利用这笔巨额赔款，大力推进了资本主义现代化的过程。

日本还通过《马关条约》在台湾建立了殖民统治，掠夺了大量财富和原料，并取得了在中国开厂、资本输出的特权等。

正是在甲午战争以后，日本很快实现了向帝国主义的过渡，成为亚洲唯一的帝国主义国家，同时也促使其军国主义和侵略野心恶性膨胀。

甲午战争加速了中国的半殖民地化，并给中国造成了严重的财政危机。清政府当时根本拿不出那么多钱支付巨额赔款，只好向西方列强借款。先后向俄法英德等国3次大借款，共3万万两，分36年还清，本息加起来达6万万两。西方列强一方面通过贷款控制了中国的财政、海关。同时趁机掀起了瓜分中国的狂潮，纷纷向中国租借港湾，划分势力范围，使中国面临被瓜分亡国的危险。就在甲午战争后二三年间，德国租借了胶州湾（青岛），以山东为其势力范围。俄国租借了旅顺口、大连湾，以长城以北为其势力范围。法国租借广州湾（湛江），以广东、广西为其势力范围。英国租借了威海卫和九龙半岛，以长江流域为其势力范围。日本也在1898年强迫清政府承认福建为其势力范围。所谓势力范围，就是在该地区享有特权，清政府保证不把该地区租让给其他国家。这样中国差不多要被帝国主义列强瓜分了。爱国志士们发出了"四万万人齐下泪，天涯何处是神州？"①的悲愤呐喊。

当时有一位爱国志士（据说是兴中会会员谢缵泰）画了一幅《东亚时局形势图》，形象地描绘了中国被列强侵略盘踞瓜分的形势。在中国地图上北方狗熊代表俄国，长江流域老虎代表英国，南方青蛙代表法国，老鹰代表美国，福建太阳代表日本，山东还插着德国旗。作者在图旁的题词是："沉沉酣睡我中华，那知爱国即爱家。国民知醒宜今醒，莫待土分裂似瓜。"号召民族觉醒。后来这幅画在各种报刊和民间广泛流传，称为《时局图》，两边对联为"不言而喻，一目了然"。

从此以后，亡国灭种民族危机的现实威胁，有如一个挥之不去的浓重的阴影，开始笼罩在不止一代的中国人的心头了。

十、民族觉醒

古人曾说"多难兴邦"，战争和灾难有时会刺激民族的觉醒，激发民族的精神。恩格斯曾深刻指出："没有哪一次巨大的历史灾难，不是以历史的进步为补偿的。"②甲午战争给中国带来了空前的民族灾难，同时也极大地刺激

---

① 谭嗣同《有感一章》。
② 恩格斯致丹尼逊信，《马克思恩格斯全集》第39卷，第149页。

了中华民族的觉醒。

一个民族的觉醒，通常需要两个条件：第一，这个民族面对着或者经历了以往从来没有遇到过的严重危机，甚至整个民族被逼到生死存亡的关头，长期形成的旧格局再也无法继续保持下去了，"中华民族到了最危险的时候"，一切志士仁人不能不奋起寻找国家和民族的新出路。第二，这个民族能看到新的出路，燃烧起新的希望，深信目前的处境尽管艰难，只要奋起救亡图存和勇于变革，这种状况是可以改变的。因此甲午战争刺激中华民族的觉醒具体表现在以下两种意识的形成和高涨。

首先是全民族危机意识和救亡意识的形成。

中国面临着民族危机，在这之前，只有少数先进分子开始有所觉察。改革思想家郑观应写了《盛世危言》一书，他痛感为了使那些沉睡的、麻木的中国人有所警醒，有必要发出"耸人听闻"的"危言"了；但与此同时，他还不得不说，当时的中国依然处于"盛世"。

甲午战后，情况已经大不相同。"盛世"的幻梦最终化为泡影，人们的麻木状态再也无法保持下去了。

甲午之败、马关之辱以及接踵而来的瓜分狂潮，使中华民族的各阶级、阶层、民族普遍产生了亡国灭种的危机感、大祸临头的紧迫感和难以立足世界民族之林的耻辱感。维新派领袖康有为1898年4月17日在北京保国会上的演说，淋漓尽致地表达了这种民族危机意识。他说："吾中国四万万人，无贵无贱，当今日在覆屋之下，漏舟之中，薪火之上，如笼中之鸟，釜底之鱼，牢中之囚，为奴隶，为牛马，为犬羊，听人驱使，听人割宰。此四千年中二十朝未有之奇变。"[①]同年，维新思想家严复翻译的《天演论》出版，用"物竞天择""适者生存"的进化论思想，为这种危机意识提供了理论根据，中华民族如果再不奋起自强，就要亡国灭种了。参加过辛亥革命，解放后担任过中国人民大学校长的吴玉章曾回忆道："我还记得甲午战败的消息传到我家乡（四川）的时候，我和我的二哥曾经痛哭不止。""这真是空前未有的亡国条约，它使全中国都为之震动。从前我国还只是被西方大国打败过，现在竟被东方的小国打败了，而且失败得那样惨，条约又订得那么苛，这是多么大的耻辱

---

① 康有为《京师保国会第一次集会演说》，《康有为全集》第四集，中国人民大学出版社2007年版，第57页。

啊！"①

危机和救亡意识大大增强了中华民族的凝聚力，"天下兴亡，匹夫有责"的优良传统得到发扬。在甲午战争爆发的1894年，孙中山在檀香山创立了革命团体兴中会，首先提出了"振兴中华"的口号。他说："迩来中国有志之士，感慨风云，悲愤时局，忧山河之破碎，惧种族之沦亡，多欲发愤为雄，乘时报国。"②次年，1895年，严复发表了轰动一时的《救亡决论》。康有为也说，处在这样的年代，中国人该怎么办？"救亡之道无他，只有发愤而已！"

从此以后，在一个很长的时间里，"救亡图存""振兴中华"这个悲壮的呐喊，成了中华民族觉醒的主旋律，中国人民发出的时代最强音。

其次是变革意识的高涨。

变革意识的形成和发展，是人们对甲午战败进行理性反思的结果。

老大的清帝国过去虽屡败于西方列强，但这次竟惨败于一向被视为"蕞尔小国"的日本，这彻底粉碎了中国士大夫们的"天朝大国"迷梦。因此康有为说"经此创巨痛深之祸，必当为卧薪尝胆之谋"。③中国的有识之士都在思考：中国为什么会战败？日本为什么会战胜？怎样才能救中国、谋自强？

甲午战争的结局，标志着洋务运动的失败，它表明：在以"中学为体，西学为用"的思想指导下，企图不变革封建专制旧制度，而仅仅靠学一点西方的科学技术，来达到"自强""求富"的目标，是根本不可能的。人们通过这种反思，促进了变革意识的高涨，推动了变法维新和革命运动。康有为等维新派主张学习日本明治维新，进行变法，改革政治制度。尤其是清政府在甲午战争中表现的腐朽、卖国，使孙中山等革命志士认识到只有用革命的手段，推翻清王朝，才能救中国，因此走上革命道路。

甲午以来，近代中国的志士仁人们，正是怀着强烈的救亡意识和变革意识，历尽千辛万苦，不怕流血牺牲，去探索挽救中华民族危亡的道路。以后的戊戌维新、辛亥革命，都是在"救亡图存""振兴中华"的爱国主义大旗下发

---

① 吴玉章《辛亥革命》，第32页。
② 孙中山《支那形势地图跋》，《孙中山全集》第一卷，第187页。
③ 康有为《上清帝第三书》，《康有为全集》第二集，第68页。

生的。尽管前进的道路仍然迂回、曲折，要找到拯救祖国危亡的途径仍然要经历漫长的过程，但是，这些探索和斗争，毕竟使中华民族燃烧起新的希望，标志着中华民族的进一步觉醒。

（原载于国家清史编委会编《清史镜鉴：部级领导干部清史读本》
第8辑，国家图书馆出版社2015年版）

中国戊戌维新与日本明治维新成败原因剖析

中国的戊戌维新与日本的明治维新从表面来看，有着惊人的相似之处。这两次变法维新，历史背景相近，时间相隔不远，先后发生在19世纪下半叶受到西方势力冲击的两个东亚封建国家——日本和中国。它们的目标类似，措施雷同，都是向西方学习，主要通过政府发布命令推行改革，目的是建立一个君主立宪制的资产阶级国家。而且戊戌维新本身就是以明治维新为蓝图进行的，真可谓是何其相似乃尔！然而，两者的成效、结局和命运却又是那样的不同。日本明治维新取得了成功，实现了一系列资产阶级改革，走上了资本主义近代化的道路。不仅维护了民族的独立，而且使日本成为亚洲唯一的帝国主义强国。而中国的戊戌维新却如昙花一现，迅速失败，光绪皇帝被幽禁，维新人士遭镇压，改革新政全成泡影。中国不但没有阻挡住帝国主义的瓜分狂潮，而且在半殖民地深渊里越陷越深。这到底是为什么呢？

（一）

戊戌维新刚刚失败，流亡到日本的维新派代表人物梁启超就开始通过对比中国戊戌维新与日本明治维新的异同来总结中国变法失败的原因。1898年10月6日，即梁启超到达东京的第六天，他就写信给日本首相大隈重信，陈述中国戊戌维新与慈禧太后发动戊戌政变的经过，要求日本政府设法营救光绪皇帝。这封信很长，而其中相当大的篇幅比较分析了两国维新运动的成败原因。此信见于中国史学会1953年编辑出版的《戊戌变法》资料第二册上，被称为《新党某君上日本政府政党论中国政变书》，作者佚名。编者按语说："此文疑是梁启超之作，见于《知新报》七十九册页四，转录于日本东邦协会报。"现在我们已从日本史料中得到证实，此信确为梁启超所作，原件存于《大隈文书》，并被收入《日本外交文书》第31卷内公开发表。

梁启超在信中认为中国戊戌维新时的情况与日本明治维新前夕"安政庆应之时，大略相类"。"皇上（指光绪）即贵邦之孝明天皇也，西后即贵邦之大将军也，满洲全族即贵邦之幕吏也。"中国的变法比起当年日本明治维新来有三个方面的不利条件。第一，"贵邦幕府虽威福久积，然于皇室则有君臣之分"。因此日本维新志士一旦打出拥护天皇，"尊王讨幕"大旗，"以君臣大义名分"作号召，立刻能得到四方响应。"敝邦西后则朝权久据，且于皇上冒母子之名。故讨逆幕，则天下之人皆明其义。语及西后，则天下之人或疑其名。"中国维新派尽管也打起拥护皇帝的旗号，却没有多大号召力。第二，"贵邦天皇与将军，一居京都，一居江户，不相逼处"。实际上已经形成了两个政治中心，"故公卿处士之有志者，得出入宫禁，与天皇从容布置，而幕府无如之何。敝邦则皇上与西后同处一宫，声息相闻，且皇上左右皆西后之私人，皇上所有举动，西后无不立知。故此次仅下一密谕，图自保之法，而祸变已起矣"。对此，康、梁是深有体会的。而且，"一旦废立，即使外省有举义之兵，兵未及京都而彼已可立置皇上于死地，是皇上直为西后质子也"。即使起兵勤王，光绪也是慈禧太后手里的人质，很难保全。第三，"皇上手下无尺寸之兵权，与当时贵国之皇室略同。然当时贵国有萨、长、土、佐渚藩相与夹辅，故虽藉处士之功，尤赖强藩之力。藩侯自君其国，经数百年，本藩之士民皆其赤子，彼一举义，幕府无如之何。甚者如毛利公父子，黜其爵、讨其罪而已，而终不能削其兵力，禁其举义也。故王室得其维持，而志士有所凭藉"。明治维新时，天皇可以依靠萨摩、长州等强藩的武力并作为基地。中国维新派也多么想把湖南等省变成中国的维新基地啊！可是，"若敝邦则不然，各省督抚数年一任，位如传舍，顺政府之意，则安富尊荣，稍为拂逆，授意参劾，即日罢官矣。即如此次之事，湖南为人才之渊薮，大邦之长门也。而政变数日，即已将陈宝箴、黄遵宪、徐仁铸等一概罢斥，而一切权柄皆归守旧之徒，无复可用矣。处士以一身毫无凭藉，惟有引颈就戮而已"[1]。光绪皇帝与维新派人士既无军队又无基地，故而在顽固派发动政变时毫无抵抗之力。

梁启超在信中还比较了中日两国维新时国际形势的不同。他说："贵邦

---

[1] 《新党某君上日本政府政党论中国政变书》，《戊戌变法》（二），第601—608页；又见《日本外交文书》第31卷，第1册，第696—699页。

三十年前，外患未亟，其大忧仅在内讧，故专恃国内之力，而即可以底定。敝邦今日如以一羊处于群虎之间，情形之险，百倍贵国。"指出中国戊戌维新是处在19世纪末帝国主义列强企图瓜分中国的险恶形势下，已经与六七十年代日本明治维新时的国际形势大不一样了。梁启超列举了中国变法的这些"难处"以后，悲愤地说："以故帝后合体之事，既无可望，尊帝讨逆之事亦不能行。此敝邦志士所以吞声饮恨，血泪俱尽，志计俱穷，以至于今日，而我皇上之位卒岌岌不能保，敝邦改革之事遂废于半途也。"①

康有为亡命日本后，在给日本人依田百川的信中谈到戊戌维新的失败原因时，也表达了类似的观点。他说："然我国之帝后，犹贵国之有公武也（指日本的天皇与幕府）。帝后之隙已深，亦如贵国万无公武合体之理。然贵国公武异处，而我则帝后同居；贵国王室与幕府，犹有君臣之分，我朝皇上与西后，尚牵母子之名。同居则行事甚难，假名则群臣易惑，既猜忌甚至，故布置甚难。"②

应该承认，康、梁二人尤其是梁启超采取对比分析中日两国维新异同的方法，触及了戊戌维新失败的一些具体原因。但是大多尚停留在表面现象，而且带有一定的片面性，尤其是他们始终把中国维新变法成败的决定因素归结于光绪皇帝一人之身。梁启超在给大隈的信中反复强调中国"之能改革与否，全系乎皇上位权之安危"。他甚至声称："但使皇上有复权之日，按次第以变法，令行禁止一二年间，一切积弊，可以尽去，一切美政，可以尽行。"③因此，政变以后，康、梁仍然死死抱住光绪皇帝不放，当新的革命高潮到来之际，依旧反对用暴力革命手段推翻清王朝，终于堕落成为保皇派。

（二）

如果按康、梁的分析，光绪与慈禧要是没有母子之名分，不住在一地，那么变法能不能成功呢？戊戌维新的失败究竟是偶然的还是必然的呢？尽管戊戌维新失败的原因错综复杂、千头万绪，我们仍然可以采取与日本明治维新对

---

① 《新党某君上日本政府政党论中国政变书》，《戊戌变法》（二），第601—608页；又见《日本外交文书》第31卷，第1册，第696—699页。

② 康有为：《复依田百川君书》，《康有为政论集》（上册），第393页。

③ 同①。

比的方法，来进行层层解剖分析，找出其症结与根源。

列宁曾经说过："政治事变总是非常错综复杂的。它好比一条链子。你要抓住整条链子，就必须抓住主要环节。决不能你想抓住哪个环节就故意挑哪个环节。"①资产阶级维新运动成败的关键是资产阶级和维新势力能否掌握政权。只有在推翻或彻底改组封建旧政权，确立和巩固资产阶级新政权的前提下，才能保证资产阶级改革措施的推行，保护和促进资本主义的发展，否则一切都要落空。日本明治维新实现了这个变革。首先是维新志士提出"尊王攘夷"的口号，打击幕府，并控制了一些强藩的政权，建立了倒幕的武装力量和基地。1867年（日本庆应三年）底，维新势力以天皇名义宣告"王政复古"，废除幕府，命将军辞官纳地。幕府旧势力当然不肯自动交出政权，1868年（明治元年）初，经过戊辰战争几个月的武力较量，打败了幕府的军队，建立起明治新政府，并继续镇压幕府势力的反抗，直到1869年5月榎本武扬投降，幕府武装力量才被彻底消灭。明治新政权确立后，逐步进行政权建设，把原来以将军为首的幕府领主阶级的封建政权改造为以天皇为首、维新派下级武士为核心、代表资产阶级与地主联合专政的新政权，并通过一系列官制、机构的改革，使这个政权得到巩固和健全。然后，由这个强有力的新政权来发布命令，逐步进行除旧布新的各项重大改革，如奉还版籍（1869）、废藩置县（1871）、改革封建身份制度（1869—1873）、废除封建俸禄（1876）、地税改革（1873）、教育改革、殖产兴业、修改不平等条约，最后制定宪法（1889）、召开国会（1890），使日本成为一个君主立宪制的资产阶级国家，基本上完成了资产阶级革命的任务。

与日本相比，中国的资产阶级维新派却始终没有真正取得政权。当时，虽然名义上是光绪皇帝亲政，在百日维新期间，也发布了一系列具有资产阶级改革性质的新政诏令。但是，旧政权实际上并没有发生多大变化，最高权力仍然掌握在慈禧太后手里，重大问题的裁决、高级官员的任免，都要由她决定。中枢机关军机处与总理衙门的实权也还在守旧势力的控制下，至于中央各部尚书、侍郎以及地方拥有军政实权的总督、巡抚等大员，也绝大多数是反对维新的守旧派。京城周围的武装力量——北洋三军控制在慈禧的亲信、直隶总督荣

---

① 列宁：《俄共（布）中央委员会的政治报告》，《列宁选集》第4卷，第649页。

禄手中。维新派的成员最高不过四品卿衔军机章京（如谭嗣同、林旭），能够见到皇帝、起草谕旨而已。而维新派的首领康有为仍然是个地位很低的工部主事，仅仅见过一次皇帝，在顽固派的阻挠下，只封了个总理衙门章京这样的小官，以至他根本不愿去上班。至于维新派另一个代表人物梁启超则只是个举人，连个官职也没有。即使是维新派所依仗的光绪皇帝本身也并无实权。他下了那么多新政诏书，在各级守旧官员抵制下，几乎都未得到贯彻执行。尽管光绪三令五申各官"不得敷衍因循"、"岂容观望迁延"、"不准空言搪塞"，甚至一再宣布"倘再藉词宕延，必予以严惩"。可是守旧官员依然阳奉阴违，敷衍了事。如两江总督刘坤一与两广总督谭仲麟对百日维新两个月里的谕令筹办之事，居然"无一字复奏"，"迨经电旨催问，刘坤一则藉口部文未到，一电塞责。谭仲麟且并电旨未复，置若罔闻"①。梁启超对此评论道："数月以来，新政之诏多矣，督责大臣之旨多矣，乃日日降旨严催而诸臣貌然，日云必加严惩而未闻一惩，盖上无权既久，大臣所共闻知，彼等有深宫之简界，有宦寺之奥援，岂畏此守府之君、空文之诏哉。"②

当然，中国的维新派并非不想掌权，但他们没有实力也不愿意采取激烈手段夺权，而总是幻想通过光绪改革官制，设立一些像制度局这样的机构，和平掌握政权。这种企图因遭到守旧势力的抵制而失败。以维新派视为变法关键的开制度局一事为例，康有为一再上书皇帝请开制度局以统筹新政全局，光绪也认为"事关重要"，屡次命军机大臣、总理衙门大臣们"切实筹议具奏"。而守旧派大臣们认为"开制度局是废我军机也，我宁忤旨而已，必不可开"。因此竭力加以反对，并"以敷衍游辞驳之"。光绪大怒，把奏折退还，命其再议，并亲自写朱批痛斥："无得浮词搪责，倘仍敷衍塞责，定必严办。"守旧派见明抗不行，又施阳奉阴违、偷梁换柱之计。军机大臣王文韶说："上意已定，必从康言，我全驳之，则明发上谕，我等无权矣，不如略敷衍行之。"结果，他们把维新派建议的"选天下通才二十人置左右议制度"，"改为选翰詹科道十二人轮日召见备顾问"，仍由旧官僚充数。这样一来，便巧妙地扼杀了制度局之议，康有为只好哀叹："于是制度局一条了矣！"③

---

① 《德宗景皇帝实录》卷四二三，第14—15页。《戊戌变法》（二），第60页。
② 《戊戌变法》（二），第63页。
③ 康有为：《康南海自编年谱》，《戊戌变法》（四），第153页。

（三）

我们还可以进一步研究中国的维新派为什么不能像日本的维新派那样建立新政权，实现变法。这主要取决于两方面的因素，一是客观形势是否具备，国内革命时机是否成熟？二是主观条件是否具备，新旧势力双方力量对比如何？列宁曾经指出，从客观形势来看，"只有当'下层'不愿照旧生活而'上层'也不能照旧生活和统治下去的时候，革命才能获得胜利"[1]。从主观条件来看，需要"革命阶级能够发动足以打倒（或摧毁）旧政府的强大的群众革命行动，因为这种政府，如果不'推'它，即使在危机时代也是不会'倒'的"。[2]

先比较一下中日两国夺取政权、实现维新的客观形势。在明治维新前夕，日本国内革命危机已经成熟。当时日本农民、市民暴动此起彼伏，至60年代进入高潮，空前猛烈，仅1866年一年，农民、市民暴动就达43次之多。1867年几乎在全国范围内爆发"可好啦"大骚动，致使京都、江户、大阪等地军警机构两个多月处于瘫痪状态，人民群众的斗争动摇了幕府封建统治的基础。另一方面，统治阶级内部的斗争和分化也日益激烈。围绕批准日美亲善条约与选择将军继承人的争论，多年不干预政治的天皇也有了政治发言权，逐渐形成了朝廷与幕府两大政治中心。强藩、下级武士普遍对幕府不满，离心倾向越来越大。1859年，幕府大老（最高执政官）井伊直弼制造"安政大狱"，疯狂迫害维新志士，第二年井伊直弼本人即被反幕派武士刺死，说明双方矛盾已经不可调和。接着1864、1865年幕府两次发兵征讨长州藩，标志着幕府与强藩的矛盾也已公开化。幕府统治处于内外交困、分崩离析的严重危机之中。维新派及时抓住时机，发起尊王倒幕，抬出天皇，宣布大政复古，并用武力讨伐幕府，取得戊辰战争的胜利，终于推翻了幕府封建旧政权，建立起维新派执政的明治新政权。

而中国戊戌维新时却没有出现这样的形势。自从1864年太平天国农民革命失败以后，捻军、西南西北少数民族起义也相继被镇压，农民起义转入低

---

[1] 列宁：《共产主义运动中的左派幼稚病》，《列宁选集》第4卷，第239页。

[2] 列宁：《第二国际的破产》，《列宁选集》第2卷，第621页。

潮。下层群众斗争方式主要是矛头对外的反洋教斗争，这种斗争有时候还受到清政府的欺骗利用。在统治阶级内部，掌握清政府大权的满族贵族，对外向外国侵略势力投降妥协，勾结起来共同绞杀中国人民革命；对内则向汉族地主势力让步，依靠以曾国藩、李鸿章为首的湘淮系军阀官僚镇压农民起义，办理国防外交，使清朝封建政权暂时得到巩固、稳定。统治阶级内部虽然还有洋务派、顽固派、清流派以及帝党、后党之争，但总的说来离心力不大，旧政权尚未产生严重的统治危机，推翻旧政权的时机尚未成熟。

再比较一下中日两国维新力量与守旧力量的对比。日本明治维新时，维新势力压倒了守旧势力。如上所述，以幕府为中心的守旧势力已经十分脆弱，幕府统治摇摇欲坠。而维新势力以下级武士为核心，抬出天皇为旗帜，与反幕的强藩相结合，既有基地，又有军队，而且得到町人阶层（包括商人、手工工场主、农村富农等）在财力物力上的大力支持，广大农民、市民也积极参加或支持反幕武装，因此组成了强大的维新阵营，一举推翻了幕府旧政权。

相反，在中国戊戌维新时，守旧势力要远远大于维新势力。守旧势力以掌握最高权力的慈禧太后为首，包括控制中央和地方军政实权的大贵族、大官僚，以及因新政措施触及其切身利益而反对维新的大小衙门官吏、绿营军官、旗人、八股士人等等，形成庞大的守旧阵营。他们手握政权、兵权、财权，富有政治经验，擅长阴谋诡计，全力以赴扼杀维新。正如梁启超描写的那样，"盖全国千万数之守旧党人，不谋而同心，异喙而同辞，他事不顾，而惟阻挠新法之知"[1]。而中国的维新势力仅以有资产阶级倾向的士大夫知识分子为核心，依靠没有实权的傀偏皇帝光绪，联合少数帝党官吏、御史翰林及地方官员。既没有基地，也无兵权、财权。他们轻视并脱离广大人民群众，连资产阶级、商人也很少关心支持他们。维新思想家严复指出当时维新派"与守旧党比，不过千与一之比，其数极小"[2]。力量对比实在太悬殊了！因此，守旧势力一反扑，维新势力顷刻瓦解。谭嗣同在壮烈牺牲前，也只好仰天长叹："有心杀贼，无力回天，死得其所，快哉快哉！"[3]

中国资产阶级维新派的软弱无力，其根源还在于它所代表的中国民族资

① 梁启超：《论变法后安置守旧大臣之法》，《戊戌变法》（三），第34页。
② 严复：《论中国分党》，《戊戌变法》（三），第76页。
③ 谭嗣同：《临终语》，《谭嗣同全集》上册，第287页。

产阶级的弱小。这个阶级70年代刚刚诞生，先天不足，又受到帝国主义和封建主义的双重压迫，发展缓慢。到19世纪末，真正属于民族资本的企业，也只有几百家厂矿，而且投资少、规模小、设备差。中国民族资产阶级经济实力薄弱，社会基础狭小，而且从娘胎里带来了软骨病——对帝国主义、封建主义的妥协性。这些特性也必然会表现在中国民族资产阶级上层的政治代表——资产阶级改良派的身上，如对封建主义的妥协让步、对帝国主义的幻想依赖以及对人民群众的害怕等等。

我们还应该看到个人因素在历史上所起到的作用。维新派领导人的能力、气质和采取的方法、策略，与维新成败也有很大关系。我们可以比较一下中日两国维新运动的领导人，他们有相似之处，如大多是出身封建家庭的资产阶级化知识分子，年龄正当中青年，血气方刚，忧国忧民。多数曾接触过西方思想文化，具有远大的政治抱负。然而，不同的是日本维新派骨干是中下级武士，大多参加过地方上的藩政改革，久经风浪锻炼，具有斗争经验与政治才干。如大久保利通、西乡隆盛、伊藤博文等人，都是一批富于谋略、精明强干的政治家、军事家。他们善于争取各种力量，讲究斗争策略，例如在政府内排除保守派、废除贵族特权、制订宪法、召开议会、修改不平等条约，都是采取稳扎稳打、减少阻力、逐步推进的策略，以至能够逐渐实现其目标。而中国维新派的骨干却基本上是一批缺乏政治斗争经验的书生，大多饱读诗书，有才学热情，却往往缺乏运筹帷幄的雄才大略。梁启超就承认他的老师康有为"谓之政治家，不如谓之教育家；谓之实行者，不如谓之理想者"[1]。老奸巨猾的李鸿章也把他们视为"书院经生、市井讼生之流，不足畏也"。他们在维新措施和斗争策略上也有些急于求成，不顾实效。如变法一开始便裁撤旧衙门、裁减绿营、令旗人自谋生计，激起守旧势力群起攻之，增加了变法的阻力。同时又不善于团结和争取同盟军，结果使自己十分孤立。

---

① 梁启超：《康有为传》，《戊戌变法》（四），第36页。

（四）

　　中日两国的维新运动为什么会产生这些不同点，恐怕还应该更深入地从两国国情的不同，尤其是从两国社会结构和文化传统的区别中探讨其根源。

　　从社会政治结构的角度来看，日本一直是个封建领主制国家。德川时代是幕藩体制，这个面积不算大的岛国上竟有160多个割据的藩，而每个藩的领主（大名）都拥有独立的而且是世袭的军政实权，潜伏着很大的离心力，因此维新派的尊王倒幕号召，客观上符合当时日本建立统一民族国家和统一国内市场的要求，故而能获得各阶层的响应和支持。而中国长期以来是一个高度中央集权的封建地主制国家。这种中央集权制度到了清代更加完善、严格，中央政府通过郡县制控制地方，又通过科举制选拔官吏，不允许地方上形成世袭的独立势力，地方官员随时可以被罢免、调动，因此难以形成离心力量。维新派提出的地方自治主张也很难付诸实践。

　　从社会经济结构来看，在日本封建领主制度下，商品经济比较容易发展，农村自然经济解体的速度也比中国要快。明治维新前日本棉纺织业手工工场已发展到相当高的水平，农作物商品化并逐步同资本主义生产结合起来。由于日本国土小，资本主义萌芽的密度大，并形成了几个经济中心。在某些藩，富商拥有大量财产，并成为藩主、武士的债权人，从而控制了藩的财权和工商业。城乡资产阶级尤其商人和豪农成为维新派的重要社会基础，他们积极支持倒幕和改革，在明治维新中起了重要作用。相比之下，在中国封建地主土地制度下，自然经济瓦解很缓慢，对资本主义生产方式的抵抗也很顽强。分散经营的小商业反而成为自然经济的附庸，城市商业资本往往脱离生产领域。中国的民族资本主义并不是从封建社会后期产生的资本主义萌芽独立发展而来的（这种萌芽在外国入侵后大部分已被扼杀），而是在外国资本主义入侵的刺激下，由地主、官僚、商人、买办投资新式企业而产生的。这种在外国资本主义和本国封建主义双重压迫下畸形发展的中国民族资本主义，既先天不足，缺乏原始积累，又后天失调，力量薄弱，而且与外国资本主义、封建主义有着千丝万缕的联系。因此作为资产阶级维新运动的阶级主体——中国民族资产阶级，却很少有人直接参加或支持戊戌维新。虽然也有张謇等少数几个资本家参加了维新运动，但仍怕变法过于激进，"一再劝勿轻举"。戊戌政变后，张謇又赶紧声明："余与康梁是群非党，康梁计划举动，无一毫相干者。"[①]唯恐遭到株连。

还有两国文化历史传统的不同也值得注意。日本自古以来有向外国学习的历史传统，古代着重学习中国文化，近代以来又大量吸收西方文化，并能与自己的民族文化相融合。因此，明治维新推行文明开化政策，阻力较小，成效显著。另外，日本历来提倡武士精神，崇实而不尚虚浮的理义空谈，这种精神对变法改革也是有利的。相反，中国是文明古国，知识分子往往背上中华文化优越感的包袱，提倡学习外国常常遇到很大阻力。不少人还崇古好古，相信祖宗之法不可变，喜欢脱离实际的空谈。加上长期以来儒家思想占统治地位，科举八股制度束缚知识分子头脑，这些都对维新改革很不利。

此外，中日两国维新时所处的时代与国际环境上的差异也不应忽视。日本明治维新发生在19世纪60年代末，当时世界还处于自由竞争资本主义时期，夺取殖民地的大高潮也尚未开始。而西方列强在东亚侵略的主要目标是地大物博的中国，加上亚洲民族解放运动特别是中国太平天国革命对西方列强力量的牵制，都为日本维新提供了一个较为有利的国际环境。当时列强的态度，英、美曾积极支持日本维新势力，并给予军事上和物质上的具体援助。日本维新派本身也比较注意外交斗争策略，尽量利用英法、英俄之间的矛盾。而中国戊戌维新已经到了19世纪90年代末，世界资本主义已向帝国主义阶段过渡，列强通过争夺殖民地的高潮已经基本上把世界瓜分完毕。中国成了列强在东方争夺的"唯一富源"，一时间出现了瓜分中国的狂潮。这时帝国主义列强决不愿意中国成为一个独立强大的资本主义国家，国际环境对中国维新运动很不利。当时，英国与日本，虽然为了抵制俄国的扩张，曾对中国维新运动表示同情并拉拢维新派，但始终未能给予实质性的具体援助。

总之，日本明治维新的成功与中国戊戌维新的失败绝不是偶然的，而是由其内部、外部的历史条件和种种复杂的因素所造成的合力决定的，有着深刻的政治、经济、文化根源。从两者的对比中，我们可以总结出很多有益的经验教训。唯物史观认为时势造英雄，而不是英雄造时势，在当时中国的历史条件

---

① 张孝若：《张謇年谱》，《戊戌变法》（四），第201—202页。

下，维新派君子们也只能演出这样一幕悲剧。同时，我们也应看到，日本明治维新虽然成功了，但它保留了浓厚的封建残余，鼓吹对外扩张，培植军国主义，也给日本的社会发展投下了阴影。中国戊戌维新虽然失败了，但维新派大声疾呼爱国救亡，介绍西方政治学说，进行了大量的资产阶级启蒙宣传；加上变法失败的教训和维新志士的鲜血，使很多青年从此觉醒，逐渐走上了革命道路。戊戌维新是中华民族觉醒和中国民主革命历程上的一个重要环节，它的历史功绩是不应被埋没的。

（原载于《文史知识》1998年第6期）

从日本崛起到中国赶超

中国和日本是东亚地区乃至世界的两个举足轻重的大国，目前分别占世界各国国民生产总值GDP排行的第二位和第三位。考察和反思中日两国如何互相超越，并发生地位、角色与国际环境转换、变化的历史，能为我们提供不少发人深省的历史经验教训和怎样面对崛起超越期国际形势的历史启示。

一、古代中国与日本：核心和外缘

中国与日本都属于东亚文化圈的文明古国，有着两千多年交往的历史，曾经共同创造了辉煌的东亚文明，为人类进步作出过杰出贡献。在农业文明时代，东亚地区不仅文化发达，而且经济发展也处于当时世界的前列。据英国经济学家麦迪森的估算，在公元1700年，也就是中国清代康熙三十九年及日本江户时代中期，中国的国内生产总值（GDP）曾占世界总量的22.3%，日本占4.1%。而当时所有西欧国家的生产总量加起来不过占世界总量的22.5%，英国只占2.9%，美国仅占0.1%。[①]

在古代东亚文化圈（又称"汉字文化圈""儒家文化圈"）里，中国是核心，而日本则处于外缘。古代中国的经济、文化水平高于周围国家，中华文化通过移民、遣使、贸易等途径，传播、辐射到日本，促进了日本社会的发展。特别是日本的奈良平安时代，曾向中国隋朝和唐朝派遣许多次大规模遣隋使团和遣唐使团，全面学习中国的制度、经济、文化、艺术，推动了日本社会的进步。日本历史上第一次改革"大化改新"就是在这种学习的基础上进行的。但是核心和外缘地位也带来了另一个后果，就是中国产生了强烈的中华文

---

① ［英］麦迪森著，伍晓鹰等译：《世界千年经济史》，北京大学出版社2003年版，第261页。

化优越感，吸收外来文化的阻力比较大，而日本的外缘地位则使其容易接受各种外来先进文化，也有利于它对西学（最初叫"兰学"）的引进，而这恰恰成为后来日本超越中国的一个重要因素。

古代东亚国家之间曾有一种前近代的国际秩序即华夷秩序。它以中国为中心，周围国家则纷纷向其朝拜进贡，而中国历代王朝则给予册封和赏赐。中日关系也一度纳入华夷体系，早在公元57年，日本倭奴国就向中国朝贡，东汉光武帝赐予汉倭奴国王金印。[①]魏晋南北朝和隋唐时代，日本仍陆续遣使朝贡。宋元时代，日本曾脱离华夷体系。元世祖忽必烈两次派大军渡海征日，因遇暴风和遭日本抵抗而全军覆没。明初，日本室町幕府将军足利义满又一度恢复对中国朝贡，后因倭寇骚扰冲突，又游离于华夷体系之外。1590年丰臣秀吉统一日本后，发动了侵朝战争，还妄想进一步征服大陆，取代中国的地位，最后被明朝与朝鲜联军击败。明清交替之际，日本还一度产生"华夷变态观"，即不承认清朝是中华正统，而要建立以日本为中心的华夷体系。江户时代国学家本居宣长就宣称："世界万国中最优秀的国家，只有我天皇统治的日本国。"[②]清初中日虽无外交关系，然而仍保持以长崎为窗口的信牌贸易，没有中断经济与文化的交流。如日本铜输入中国和中国书籍输入日本都对清代与日本江户时代的经济文化繁荣起了一定的作用。古代中日关系演变的历史充分证明：中日两国，和则两利，战则俱伤。

二、19世纪中国与日本：竞争与超越

19世纪中叶东亚文明盛极转衰之时，遭到西方资本主义列强的冲击和挑战。1840年英国发动的鸦片战争使中国成为东亚最早被西方武力打开门户的国家。但由于清王朝统治者的腐败和愚昧，竟把《南京条约》当成"万年和约"，依然苟且偷安，不思更张，以致在战后错失了近20年的改革机遇。直到1860年英法联军攻进北京，火烧圆明园，才打破了天朝的迷梦。清朝统治者在

---

① 范晔：《后汉书》卷85，《东夷列传·倭传》，"建武中元二年，倭奴国奉朝贡贺，……光武赐以印绶。"1784年日本九州志贺岛出土的"汉委奴国王金印，证实了史书的记载。

② 朱谦之：《日本哲学史》，三联书店1964年版，第109页。

太平天国农民起义和第二次鸦片战争的内外双重打击下，不得不启动了中国近代的第一次改革——洋务运动。

日本作为一个资源较贫乏的岛国，危机意识比中国敏感强烈得多。1854年被美国培理舰队迫使开国，加上中国发生的两次鸦片战争和太平天国农民起义给日本敲响了警钟，提供了"前车之鉴"，使日本朝野产生了强烈的危机意识与变革意识。明治维新前幕府和地方强藩已开始了"幕藩改革"。而维新势力利用幕府内外交困的有利形势，抓住机遇，发动了倒幕维新，经过戊辰战争的武力较量，推翻了幕府，建立了明治国家新政权。

19世纪60—90年代中国的洋务运动和日本的明治维新，都是东亚国家以"富国强兵"为目标向西方学习的后发型近代化改革。最初可以说基本上是处在同一起跑线上的竞赛。洋务运动启动了中国近代化的进程，开工厂、建海军、办学校、派留学生等措施符合世界潮流，但是它受到中国强大的顽固势力的反对和阻挠，每项改革都举步维艰，有的甚至半途而废。洋务运动的指导思想是"中学为体，西学为用"，企图利用西方军事、技术来维护封建政治体制，制约了改革的深入。洋务派官僚本身的封建性、买办性、腐朽性，更加速了改革的失败。

而日本的明治维新，一开始就确立了"求知识于世界"，即全方位地学习引进西方资本主义政治、经济、文化、教育制度的方针，制订了文明开化、殖产兴业、富国强兵三大政策。明治政府利用国家政权的力量，逐步推行废藩置县、地税改革、发展民营工商业等措施，并镇压了西南武士的反抗。1889年颁布《大日本帝国宪法》，1890年召开了帝国议会，标志着日本基本上完成了向资本主义近代国家转型的过程，实现了近代日本在东亚的第一次崛起。

日本明治维新以后，还确立了"脱亚入欧"的发展方向。其倡导者福泽谕吉认为日本应该拒绝中国、朝鲜等亚洲"恶友"，"宁愿脱其伍，与西洋文明共进退。"[①]其本质就是要与西方列强联合起来侵略和掠夺亚洲的邻国，来达到日本跻身世界强国的目标。明治维新虽然是一次成功的改革，但并不彻底，保留了很多封建残余，例如天皇制和军人掌权等。使日本在走上资本主义道路的同时又走上军国主义道路。明治政府建立不久就开始出兵台湾，并吞琉

---

① 福泽谕吉：《脱亚论》，见《福泽谕吉全集》第10卷，岩波书店1960年版，第239—240页。

球，侵略朝鲜，并不断扩军备战，蓄谋发动一场大规模侵华战争。

1894—1895年的甲午战争（日本称"日清战争"）可以说是近代中日关系和东亚国际格局的一个拐点，也是中日两国30年改革和近代化竞争的大决战、大结局。日本战胜了大清帝国，终于实现了对中国的超越。战前号称"亚洲第一"的北洋舰队访问日本时曾威震东瀛，以至刺激日本天皇和举国上下勒紧裤带，加紧发展海军，终于在战前海军实力赶上中国。而中国失败的根本原因还不在于武器装备，而是制度的腐败落后。开战之年正好是慈禧太后六十大寿，官员将领们首先考虑的不是如何抵抗外敌，而是送什么寿礼以讨"老佛爷"的欢心。大连失守之时正好太后寿辰，慈禧照样大宴群臣，还让皇帝和大臣们不问军国大事，陪着听戏三日。这样的政府怎么能不打败仗！甲午战争标志着洋务运动的破产，拉开了中日国力对比的差距。同时它也刺激了中华民族的觉醒，维新派认为只有学习西方和日本，变法维新，才能救亡图存。康有为呼吁"不妨以强敌为师资"，鼓动光绪皇帝发动了以日本明治维新为榜样的戊戌维新，但是百日维新却因触动了以慈禧太后为首守旧势力的既得利益而被扼杀，这样，中国在19世纪最后一次通过自立改革选择发展道路的可能性也丧失了。

日本通过甲午战争后签订的《马关条约》，获得中国宝岛台湾和23000万两白银的赔款以及许多特权，成了亚洲的"暴发户"。明治政府把巨额赔款大部分用来扩军备战，发展海陆军和重工业。一部分用来开发殖民地台湾，另一部分用作教育经费和天皇经费，同时把货币单位从银本位改为金本位，以融入世界金融贸易体制。可见，19世纪末日本的迅速崛起和向帝国主义过渡，是与对中国的侵略掠夺分不开的。而中国在19世纪陷入半殖民深渊，并被日本超越打败，则是清王朝统治者昧于世界大势、顽固守旧、不思进取的结果。

三、20世纪上半叶的中国与日本：战争与觉醒

日本通过明治维新和甲午战争，超越中国，成为亚洲唯一帝国主义强国，而且侵略野心不断膨胀。1900年参加八国联军侵华，出兵最多，分赃不少。1905年又在中国领土东北发动日俄战争，打败沙皇俄国，夺取了东亚霸权。1910年还公然吞并朝鲜为自己的殖民地。日本朝野人士还大肆鼓吹"大

亚洲主义"和"东亚同盟论"等，实际上是要建立以日本为盟主的"东亚共荣圈"。1927年日本首相田中义一主持召开了东方会议，制定《对华政策纲要》，进一步明确侵占东北进而侵略中国与亚洲的大陆政策。1929年开始的世界资本主义危机，加速了日本发动新的侵华战争。关东军作战参谋石原莞尔就叫嚷"为了清除国内的不安，需要对外战争"，"满蒙问题的解决是日本的唯一出路。"[①]1931年终于制造了"九一八事变"，发动了长达14年之久的侵华战争。侵占中国东北后，日本帝国主义的侵略胃口越来越大，又把战争逐步扩大到中国华北、华中、华南，以至整个亚洲太平洋地区。1936年，日本广田弘毅内阁就决定把在确保帝国在东亚大陆地位之同时，向南方海洋发展的"北南并进"作为国策。[②]日本帝国主义不仅发动了全面侵华战争，妄图把全中国都变成其殖民地，而且进一步与德国法西斯相勾结。1941年12月日军偷袭珍珠港，借口为了日本崛起"打破一切障碍"，对美英宣战，[③]挑起太平洋战争，妄图称霸世界。

甲午战争后中日两国在东亚的地位和角色已发生根本的逆转。清末中国国力衰微，大批青年赴日留学，许多官员、学者去日本考察，试图以日本为师，学习日本崛起的经验，改造中国。慈禧太后也不得不实行清末新政，仿照日本模式，实施了废除科举、操练新军、修订法律、预备立宪等改革措施，但是毕竟已经不能挽救腐朽不堪的清王朝了。辛亥革命推翻了清王朝和君主专制制度，打开了中国进步的闸门。但是辛亥革命后中国的现代化努力又被军阀混战所延误，再遭日本侵华战争所打断。在古代曾经恭恭敬敬向中国学习做小学生的日本，此时不仅要当"指导中国变革"的老师，还妄图把中国变成其殖民地，做统治中国的主人了。

然而，历史的辩证法是无情的。从甲午战争到太平洋战争，日本虽然从战争中屡屡得手，大发横财，成了亚洲的暴发户、东亚的霸主。但是多行不义必自毙，战争给日本人民带来很大的痛苦和伤害，同时又极大地刺激了军国主义侵略野心的恶性膨胀，最后疯狂地踏上走向毁灭的道路。然而日本军国主义

---

① 日本国际政治学会：《走向太平洋战争之路》别卷，资料篇，朝日新闻社1963年版，第86页。

② 广田内阁《国策基准》，日本外务省编：《日本外交年表与主要文书》下卷，原书房，1972年，第344—345页。

③ 裕仁天皇：《宣战诏书》，《日本外交年表与主要文书》下卷，第537页。

在日中战争和太平洋战争的彻底失败，却又带来日本民族的新生。从甲午战争到抗日战争，日本军国主义给中国带来巨大的历史灾难，中华民族付出了极大的民族牺牲和物质损失。同时日本的侵略战争也激发了中国人民的觉醒和奋起，推动了中华民族的进步和团结，经过全民族的浴血奋斗，终于赢得了抗日战争的胜利，迎来新中国的诞生。

四、战后中国与日本：日本的重新崛起

1945年日本投降时，日本本土100多个城市遭美军轰炸，广岛和长崎还被美国扔了两颗原子弹。国土一片废墟，满目疮痍，国民经济几乎崩溃。但是，仅仅不到30年，日本又重新崛起，并成为世界第二经济大国，再度远远超越中国。剖析其原因，一方面是日本战前的工业化遗产，如生产设备、技术优势、尤其是教育普及及智力资源，为其战后经济复兴提供了基础。更重要的是，特殊的国际环境提供了发展机遇。20世纪50—70年代正好是世界现代化浪潮兴起的时代，日本赶上了新一轮的技术革命。特别是以美国为首的西方阵营，为了与以苏联为首的社会主义阵营冷战，把日本作为东亚反共前哨和基地，竭力加以扶植。战后美国单独占领日本，为了冷战需要，对日政策从压制打击转为扶植支持，提供美援贷款，削减赔偿，主导日本经济改革和民主改革。1951年签订了《日美安全保障条约》，为日本提供安全保护伞，使日本节省了大量国防军费开支。而50—60年代的朝鲜战争、越南战争又为日本带来大量军需品供应订单，以至日本工厂都来不及生产。再加上日本自身的因素，如实行经济至上主义，采取政府主导型市场经济模式，制订了官产学三位一体的产业政策，重视科学教育和国民素质的提高等。还有日本企业采用的管理制度，如终身雇佣制、年功序列制，企业工会制和个人储蓄制等也起了一定促进作用。

在这些内外因素合力的作用下，日本经济获得60年代高速增长和70年代稳定增长，还抓住1964年东京奥运会、1970大阪世博会等机遇。1979年日本国民生产总值已超越英、法等西欧大国，跃居世界第二。由于经济景气，日元升值，日本商品尤其汽车、电器等充斥世界市场甚至美国市场。日本资本也大量输出，购买世界各地不动产，甚至买下了美国纽约的洛克菲勒中心。日本政界和学界也滋长了民族优越感和大国主义思潮。80年代长谷川庄太郎著《再见

吧，亚洲》，再度鼓吹脱亚论，攻击亚洲国家是"垃圾"。石原慎太郎与人合作，连续出版了《日本可以说不》《日本还是可以说不》和《日本就是可以说不》等书，趾高气扬，不可一世。

日本的崛起和超越，引起了国际社会的反弹，当时西方普遍流传"日本威胁论"，甚至有的报刊惊呼"有朝一日，日本可能会成为华尔街的雇主"。日本与西欧特别是美国的贸易摩擦越来越尖锐，有些美国议员鼓吹要抵制日货，甚至在街头公开砸烂日本电器。但日本的电器等产品仍以其质量、技术、服务等优势，保持了国际市场竞争的优势。

1949年中华人民共和国成立，实现了民族的独立和人民的解放，但是在经济上则是一穷二白。新中国成立后曾照搬苏联发展模式，实行计划经济，以后又搞大跃进，走了不少弯路。接着又经历了三年自然灾害。特别是在世界现代化浪潮的时代，实行闭关自守政策，错失了经济发展的机遇期。尤其是"文化大革命"十年浩劫的动荡破坏，更使中国经济濒临崩溃，也拉开了与邻国日本的差距，以至在东亚地区长期出现日本经济独领风骚的局面。

五、当代中国与日本：中国的民族复兴

1978年中共十一届三中全会以后，实行改革开放并确立以经济建设为中心，扭转了中国发展的方向。同时抓住了新的历史机遇期以及2008年奥运会、2010年世博会等特殊机遇，终于逐步探索到一条有中国特色社会主义现代化的道路，用科学发展观全面建设小康社会，取得了30多年的经济高速发展，实现了中国的和平崛起并逐步走向中华民族的伟大复兴。2010年，中国的国民生产总值终于超越日本，成为世界第二经济大国。

中国经济总量重新超越日本，这又是东亚历史上一个新的拐点。100多年来日本在亚洲经济独大、国力独强的局面被打破了。日本朝野到国民肯定会有相当一个时期不适应、不满意这个新变化、新格局，心理上会产生不平衡，需要一个适应期、磨合期。而右翼势力乘机大肆宣扬"中国威胁论""遏制中国论"，攻击、抹黑崛起中的中国，这种现象也是不足为奇的。

反观日本自20世纪90年代以来经济不景气、政治不稳定、社会右倾化，狭隘民族主义思潮蔓延、排外言论盛行，更助长了这种现象。90年代初日本由

于股票与土地价格上升速度远远超过经济增长率，导致泡沫经济破灭，各种危机陆续暴露。从1992年到2002年，日本经济增长率在零增长上下徘徊，被称为"失去的十年"。国内消费低迷、失业率增高、金融危机、财政赤字，造成国民对前途丧失信心。这种形势下，一些政治家为了捞取政治资本，竭力煽动国内民族主义情绪，不惜破坏80年代出现的中日友好和中日经济互补共赢的大好局面，损害中日两国人民的长远利益，先后挑起参拜靖国神社、修改历史教科书、否定南京大屠杀、购买钓鱼岛等严重伤害中国人民感情的敏感问题争端，恶化了中日关系。在日本某些政治家和媒体的引导下，在政治右倾化和民族主义思潮影响下，扩大了日本国民对中国崛起心理不平衡，使日本国民对中国的亲切度从80年代的80%急剧下降到20%左右。这种现象自然也激起中国国民的反弹和民族情绪，中国对日本的亲切度和好感也迅速下滑。

中国应该如何应对在和平崛起过程中包括日本在内的种种国际竞争、压力和挑战呢？如何为处于超越期、转型期的中国创造一个相对良好的国际环境呢？

我认为首先要客观全面地认识自己。看到中国虽然国民经济生产总值已达到世界第二，超越了日本，但人均GDP还远远落后于日本等发达国家，赶超尚有艰巨任务。中国经济还面临经济发展方式转变、区域发展不平衡以及人口、资源、就业、环保等许多问题。决不能盲目乐观与盲目自大。中国首先要把自己的事情办好，坚定不移走改革开放和平发展的道路，绝没有对外扩张、称霸的必要和可能。同时要冷静、理性地对待外来的压力，不要为一些外国挑衅行为和国内过激言论所干扰，乱了自己的方寸。压力有时反而能变动力，中国一定要坚持改革开放，稳步推进政治、经济、文化、社会等各项改革，继续增强自己的硬实力和软实力，并提高文化自觉和自信心，实现名副其实的崛起和复兴。

对于来自国外的反应和议论要加以客观分析，区别对待。有的属于对中国崛起的不了解、不适应或是有误解、疑惑。要给予理解和宽容，耐心作答疑解惑的宣传工作，尤其要加强民间外交和青少年交流，以中国人的真诚、友好和智慧，化解各种疑惑和误解。但是对于那些恶意攻击、诽谤和挑衅的言行，就应该用历史事实和实际行动加以坚决回击和反制。在涉及核心利益的原则问题上绝不可以含糊和手软，同时又要采取灵活多样的策略和方式，做到有理、有利、有节。

　　回顾中日两国互相超越和交往的历史，我们应该更加珍惜中日之间历史悠久的文化交流和传统友谊，珍惜来之不易的中日恢复邦交后的互利互补友好局面，并深刻吸取两国对抗与战争的反面历史教训，避免历史悲剧的重现。我们要以史为鉴、面向未来、彻底揭露日本右翼势力歪曲历史、干扰破坏中日友好关系的阴谋，维护中日两国和两国人民的长远利益和根本利益。并发挥东方文化的智慧，引导和推动中日关系向健康的方向发展，同时也为中国的和平崛起和实现中华民族伟大复兴创造更好的国际环境。

　　　　　　　　　　（原载于《人民论坛（学术前沿）》2012年11月下）

辑四

文化教育研究

论近代中日文化交流的特点

（一）

世界上任何一个国家文化的发展，都不可能是孤立封闭的自我繁殖，而总是要和别国的文化进行交流，互相影响、补充、渗透，不断借鉴、吸收、融合外来文化。这种文化交流对于各国社会的进步，起着巨大的推动作用。因此，研究各国之间文化交流的历史，应该是历史研究，特别是文化史研究的一项重要内容。

在中外文化交流的历史上，中国与一衣带水的邻邦日本之间的交流格外引人注目。这不仅是由于两国之间文化交流的历史悠久，源远流长，两千年来连绵不断；而且交流的范围十分广泛，几乎涉及文学、艺术、教育、科技、体育以及风俗、习惯等社会生活的各个领域；更重要的是它的影响深远，可以说对于两个国家政治、经济、文化、科学的发展，以至民族感情、国家关系、革命运动、人民友谊、日常习俗等等，无不发生极其巨大、深刻的影响。

提起中日文化交流的历史，人们往往立刻会想到古代时期日本遣唐使西来，中国鉴真和尚东渡等脍炙人口的动人事迹。中日两国学者对此已作了不少研究，取得了一定成果。然而，由于近代时期中日关系的复杂化，尤其是日本军国主义对中国的野蛮侵略，历史学家们更多注意的是近代两国之间的外交关系和军事斗争，而对于这个时期具有新特点、新内容的文化交流，似乎还没有引起足够的重视，研究相对比较薄弱。因此，随着中日友好关系的发展，文化交流的频繁，以及近代文化史研究的深入，加强近代中日文化交流史的研究，已经成为一个重要而又迫切的课题了。

通过考察近代时期中日文化交流的历史与特点，可以进而分析它对中日两国文化思想的进步和政治经济发展的关系，增进中日两国人民的互相理解和传统友谊。同时还可以总结两国进行文化交流和如何对待外来文化等方面的历史经验，探讨建设民族文化的规律。对于我们当前如何正确批判地继承祖国文化遗产，借鉴外来文化，建设社会主义精神文明等方面，也会有一定的启发。

（二）

如果说古代中日文化交流的历史是灿烂辉煌的话，那么，近代中日文化交流史也是非常丰富多彩的。无论从规模和内容来看，它比古代都有很大的发展，并具有新的特色，而且更富于广泛性、群众性。

在古代，中日两国之间并无正式的外交关系，只有少数使臣、商人、学者、僧人来往，日本遣隋使、遣唐使的盛举是其中的高潮。当时仅靠帆船过海，面对惊涛骇浪，要冒很大的风险。以至唐朝鉴真和尚先后六次东渡，九死一生，双目失明，才抵达日本。加上17世纪以后，清政府的"闭关政策"与日本德川幕府的"锁国政策"，更给两国的交往制造了严重的人为障碍，因而直接的文化交流始终只能在少数人之间进行。到近代，航海技术大大进步，乘坐轮船，只要几天时间便可安全横渡滔滔东海。两国"闭关""锁国"的大门先后打开，尤其是1871年（清同治十年，日本明治四年），中日两国正式建立了外交关系，并订立了通商条约。不久，两国先后派出了长驻对方的外交官，互设了公使馆与领事馆，贸易、交通往来也迅速发展起来。这就为中日之间的文化交流创造了有利的条件。从此，两国的官员、学者、文人、商人，考察、访问、游览、旅行、留学、经商，来往络绎不绝。仅笔者所见所闻，近代中国人所写访日游记就有一二百种之多，而近代日本人的访华旅行记也为数不少，为近代中日文化交流史研究提供了大量资料。

20世纪初，大批中国青年留学日本，又把近代中日文化交流推向新的高潮。数以千计的中国青年学生涌向日本各地，深入到日本民间，通过求学、结社、集会、翻译出版书刊等各种方式，开展中日文化交流活动，并与日本人民建立起深厚友谊。使这个时期的中日文化交流更具有群众性，内容更加广泛。这个盛极一时的留学日本热潮的出现，是有其历史背景的，当时中国正面临着严重的民族危机，许多爱国的青年把留学日本作为学习外国以救亡图存振兴中华的重要途径。而清末废除科举也促使更多的知识分子从海外留学中寻找出路。洋务派官僚张之洞曾说过："出洋一年，胜读西书五年"，而"游学之国，西洋不如东洋。"其理由：一、路近省费，可多遣。二、去华近，易考察。三、东文近于中文，易通晓。"中东情势风俗相近，易仿行。事半功倍，无过于此"。[1]

中日两国地理邻近，交通方便，路费便宜，文字相近，风俗相似，这些都为留学日本与开展中日文化交流提供了便利条件。就拿文字来说，中日两国都用汉字，多数日本知识分子都会写汉文、做汉诗，因此有时尽管语言不通，双方也能以汉字笔谈或唱和汉诗来交流思想，抒发情感。保存下来的大量中日文人之间的笔谈记录与唱和诗集，都是近代中日文化交流史的珍贵史料。例如日本贵族大河内辉声与黄遵宪等中国友人笔谈的详细记录达近百卷。[2]还如黎庶昌任驻日公使期间，使馆人员与日本文人唱和的汉诗也有好几百首，编成诗集若干种。[3]这种文化交流的特殊形式，也使中日两国人民从感情与心理上更有一种亲近感。

（三）

文化交流既然是交流，总是双向的，双方互相影响，互相吸收。可是，在一段时期里，往往会有一个主要的趋向。

在古代，由于中国的政治、经济、文化相对比较发达，中日文化交流较多的是中国文化输向日本。这对古代日本社会的进步和日本文化的形成发展起到了重要的作用。至今在日本文化和社会生活、风俗习惯中还可以明显地看到中国古代文化影响的烙印。日本著名学者内藤湖南曾经把中国文化在日本文化形成中的作用，比喻成做豆腐时点卤水，他说："豆浆之中虽然已经有了豆腐的成分，但是还需要加上其他力量使其凝结，而中国文化就是像卤水那样一种凝固剂。"[4]

到了近代，交流的主要趋向逐渐发生了逆转。这是由于中国清政府腐败

---

[1] 张之洞：《劝学篇》。
[2] 参见实藤惠秀：《大河内文书》《黄遵宪与日本友人笔谈记录》等书。
[3] 如《重九登高诗》《癸未重九燕集篇》《戊子燕集续编》《庚寅燕集三编》等。
[4] 内藤湖南：《什么是日本文化》，见《内藤湖南全集》第9卷。

保守，国势江河日下，逐步沦为受帝国主义欺凌宰割的半殖民地。而日本在明治维新以后，通过学习西方，维新改革，进步很快，不但保持了独立国地位，而且进入了世界资本主义强国之列。1894—1895年的中日甲午战争，老大的中国竟被新兴的日本一举击败，以至屈辱求和割地赔款。进步的中国人在谴责日本侵略的同时，也提出了向日本学习，变法维新的主张。资产阶级改良派领袖康有为公开鼓吹"不妨以强敌为师资"。认为吸取日本维新改革的经验教训，可以"收日人已变之成功，而舍其错庚之过节"。①他还形象地把日本比喻为中国变法改革的"乡导之卒""测水之竿""探险之队""尝药之神农""识途之老马"。指出学习日本经验，可以"尽收其利而去其害，何乐如之！"②这也是19世纪末、20世纪初，大批中国官员、学者去日本考察，大量中国青年去日本留学的重要原因。近代中国人通过访问、调查、留学、编译书刊等文化交流的各种形式，学习日本的政治、经济、思想、文化、科技，对中国社会的发展进步产生了重大的影响。

中日文化交流中还有一种有趣的现象，即它还往往充当传播介绍第三种文化的媒介。在古代，中国曾经向日本传播过印度文化。玄奘等中国高僧不畏艰难去印度取经，而鉴真等中国高僧又历尽风险往日本传经。还有不少日本僧人来到中国寺院学习，带回很多佛经和经过中国消化吸收了的印度佛教文化。到江户时代，日本又开始接受西方文化（当时主要是荷兰人带来的，故称为"兰学"），不过当时日本人的西方文化知识还非常有限，阅读西文书籍也很困难。19世纪40到60年代，中国一些开明的知识分子被鸦片战争的炮声惊醒，开始睁眼看世界，写出了一批介绍世界各国形势的史地著作。这些书很快传入日本，并立即被翻译、刻印，广泛流传。如魏源的《海国图志》百卷本，1852年出版，1854年便传入日本。③据不完全统计，仅仅1854—1856年三年之间，日本刊印《海国图志》的各种选本（包括翻印本、日译本、训点本）竟达21种之多。④一部著作能在出版后短短几年内，在另一个国家就有这么多种译本，这在世界各国文化交流史上恐怕也是罕见的。这些书对于明治维新前日本人了

①　康有为：《日本变政考》序。
②　康有为：《进呈日本明治变政考序》，见《康有为政论集》（上），第223页。
③　大庭修：《江户时代唐书持渡书研究》。
④　鲇泽信太郎：《锁国时代日本人的海外知识》。

解世界大势，接受西方文化，以至维新思想的形成都起到一定作用。可是，腐败保守的清政府在鸦片战争后依然浑浑噩噩、妄自尊大，把西方先进的科技文化称为"奇技淫巧"，把学习研究西方文化诬蔑为"以夷变夏"，致使中国在近代进步缓慢，落伍于世界。连日本有识之士在翻印《海国图志》时也为之叹息，"呜呼！忠智之士，忧国著书，不为其君之用，而反被琛于他邦"。[①]相反，日本政府在1868年明治维新之后，提出了"文明开化"的口号，积极学习西方文化。它派出高级官员和留学生到欧美各国深入考察学习西方的资本主义政治、经济、法律、教育制度与文化、科学、技术，还翻译了大量西方的自然科学和社会科学著作。致使日本只用了短短几十年便取得了西方资本主义国家花了一二百年才达到的成就，进入世界强国行列。日本向西方学习的成功更增强了中国人学习西方的愿望。但是，由于当时直接去欧美与翻译西文著作比较困难，而去日本与翻译日文书籍比较容易，并且日本人已经把西方文化加以筛选、消化，因此，中国人把通过中日文化交流的渠道来学习吸收西方文化，看作为一条可以事半功倍的捷径。康有为形容道："譬如作室，欧美绘型，日本为匠，而我居之也。譬如耕田，欧美觅种灌溉，日本锄艾，而我食之也。"[②]近代西方资产阶级的政治、经济学说，以及各种新思潮，包括社会主义和马克思主义理论，有不少也是中国留日学生根据日文书籍或西文原著的日译本介绍传播到国内来的。

　　中日文化交流在两国吸收西方文化上起了很大作用。然而，近代中日两国在对待西方文化的态度上有很大差别。中国封建统治集团和上层知识分子比较保守、顽固，长期以来儒家思想的统治、中华文化的优越感，以及科举、八股制度都严重影响吸收外来文化，阻碍中国文化的发展进步。而日本民族向来有着虚心吸收外来文化的传统，并采取积极的态度、有效的方法，同时又力图把外来文化与民族文化有机地融合起来。在这方面作一些比较研究，也是很有意义的。

---

①　盐谷宕阴：《翻刻海国图志序》，见《宕阴存稿》卷四。

②　康有为：《进呈日本明治变政考序》。

（四）

　　近代中国和日本的文化交流同近代两国的政治、经济发展、社会进步、革命运动都有着密切的关系。

　　近代初期的文化交流，特别是中国的《海国图志》《瀛寰志略》和《夷匪犯境录》《满清纪事》《粤匪大略》等一批介绍世界史地与叙述鸦片战争、太平天国的书籍输入日本，对处在西方列强冲击和幕府封建统治危机之下的日本震动影响很大。日本幕末的思想家们把它们看成是打开眼界、了解世界大势的启蒙读物，制订防御外敌策略的"有用之书"。日本有识之士还把中国发生的鸦片战争、太平天国农民起义称为"天赐前鉴"。[1]他们为了使日本避免重蹈中国的前车覆辙，结合日本实际，认真总结中国的历史经验教训，促进了倒幕维新思想的产生，推动了明治维新运动。当时日本还出现了一批以中国的鸦片战争和太平天国为题材的民间小说，据笔者所见就有十几种。日本作家通过描写中国题材的文学作品来表达对中国事态的关注和对邻国人民革命的同情，同时也寄托对本国前途的忧虑和希望。这也是近代中日文化交流史上一种值得注意的有趣现象。

　　日本明治维新以后的中日文化交流对中国政治思想的发展影响更大。中国的官员、文人通过出使日本以及考察、访问，亲眼目睹日本明治维新后的变化，大多数访日游记和研究日本的著作都盛赞日本维新之成效，探讨日本迅速富强起来的原因。有的作者进而提出了以日本明治维新为榜样，在中国进行变法改革的主张。首任驻日使团参赞官黄遵宪所著《日本国志》就是这样的一部代表作。19世纪末，中国资产阶级维新派几乎人人鼓吹仿效日本变法，其集大成的作品就是康有为在1898年戊戌变法期间日夜赶写出来进呈给光绪皇帝的13卷《日本变政考》。此书详细介绍了日本明治维新的各项新政措施，评论其得失，并提出中国变法的具体建议。他把日本明治维新看作是中国戊戌维新的理想蓝图，因此声称"我朝变法，但鉴于日本，一切已足"。[2]

---

① 枫江钓人：《海外新话》序。

② 康有为：《日本变政考》。此书进呈本现藏北京故宫博物院。

20世纪初至辛亥革命前，由于大批留日学生的关系，日本成为中国资产阶级革命派的活动基地。孙中山、黄兴等领导人都曾长期在日本开展革命活动，并得到不少日本友人的帮助。1905年同盟会在日本成立，总部就设在东京。资产阶级革命派在日本创办报刊、出版书籍、集会讲演，并翻译各种日文、西文有关资产阶级政治学说的著作。这一方面是进行革命宣传，为辛亥革命制造舆论，同时也是一种中日文化交流活动，并使日本人民进一步了解中国和中国革命。

新文化运动的主要代表人物陈独秀、李大钊、鲁迅等人也都是留日学生。他们所提倡的民主、科学，新思想、新文化，有不少也是受了日本进步思想文化的影响。李大钊等人在日本还初步接触到了社会主义和马克思主义思想。日本进步学者幸德秋水所著《社会主义神髓》，他与界利彦合译的《共产党宣言》以及河上肇译解的《资本论》等日文书籍，对马克思主义在中国的传播都有重大影响。当时进步的中国人正在艰苦地寻找救国救民的真理，马克思主义使他们在黑暗中见到了光明。周恩来同志也是在1917—1919年留学日本期间开始接受马克思主义思想的。他在当时所写的《雨中岚山——日本京都》一诗中，描绘自己在各种学说中接触到马克思主义革命真理时的喜悦道："人间的万象真理，愈求愈模糊；——模糊中偶然见到一点光明，真愈觉姣研。"①

（五）

中日文化交流还架起了中日两国人民友好的桥梁，增强互相了解，沟通思想感情，打下了中日两国人民世世代代友好下去的牢固基础。

古代时期由于种种条件限制，中日两国互相了解较少，尤其中国人对日本的认识还是十分模糊肤浅的。直到清代中叶的一些著作中，连日本是由几个岛组成的还搞不清。而鸦片战争后出版的《海国图志》《瀛寰志略》等书尚把日本说成主要由长崎、萨峒马（即萨摩）、对马三岛组成。有的人甚至还在重复日本乃"三神山"那样的无稽之谈。正如黄遵宪在一首诗中写的那样："只

---

① 周恩来：《雨中岚山——日本京都》，见《"五四"前后周恩来同志诗文选》，第54页。

一衣带水，便隔十重雾。"①

到近代，尤其是中日建交之后，大批中国官员、文人、学者联翩东渡，并有外交官常驻。百闻不如一见，通过在日本的实地考察和文化交流，中国人开始对日本有了比较正确全面的认识。黄遵宪对日本进行了深入系统的调查研究，写出《日本国志》一书，向中国人民全面介绍了日本的历史与现状，长期以来成为中国人了解日本的必读之书。19世纪八九十年代出版的介绍日本著作还有姚文栋《日本地理兵要》、陈家麟《东槎闻见录》、顾厚焜《日本新政考》、傅云龙《游历日本图经》等书。至于各种访日游记、日记、考察记以及日本人访华的旅行记，更是不计其数。这就使中日两国人民大大加强了互相了解，沟通了思想感情。这些著作的作者为此付出了辛勤的劳动。黄遵宪写作《日本国志》，前后花了八九年时间，"频年风雨鸡鸣夕，洒泪挑灯自卷舒"。②他以顽强的毅力克服了各种困难，终于完成了这部40卷50万字的巨著。傅云龙在1888—1889年访日期间，为了写出30卷《日本游历图经》，也常常通宵达旦地勤奋写作。其日记上时有这样的记载："是夜鸡鸣，草犹未脱"，"脱稿，鸡再鸣矣"。③

文化交流的大量活动是在民间进行的，它的影响广泛，深入人心，成为中日友好的重要纽带。仍以黄遵宪为例，他与日本各界人士广泛交往，进行各种形式的文化交流，并热情宣传中日友好，主张两国平等相待，互助合作，共图富强。他在驻日期间，除了开始撰写《日本国志》外，还创作了大量反映日本自然、社会、风土人情的诗歌，统称为《日本杂事诗》。这些诗博得日本人的尊崇和赞誉，以至"每一篇出，群奉为金科玉律，日本开国以来所未有也"。④甚至到他住所拜访的日本人，"执经者、问字者、乞诗者，户外屦满，肩趾相接"。⑤黄遵宪还应日本友人大河内辉声的请求，把自己的一部分诗稿埋葬在他的家园中，立碑题名为"日本杂事诗最初稿冢"（原在东京浅草，后迁琦玉县野火止平林寺内）。黄遵宪并作诗曰："一卷诗兮一抔土，诗与土兮共千古。"大河内也和诗云："诗有灵兮土亦香，我愿与丽句兮永为

① 黄遵宪：《近世爱国志士歌》，见《人境庐诗草》卷三。
② 黄遵宪：《日本国志书成志感》，见《人境庐诗草》卷五。
③ 傅云龙：《日本游历图经余纪》。
④ 王韬：《日本杂事诗序》。
⑤ 石川英：《日本杂事诗跋》。

邻。"①这真是中日文化交流史上一段动人的佳话。

又如早期改良思想家王韬1879年应日本《报知新闻》主编栗木锄云等人的邀请,访问日本128天,也进行了大量友好交流活动。日本"都下名士,争与先生交,文酒、谈宴,殆无虚日,山游水嬉,追从如云,极一时之盛"。②他广泛结交日本文化学术界的朋友,仅在其《扶桑游记》中提到的就有近百人之多。1884年,日本学者冈千仞(号鹿门)访华350天,行程万里(包括上海、苏杭、京津、广州、香港等地)。在他的《观光纪游》一书上记载交往的中国文人竟达200多人。至于20世纪初以来,大量中国留日学生深入日本各地,更与广大日本人民结下了深情厚谊。大家都熟悉的鲁迅先生在日本仙台医学专门学校学习时,与他的老师解剖学教授藤野严九郎的友谊,就是一个典型的例子。

19世纪90年代以后,日本军国主义者把中国作为侵略的主要对象,发动了一次次侵华战争,屠杀中国人民,掠夺中国财富,给中国人民和日本人民都带来了极大的灾难和痛苦。但是,任何力量也阻挡不了中日两国人民之间的友好情谊和文化交流。就是在中日之间国家关系恶化,日本统治集团疯狂侵华的情况下,仍有不少日本正义人士坚持与中国友好,继续进行中日文化交流,支持中国人民的革命斗争。例如1900年中国发生义和团反帝爱国运动,日本政府派兵参加帝国主义八国联军,血腥镇压中国革命,并乘机扩大侵华权益。日本资产阶级报刊也大肆煽风点火,制造反华舆论。在这个时候,日本进步记者青柳猛却敢于挺身而出,在《女学杂志》上发表了《义和团赞论》一文,热情歌颂义和团反帝运动的正义性,痛斥日本帝国主义的侵略罪行和种种反华谬论。他严正指出:"为了防御手持凶器的强盗而拿起刀枪,决没有罪,""我认为义和团是值得同情的,而应该谴责的恰恰正是外国人(包括日本人)和他们卵翼下的耶稣教徒。"③这在当时的气氛下确实需要有很大勇气的。在辛亥革命前,日本政府歧视中国留日学生,限制中国革命党人的活动时,也都有日本正义人士站出来维护中日友谊。宫崎滔天等日本朋友不仅积极支持孙中山等中国

① 实藤惠秀:《大河内文书》,第231页。
② 中村正直:《扶桑游记序》。
③ 《女学杂志》513号。参见王晓秋:《日本进步人士同情义和团的呼声》,见《北方论丛》1982年第4期。

革命者的活动，而且创办《革命评论》杂志，写作《三十三年落花梦》等书籍，声援中国革命。1919年"五四"运动期间，日本资产阶级政府与报刊恶毒攻击中国人民的反帝爱国运动，而当时负有盛名的东京大学教授吉野作造立即表示站在中国人民这一边。他亲自给北京大学学生写了声援信，表明"侵略的日本，不独为贵国青年所排斥，抑亦为我侪所反对也"。①他还主张在反对侵略、和平友好的基础上建立中日两国人民的亲善关系，并积极组织日中青年学者的文化交流活动。正是这种思想感情成为保证中日两国人民世世代代友好下去的坚实基础。可以说，揭露日本军国主义的侵华罪行和歌颂中日两国人民的友谊和交流，这是近代中日关系研究中不可偏废的两个方面。

（原载于《光明日报》1984年12月19日）

---

① 《全国学生联合会致日本黎明会书》，见《五四爱国运动》（上）第411页，并可参见吉野作造：《中国朝鲜论》。

近代中日笔谈：一种文化交流的原生态

在中日文化交流史上，一种文化交流的原生态形式即中日人士之间的笔谈，很值得我们重视和深入研究。它对我们探讨日本明治时代以来中日知识分子在文化交流中对现代性和身份认同态度的变化也很有史料价值。

笔谈，又称笔话、笔语，顾名思义就是用笔写文字，代替口说语言进行交谈。用毛笔写汉字交谈则是东亚汉字文化圈内中国、日本、朝鲜、越南等各国人士之间一种特殊的文化交流和人际沟通的方式。特别是在近代晚清时期，是中日文人笔谈的最盛期。虽然日本早已有了自己的假名文字和语言，但日本江户时代和明治时代，中国文化在日本的影响力还很大，许多日本官员和文人、武士都会写汉字、读汉文、做汉诗。因此中日两国人士相遇时，有时尽管语言不通，却往往可以通过笔写汉字的方式来进行交谈。由于笔谈诉诸文字，用笔写在纸上，有了这个载体，往往可以保存、流传下来。故而至今在日本和中国的一些图书馆、档案馆以及民间私人文书中，还收藏有相当数量的中日笔谈记录原本。这些笔谈为研究中日文化交流史提供了大量既珍贵又有趣的原始材料。

那么中日笔谈有些什么特色呢？我认为最主要的它是一种文化交流的原生态，也就是其原始性和真实性。它是中日人士本人当时当地亲手写下的谈话原文，不是后人记述、编撰的。也是笔谈者当时真实思想、心理的表达流露，没有经过修饰、剪裁，保留了真实的异文化交流原生态。

二是其内容的多样性、广泛性。它是中日人士之间的谈话聊天，往往无拘无束，无话不谈，内容谈天说地，包罗万象。同时，由于中日笔谈者的身份、地位、职业、经历、学问、修养、性格等等的差异，以及笔谈时代、环境、背景、政见等等不同，使笔谈内容更富于多样性、广泛性和复杂性。

三是其互动性和趣味性。它是中日笔谈者之间的一种互动交谈，双方常常会发生争论、辩驳或探讨、点评，令人深思，耐人寻味。笔谈记录形式还犹如戏剧剧本的人物对白，有的甚至注有当时的场景、人物的音容笑貌，栩栩如生，因此读起来很有趣味性。当然整理起来难度也很大，笔谈往往是即兴随手所写，字迹潦草，有时很难辨认。有的不注明笔谈者姓名，或只有简称、代号，还需加以考证、识别。

本人研究中日文化交流史30多年，一直关注和收集、研究中日之间各种笔谈史料。从清初的漂流民、商人、武士到近代的文人、学者、外交官、政治家、留学生等等。在各种类型形形式式笔谈史料中，我觉得内容最丰富、最有趣的还是《大河内文书》，特别是其中黄遵宪与源辉声等日本文人的笔谈最有代表性。因此本文以该史料为中心，并补充黄遵宪与宫岛诚一郎等人的笔谈史料。

明治初年中国传统文化与中国文人学者在日本尚享有很高声誉和影响。自从中国使团进驻东京以后，日本各界人士从官员、儒者到武士、僧侣纷纷来访，竞相与中国公使馆人员或笔谈交欢，或以诗酒翰墨共乐。有人曾描写当时公使馆内盛况："执经者、问字者、乞诗者，户外屡满，肩趾相接，果人人得其意而去。"[1]而去中国公使馆最多的是一些日本的汉学家、汉诗人，他们尊崇中华文化，不满明治初年弃汉学崇西学的倾向，更愿意在与中国外交官的笔谈交欢和诗词唱和中来提高汉学修养和寻找精神寄托和快乐。其中最典型的就是本文要着重论述的源辉声及其《大河内文书》。

源辉声，号桂阁，祖居大河内，故又称大河内辉声或源桂阁，他生于1848年（日本嘉永元年），原是江户时代日本世袭高崎藩主。明治维新后废藩置县，任高崎县知事，因不赞成明治新政而辞官归乡，改封为五品华族，入修史馆，以后长期闲居于东京墨江（即隅田川）畔。源桂阁精通汉学、汉诗，嗜爱翰墨，广交文士，尤喜与旅居日本的中国人、朝鲜人特别是中国公使馆的官员们用汉字笔谈，一直到仆役、小孩都与之笔谈。甚至遇到使团会讲日语的翻译，也宁愿进行笔谈，因为这样可以留下墨迹好作纪念。所以他每次去中国公使馆都准备好笔谈用纸，一问一答都写在上面，当天晚上就把这些纸裱好，精心保存起来，甚至连当日接到与笔谈有关人物的信柬、便条，也附贴在笔谈纸

① 石川英：《日本杂事诗》跋，见"走向世界丛书"《日本杂事诗（广注）》，岳麓书社1985年版，第793页。

之后，然后按顺序编排，装订成册。这些笔谈存稿统称为《大河内文书》，总共有96卷（现存73卷71册），其中包括与中国公使馆官员、旅居日本的中国文人、中国书画家、朝鲜人的数百次笔谈。

《大河内文书》在源桂阁去世后原来保存在大河内家族墓园琦玉县野火止平林寺的书库内。1943年日本早稻田大学教授实藤惠秀最初看到这批资料，冒着美军轰炸的危险，陆续从平林寺借出来抄写。60年代，实藤惠秀与新加坡华人学者郑子瑜合作编辑了《黄遵宪与日本友人笔谈遗稿》，1968年由早稻田大学出版。另外，实藤惠秀又选译了该资料一部分编为《大河内文书》一书，1964年由平凡社出版。1986年笔者访日前，曾接到实藤惠秀先生来信，表示希望与我共同研究黄遵宪、中日笔谈和中国留日学生等问题。可惜我尚未赴日，先生已经去世，深感遗憾之至！《大河内文书》原本后来大部分被捐赠给早稻田大学图书馆，小部分收藏于大东文化大学（早大也有胶卷）。我在1986—1987年访日期间，专程到早稻田大学图书馆特藏室看了三个月《大河内文书》原稿和胶卷，作了一些抄录和复印。但回国后因其他工作忙，未及时充分利用和研究。本文除了参考校对当年抄件、复印件以外，主要依据最新出版的《黄遵宪全集》（中华书局2005年）所收"与日本友人大河内辉声等的笔谈"。这是1992年郑子瑜先生专门为《黄遵宪集》提供的《黄遵宪与日本友人笔谈遗稿》的"最新改订本"，并嘱"编黄集时请以此为依据。"[①]黄遵宪与宫岛诚一郎的笔谈，则依据早稻田大学收藏的《宫岛诚一郎文书》和国会图书馆收藏的《宫岛诚一郎关系文书》，现也都已收入新版《黄遵宪全集》。

《大河内文书》中的这些中日文人笔谈，内容涉及中日两国的政治、外交、学术、文化、风俗以及日常生活等各方面，几乎是无所不谈。由于是私下即兴随便交谈，故毫无拘束，畅所欲言，并无一点掩饰与做作。内容丰富多彩，精华与糟粕并存，颇能反映笔谈者们的真实思想与生活。这些笔谈汉字由于是随手毛笔书写，有的字迹潦草，龙飞凤舞，不易辨认，而且没有署名。好在细心的源桂阁在许多篇笔谈上都注明了时间、地点与在场人物，有时甚至还记下了他们的动作、表情，进来与离开的时间。所注笔谈者姓名往往用一二字代全名，如以"公"字代表黄公度（黄遵宪），用"桂"代表源桂阁（大河内

---

① 陈铮编：《黄遵宪全集》上册，中华书局2005年版，第553页。

辉声），用"如"代表何如璋等，读起来犹如一部演出用的剧本，观笔话如观其人，音容笑貌，栩栩如生。下面着重剖析一部分笔谈内容。

如有的表现源桂阁仰慕中华文化以及中日文人之间互相谦恭。在《戊寅笔话》（1878年）中源桂阁第一次见到黄遵宪就说："今日得相见，盖萍水之欢，可谓不尽矣。希自今缔交，为莫逆之好。"黄则答："自今缔交，敢不如命？惧仆学识芜陋，未敢以辱君子耳。"桂又说："弟扶桑黄口小儿，不足以践君子之庭，而多受诸君之爱顾，盖大幸也。"源桂阁赞扬黄的诗"章章出金玉，希取出一册而见示。"黄谦虚地说："弟素不工文，又生性疏散，随作随弃，更无清本，亟欲读大著耳。"桂忙说："东洋鄙人，何与中华雅客相斗乎？宜师事而受教也。希赐一读！"后来黄恳切表示："我等文字相交，一面如旧相识，无庸客套，君毋太谦乎！"①源桂阁还讲到自己在明治维新后辞官隐居之事，"王政维新之后，有人荐弟于陆军尹，弟心甚不快，遂斥其言，潜迹于墨江，食天禄而消光阴耳，其不才可怜！"公使馆随员沈梅史立即说："所谓士各有志，出处一道，固自有斟酌，钟鼎山林，皆有贤人也。阁下不必过谦。"②

宫岛诚一郎，号栗香，明治初年曾任职于修史局和宫内省。作为官员，他的笔谈更富政治色彩，如1878年4月19日他与黄遵宪初次见面时说："敝国与贵邦结交谊始于今日，而学汉字盖隋唐以来，连绵不绝。敝国本是东海孤岛，幸以贵邦之德，制度文章聊以增国光。今日更得拜晤，以后事事讲求，互讨论两国之是非，不无补益于政治。"黄遵宪也客气地表示"今日之外交，亦时势不得不然。然仆辈得因此而观其山川之胜，士大夫之贤，政教之良，不可谓非大幸也。"关于东西文化，黄遵宪说"窃谓今日之西学，其富强之术，治国者诚不可不参取而采用之。然若论根本，圣贤之言，千秋万岁应无废时也。"宫岛则表示同意，"此论明确，千岁不废。我邦敬神爱国，即千岁之国教。自入孔圣之学，忠孝二字之大义益显著。今日之西学，唯取其长以谋富强而已。"③

源桂阁酷爱笔谈，在公使馆遇到翻译梁缙堂时，旁人介绍"缙堂东语颇

① 《大河内文书》，《戊寅笔话》第4卷，《黄遵宪全集》上册，第562页、567页。
② 《大河内文书》，《戊寅笔话》第4卷，《黄遵宪全集》上册，第563页。
③ 《宫岛诚一郎文书》，《黄遵宪全集》上册，第716页。

熟，口谈为便。"他却偏要笔谈，"弟口讷不喜口谈，惟以一支笔换千万无量言语。冀使他勉为笔谈，则弟之幸也。"连遇到何如璋公使13岁的儿子何其毅，也要与他笔谈一番。当别人说他年纪小"恐笔谈未惯，而说则言语不通，奈何？"桂忙说："以少年属文为奇，何管惯与不惯，请切呼出！"迫不及待要与孩子见面笔谈，"其毅之笔谈，大人犹避三舍，何有愧于弟等乎，切请招之！"13岁的何其毅来后居然也与源桂阁笔谈起来，互问年龄和家中情况。桂请他来墨江游玩，其毅答"异日同子敬到府拜"，源桂阁不禁用日语大叫"油罗须！油罗须！"（即日语"好"ょろし之音），并惊叹这孩子"可爱、可敬、可怕、可惊！"[1]

中国驻日公使馆官员毕竟是外交官，与日本文人笔谈中，自然会涉及政治、外交方面内容。如1878年日本明治维新实权人物大久保利通被刺，震惊内外。源桂阁问："大久保之遭刺客，公署之详说谓如何？"何如璋就批评说："大抵顽固之俗未化，十年来贵邦文明无进步也。"反对新政的源桂阁也抨击明治政府，"口唱进步，心为退却，中有木户孝允以早逝，幸免刺客，然亦不免为伍子胥鞭尸之事欤。"黄遵宪打听："近来传闻如何？闻刺客党羽甚多，如何？"石田鸿斋答："新闻妄说，俚巷之风，非有实证也。"黄又问："刺客专委其罪于大久保，又欲鞭木户孝允之尸，意倘谓此人既死，国事即将蒸蒸日上耶？"石田鸿斋道："南萨之人（指九州萨摩藩人），偏陋顽固，数误大事，与中国人（似指本州西部中国地方之人）议论不相合，故有此难也。"何如璋与黄遵宪还要求源桂阁把刺客所怀之《斩奸状》逐条写出来。桂不愿再说，推脱说"若欲问奸状事，问于当路君子，如弟则山水游玩是视耳。"[2]

有一次，黄遵宪问宫岛诚一郎："有板垣退助者，亦维新功臣，闻已退居。其为人何如？"宫岛答"明治之初年至六年，我辈大亲睦，共谋国事。其为人忠实果断，且有军功。今与政府异议。"黄即追问有什么异议？宫岛说"板垣以为，维新之初，天子下诏曰：广采众议，万机取决于公论，施行政治。今日政府之所见，全国士民知识未畅，朝廷先立国是，以施政事。此板垣与政府异其见也。"沈梅史认为"贵国近尚西法。西人言利与民权，皆致乱之道也。人皆争利，不夺不厌。民苟有权，君于何有？"而黄遵宪却认为"然其

---

① 《戊寅笔话》第15卷，《黄遵宪全集》上册，第627页、601—603页。
② 《戊寅笔话》第15卷，《黄遵宪全集》上册，第630—631页。

为人忠实果断，则大可兼收并用也。"宫岛忙问"兼收并用何义？"黄答"谓虽偶与政府不合，亦必有可补偏救弊者。朝廷用人，不必专以一格也。"但当时黄遵宪也批评板垣的自由民权论，"近于墨人自由之说。大邦二千余年一姓相承，为君主之国，是岂可行？"他认为"若以素日不学无术之人遽煽自由之说，又大国武风侠气渐染日久，其不为乱者几希。故仆私谓教士取士为今日莫急之务。如铁道等事，其次焉者也。"[1]

中日文人也曾为琉球问题发生争执。黄遵宪说："琉球小国，从古自治，近为贵国小儿辈（执政之流）所欺凌，彼臣服我朝五百余年，欲救援之。"石川鸿斋却认为："琉球洋中一小国，先年为萨人岛津氏所夺掠，尔来贡于我，闻亦贡于贵国，使者往贵国，忘用贵国年号，来于我者，用我国年号。中有漂然不为二国者。"黄又指责："近来太政官乃告琉球阻我贡事，且欲干预其国政，又倡言于西人，既与我言明归日本，专属鼠偷狗窃之行，可耻孰甚！"沈梅史也谴责日本吞并琉球，"遂夷于九县，非惟我国之所不忍听，亦西邻之所不能平也。"源桂阁想看琉球人与中国官员的笔话，问"琉球人笔话何故不许阅？"黄答以保密之故，"方与贵国议此事，他日事结，亦无不可观。此事不欲告日本人，少留日本情面也。"[2]在与宫岛诚一郎关于琉球交涉的笔谈中，黄遵宪尖锐地指出："然贵政府若有事于球，非蔑球也，是轻我也。我两国修好条规第一条即言：两国各属邦土，务各以礼相待，不可互有侵越。条规可废，何必修好？故必绝聘问，罢互市。吾辈不得不归也。""我国近始遣使交邻，此事而遂置之，何以为国？足下试为吾辈筹画，岂有遇此事犹腼面在此与贵国及他邦往来者乎？"[3]在笔谈中，公使馆官员有时还无意中透露了馆内的分工，如沈梅史告诉源桂阁："今日要发奏折，乃将今年所办之事奏皇上，此事黄（遵宪）主稿，廖（锡恩）写之，而弟封之，故不得闲。"[4]

源桂阁等日本汉学家和中国公使馆的文人外交官们笔谈谈得最多的还是关于文学和艺术。中日文人在笔谈中畅谈两国文化渊源，评论古今各种作品，互相介绍彼此国内的文学艺术及学术状况，发表对中日文化交流的见解。例如

---

① 《宫岛诚一郎文书》，《黄遵宪全集》上册，第724—726页。
② 《戊寅笔话》第26卷，《黄遵宪全集》上册，第678页。
③ 《宫岛诚一郎文书》，《黄遵宪全集》上册，第732—733页。
④ 《戊寅笔话》第25卷，《黄遵宪全集》上册，第675页。

《戊寅笔话》第21卷中有一段很有趣的关于两国文学名著的笔谈。日本汉学家石川鸿斋说道："民间小说传敝邦者甚尠，《水浒传》《三国志》《金瓶梅》《西游记》《肉蒲团》数种而已。"黄遵宪见他没提到《红楼梦》，便说："《红楼梦》乃开天辟地、从古到今第一部好小说，当与日月争光，万古不磨者。恨贵邦人不通中语，不能尽得其妙也。"王黍园接着补充道："《红楼梦》写尽闺阁儿女性情，而才人之能事尽矣。读之可以悟道，可以参禅。至世情之变幻，人事之盛衰，皆形容至于其极。欲谈经济者，于此可以领略于其中。"黄还说"论其文章，直与《左》《国》《史》《汉》并妙。"源桂阁听了不服气，便举出日本古典小说名著《源氏物语》与《红楼梦》抗衡："敝邦呼《源氏物语》者，其作意能相似。他说荣国府、宁国府闺阁，我写九重禁庭之情。其作者亦系才女子紫式部者，于此一事而使曹氏惊悸。"石川鸿斋补充道："此文古语，虽国人解之者亦少。"黄遵宪也表示遗憾，"《源氏物语》亦恨不通日本语，未能读之。今坊间流行小说，女儿手执一本者，仆谓亦必有妙处。"鸿斋又介绍说："近世有曲亭马琴者，效《水浒传》作《八犬传》，颇行世，凡百有余卷。今现为演戏，行之岛原新富座。"黄也赞扬日本戏剧，"贵国演戏，尽态极妍，无微不至。仆亟喜观之，恨未知音耳。"源桂阁说："此书非为戏而作，故方演其戏。近来俗辈换其脚色，却失马琴本意矣。敝邦戏之妙者，以《忠臣藏》为第一，盖因为戏而作也。然其学问浅薄，非其《还魂记》《西厢记》之类，皆可笑也。"①

在1879年的《己卯笔话》中，黄遵宪曾坦率地对日本文坛提出批评，他说"仆之蓄于胸中未告人者曰日本人之弊，一曰不读书，一曰器小，一曰气弱，一曰字冗，是皆通患，悉除之，则善矣。"石川鸿斋虚心接受，"仆辈未免此病，顶门一针，可愧！可愧！"黄遵宪又补充道，"大约日本之文，为游记、画跋、诗序则甚工，求其博大昌明之文，不可多得也。近来《曾文正公文集》，亦日本之所无也。"鸿斋归结其原因为日本国土太小，"国之大小，必显于书，仆一游贵邦，将经名山大川，养其胸中郁闷之气。然则如仆拙忽，诗文亦自有所见乎？冀阁下归国伴仆去。"黄则指出："日本山水灵秀清奇，未必输我，惟博原高大之处或不及也。"②

① 《戊寅笔话》第21卷，《黄遵宪全集》上册，第648页。
② 《己卯笔话》第15卷，《黄遵宪全集》上册，第690—691页。

在笔谈中常常可以看到日本人士向黄遵宪、何如璋等请教写诗、作文及书法、读书，并请他们评点日本汉学家的诗文。同时黄遵宪等也经常向日本文人了解日本的历史、制度、典籍以至风俗人情，有时还请他们帮助寻找和翻译日本的史书和资料。有一段笔谈反映日本文人对黄遵宪《日本杂事诗》的赞誉。龟谷省轩说"《杂事诗》刻于贵邦，想洛阳纸价为之贵。"黄遵宪解释道"一刻于北京，一刻于香港，敝邦人见之，以为见所未见，书之工拙不暇问也。"龟谷又说"阁下之书，叙樱花之美，儿女之妍，使读者艳想。此书一行，好事之士，航海者必年多于一年。"谈到诗文之事，黄遵宪指出"文章之佳，由于胸襟器识。寻章摘句，于字句求生活，是为无用人耳。"龟谷表示赞同，"诂章训句，徒费力于断简，经生之无用更甚。"黄又进一步发挥道："国家承平无事，才智之士无所用，故令其读书，所谓英雄入彀中也。比如富家巨室，衣食充裕，其子弟能喜古玩，好书画，亦是佳事。谓此古玩、书画为有用则不可也，谓为无用亦不必也，视其所处之时地何如耳。"[1]

笔谈中还有不少趣事，有的反映了中日两国生活习俗的差异。如有一次中国驻日公使馆邀请源桂阁出席慈禧太后寿辰招待宴会，席上菜肴丰盛，但源桂阁由于口味清淡胃口不佳，而公使馆官员们却再三说"请你多吃！"黄遵宪还说"中国礼俗，客就主席不饮食为大不敬，欲守吾礼，则不能恕君过也。"源桂阁只好辩解道"我邦之礼，以主客食不食任自己所喜为好，却以应人之招或托病不来为大无礼、大不敬。"公使馆随员王琴仙又补充说"敝邦必以主让客，客不食，则主亦不下箸，故无物必让之。"源桂阁最后自嘲打趣，"饭硬如岩石，东洋人肠胃软弱，不堪吃焉。唯胆坚如铁，能并吞五大洲张然气。"沈梅史也表示歉意，"请君来此，竟不能饱，歉甚！"[2]

在《大河内文书》的中日笔谈中也涉及对日本明治政府提倡学习西方文化的看法，在这个问题上，日本的汉学家和中国驻日公使馆官员大多倾向于力图维护以儒家思想孔孟之道为中心的东方传统文化的地位。如在《戊寅笔话》十一卷中有源桂阁给何如璋的一封信，请中国人不要误以为日本人都追求西洋文化。他说："顾我邦上古文物质素，民俗醇朴，其仰教于中华学道、孔家之遗训，礼仪服饰，宫室器用，率折衷于此。又鸿儒硕学辈以我邦固有之风俗为

---

[1] 《庚辰笔话》第21卷，《黄遵宪全集》上册，第709页。
[2] 《戊寅笔话》第20卷，《黄遵宪全集》上册，第643页。

贵，非方今专溺洋习者之比也。桂阁窃恤中华人或误信我邦人自古浮薄利、喜新奇，专学殊域之风。则不独桂阁抱杞忧，即我朝之耻也。”[①]为此，他特地送何如璋《前贤故实》20卷一部。在《戊寅笔话》二十五卷1878年11月16日的笔谈中，还有这样一段对话。黄遵宪说：“敬仰高义。近者士风日趋于浮薄，米利坚自由之说，一倡而百和，则竟可以视君父如敝履。所赖诸公时以忠义之说维持世教耳。”日本汉学家松井强哉即表示：“弟等固不知欧洲巧言令色趋利之敏，惟墨守孔孟之教，故乐诸先觉之游谈耳。”使馆随员沈梅史说“贵邦多节义之士，与他州唯工言利者殊，弟所以乐与诸贤游者在此。近日西学盛行，所以节义之士多隐居高蹈。”随员廖锡恩也写道：“孔孟之教在贵邦，今日几为‘广陵散’矣（指很稀少之意），诸君犹能毅然守之，可谓人中之杰，不为世俗推移。敬服！敬服！”[②]

《大河内文书》是在晚清中日开始建立邦交互派外交官的时代，日本明治初年正处于新旧势力、东西文化思想激烈变化冲突的年代。对日本明治新政和西化倾向不满而对中国传统文化抱有崇拜迷恋情结的日本旧贵族、汉学家们，热衷于与中国驻日公使馆文人外交官们用汉文笔谈或作汉诗唱和，并以此为乐趣和精神寄托。原高崎藩主源桂阁的《大河内文书》就是这种现象的集中写照。因此它对研究晚清中日文化交流史和明治时代日本人的思想、心理及东西文化的冲突，有相当高的史料价值。

关于当时中日知识分子的身份认同和东西文化价值观，我这里还想引用源辉声在《芝山一笑后序》中的一段非常坦率的自白。他说自己在幕末也曾学过西学，“庆应年间，余结交于西洋人，讲习其艺术，窥其所为，无事不穷其精妙者，大喜其学之穷物理，以能开人智。”然而明治维新以后，实行废藩置县，他在政治上失意，感情上也有变化。“自是后，以无用于世，乃改辙结交清人（中国人），相识日深，情谊日厚，而其交游之妙，胜于西洋人远矣！”他把西方文化和中国文化进行比较，“盖西洋人神气颖敏，行事活泼，孜孜汲汲覃思于百工器用制造也。至清国人，则不然，百官有司，庙谟之暇，皆以诗赋文章，行乐雅会，善养精神，故性不甚急也。”所以他认为这两种文化适合于不同阶层、不同气质之人。“京畿之商贾、天下之人士，其求名趋利辈，宜

① 《戊寅笔话》第11卷，《黄遵宪全集》上册，第616页。

② 《戊寅笔话》第23卷，《黄遵宪全集》上册，第670—671页。

交西洋人。高卧幽栖，诗酒自娱之人，宜交清国人也。"而他自己则是属于后一类人，当然"以清客为益友固宜矣"。于是他与中国公使馆何如璋公使、黄遵宪参赞等人，"来往无虚日，谈笑戏谑，以至彼我相忘。"①

而谈到中日知识分子追寻现代性及东西文化认同与思想的转变，还可举黄遵宪的自白。他在刚到日本初期，"时值明治维新之始，百度草创，规模尚未大定。论者或谓日本外强中干"。而且与源辉声一类日本文人交往较多，"余所交多旧学家，微言刺讥，咨嗟叹息，充溢于吾耳。"正如前面所引笔谈中的一些内容，使他曾对明治新政改革产生怀疑。后来驻日时间长了，加上调查研究，"及阅历日深，闻见日拓，颇悉穷变通久之理，"思想有了转变，"乃信其改从西法，革故取新，卓然能自树立。"②1881年10月12日日本天皇发布将于明治二十三年开设国会的诏书，黄遵宪大为赞赏，他在同年10月30日与宫岛诚一郎的笔谈中说："明治二十三年开设国会，仆辈捧读诏书，亦诚欢诚忭踏舞不已。君民共治之政体，实胜于寡人政治，况阀阅勋旧之组织者。"③

《大河内文书》中都是中日文人私下即兴笔谈，不免也有不少酒色、风月文字，有时甚至还开玩笑互称狗、猴打趣，这也正反映这些笔谈是没有顾忌，未经修饰的原生态交流。《大河内文书》包含中日文人几百次笔谈，内容极其丰富、庞杂，本文由于篇幅关系，只能介绍其中比较精彩的一些片段。

由于《大河内文书》等原生态笔谈中，中日双方的笔谈者都是具有较高汉文化修养，能文善诗的文人，而且笔谈中谈得最多的内容就是文学艺术、点评诗文。笔谈中还收录了一些中日文人之间的通信和唱和诗文，这些都具有很高的文学价值。

（原载于香港浸会大学《人文中国学报》第16期，
上海古籍出版社2010年版）

---

① 源桂阁：《芝山一笑后序》。
② 黄遵宪：《日本杂事诗自序》（1890年8月），《黄遵宪全集》上册，第6页。
③ 《宫岛诚一郎文书》，《黄遵宪全集》上册，第783页。

留日学生与辛亥革命

当我们纪念辛亥革命并缅怀辛亥先烈们抛头颅洒热血奋起革命，推翻帝制，创立民国的丰功伟绩时，不能忘记当时的一代青年学生，特别是留日学生在辛亥革命中作出的重大贡献。伟大的革命先行者孙中山先生在《建国方略》中追述辛亥革命历史时，曾经指出革命思想乃是由"留东学生提倡于先，内地学生附和于后，各省风潮从此渐作"①。1923年他在广州全国青年联合会演说时又讲到，当年在日本组织同盟会，主要依靠一万多留日学生，"发起救国，提倡革命的风潮。这万余人不久便回到国内，分散各省，宣传我们的主义。那时候牺牲的精神很大，所以一经武汉发起，便把满清政府推翻"②。

本文试图根据笔者在国内和日本收集到的大量史料，论述辛亥革命时期中国留日学生的爱国精神和革命精神，并着重分析探讨20世纪初的大批留日学生如何顺应历史潮流，从爱国出发，逐步走上革命道路，成为资产阶级革命派的先锋骨干力量的历史轨迹。

一、踊跃东渡为救亡

20世纪初，出现了一个大批中国学生涌向日本留学的热潮。当时一位日本学者青柳笃恒曾这样描述这股留日热的盛况："学子互相约集，一声'向右转'，齐步辞别国内的学堂，买舟东去，不远千里，北自天津，南自上海，如潮涌来。每遇赴日便船，必制先机抢搭，船船满座……总之分秒必争，务求早日抵达东京。"③中国人蜂拥前往日本留学，其中大多数是青年学生，也有少

---

① 孙中山：《建国方略》之一第八章《有志竟成》，《孙中山全集》第6卷第236页。
② 孙中山：《在广州全国青年联合会的演说》，《孙中山全集》第8卷第322页。
③ 实藤惠秀：《中国人留学日本史（中译本）》，第37页。

数贵族子弟、秀才举人、在职官员，甚至连缠足女子、白发老翁也不甘落后。有的夫妇同往，有的父子、兄弟相随，或官费选派，或自费东渡，络绎不绝，形成一股世界留学史上罕见的盛极一时的留日热潮。

20世纪初究竟有多少中国学生留学日本呢？1896年第一批留日学生仅仅13人。1900年中国留日学生才100余人。1902年据《清国留学生会馆第一次报告》统计，已有573人。1903年按驻日公使杨枢报告为1300余人。1904年据《清国留学生会馆第五次报告》统计为2406人。1905年与1906年达到高潮，各种记载说法不一，有的认为已有8000至10000人。笔者在日本外交史料馆查阅日本外务省档案，根据日本各学校调查数字汇总统计如下：1906年7283人，1907年6797人，1908年5216人，1909年5266人，1910年3979人，1911年3328人[①]。实际上，当时中国留日学生流动性很大，有的来去匆匆，未列入调查数内，有的一人兼报几个学校，另外留学年限，有长有短，因此很难作精确统计。估计20世纪初至少有二三万中国学生先后赴日本留学。

20世纪初为什么会出现这样一个声势浩大的留日热潮呢？这与当时中国清政府的提倡鼓励政策及日本明治政府的主动吸引政策有很大关系。早在1898年，洋务派大官僚、湖广总督张之洞就大力倡导留学日本。他认为"出洋一年，胜于读西书五年"；"入外国学堂一年，胜于中国学堂三年"；"至于游学之国，西洋不如东洋"[②]。经过了戊戌变法、义和团运动和八国联军侵华战争冲击的清政府，为了维持自己风雨飘摇内外交困的政权，在20世纪初，不得不实行一系列新政措施。其中心内容是仿效日本和西方，练新军，改官制，兴学堂等。清政府为了培养新政急需的各方面人才，便积极提倡留学日本，还颁布了各种奖励章程，并鼓励官费与自费留学并举。尤其是1905年清政府决定停止科举考试，更促使不少士人学子以出洋留学为重要出路而竞相东渡。

甲午战争以后，日本明治政府把俄国作为争夺远东霸权的主要对手，而对腐朽虚弱的清政府则采取软硬兼施和笼络政策。日本统治集团认为吸收中国留学生既可以密切两国感情，又可以增加日本外汇收入，更重要的是还可以在中国培植亲日势力。积极策划吸引中国留学生的日本驻华公使矢野文雄，在给外务大臣西德二郎的一封信中，道出了他们的真实意图。他说："如果能让在

---

① 日本外务省档案：《在本邦支那留学生关系杂纂第一》，日本外交史料馆藏。
② 张之洞：《劝学篇·外篇》。

日本受到感化的中国新人才散布于这个古老帝国，实为今后在东亚大陆树立日本势力的最佳策略。"①日本社会各界尤其是教育界，十分重视招收中国留学生的工作，特地开设了一批专门接纳中国留学生的学校，如宏文学院、同文书院、成城学校、振武学校、法政大学速成科、早稻田大学清国留学生部等，也为大量中国学生留学日本创造了条件。至于中日地理位置接近、交通方便、用费节省、文字习俗相似，更是留学日本比起留学欧美得天独厚的有利因素。

然而，促使成千上万中国青年奔赴日本留学的最根本的动力，还在于处在严重民族危机之下的中华儿女，要求向日本学习以救亡图存的强烈爱国主义精神。1895年中日甲午战争中国战败，被迫与日本签订丧权辱国的《马关条约》。中国爱国人士一方面视为奇耻大辱，谴责日本的野蛮侵略；另一方面则看到日本经过明治维新取得富国强兵的成效，从而主张"不妨以强敌为师资"②，把效法日本变法维新，作为向西方学习救亡图存的一条捷径。因此，亲身到日本留学，直接了解日本改革富强的经验，并吸收经过日本消化了的西方文化，自然成了许多中国爱国有志青年的向往之途。特别是19世纪末帝国主义列强掀起瓜分中国的狂潮，亡国危险迫在眉睫，更加强了爱国青年留学救亡的紧迫感。留日学生手册《留学生鉴》中把他们留日救亡的动机阐述得淋漓尽致，"吾人不远万里，乘长风，破巨浪，离家去国，易苦以甘，津津然来留学于日本者，果何为也哉？留学者数千人，问其志，莫不曰：'朝政之不振也，学问之不修也，社会之腐败也，土地之日狭也，强邻之日薄也，吾之所大惧也。吾宁牺牲目前之逸乐，兢兢业业，以求将来永远无暨之幸福，此则吾之所大愿也'"③。

1903年，湖南留日学生在所办刊物《游学译编》上发表了致祖国父老兄弟的公开信，竭力鼓动更多家乡青年前往日本留学。信中大声疾呼："今日吾国灭亡之风潮诚达于极顶"，如何才能"救我四万万同胞急切之大祸也"？"惟游学外洋者，为今日救吾国惟一之方针"④。并强调"留学外国者，今日之急务也，无贵、无贱、无富、无贫、无长、无幼，所宜共勉者也"⑤。

---

① 矢野文雄呈西德二郎机密第四十一号信，日本外务省档案。
② 康有为：《日本变政考》序，故宫博物院藏书。
③ 东京启智书社：《留学生鉴》第13页。
④ 《劝同乡父老遣子弟航洋游学书》，《游学译编》第6期。
⑤ 《与同志书》，《游学译编》第7期。

笔者在日本查阅早稻田大学清国留学生部的纪念册《鸿迹帖》时，也发现不少中国留日学生抒发自己留学救亡动机的题词和诗歌。如有一首诗云："沧海只身渡，非为汗漫游。毕生惟爱国，大陆悉同俦。"还有的诗写道："我从中土渡扶桑，乘风破浪开天荒。""舍旧图新大更张，精研科学救国方。"①女留学生秋瑾在东渡日本时也豪迈地吟道："漫云女子不英雄，万里乘风独向东。""如许伤心家国恨，那堪客里度春风？"②老一辈无产阶级革命家吴玉章在1903年赴日留学时，也曾赋诗言志："东亚风云大陆沉，浮槎东渡起雄心。力求富国强兵策，强忍抛妻别子情。"③这些诗句表达了20世纪初留日学生共同的爱国心声。

当然，如此留学大潮，难免泥沙俱下，众多留日学生也必然鱼龙混杂。有少数纨绔子弟出国只是为了游山玩水，沉湎于异国风情、吃喝玩乐。而一些利禄之徒，则是留洋镀金，不顾民族安危，只追求升官发财。但是留日学生中的绝大多数和主流是热爱祖国的，他们是为了学好本领报效祖国、挽救民族的危亡而东渡留学的。因此当时救亡急需的军事、政法、师范等学科，成为中国留学生选择的热门。正是这种爱国主义的思想基础，使他们能够一步步走向革命，成为辛亥革命的骨干力量。

二、国耻难忘图自强

多数中国留学生抱着爱国救亡的动机来到日本，那么，他们在日本的遭遇和处境又是怎样进一步激扬了他们的爱国主义精神呢？

中国留日学生从半殖民地半封建的中国来到新兴的资本主义国家日本，日本工业的发展、教育的普及、军事的强盛使他们触目惊心，对比祖国的落后贫弱，不禁感慨万分。湖南留日学生周家纯叙说："自入长崎以来，流连异土，百感交并，及达东京，益怦怦不能自持者。"他回顾中日两国交流的历史，在隋唐时代，不少日本留学生、留学僧来华，恭恭敬敬地学习中国的政教文化，"归而光大其国"。然而，"今几何时，昔日之蓝，不如今日之青；昔

---

① 早稻田大学清国留学生部纪念册《鸿迹帖》，日本早稻田大学图书馆藏。
② 秋瑾：《日人石井君索和即用原韵》，《秋瑾集》第83页。
③ 吴玉章：《辛亥革命》第31页。

日之师傅，不如今日之弟子"。①

特别引起中国留学生注意的是日本的教育事业。他们一踏上长崎码头，就看到日本男女学生，"着屐，系红裙，三五携手，午前入塾，或沿途唱歌，一唱众和，学校林立"②。他们认为日本之所以能富国强兵，首先是由于普及教育，广育人才。对比中国，学校不多，鸦片烟馆却不少，不由得感叹："日本学校之多，如我国之鸦片烟馆，其学生之众，如我国之染烟瘾者。"③这种强烈的反差，促使他们更加痛恨清廷的腐败卖国，产生要求改造中国的愿望。留日学生每天"目之所见，身之所接"，"不觉向者狭隘之心，化为恢宏矣，偏视之见，化为大公矣。非特知识因之而增，即爱国爱人之心，亦因而发"④。留日学生们，"每览异邦之风物，念宗国之颠沛，未尝不引领西望"⑤。"痛外患之日亟，而内部腐败之情形又不堪设想"⑥。国内的《苏报》也评论说：留日学生"居东京，多生无穷之感情，多受外界之刺激"，只要不是"凉血类之动物，殆无不有国家二字浮于脑海者"⑦。

然而，中国留日学生在日本受到刺激更深的，则是由于祖国的贫弱而受到的歧视和侮辱。中国留日学生们在赴东京途中经过下关，得知这就是1895年李鸿章与伊藤博文签订《马关条约》之处，想起甲午战争割地赔款的耻辱，不禁痛哭流涕，泣不成声。留学生景梅九记述自己经过下关时的心态说："忽然到一处，说是李鸿章的议和地点，真叫人羞得无地自容了！地名叫下关，也叫马关。友人诗云：'可怜万古伤心地，第一难忘是此关。'怕经过此关的中国人，都有这样的感慨罢。可算是游日本的人，最先受的大刺激了。"⑧

东京的靖国神社里陈列了不少甲午战争中日本侵略军掠夺中国的所谓战利品，也使来到这里的中国学生深受刺激。李大钊1915年为留日学生总会撰写的《警告全国父老书》，表达了中国留学生的普遍心情。他写道："居东京，适游就馆（即靖国神社内陈列馆），见其陈列虏夺之物，莫不标名志由，夸为

———————————
① 周家纯：《致湖南青年劝游学外洋书》，《游学译编》第4期。
② 《湖北学生界》第4期。
③ 《北京新闻汇报（六）》第3548页，引自黄福庆：《清末留日学生》第108页。
④ 李宗棠：《东游纪念第五——护送游学官绅学生日记》第5页。
⑤ 《江苏同乡会募捐公启》，《江苏》第1期。
⑥ 《湖北同学会缘起》，《湖北学生界》第1期。
⑦ 《苏报》1903年5月30日。
⑧ 景梅九：《罪案》第17—18页。

国荣。鼎彝迁于异域，铜驼泣于海隅，睹物伤怀，徘徊不忍去。盖是馆者，人以纪其功，我以铭其耻；人以壮其气，我以痛其心。唯有背人咽泪，面壁吞声而已。言念及时，辄不胜国家兴亡之慨。"①

自甲午战争尤其是日俄战争之后，一些日本人得意忘形狂妄自大，越来越轻视中国人。中国留学生经常遭到日本政府的歧视和各方面的刁难，甚至受到某些受军国主义影响的日本房东、店主、车夫等的嘲弄、冷遇。有时，穿着中国服装留着长辫的中国留学生走在街上，竟有日本小孩跟在后面嘲骂"豚尾奴"（拖着猪尾巴的秃子）！使他们愤愤不已，痛不欲生。留日学生深切体会到，祖国不独立富强，也就没有中国留学生的尊严和地位。他们常常奋起抗争，维护中华民族的尊严。如一次大阪博览会的人类馆竟把台湾女子作样品展览，留日学生认为这是侮辱中国，群起抗议，终于迫使馆方撤换。东京强乐堂放映所谓支那妇人丑态的影片，中国留学生宋教仁等见了极为气愤，立即书写告示贴在门口告诫中国人不要入内参观。馆方不许张贴，宋教仁义正辞严地反驳：你们侮辱中国，我们就有权抗议！

日本人对中国人的歧视还表现在学校内。如鲁迅在仙台医学专科学校学习期间，一次在考试中得到较好的成绩，却遭到一些对中国有偏见的日本学生的怀疑和指责，甚至造谣说这是由于教解剖学的藤野严九郎先生事先把试题泄露给了他。对此，鲁迅后来在《藤野先生》一文中愤慨地写道："中国是弱国，所以中国人当然是低能儿，分数在六十分以上，便不是自己的能力了，也无怪他们疑惑。"②

留日学生满腔悲愤地诉说："我等寄学海外，目睹外人对我之政策，怆种族之不保，痛神州之陆沉。"他们在日本受到的这一切羞辱和歧视，更加强烈地激发了留日学生的民族感情和爱国热情，也使他们愈加痛恨清政府的腐败卖国，进而燃烧起反清革命的烈火。

三、热血沸腾倡革命

中国留日学生在日本积极投身爱国救亡运动，斗争的实践促使他们的爱

---

① 李大钊：《警告全国父老书》，《李大钊文集（上册）》第122页。
② 鲁迅：《藤野先生》，《鲁迅全集》第2卷第415页。

国主义精神更加高涨，并推动他们从爱国救亡走向反清革命。

1903年春，日本各报刊纷纷刊载沙皇俄国自1900年出兵强占中国东北后，非但不肯撤兵，反而提出种种无理要求的消息。留日学生闻讯群情激愤，立即掀起了轰轰烈烈的拒俄运动。4月29日，500多名中国留学生在东京锦辉馆集会，声讨俄国的侵略罪行。登台演讲者慷慨陈词，声泪俱下。他们指出："祖国瓜分，同胞奴隶，我辈有何面目更在日本留学？""生为无国之民，不如死为疆场之鬼！"当场发起成立拒俄义勇队，准备开赴东北前线，杀敌报国。一天之内，就有130多人报名加入义勇队，连参加集会的12名女留学生也全体报名，要求"以螳臂之微，为国尽力"[①]。表现了留日学生对祖国命运的焦虑和准备为保卫祖国流血献身的决心。5月2日，义勇队改名学生军，推举陆军士官学校留学生蓝天蔚为队长，组成3个区队12个分队，进行军事操练。女学生们也组织救护队，练习救护技术。

卖国媚外的清政府却把留日学生的拒俄爱国行动视为犯上作乱，竟要求日本政府加以取缔。东京神田警察署前来干涉，中国留学生据理力争，连日本警官也表示："君等爱国之心实在可敬。"拒俄学生军决定"解散形式，不解散精神"，改名为军国民教育会，在军事体育训练的名义下继续开展拒俄运动。军国民教育会决议派遣"特派员"回国向北洋大臣袁世凯请战，同时派"运动员"赴各省及海外，发动各地群众和华侨参加拒俄运动。在欢送会上，留学生们坚定地宣誓绝不"忘国、忘耻、忘危、忘死"[②]。可是，留日学生特派员到天津求见袁世凯，却被拒之门外。清政府对留日学生的爱国行动不仅不予支持，反而加以镇压。驻日公使蔡钧在给湖广总督端方的电报中，攻击留日学生"名为拒俄，实则革命，现已奔赴内地，务饬各州县严密查拿"。蔡钧致外务部的密电，更污蔑留日学生"以拒俄为名，实图不轨，阴谋并密置党羽于长江、北洋一带之地，分派会党煽惑，纠合同志，以便起事"。要求清政府速电致各省督抚"严密查办"。有的御史甚至叫嚷："东京留学生已尽化为革命党，不可不加之防备。"[③]于是清政府下令严禁留日学生回国活动，同时命沿海各关口严格搜捕缉拿军国民教育会成员。驻日公使蔡钧甚至亲自到东京成城

---

① 据《浙江潮》第4期、《江苏》第2期等刊物报道。
② 《最近支那革命运动》，引自《拒俄运动》第109页。
③ 《苏报》1903年6月5日、《大公报》1903年6月28日，引自《拒俄运动》第265页。

学校索拿军国民教育会成员，穷凶极恶地镇压留日学生的拒俄运动。

　　清政府的倒行逆施从反面教育了留日学生，使他们看清了清政府媚外卖国、镇压人民的反动本质，认识到要挽救中国就必须首先推翻清政府的统治，从而推动大批留日学生从爱国救亡走上反清革命的道路。留日学生陈去病在留学生刊物《江苏》第4期上著文认为"有拒俄之诚，而即蒙革命之名"，可见就目前情势论之，"盖几乎革命亦革命，非革命亦革命矣"！因此他大声呐喊"革命其可免乎？"[①]《江苏》第5期上一篇文章题为《革命制造厂》，明确指出反清革命是清政府逼出来的，所以清廷就是革命的"制造厂"。留日学生最初组织拒俄义勇队，本来准备听从政府"节制"，"以抗俄人"。可是清政府却百般镇压，"四处逮捕"，于是留日学生不得不被逼上革命的道路。成城学校留学生方声洞积极参加拒俄义勇队。当义勇队被清政府勒令解散后，他"悲愤欲绝，热血如沸，逢人便痛论国事，谓非一刀两断，颠覆政府，以建共和，则吾人终无安枕之日"[②]。吴玉章也回忆当时情况说："我虽然不是很自觉地参加了这一运动，但这一运动却在我的生活中掀起了巨大的波澜，把我推入了革命的洪流。"反动势力的镇压迫害，"倒真的把我逼上了'梁山'，我当时心想，'反正回不了家，干脆就在外边搞革命吧'"[③]！原来不少信奉改良、立宪的留日学生，也抛弃了对清政府的幻想，投身反清革命。拒俄运动成为留日学生的主要政治倾向由改良转向革命的一个重要分水岭。

　　另一次激发留日学生爱国和革命精神的斗争是1905年的反对"取缔规则"风潮。1905年11月，日本政府文部省颁布了《关于准许清国人入学之公私立学校之规程》，当时中国留学生称其为"取缔规则"。这个法令表面上是监督管理招收中国留学生的日本学校，但实质上是应清政府的要求，取缔留日中国学生的革命活动。日本文部省次官也承认这个法令是对中国留学生中的革命派的一大打击。取缔规则一公布，立刻引起中国留学生的极大义愤，纷纷集会抗议。中国留学生会馆干事程家柽在日本报纸上发表文章，严正指出："中国学生既在日本受教育，应与日本学生一视同仁受同等待遇，今制定一特别规则专为取缔中国学生，则绝无理由接受。"他还慷慨激昂地表示："天地悠悠，世

----

① 季子（陈去病）：《革命其可免乎！》，《江苏》第4期。

② 《神州旧报》1911年8月2日，引自《拒俄运动》，第329—330页。

③ 《吴玉章回忆录》第19—20页。

界何处无不可任吾人翱翔，既深恶祖国专制，志于推翻，又何苦郁郁受异国专制压迫。"[①]12月5日，中国留学生在东京富士见楼集会，认为取缔规则"侵我主权，伤我国体，不甘忍受"，决定集体罢课。不少留日学生还毅然决定退学回国以示抗议。在浙江同乡会的集会上，秋瑾发言，"力主回国，词意激昂，随手从靴筒取出倭刀，插在讲台上说，'如果有人回到祖国，投降满虏，卖友求荣，欺压汉人，吃我一刀'"[②]！12月8日，留日学生中的杰出革命宣传家陈天华，为抗议日本报纸污蔑中国留学生"放纵卑劣"，而在日本大森海滨蹈海自杀。他在《绝命书》中说："鄙人心痛此言，欲我同胞时时勿忘此语，力除此四字，而做此四字之反面，坚忍奉公，力学爱国。恐同胞之不见听而或忘之，故以身投东海，为诸君之纪念。"他希望中国留学生能"力求振作之方，雪日本报章之言，举行救国之实，则鄙人虽死之日，犹生之年矣"[③]！陈天华之死对留日学生界产生了极大震动，宣读绝命书时，"听者所千百人，皆泣下不能仰"。罢课退学风潮形成燎原烈火，先后有2000余名中国留学生整装归国。他们在一封公开信中写道：我们"有自由，有热诚，有团体，能大声疾呼于我四万万之同胞，一齐昂首阔步而不为奴隶"[④]。在中国留学生的坚决斗争之下，日本政府被迫让步，宣布暂缓执行这一规则，一些归国学生才再度赴日复学。这场风潮使留日学生看到了团结斗争的力量，并认识到只有通过革命斗争才能维护民族的尊严和人民的权利，成为他们从爱国向革命转化的又一催化剂。

四、吸收传播新思想

留日学生在日本学习新知识接受新思想，也是促使他们从爱国走向革命的重要因素，而且从理论认识上把爱国与革命统一起来。他们积极从事反帝爱国和民主革命思想的宣传，为辛亥革命大造舆论。

中国留学生来到日本以后，如饥似渴地寻求能够救国救民的新知识新思想。正如鲁迅所说，中国留学生"一到日本，急于寻求的大抵是新知识，除学

---

① 《东京朝日新闻》明治38年12月10日。
② 徐双韵：《记秋瑾》，《秋瑾史料》第28页。
③ 陈天华：《绝命书》，《陈天华集》。
④ 李宗棠：《劝导留学日记》第24页。

习日文，准备进专门的学校之外，就赴会馆，跑书店，往集会，听讲演"[①]，通过各种途径吸收新思想。他们博览群书，刻苦攻读。据与鲁迅一起在宏文学院学习的同学回忆，当时学习条件虽不太好，8个中国留学生挤住在一间寝室里，夏天8个人合用一顶日本式大蚊帐，但大家都很用功，尤其鲁迅每天读书到深夜，"顽强苦学，毅力惊人"。同学们不禁赞叹"斯越人也，有卧薪尝胆之遗风"[②]。后来成为同盟会重要骨干的宋教仁一到东京，便到处买书订报。从《宋教仁日记》中可以看到，在1905年2月3日那天，他曾与友人到神保町的书店，买了西文书籍《万国大年表》《世界十伟人》《东西二十四杰》等书，和《太阳》《教育界》等日本杂志，他还订阅了东京的《二六新闻》等报刊。宋教仁在法政大学与早稻田大学留学期间，还选修了许多门资产阶级经济学、法学、历史学的课程。

留日学生在日本广泛接触各种西方和日本的资产阶级政治、经济、社会学说，自由、平等、博爱和天赋人权思想，以及形形色色的社会主义、无政府主义新思潮，因此思想十分活跃。他们经常举行各种集会，组织各类团体，出版各种刊物，并发表演说、文章，探讨拯救中国的各种方案和道路。孙中山曾指出："赴东求学之士类，多头脑新洁，志气不凡，对于革命理想，感受极速，转瞬成为风气，故其时东京留学界之思想言论，皆集中于革命问题。"[③]如宏文学院的中国留学生，"每晚都在自习室讨论立宪和革命的问题，最初颇多争论，以后主张排满革命的占了多数"[④]留日学生们"高谈革命，各以卢骚、福禄特尔、丹顿、罗伯斯比尔、华盛顿相期许"[⑤]。

留日学生把向中国人介绍传播新思想、新文化作为自己的神圣责任。1900年创刊的留日学生第一份刊物《开智录》就明确提出以"输进新思想以救盈国民独立之精神为第一主义"[⑥]。留日学生中的第一个翻译团体译书汇编社也声称："同人等负笈他邦，输入文明，义不容辞。"[⑦]留日学生刊物《云

---

① 鲁迅：《因太炎先生而想起的二三事》，《鲁迅全集》第6卷第558页。
② 沈瓞民：《回忆鲁迅早年在弘文学院的片断》，《文汇报》1961年9月23日。
③ 孙中山：《建国方略》第八章《有志竟成》，《孙中山全集》第6卷第235—236页。
④ 李书城：《辛亥前后黄克强先生的革命活动》，《辛亥革命回忆录（一）》第181页。
⑤ 冯自由：《革命逸史（初集）》第72页。
⑥ 《开智录》第3期。
⑦ 《译书汇编发行之旨趣》，《译书汇编》第2卷第1期。

南》杂志则公开宣布："以开通风气，鼓舞国民精神为宗旨。标榜宣传国家思想、公益思想、进取思想、冒险思想、尚武思想、实业思想、地方自治思想和男女平等思想"。①

留日学生们通过创办报纸杂志、编译出版书籍等方式，把西方和日本的资产阶级新思想新文化，经过自己的消化改造，再向留学生界和国内知识青年广泛传播。据笔者在国内和日本各图书馆的不完全统计，20世纪初至1911年，中国留日学生所办的刊物有70—80种之多，编译的书籍有几百种。由于留日学生人数多、能量大，所编书刊种类多、内容新，对于当时启迪民智，制造革命舆论，效果卓著，影响极大，有力地推动了中华民族的觉醒和中国民主革命的进程。留日学生刊物的许多文章，字里行间都洋溢着对祖国和民族的深厚感情。他们身在异国，却时刻都在怀念灾难深重的神州大地和父老兄弟，沉痛呼号祖国受帝国主义列强欺凌宰割的悲惨境地，努力探索救国救民的思想和道路。如湖北留日学生创办的《湖北学生界》，充满爱国激情，发表了《历史广义内篇》《中国民族考》等文，歌颂中华民族的悠久历史和灿烂文化。又刊文赞美黄河、长江等祖国壮丽河山，提倡"自尊自信，不崇拜外人之人格"。这些刊物还以大量篇幅揭露帝国主义对中国的侵略，并从反帝爱国进而鼓吹反清革命。许多文章把斗争矛头直接指向腐朽卖国的清王朝，主张推翻君主专制，"使我国民自由独立之国旗，高扬于灿烂庄严之新世界"②。

留日学生还大量翻译介绍西方和日本的资产阶级政治学说，其中西方著述大多是根据日文译本再译成中文的。查阅1900年12月出版的《译书汇编》创刊号上刊登的译文就有〔法〕孟德斯鸠：《万法精理》（即《论法的精神》）、〔法〕卢骚：《民约论》（即《社会契约论》）、〔英〕斯宾塞尔：《政法哲学》、伯盖司：《政治学》、〔德〕伯伦知理：《国法泛论》等西方资产阶级社会科学名著。据《译书译论》的刊书目录，该社1901年出版的单行本还有〔英〕斯宾塞尔的《政治进化论》《社会平权论》，〔法〕卢骚的《教育论》，〔美〕勃拉司的《平民政治》，〔日〕福泽谕吉的《文明之概略》，〔日〕加藤弘之的《加藤演讲集》等书的汉译本。在1903年的发行目录中，还有《日本维新活历史》《美国独立史》《最近俄罗斯政治史》《比（菲）律宾

---

① 《云南杂志发刊词》，《云南》第1号。
② 《湖北学生界》第3期。

志士独立传》等历史著作。这些译著对当时中国知识分子开展思想启蒙和革命宣传起了很大作用。梁启超曾在《清代学术概论》中描写当时留日学生中译书风气盛行，"日本每一新书出，译者动辄数家，新思想之输入如火如荼矣"[①]！

留日学生在传布西方资产阶级民主革命思想的同时，也开始接触和初步介绍西方和日本的社会主义以至马克思主义思想学说。如日本早期社会主义者幸德秋水写的宣传社会主义思想的通俗读物《广长舌》，1902年在日本出版，同年就由中国留日学生译成中文。他论述帝国主义本质的《二十世纪之怪物帝国主义》一书，1902年也被留日学生译成中文广为流传。1903年，幸德秋水阐述社会主义学说的重要理论著作《社会主义神髓》出版，两个月后就由留日学生译成中文发行。1907年，日本的《平民新闻》在评论该书中译本时，曾预言："当前，革命的浪潮正澎湃于中国全土，将来使这块革命草原鲜花怒放的，必定是社会主义。"[②]1903年留日学生还翻译了福井准造的《近世社会主义》一书，书中称马克思（译为马陆科斯）为"一代之伟人"，称他的《资本论》为"一代之大著述"。1906年，留日学生廖仲恺以"渊实"的笔名在《民报》上著文认为这些著作使中国进步知识分子初步了解社会主义的学说、历史、派别和活动，"译者深喜研究其真相，并拟一一绍介之于学界"[③]。同年，留日学生朱执信以"蛰伸"的笔名在《民报》上发表了马克思的传记，作为德意志社会革命家小传中的第一个传记，当时译为马尔克，并介绍了《共产党宣言》的要点。

中国留日学生在吸收消化了西方资产阶级政治学说之后，便结合中国实际，撰写了各种宣传资产阶级民主革命的文章和著作。如陈天华所写的《猛回头》《警世钟》《狮子吼》等通俗读物，流传很广。他以满腔炽热的爱国激情，生动流畅的文笔，揭露帝国主义瓜分中国的野心和清政府卖国投降的罪行。他深刻地指出，现在的清廷已成为"洋人的朝廷"，只不过是帝国主义的"守土官长"，完全是按帝国主义的意旨办事的。只有把它推翻，才是救亡图存的唯一出路。因此，"我们要想拒洋人，只有讲革命独立，不能讲

① 梁启超：《清代学术概论》第161—162页。
② 《平民新闻》第1号。
③ 渊实（廖仲恺）：《无政府主义与社会主义》，《民报》第9期。

勤王"①。透彻明白地讲清了爱国与革命、反帝与反封建的关系。他写的各种小册子，传到国内，为群众广泛传诵说唱，对提高人民的革命觉悟，起了重要作用。

当时宣传革命影响最大的一本书是留日学生邹容的《革命军》。邹容于1902年春东渡日本，入东京同文书院学习。他受到当时东京留日学生界爱国革命气氛的感染，很快就投身到革命活动中去。每次在集会上"争先演说，犀利悲壮，鲜与伦比"。同时，他还认真阅读西方资产阶级政治学说如卢骚的《民约论》和孟德斯鸠的《万法精理》等著作，钻研资产阶级革命的历史和理论，结合中国国情，在1903年5月写成《革命军》一书。这是中国近代史上第一部旗帜鲜明地系统宣传革命和资产阶级共和国的著作。它虽然只有两万多字，但深入浅出，犀利有力，富于感染力和战斗性，在当时产生了石破天惊、振聋发聩的巨大影响。邹容在《革命军》中热情洋溢地讴歌："巍巍哉，革命也。皇皇哉，革命也。""吾于是沿万里长城，登昆仑，游扬子江上下，溯黄河，竖独立之旗，撞自由之钟，呼天吁地，破嗓裂喉，以鸣于我国同胞前曰：呜呼！我中国今日不可不革命。我中国今日欲脱满洲人之羁缚，不可不革命。我中国欲独立，不可不革命。我中国欲与世界列强并雄，不可不革命。我中国欲长存于二十世纪新世界上，不可不革命。我中国欲为地球上名国，地球上主人翁，不可不革命。"他还指出："革命者，天演之公例也。革命者，世界之公理也。革命者，争存亡过渡时代之要义也。革命者，顺乎天而应乎人者也。革命者，去腐败而存善良者也。革命者，由野蛮而进文明者也。革命者，除奴隶而为主人者也。"②邹容深刻阐述了革命的意义和原因、目的与方法，并从理论上把爱国与革命统一起来了。邹容于1903年7月被清政府勾结上海租界巡捕房逮捕，1905年2月病死于狱中，年仅21岁。邹容虽然被害，但是《革命军》燃起的革命烈火却是清政府无法扑灭的。《革命军》在国内和日本先后翻印20多次，印刷达100多万册，风行海内外，当时中国的爱国革命青年几乎人手一册。鲁迅后来回忆道："倘说影响，则别的千言万语，大概都抵不过浅近直截的'革命军中马前卒'邹容所做的《革命军》。"③

---

① 陈天华：《猛回头》《警世钟》，《陈天华集》。
② 邹容：《革命军》，《邹容集》。
③ 鲁迅：《杂忆》，《鲁迅全集》第1卷，第318页。

五、流血牺牲多壮志

大批留日学生从爱国出发走上革命道路以后，就成为中国资产阶级革命派的先锋骨干分子，为辛亥革命的准备和发动做出了重大贡献。

留日学生在日本进行革命宣传和组织革命团体，为中国第一个资产阶级革命政党同盟会的成立提供了思想和组织基础。1905年8月20日，中国同盟会在日本东京正式成立，它的领导骨干和最初成员绝大多数是留日学生。据统计，1905—1907年有资料可查的同盟会员379人中，留学生与学生354人，占93%以上，其中大多为留日学生。同盟会总部的主要领导人和各部门负责人除了总理孙中山以外几乎都是留日学生，如相当副总理的黄兴，庶务科刘揆一、宋教仁、张继，书记科马君武、田桐、胡汉民，外务科程家柽、廖仲恺，评议部汪精卫、朱执信、冯自由、吴玉章，司法部邓家彦等。同盟会机关报《民报》的编辑和撰稿人也基本上都是留日学生。同盟会派遣的各省主盟人也主要由留日学生担任，如湖南黄兴、宋教仁，直隶张继，天津廖仲恺，浙江秋瑾，香港冯自由、南洋胡汉民等。

为了将革命推向全国，许多留日学生放弃了在日本的学业而潜回国内进行革命活动。他们将邹容的《革命军》，陈天华的《警世钟》《猛回头》，以及《民报》《江苏》《浙江潮》《湖北学生界》等革命书刊偷偷大批运回国内，广为散发，宣传革命思想。留日学生还在国内各地发动学生、新军、会党，组织各种革命团体。如黄兴、宋教仁等在湖南组织华兴会，陶成章、徐锡麟等在江浙组织光复会，刘静庵在武汉组织日知会，焦达峰等在两湖组织共进会，吴春阳、陈独秀在安徽组织岳王会，井勿幕在陕西组织同盟堂，胡瑛、曹亚伯在湖北组织科学补习所等。这些革命团体在辛亥革命中都发挥了重要的作用。

至于策动各地新军起义的工作主要是由留日的士官学校学生们进行的。他们经过在日本陆军士官学校留学回国后，被各省督抚争相聘用并委以要职。有的甚至当上了新军的统制（师长）、协统（旅长）、标统（团长）、陆军学堂监督（校长）等，执掌了兵权，成为辛亥革命中各省起义的重要军事力量。如日本陆军士官学校的第1期中国留学生吴禄贞、张绍曾回国当了统制，第2期的蓝天蔚和第3期的蔡锷担任了协统，他们在辛亥革命中都起过重要作用。据统计，参加辛亥云南起义的40名新军起义将领中，就有蔡锷、李根源、唐继尧、罗佩金等31人是留日学生，而且多数毕业于日本陆军士官学校。武昌起义后各省军政府的都督、部长以至工作人员也有不少是留日学生。这时正在上海的日本人北一辉曾描写道："当时出入于秘密机关者几乎全为留日学生，攻击机器局之大军，其服式都是立领金扣。他们昨天还是寄宿于东京神田公寓的日本士官学校学生，当听到武昌起义消息，立即归国各自奔赴本省与同志汇合。留日学生之制服甚至被称为革命服。"①

留日学生还在各地积极发动和参加武装起义，不少人将自己的青春以至生命献给了革命事业。1906年的萍浏醴起义是同盟会成立后发动的第一次大规模武装起义。湖南留日学生刘道一受同盟会派遣，到湘赣边境发动会党起义，并在长沙掌握全局。起义爆发后刘道一被清政府逮捕，12月31日在长沙浏阳门外英勇就义。他是留日学生参加反清起义被杀害的第一人，也是同盟会会员中为革命流血牺牲的第一位烈士。孙中山闻讯曾作挽诗哀悼："半壁东南三楚雄，刘郎死去霸图空。尚余遗孽艰难甚，谁与斯人慷慨同？塞上秋风嘶战马，神州落日泣哀鸿。几时痛饮黄龙酒，横揽九流一奠公！"②

1911年4月27日（农历三月二十九日）广州黄花岗起义，是同盟会发动的武装起义中规模较大、牺牲最惨烈的一次。这次起义牺牲的七十二具烈士遗骸经收殓葬于广州城郊黄花岗。在黄花岗七十二烈士中就有八名留日学生。其中如千叶医科学校学生喻培伦，在日本留学时就加入了同盟会，并为革命试制炸药、炸弹，不幸在一次试验中手臂受伤致残。黄花岗起义前他赶到广州，夜以继日地制造了100多颗炸弹。起义时他胸前挂着满满一筐炸弹，一马当先，冲锋陷阵，清兵闻风丧胆，最后身负重伤弹尽力竭而被俘。喻培伦在就义前还怒斥敌人："学说是杀不了的，革命尤其杀不了！"③留日学生方声洞也是千叶医科学校学生，本来这年7月即将毕业，但他坚决要求回国参战，在完成了运输军火任务后又投入起义战斗。起义前夜，方声洞给父亲和妻子王颖写了绝命书，说明"来港时，已决志捐躯于沙场，为祖国报仇，为四万万同胞求幸福，

---

① 北一辉：《支那革命外史》第82—83页。
② 孙中山：《挽刘道一诗》，《孙中山全集》第1卷第334页。
③ 《吴玉章回忆录》第62页。

以尽国民之责任。"并表示"男儿在世，不能建功立业以强祖国，使同胞享幸福，奋斗而死，亦大乐也"①。还有在日本庆应大学留学的林觉民，在留日期间就经常悲愤地演讲："中国已到危险关头，大丈夫只有一死报国！"回国时在船上对战友郑烈说，此举即使牺牲，如果能"使吾同胞一旦尽奋而起，克复神州，重兴祖国，则吾辈虽死之日，犹生之年也，宁有憾哉"②！4月27日战斗中，林觉民随黄兴进攻两广总督衙门，浴血奋战，后因受伤被俘，赴刑场时面不改色，从容就义，时年仅25岁。林觉民烈士就义前给爱妻陈意映写了一封足垂千古的绝笔书，写在一块白色手帕上，共1000多字，字字血泪，悲怆婉转，动人心弦。他写道："吾今以此书与汝永别矣"，"吾作此书，泪珠与笔墨齐下"。他回忆夫妻之间的恩爱深情，说"吾自遇汝以来，常愿天下有情人都成眷属，然遍地腥云，满街狼犬，称心快意，几家能够？""当亦乐牺牲吾身与汝身之福利，为天下人谋幸福也"。最后他写道，"吾今死无余憾，国事成不成，自有同志者在"③。表现了革命志士视死如归的伟大胸怀和高尚情操。

1911年10月9日武昌起义前夜被捕牺牲的三烈士之一刘复基也曾留学日本。他是文学社领导人之一，力促文学社与共进会联合领导武昌起义。当起义指挥部被清军包围时，他让别的同志快走，自己手持炸弹冲下楼去抵挡敌人，终因寡不敌众而被捕。当他被清军押赴刑场时，还一路高呼："同胞们，大家努力啊！""同胞呀，大家起来革命！"④直到生命最后一息。刘复基是武昌起义中牺牲的第一位留日学生。"龟山苍苍，江水泱泱，烈士一死满清亡"⑤。敌人的疯狂屠杀只能激起革命党人的愤怒和仇恨，刘复基等烈士的鲜血，激励着武昌起义中千万个革命者踏着他们的血迹前进。留日学生中为革命而舍生忘死英勇献身的先烈们可歌可泣的英雄事迹将永远不朽！

回顾80多年前中国留日学生在辛亥革命时期的表现，他们赤诚炽烈的爱国热忱、气贯长虹的革命豪情和不屈不挠的浩然正气，至今仍然深深地打动和震撼着我们的心灵。

爱国主义精神哺育激励着一代又一代的中华儿女。20世纪初大批中国青

---

① 方声洞烈士遗墨，引自《民国人物传》第4卷第10页。
② 郑烈：《林觉民传》，《黄花岗七十二烈士事略》。
③ 林觉民给妻子的绝笔书，原件藏中国革命博物馆。
④ 李廉方：《辛亥武昌首义记（上册）》第83页。
⑤ 胡石庵：《三烈士赞》，《辛亥首义回忆录》第4辑第223页。

年学生怀着爱国救亡之志，东渡日本留学。他们身在异邦，心向祖国，时刻不忘民族的危难和人民的痛苦，为寻求救国救民的真理而苦苦探索。他们把个人的前途与国家民族的命运紧紧连在一起，认识到没有祖国的独立富强就没有每一个中国人的地位和尊严。而不推翻帝国主义及其走狗清王朝的反动统治，也就不可能有中国的独立和富强，因此他们又把爱国救亡与反清革命统一起来了。大批留日学生毅然投身革命，成为中国资产阶级革命派的先锋和骨干力量。他们宣传革命思想，组织革命团体，发动武装起义，为中国民主革命事业做出了重大的贡献。许多留日学生赴汤蹈火，前仆后继，万死不辞。即使被捕就义，依然威武不屈，大义凛然。他们的爱国主义和革命献身精神永远值得我们学习和怀念。

留日学生和其他辛亥先烈们虽然以大无畏的革命精神，把皇帝拉下了马，推翻了清王朝，结束了两千多年的君主专制制度，创立了中华民国，但是政权又落入帝国主义的走狗、以袁世凯为首的北洋军阀手里，中国半殖民地半封建的社会性质并没有改变，反帝反封建的民族民主革命任务也没有完成。革命志士们悲愤地喊出"无量头颅无量血，可怜购得假共和"[1]的呼声。历史证明，资产阶级共和国的方案在中国行不通。进步的中国人继续探索救国救民的真理，又发动了彻底反帝反封建的新文化运动和五四运动，其主要领导人陈独秀、李大钊和鲁迅等也是留日学生。尤其是1913年至1916年曾在日本留学的北京大学教授李大钊，成为中国最早的马克思主义者和共产主义运动的先驱者。通过马克思列宁主义与中国革命运动相结合，诞生了中国共产党，领导中国人民，终于取得民主革命的胜利并走上社会主义道路，使中华民族以崭新的姿态屹立于世界民族之林，实现了辛亥革命先烈和无数志士仁人所梦寐以求的理想。

（原载于《日本学》第7期，北京大学出版社1996年版）

---

[1] 《民立报》1912年9月23日。

论五四运动与中外文化的交融

五四运动，从宏观上考察可以说是集爱国救亡、思想启蒙、文化革新于一体的伟大的民族觉醒运动。它高举起反帝反封建的旗帜和民主与科学的火炬，在中国人民革命史和中华民族文化发展史上，谱写了划时代的篇章。

五四时期，在中国的思想文化领域，出现了一个空前活跃、壮观的中外文化交融的高潮。外来文化如滚滚浪潮，汹涌而入，中国的知识分子如饥似渴地吸收新思想，如痴如醉地迷恋新文化。各种主义、学说、流派，百家竞起，异说争鸣。几年之间，中国简直成了一个世界文化交融的大舞台。为什么在五四时期会产生这样的文化现象？它为我们提供了哪些宝贵的经验教训？对今天建设中国社会主义现代文化又有什么启示？本文试对这些问题加以初步探讨。

一、文化交流与开放机制

纵向流传和横向交融是文化发展的两个基本特征。也就是说，任何一个国家和民族文化的发展，一方面要依靠对传统文化的继承、批判和发扬，另一方面它还需要对外来文化的吸收、借鉴和融合。这两者是相辅相成、缺一不可的。

横向交融主要通过文化交流，它是文化发展和社会进步的巨大动力。文化交流能推动不同国家、民族之间的文化互相吸收营养，借鉴经验，取长补短，创新发展。它既能维系世界文化发展的连续性，又能调节各国文化发展的不平衡性。进行文化交流首先需要克服文化隔离机制（包括地理、社会、心理等各种因素），实现文化开放机制。

五四时期之所以会出现中外文化交流的高潮，这是历史和时代的大势所趋。20世纪初，特别是1917年俄国十月革命，开创了人类历史的新纪元，社会主义、马克思主义和无产阶级革命已成为一股汹涌澎湃的世界新潮流。北京出版的《新潮》在1919年1月创刊号上曾对此作了极其生动的描绘："却说现在有一股浩浩荡荡的世界新潮"，以俄罗斯革命为起点，由东欧进入中欧、西欧，波及美洲，影响非洲，经印度洋，"进太平洋而来黄海日本海"。由于所遇障碍最多，"所以潮流的吼声愈响，浪花的飞腾愈高"①。这股洪流已经席卷中华大地。1917年7月湖南出版的《湘江评论》发刊词中也有形象的描述："时机到了，世界的大潮卷得更急了，洞庭湖的闸门动了，且开了；浩浩荡荡的新思潮业已奔腾澎湃于湘江两岸了，顺他的生，逆他的死。"②

中国内部也存在接受外来新思潮的条件和要求。辛亥革命推翻了清王朝和君主专制，民主共和观念深入人心，而帝国主义与北洋军阀勾结造成的严重民族危机和尊孔复古逆流，促使进步的中国人放眼世界，迫不及待地寻求救国救民的新思想武器。浙江《双十》半月刊《创刊宣言书》大声疾呼："诸位！旧思想的末日到了，人类解放期就在目前了！假使再不趁此吸收些新的学识，那么现在二十世纪上就要天演淘汰。"③这正是当时中国进步知识分子的心声。

中外文化交流的主体中国知识分子的变化也是形成开放机制的重要因素。清末学制改革以来，随着新式文化教育事业的发展，中国近代新型知识分子在逐步成长壮大。他们不同于那种政治上依附型、知识结构封闭型的旧式士大夫，而是具有初步新文化科学知识素养、强调自主意识和社会责任感、富于批判精神、进取心理和开放意识的新型知识分子。据《第一次中国教育年鉴》统计，1917年全国已有大中小学十几万所，学生400万人左右④。尽管在全国4亿多人口中仅占1%，然而毕竟形成了一个新型知识分子群体，充当了五四运动的骨干力量。尤其值得指出的是，近代新型知识分子中的留学生成为沟通中外文化的重要桥梁。这些留学生在国外直接接触和吸收外国文化，眼界开阔，思想开放，因此成为传播外来文化和促进中外文化交融的先锋骨干力量。其中一些人成为五四新文化运动的领袖人物或活跃分子。

---

① 罗家伦：《今日之世界新潮》，《新潮》第1卷1号，1919年1月1日。
② 《湘江评论发刊词》，《湘江评论》第1号，1919年7月14日。
③ 《创刊宣言书》，《双十》半月刊第1号，1919年10月10日。
④ 陈学洵：《中国近代教育大事记》第295页。

文化交流需要开放与民主自由的文化环境与氛围。当时虽然还处在北洋军阀反动统治之下，但在某些地区和学校却形成了较好的"小气候"，其中最突出的就是北京大学。自从1917年蔡元培任校长后，北大实行了"兼容并包"的开放方针。蔡元培在北大的第一次演说就明确宣布："我对于各家学说，依各国大学通例，循思想自由原则，兼容并包。"[①]这个方针在当时封建思想占统治地位的条件下，具有为新文化思潮开拓道路的重大进步意义。蔡元培还积极聘请具有新思想的学者陈独秀、李大钊、胡适、鲁迅、刘半农、钱玄同等来北大任教。除了在讲坛上传播新思想外，还出版刊物，组织社团，举行演讲，开展辩论。生气勃勃的北京大学成为中国新文化运动的摇篮，也形成中外文化交融的重要园地。

通过报纸、期刊、书籍来翻译介绍外国新文化新思潮，是五四时期中外文化交流最主要的方式。五四前后各种新刊物的创办如雨后春笋，多达三四百种。而且多数刊物都宣称以介绍新思潮和改造社会为自己的宗旨。因此各报刊都大量刊登国外各种思潮流派和外国文学作品的译著与评介文章。少年中国学会南京分会编辑的《少年世界》的发刊词声明："本刊所记的事实，不是以中国为范围，是以世界为范围。要把中国人村落的眼光改变方向，直射到世界上去。"[②]很多报刊都竞相出版介绍外国文化思想的专辑。如《新青年》有《马克思研究专号》《易卜生号》。据统计，从1918年至1923年共翻译介绍了30多个国家的170多位外国作家的文学作品[③]。此外还出版了大量外国社会科学、自然科学和文艺作品的译著和译文集。

人员交往也是中外文化交流的重要途径。除了中国人出国留学、访问、考察、游历、出使以外，也有外国学者、作家、记者、传教士来华讲学、访问、游历。其中对中国思想界影响最大的是美国人杜威和英国人罗素。杜威是美国著名实用主义哲学家，1919年5月应邀来华讲学，先后在上海、南京、北京、湖南、广东等十几个省市讲演。《杜威五大讲演录》两年间即再版十次之多。杜威自称："我今把美国顶新的文化拿到顶古的文化国中来谈谈。"[④]

---

① 《蔡元培选集》第334页。
② 《为什么发行这本月刊》，《少年世界》第1号，1920年11月。
③ 朱德发：《中国五四文学史》第79页。
④ 《北京大学日刊》1919年6月18日。

这种资产阶级实用主义思潮虽然风靡一时，却不能根本解决中国的社会问题。因此不久就风消云散没有多少市场了。另一位是英国新实证主义哲学家罗素，1920年9月应北京大学等校邀请来华，曾在北京、江苏、湖南等地演讲，宣扬包含劳资调和等内容的"基尔特（即行会）社会主义"，《新青年》《晨报》《时事新报》《东方杂志》也纷纷刊登其讲演和文章。

五四时期，中外文化交流的规模之大，翻译介绍外国学说、著作、文学作品之多，在中国历史上是空前的。

二、文化冲突与选择机制

如上所述，五四时期形形色色的外国思想文化如潮水般地涌入中国。除了马克思主义以外，从18、19世纪的欧洲启蒙思想、民主主义到20世纪西方帝国主义鼓吹的新康德主义、新实证主义，从普鲁东、克鲁泡特金的无政府主义到美国杜威的实用主义、英国罗素宣扬的基尔特社会主义、日本武者小路笃实的新村主义、俄国托尔斯泰的泛劳动主义等等，几乎当时所有在东西方流行的各种五光十色的外国思想流派都一齐登上了中国的文化思想舞台，使五四时期的中国青年感到目眩眼迷，究竟哪种思想武器、哪条道路才能救中国呢？一度使他们陷入了迷惑的境地。

毛泽东1920年3月14日给周世钊的信中，曾表示"现在我于种种主义，种种学说，都还没有得到一个比较明了的概念"[1]。即使是对于社会主义，在当时青年们的头脑里也是一个相当庞杂模糊的概念。瞿秋白的一段回忆十分典型，他说："社会主义的讨论，常常引起我们无限的兴味。然而究竟如俄国19世纪40年代的青年思想似的，模糊影响，隔着纱窗看晓雾，社会主义流派，社会主义意义都是纷乱，不十分清晰的。正如久壅的水闸，一旦开放，旁流杂出，虽是喷沫鸣溅，究不曾自定出流的方向。其时一般的社会思想大半都是如此。"[2]

对于各种外来思潮与文化究竟怎样分析和选择呢？《新潮·发刊旨趣书》指出四点：一要了解今日世界文化发展阶段；二要掌握现代思潮的发展

---

① 《新民学会通信集》第1集。
② 《五四运动回忆录（上册）》第80页。

趋向；三要明确中国现状与现代思潮的距离；四要考虑用什么方法"纳中国于思潮之轨"。他们认为只有这样，才能自觉地引导中国"同浴于世界文化之流也"①。

在选择过程中首先要理解和掌握新思潮或新文化流派的内容和实质。社会主义是当时人们公认的新思潮，可是不少文章却把无政府主义、新村主义、基尔特社会主义，伯恩斯坦的社会民主主义等流派都当成社会主义思潮来介绍宣扬。《新潮》的一篇文章甚至把资产阶级民主主义和社会主义混为一谈，认为"无大区别"②。有人声称"布尔什维克主义是兼有马克思、克鲁泡特金、托尔斯泰三人的主义"③。即使在《新青年》"马克思研究专号"上发表的文章也并不是都拥护马克思主义的。除了李大钊的《我的马克思主义观》是比较科学地宣传了马克思主义的主要组成部分以外，其他有的文章不是宣传修正主义，就是用无政府主义来批评马克思主义。

因此，翻译研究马克思主义的经典著作，领会和掌握其精神实质就十分重要。为此，1920年12月李大钊倡导成立了"北京大学社会主义研究会"，以"集合信仰和有能力研究社会主义的同志，互助的来研究并传播社会主义思想"为宗旨；④方法是编译社会主义丛书、社会主义研究集，发表论文和作讲演宣传。1921年11月在李大钊指导下又公开成立了"北京大学马克思学说研究会"（实际上1920年3月已秘密组成），"以研究关于马克思派的著述为目的"⑤。研究会还收集购买有关马克思主义的各种著作和文献，并提供会员借阅，组织会员合作翻译了《共产党宣言》和《资本论》第一卷。研究会定期举行讨论会和演讲会，还成立了唯物史观、阶级斗争、剩余价值等十个专题组，进行深入的专题研究。

有比较才有鉴别。北京大学马克思学说研究会曾组织了题为"社会主义是否适宜于中国"的两天大辩论，最后由李大钊作总结。一位原来反对社会主义的北大学生说："李先生以唯物史观的观点论社会主义之必然到来，真是一

---

① 《发刊旨趣书》，《新潮》第1卷1号，1919年1月1日。
② 孟真：《社会革命——俄国式的革命》，《新潮》第1卷1号，1919年1月1日。
③ 瑞麟复峻雪信，《五七》第2期《通信》1921年1月。
④ 《北京大学日刊》1920年12月4日。
⑤ 《北京大学日刊》1921年11月17日。

针见血之论，使我们再也没话可说了。"①李大钊等中国早期马克思主义者，还通过与胡适等人的问题与主义论战，与无政府主义者的论战以及与张东荪等关于社会主义问题的论战，同改良主义、无政府主义及形形色色的空想社会主义、机会主义划清了界限，加深了对科学社会主义与马克思主义的理解，使其在中国广泛传播，成为新文化运动的主流。1923年12月17日北京大学25周年纪念日，北大平民教育讲演团曾举行过一次民意测验。当问到"现在中国流行关于政治方面的各种主义你相信哪一种？"时，被调查时426个男学生中，社会主义获得203票，其他主义如三民主义得103票，民主主义只有51票，合作主义仅1票，而被调查的30位女学生中竟有22票赞成社会主义，占绝对优势②。可见当时中国青年进行定向选择的结果。

三、文化融合和整合机制

中外文化交融的一般过程是通过交流、碰撞、冲突，逐步达到理解和沟通，在理解沟通中进行选择，最后实现会通和融合。这是两个异质文化接触后，相互作用、影响、吸收，直至双方融合而产生新的文化体系的过程。

这里涉及中国文化与西方文化，或者说传统文化与现代文化的关系。由于异质文化接触后的冲突，五四期间中国思想学术界曾展开一场激烈的中西文化大论战。其中观点五花八门，那些妄自尊大、盲目排外者自然反对中外文化融合，而固守本位文化，坚持中体西用者也是拒绝融合。而鼓吹全盘西化论者则走向另一个极端，同样不利于文化融合。至于宣扬东西文化调和论者实际上却往往阉割了文化融合的精神实质。

中外文化融合是一个文化整合（或称综合）机制作用的过程。这是在广泛深入地开展文化交流、深刻理解传统文化与外来文化本质的基础上，扬弃与重组主体原有的文化结构。既保留传统文化的优秀成果和合理因素，又吸收外来文化的精华，从而把本民族文化提高到世界先进文化所达到的时代水平。文化融合绝不是简单的引进，模仿或调和，而是经过文化整合，熔中外优秀文化因素为一炉，对中国文化进行改造、重组、提高和再创造，建立起一种更能适

---

① 《五四时期的社团（二）》第295页。
② 《北京大学日刊》1924年3月4—7日。

应时代更有生命力的新文化体系，这是一个漫长艰苦的历程。

五四时期只是中外文化融合的一个开端，然而已经取得了初步的效果。例如在思想领域，马克思主义作为一种外来新思潮传入中国，就有一个如何与中国的国情、革命实际、文化土壤以及传统文化相融合的问题。中国早期马克思主义者最初由于理论素养不够，对马克思主义理解不深。他们通过认真学习研究尤其是在斗争实践中逐步成熟起来，如通过问题与主义的论战使他们认识到坚持用马克思主义研究实际问题，推进中国革命的重要性；通过与无政府主义者的论战，促使他们深入钻研马克思主义关于阶级斗争和无产阶级专政的学说；通过关于社会主义问题的论战，又推动他们认真分析中国的国情，不仅从理论上肯定了中国必须走社会主义道路，而且认识到必须深入到工农群众和实际斗争中去。他们把马克思主义与中国工人运动及革命实践相结合，才有了1921年中国共产党的诞生。

再如在文学领域。五四新文学的先驱者们自觉地把借鉴外国文学作为中国文学改革和创新的重要途径，同时力图把西方文学的精华与中国传统文学的优秀成分融合起来，追求世界性和民族性的统一。

鲁迅是从翻译介绍外国文学开始其文学道路的，而且提倡积极主动吸收外国文化一切优秀成果的"拿来主义"。五四时代的很多中国新文学作家对外国文学优秀遗产既兼收并蓄又有所择取，他们虽然也崇拜文艺复兴，倾心于人文主义，尊崇易卜生、歌德，但对他们影响最大的还是19世纪俄国现实主义作家，果戈理、屠格涅夫、契诃夫、托尔斯泰、高尔基等成为很多中国作家的"导师和朋友"。五四新文学的产生和发展正是这种中外文化融合的积极成果。

四、中国文化现代化的必由之路

五四时期的中外文化交融对中国文化思想和社会的发展，起到了巨大的推动作用，促使中国文化跨出了现代化的第一步。它改变了中国文化封闭保守的格局，空前规模地引进、吸收、借鉴外来文化，开创了文化开放的新局面。

在这个中外文化交流的热潮里，中国先进知识分子经过艰苦认真的探索和选择，终于在各种外国思潮中，找到了最锐利的思想武器——马克思主义，认定了只有社会主义才能救中国，从而把新文化运动转变为传播马克思主义的思想运动。

通过中外文化的融合，中国文化吸取了外来文化的丰富营养，得到创新发展。在哲学、社会科学、自然科学、文学艺术的各个领域都取得了重大的进步和成果，还出现了诸如李大钊、陈独秀、蔡元培、鲁迅、胡适那样贯通中西文化的文化巨人，并培育成长了一代文化新人，其中包括毛泽东、瞿秋白、周恩来、郭沫若、茅盾等后来为中国革命和文化发展做出巨大贡献的人物。

然而，五四时期的中外文化交融也存在不少局限和教训。首先，当时的文化开放仍然受到北洋军阀黑暗统治政治环境的严重限制，即使如北京大学，也常常遭到反动政府的干扰破坏。其次，当时教育不发达，整个国民文化素质很低，中外文化交融只能在少数知识分子圈子里进行，缺少群众基础。即使在知识分子中，因对中外文化交融的理论准备不足，翻译水平低，以及缺乏对外来文化的鉴别、消化能力，往往产生对外国思想文化生吞活剥地引进、一知半解地吸收、肤浅地理解甚至造成误解与曲解的现象，并常常带有简单化、教条化的倾向。最后，在中外文化冲突与融合的过程中，对待中国传统文化愤激批判有余，而冷静分析清理，理智扬弃、建设不足。有些人甚至对传统文化全面否定，一概骂倒，主张全盘西化，取消汉字，走向了极端的民族虚无主义。这既不符合文化交融的发展规律，又伤害民族自尊，反而增加了文化革新的心理阻力。

五四时期中外文化交融的历史告诉我们：对于外来文化与民族文化，传统与现代化的关系，应该树立辩证统一的认识，克服形而上学和片面的观点。要坚持马克思主义的基本立场和观点，根据现代社会发展的需要，把外来文化与民族文化中的优秀成分有机地结合起来，经过文化整合，加以提高与再创造，使之发生文化突变，建立起无愧于时代的中国特色社会主义先进文化体系，培养出有高度文化水平的社会主义新人，并造就一批文化巨人。这就是中国文化现代化的必由之路，也是中华民族的希望所在。

（原载于《社会科学研究》1989年第4期）

戊戌维新与京师大学堂的创立

1998年是戊戌维新的一百周年，又是北京大学创立的一百周年。这两个百周年绝非巧合，有着密切的关系。

让我们先来回顾百年前历史的一幕。1898年6月11日，光绪皇帝采纳维新派的要求，颁布《定国是诏》，毅然宣布以维新变法为基本国策。就在这份被梁启超誉为"四千年拨旧开新之大举"的变法宣言诏书中，下达了百日维新的第一项改革政令："京师大学堂为各行省之倡，尤应首先举办。"[①]

百年前由光绪皇帝亲自下令创办的京师大学堂，就是北京大学的初名（1912年改名北京大学校）。它是在戊戌维新中诞生的中国近代第一所国立综合性大学，当时不仅是中央官办的最高学府，也是全国最高教育、行政管理机关。京师大学堂的创办标志着中国教育现代化进程的重大进展及中国现代高等教育的全面启动。

本文试图通过研究分析京师大学堂从酝酿倡议到筹办、创立的历史过程，论述京师大学堂为什么是戊戌维新和中国教育现代化进程的产物，并考证京师大学堂创办和开学的具体经过与日期。

一、维新派的教育改革思潮

京师大学堂是在甲午战争后兴起的维新派教育改革思潮的推动影响下酝酿产生的。

1895年甲午战争失败，空前的民族危机强烈地刺激了中华民族的觉醒，出现了以爱国救亡、维新变法和思想启蒙为宗旨的维新运动。以康有为、梁启

---

① 《清实录·德宗景皇帝实录》卷四一八，中华书局影印本，1987年，第482页。

超为代表的维新派大声疾呼只有变法维新才能救中国。他们把改革教育、兴办学校提高到关系国家兴亡和变法成败的战略高度。

维新派认为兴学校育人才是使国家富强的根本途径和关键所在。1895年5月，康有为、梁启超发动在北京参加会试的举人向光绪皇帝上书。指出西方国家之所以富强，"不在炮械军兵，而在穷理劝学。""其各国读书识字者，百人中率有七十人。""其大学生徒，英国乃至一万余。"而中国之所以贫弱，则主要是教育不良，人才缺乏。"读书识字仅百分之二十，学塾经费少于兵饷数十倍，士人能通古今达中外者，郡县乃或无人焉。"因此，他们建议在各省州县遍设学堂，并在京师办学，"广延各学教习"①。可以说其中已经孕育着在京师办大学设想之萌芽了。1896年，梁启超在《变法通议》的《学校总论》一文中，更是慷慨陈词："亡而存之，废而举之，愚而智之，弱而强之，条理万端，皆归本于学校。今国家而不欲自强则已，苟欲自强，则悠悠万事，惟此为大，虽百举未遑，犹先图之。"②

维新派还把兴学校育人才视为维新变法的重要内容和当务之急。1896年梁启超在《论变法不知本原之害》中断言："变法之本在育人才，人才之兴在开学校。""欲求新政，必兴学校，可谓知本矣。"③康有为总结日本明治维新的经验指出："日人之变法也，先变学校。"④他还强调："欲任天下之事，开中国之新世界，莫亟于教育。"⑤

维新派对封建旧教育进行了猛烈的抨击。梁启超在《学校总论》中深刻揭露封建官学与书院只是科举八股的附庸。这种学校培养出来的人，不过是"聚千百帖括、卷折、考据、词章之辈，于历代掌故，瞠然未有所见，于万国形势，懵然未有所闻者。而欲与之共天下，任庶官，行新政，御外侮，其可得乎？"⑥严复对科举八股制度和旧教育更是深恶痛绝，斥责其有三大害："锢

---

① 康有为：《上清帝第二书》，《康有为全集》（二），上海古籍出版社1990年版，第95页。

② 梁启超：《学校总论》，《饮冰室合集》文集之一，中华书局1989年版。

③ 梁启超：《论变法不知本原之害》，《饮冰室合集》文集之一。

④ 康有为：《日本书目志》，《康有为全集》（三），上海古籍出版社1992年版，第935页。

⑤ 梁启超：《康有为传》，《饮冰室合集》文集之九。

⑥ 同②。

智慧，坏心术，滋游手。"①

维新派对洋务教育也提出了尖锐的批判。梁启超认为洋务派虽然办了同文馆、水师学堂、自强学堂等不少洋务学堂，但成效不大，培养不出理想的人才。其主要原因是只学皮毛，不学根本。只学外国语言工艺，不学外国政法教育。"言艺之事多，言政与教之事少。其所谓艺者，又不过语言文字之浅，兵学之末。不务其大，不揣其本，即尽其道，所成已无几矣！"他指出其病根有三条："一曰科举之制不改，就学乏才也。二曰师范学堂不立，教习非人也。三曰专门之业不分，致精无自也。"②

维新派针对中国旧教育的弊病，提出了一系列推进中国教育现代化的改革主张。在教育目的方面，主张教育救国，培养新政事业有用人才。在教育内容方面，主张提倡西学，重视政学，广派游学。在教育制度方面，主张改革科举，废除八股，普及学校，发展师范，倡办女学。并建议仿效西方与日本，建立大中小学三级近代新学制。梁启超1896年在《论科举》一文中归纳为："合科举于学校，自京师以迄州县，以次立大学、小学，聚天下之才，教而后用之。"③

维新派还进行教育改革的实践，如康有为1891年在广州创办万木草堂，梁启超1897年在长沙主讲时务学堂，都倡导兼学中西、政艺之学，培养了一批变法骨干人才。以致有人甚至说戊戌维新"实基于万木草堂之学风，与万木草堂之人物"。④

总之，维新派的教育改革思潮及形势对中国教育现代化的迫切需要，促进了京师大学堂的酝酿产生。

二、维新派与京师大学堂的倡议与筹办

维新派在京师大学堂的倡议和筹办过程中起了重要的作用。最早的渊源关系可以追溯到1895年康有为、梁启超在北京组织的强学会。梁启超1912年10

---

① 严复：《救亡决论》，《严复集》第一册，中华书局1986年版，第43页。
② 梁启超：《学校总论》，《饮冰室合集》文集之一，中华书局1989年版。
③ 梁启超：《论科举》，《饮冰室合集》文集之一。
④ 卢湘父：《万木草堂忆旧》，转引自马洪林：《康有为大传》，辽宁人民出版社1988年版，第135页。

月31日在北京大学的一次讲演中回忆自己与北大的关系时曾说：“时在乙未之岁（按：1895年），鄙人与诸先辈，感国事之危殆，非兴学不足以救亡。乃共谋设立学校，以输入欧美之学术于国中。惟当时社会嫉新学如仇，一言办学，即视同叛逆，迫害无所不至。是以诸先辈不能公然设立正式之学校，而组织一强学会，备置图书仪器，邀人来观，冀输入世界之智识于我国民，且于讲学之外，谋政治之改革。盖强学会之性质，实兼学校与政党而一之焉。”①

京师强学会1895年11月由康、梁等人发起成立，又称强学书局，是维新派最早的政治团体。主要活动是集会讲演，购置图书仪器，译书办报等。梁启超被推为书记员并主编《中外纪闻》。不久，康有为又南下发起设立了上海强学会，并拟订章程，创办《强学报》，“鉴万国强盛弱亡之故，以求中国自强之学。”②然而，很快便遭到守旧势力的攻击。1896年1月20日，御史杨崇伊上疏诋毁强学会“植党营私”，“请饬严禁”③。于是京师强学会遭到封禁，图书仪器被查抄，上海强学会也被迫解散。后来御史胡孚辰上奏“书局有益人才”，建议把强学书局改为官办。清政府即下令改设官书局，派吏部尚书孙家鼐为管理大臣。1896年2月11日，孙家鼐上《官书局奏定章程疏》，其中提出“拟设学堂一所”的设想，此乃倡办京师大学堂的嚆矢。故梁启超在北大的演说中称京师大学堂“之前身为官书局，官书局之前身为强学会”④。1918年出版的《国立北京大学二十周年纪念册》也认为“本校造端，基于清光绪二十一年之强学会”。⑤

我认为梁启超关于强学会和官书局是京师大学堂前身的说法是不太确切的。但是康、梁办强学会的动机中确有兴学校育人才之意。而强学会改为官书局后，管理大臣孙家鼐也计划办学。以后李端棻倡议办京师大学堂，总理衙门即认为“系为扩充官书局起见”。孙家鼐也承认这是“官书局应办之事”，并提出了筹办京师大学堂的具体设想。最后光绪皇帝还任命官书局管理大臣孙家鼐为京师大学堂管学大臣，并把官书局并入大学堂。从这些史实说明强学会、官书局与京师大学堂之间，确实有一些渊源关系。

---

① 梁启超：《莅北京大学校欢迎会演说辞》，《饮冰室合集》文集之二十九。
② 康有为：《上海强学会章程》，《康有为全集》（二），第196页。
③ 《德宗景皇帝实录》卷三八一，第986—987页。
④ 同①。
⑤ 《大学成立记》，《国立北京大学二十周年纪念册》，1918年。

最初正式向清政府提出设立京师大学堂倡议的是刑部左侍郎李端棻。他在1896年6月12日（光绪二十二年五月初二）向皇帝上《时事多艰，需才孔亟，请推广学校，以励人才而资御侮折》，认为"人才之多寡，系国势之强弱也"，主张"自京师以及各省府州县皆设学堂"，并建议"京师大学，选举贡监生年三十以下者入学，其京官愿学者听之"。此外，他还提出设藏书楼、创仪器院、开译书局、广立报馆、选派游历等五项措施。奏折结尾宣称"既有官书局大学堂为之经，复有此五者以为之纬"，则"十年以后，贤俊盈廷，不可胜用矣。以修内政，何政不举？以雪旧耻，何耻不除？"①

李端棻的这份奏折据说是梁启超代为起草的。罗惇曧在《京师大学堂成立记》中记载："梁启超为侍郎李端棻草奏，请立大学堂于京师。"②梁启超的夫人李蕙仙是李端棻的堂妹，两家关系密切，代拟奏折是有可能的，而且奏折中的提法也符合梁当时的主张，至少是吸收或征求了梁启超的意见。下列几条史料也可作旁证。如1896年5月吴德潇致汪康年的一封信中，询问梁启超"近日忙否？""芯老（按：李端棻）奏拟否？"③同月梁启超致汪康年的信中说："龙伯鸾带去李芯师之折，乞代索取，因无副本也。"④另外7月李端棻给梁启超的信中也告诉他："日前所上一疏，饬交礼部、总署会议，准驳尚未复议，俟有定议，再为寄知。"⑤可见此折与梁启超确实有关。后来梁启超还把该折刊登于自己主编的《时务报》第六册上。

光绪皇帝看到李端棻的奏折后立即命总理衙门议奏。可是总理衙门在当天议复时，却把筹办京师大学堂的任务推给了管理书局大臣孙家鼐，声称"该侍郎所请于京师建设大学堂，系为扩充官书局起见，应请旨饬下管理书局大臣察度情形，妥筹办理"⑥。经上谕批准，京师大学堂进入了筹办阶段。

孙家鼐于1896年9月上《议复开办京师大学堂折》，提出了筹办京师大学堂的具体设想。奏折首先承认这是"官书局分内应办之事"，但接着又表示为

---

① 李端棻：《请推广学校折》，见北京大学校史研究室编《北京大学史料》第1卷，北京大学出版社1993年版，第20—22页。

② 罗惇曧：《京师大学堂成立记》，《庸言》第1卷，第13号，1913年6月。

③ 《汪康年师友书札》（一），上海古籍出版社1986年版，第397页。

④ 《汪康年师友书札》（二），上海古籍出版社1986年版，第1836页。

⑤ 李端棻：《复梁孝兼卓如书》，转引自孔祥吉：《康有为变法奏议研究》，辽宁教育出版社1988年版，第233页。

⑥ 《德宗景皇帝实录》卷三九〇，第82页。

难。"中国京师建立学堂，为各国通商以来仅有之创举"，既不能沿袭中国旧设之学堂，又不能完全仿效外国之大学。"深知此事定制之难，创始之不易。且中国堂堂大国，立学京师，尤四海观瞻之所系，一或不慎，则徒招讥议，无补时艰，反不如不办之为愈矣。"尽管难度很大，他还是提出了筹办京师大学堂的六条具体设想。首先是定立学宗旨，"应以中学为主，西学为辅；中学为体，西学为用"①。然后是关于建造校舍，学问分科、聘请教习、招选学生、筹拨经费等方面建议。虽然这个筹备计划得到了光绪皇帝的赞同，但是恭亲王奕䜣和军机大臣刚毅等守旧大臣们却以经费困难等为理由，主张"缓办"，使筹办工作被搁置下来。1897年4月，翰林院编修熊亦奇在给孙家鼐的信中认为："设学堂事大且繁，非书局所可容纳。"并感叹，"学堂一节，则以小试无益，大办不能，是以屡次筹商，不得不迟迟有待。"②

这段时期，许多中外人士都向清政府呼吁尽快兴办京师大学堂。如1897年姚文栋上《京师学堂条议》，指出："东西洋各国都城，皆有大学堂，为人材总汇之所"，"今中国一时未能遍设乡学，先设大学堂于京师，亦可树之风声"。并建议"专设学部大臣，以总理全国之学政"③。美国传教士李佳白写《拟请京师创设大学堂议》，认为："立总学堂于京师，不但能扩众人之才智，尊朝廷之体统已也，亦可扬国家之声名。"④1897年，美国传教士狄考文、林乐知等也向总理衙门递交《创设总学堂议》，建议京师设总学堂，"为群学总汇之区""通国总会之所"。他们还介绍日本除东京大学外，1897年又新设京都大学，"日本大兴新学尚有乏才之虑，况中国今日之情形乎？"⑤以此催促清政府快办京师大学堂。

1898年初，维新派加紧推动光绪皇帝批准设立京师大学堂。曾经参加强学会并多次请康有为代拟奏疏的御史王鹏运，于1898年2月上了《需才孔亟，请饬速设京师大学堂片》。1898年2月15日（光绪二十四年正月二十五日），光绪皇帝颁上谕："京师大学堂，迭经臣工奏请，准其建立，现在亟须开办。

① 孙家鼐：《议复开办京师大学堂折》，《北京大学史料》第1卷，第23—25页。
② 《熊亦奇致孙家鼐书》，《知新报》第八册，光绪二十三年二月。
③ 姚文栋：《京师学堂条议》，《北京大学史料》第1卷，第11页。
④ 李佳白：《拟请京师创设大学堂议》，《北京大学史料》第1卷，第14页。
⑤ 狄考文等：《上译署拟请创设总学堂议》，《北京大学史料》第1卷，第18—19页。

其详细章程，着军机大臣会同总理各国事务衙门王大臣妥筹具奏。"①从此，京师大学堂从筹办阶段进入了创办阶段。

三、百日维新的第一项改革措施

1898年初，维新运动日益高涨，新旧势力的斗争也日趋激烈。顽固派竭力反对改变祖宗成法。军机大臣刚毅认为"我朝成法，尽善尽美"。恭亲王奕䜣也主张"恪遵成宪"。设立京师大学堂虽经光绪皇帝批准，但总理衙门却仍以"事属创始，筹办匪易"为借口拖延执行。5月29日奕䜣去世，维新派乘此机会敦促光绪皇帝确定国是（即国策），痛下变法决心。康有为6月1日先代御史杨深秀起草《请定国是而明赏罚折》，要求光绪帝"明降谕旨，著定国是，宣布维新之意，痛斥守旧之弊"。②6月8日，康有为又为侍读学士徐致靖起草《请明定国是折》，指责守旧大臣及各省督抚对新政命令"置之不理"，例如京师大学堂"至今尚无片瓦"。由于"国是未定"，以致"守旧开新，两无所据"。因此强烈要求朝廷申明国是，"明示从违，以一众心"。③

在维新派的大力鼓动敦促下，年轻的光绪皇帝认为与其守旧亡国，不如孤注一掷实行变法，"幸则可望收政权而保国土，不幸亦可大开民智而得之将来"④。终于下定决心在1898年6月11日（光绪二十四年四月二十三日）颁布《定国是诏》，正式宣布以变法维新为国策，推行新政。诏书中说："朕惟国是不定，则号令不行，极其流弊，必至门户纷争，互相水火。"因此，"明白宣示，嗣后中外大小诸臣，自王公以及士庶，各宜努力向上，发愤为雄。以圣贤义理之学，植其根本，又须博采西学之切于时务者，实力讲求。"⑤这是一份变法的宣言书，揭开了百日维新的序幕（自1898年6月11日到9月21日慈禧太后发动政变，共103天，史称"百日维新"）。梁启超评论该诏书为"四千

---

① 《德宗景皇帝实录》卷四一四，第422页。

② 杨深秀：《请定国是而明赏罚折》（康有为代拟），《康有为政论集》上册，中华书局1981年版，第224—245页。

③ 徐致靖：《请明定国是折》（康有为代拟），《康有为政论集》上册，第258页。

④ 梁启超：《戊戌政变记》，《饮冰室合集》专集1，中华书局1989年版。

⑤ 《清实录·德宗景皇帝实录》卷四一八，中华书局影印本，1987年，第482页。

年拨旧开新之大举"，"一切维新基于此诏，新政之行，开于此日"①。而在这份诏书里，光绪皇帝颁布的第一项新政改革措施就是举办京师大学堂。指出"京师大学堂为各行省之倡，尤应首先举办。着军机大臣、总理各国事务王大臣，会同妥速议奏"。诏书不仅强调创办京师大学堂的意义"为各行省之倡"，而且具体规定了学生的来源，"所有翰林院编检，各部院司员，大门侍卫，候补候选道府州县以下官，大员子弟，八旗世职，各省武职后裔，其愿入学堂者，均准入学肄业。以期人材辈出，共济时艰"。诏书还严令各级官员"不得敷衍因循，徇私援引，致负朝廷谆谆告诫之至意"②。《定国是诏》全文共451个字，而有关举办京师大学堂的内容有127字，占了1/4以上。这份诏书把创办京师大学堂作为一个国家行为，提到启动新政之首要举措的高度，并以此推动全国教育及其他方面变革与现代化的进程。

《定国是诏》是由光绪皇帝的老师军机大臣翁同龢起草，而且征得慈禧太后的同意。慈禧甚至亲自"御书某某官应准入学"③。其实她并非完全赞同变法，只是由于形势所迫，为了挽救清王朝的统治危机，不得不暂作让步，让光绪试一试。翁同龢在拟诏时既表达了光绪的变法决心，又强调"以圣贤义理之学为根本"，以免得罪慈禧太后与守旧势力。

《定国是诏》的颁布对维新派是极大的鼓舞，而守旧派则竭力加以抵制或阳奉阴违，以致京师大学堂的创办工作仍不见实质性的进展。因此光绪皇帝在6月26日又下了一份口气严厉的上谕："兹当整饬庶务之际，部院各衙门承办事件，首戒因循。前因京师大学堂为各行省之倡，特降谕旨，令军机大臣、总理各国事务王大臣会同议奏，即著迅速复奏，毋稍迟延。"并警告"各部院衙门，于奉旨交议事件，务当督饬司员，克期议复。倘有仍前玩愒，并不依限复奏，定即从严惩处不贷"④。

6月30日，接近维新派的帝党御史李盛铎上奏，认为将来京师大学堂"人才之成不成，在乎创始办法之善不善。然则中国安危强弱之紧要关键，殆无有大且急于此者也"。他呼吁"今朝廷既视此为新政第一大举动，则他费可省，

① 梁启超：《戊戌政变记》。
② 《清实录·德宗景皇帝实录》卷四一八，中华书局影印本，1987年，第482页。
③ 翁同龢：《翁文恭公日记》，光绪二十四年四月二十三日。
④ 《德宗景皇帝实录》卷四一九，第491—492页。

此费独不可省"①。光绪上谕命总理衙门把李盛铎的建议"归入大学堂未尽事宜，一并议奏"。②

四、京师大学堂的章程

1898年7月，在光绪皇帝的三令五申和维新派的督促、参与下，京师大学堂的创办工作终于进入了制订章程、任命管学大臣和选址招生的具体实行阶段。

1898年7月3日（光绪二十四年五月十五日），总理衙门上《遵筹开办京师大学堂折》，报告"臣等仰体圣意，广集良法，斟酌损益，草定章程，规模略具。若其要义，凡有四端：一曰宽筹经费，二曰宏建学舍，三曰慎选管学大臣，四曰简派总教习"③。并附呈了《京师大学堂章程》。

据康有为《康南海自编年谱》谓创办京师大学堂的要义是康有为所建议，而章程则是由梁启超执笔草拟。年谱记载："自四月杪大学堂议起，枢垣托吾为草章程，吾时召见无暇，命卓如（按：梁启超）草稿。酌英美日之制为之，甚周密，而以大权归之教习。总署覆奏学堂事，大臣属之章京，章京张元济来请吾撰。吾为定四款：一曰预筹巨款，二曰即拨官舍，三曰精选教习，四曰选刻学书。"④

梁启超在《戊戌政变记》中追述当时经过说："皇上既毅然定国是，决行改革，深知现时人才未足变法之用，故首注意学校，三令五申。诸大臣奉严旨令速拟章程，咸仓惶不知所出，盖中国向未有学校之举，无成案可稽也。当时军机大臣及总署大臣咸饬人来，属梁启超代草。梁乃略取日本学规，参以本国情形，草定规则八十余条，至是上之，皇上俞允，而学校之举乃粗定。"⑤

罗惇曧在《京师大学堂成立记》中也写道："迭举严旨，促拟大学堂章程，枢廷及总署大臣，仓卒不知所措，梁启超时在京师，方倡新学，乃争遣人乞启超属章。启超略取日本学规，参以本国情形，为章程八十余事，乃据以上

---

① 李盛铎：《奏京师大学堂办法折》，《北京大学史料》第1卷，第44—45页。
② 《德宗景皇帝实录》卷四一九，第494页。
③ 《总理衙门奏筹办京师大学堂并拟学堂章程折》，《北京大学史料》第1卷，第44页。
④ 康有为：《康南海自编年谱》（外二种），中华书局1992年版，第47页。
⑤ 梁启超：《戊戌政变记》。

之。"①

梁启超起草的《京师大学堂章程》是近代中国第一个大学章程，体现了维新派的教育改革思想，勾画了中国近代新学制和新教育体系的雏形，在中国近代教育史和教育现代化进程中有着重要意义。

章程共分8章52节。第一章总纲，规定了京师大学堂的性质和地位。强调"京师大学堂，为各省之表率，万国所瞻仰。规模当极宏远，条理当极详密，不可因陋就简，有失首善体制"。并规定京师大学堂是全国最高学府和全国最高教育行政管理机构，"各省学堂皆当归大学堂统辖，一气呵成。一切章程功课，皆当遵依此次所定，务使脉络贯注，纲举目张。"为了给大学堂提供生源并达到维新派所期望的普及学校教育，章程要求各省迅速开办中小学堂，"务使一年之内，每省每府每州县皆有学堂"。还要编写大学、中学、小学三级教科书，除供大学堂学生使用外，"请旨颁行各省学堂"。

第二章关于学堂功课。首先明确教学目的是"培植非常之才，以备他日特达之用"，即培养新政需要的人才。提出教学内容应该"中西并重，观其会通，无得偏废"。京师大学堂的课程参考西方与日本学校的课程，分为普通学十门（经学、理学、中外掌故学、诸子学、初级算学、初级格致学、初级政治学、初级地理学、文学、体操学），专门学十门（高等算学、高等格致学、高等政治学、高等地理学、农学、矿学、工程学、商学、兵学、卫生学），以及外国语言文字学五门（英、法、俄、德、日）。章程强调京师大学堂与旧学校教育的区别，"本学堂以实事求是为主，固不得如各省书院之虚应故事，亦非如前者学堂之仅袭皮毛。既定功课，必当严密切实，乃能收效"。还规定了考试的要求和方式。

第三章关于学生入学。除了吸收《定国是诏》所列各类官员及大员子弟外，还招收"各省中学堂学成领有文凭咨送来京肄业者"。学生定额五百人，分六级递升，"宁缺毋滥"。并根据学生功课之优劣，给其"膏火"（奖学金）之多寡。

第四章关于学成出身。规定"大学卒业，领有文凭者作为进士，引见授官"，"就其专门，各因所长授以职事，以佐新政"。体现了维新派提出的合

① 罗惇曧：《京师大学堂成立记》，《庸言》第1卷，第13号，1913年6月。

293

科举于学校和培养新政人才的主张。

第五章关于聘用教习。强调选择教师的重要性，"学生之成就与否，全视教习。教习得人，则纲目毕举；教习不得人，则徒糜巨帑，必无成效。此举既属维新之政，实事求是，必不可如教习庶吉士、国子监祭酒等之虚应故事。宜取品学兼优通晓中外者，不论官阶，不论年齿，务以得人为主"。尤其"必择中国通人，学贯中西，能见其大者为总教习，然后可以崇体制而收实效"。并授以总教习聘用分教习等用人大权。

第六章关于设官。规定设置管学大臣、总教习、分教习、总办、提调等职。管学大臣地位很高，"以大学士、尚书、侍郎为之"。

第七章经费。"宜力除积弊，采用西法，先列为常年预算表，开办预算表，然后按表拨款办理。"[①]章程共列出常年经费预算约19万两，开办经费预算约35万两。

第八章暂章。规定其他具体章程与详细细则待开办后由各办理人员随时酌拟。如课程教学具体章程、学生出身详细章程、各省府州县学堂训章等，都由大学堂总教习等拟定。

总理衙门复奏及《京师大学堂章程》呈上的当天，光绪皇帝立刻颁上谕予以批准。肯定章程"参用泰西学规，纲举目张，尚属周备，即着照所议办理"，并"派孙家鼐管理大学堂事务，办事各员由该大臣慎选奏派"；"所需兴办经费及常年用款着户部分别筹拨"；"所有原设官书局及新设之译书局均着并入大学堂，由管学大臣督率办理"。上谕最后还强调"此次设立大学堂，为广育人才讲求时务起见，该大臣务当督饬教习等，按照奏定章程，认真训迪，日起有功。用副朝廷振兴实学至意"[②]。同日还下旨：京师大学堂指日开办，亦应设立译书局，以开风气。并"赏举人梁启超六品衔，办理译书局事务"。[③]

京师大学堂的创办和章程的制订，对推动全国教育改革和教育现代化影响很大。如7月10日上谕命令各省府厅州县现有之大小书院一律改为"兼学中

---

① 《京师大学堂章程》，《北京大学史料》第1卷，第81—87页。
② 《德宗景皇帝实录》卷四一九，第497页。
③ 同上。

学西学之学校"，"皆颁给京师大学堂章程，令具仿照办理"。①

五、戊戌维新的仅存硕果

京师大学堂创办过程中充满了新旧势力的斗争。首先是关于管学大臣人选，最初顽固派后党军机大臣刚毅"自命正学，欲以办学自任"②，想当京师大学堂的管学大臣。帝党首领军机大臣翁同龢加以抵制，会同御史李盛铎等推荐协办大学士孙家鼐和侍郎许景澄。结果光绪皇帝任命吏部尚书、协办大学士孙家鼐为京师大学堂管学大臣。孙家鼐，字燮臣，安徽寿州人，曾为光绪帝师傅，为人老练圆滑。他担任管学大臣后，虽然为京师大学堂的创办做了不少工作，但又常常维护旧制度旧思想，甚至排挤打击维新派。

围绕京师大学堂总教习人选也曾发生激烈斗争。据《康南海自编年谱》记载，起初孙家鼐曾面请康有为担任总教习，李鸿章、廖寿垣、陈炽等人也劝孙聘康任此职，而康有为当时则担心大学堂的学生皆"部曹翰林道府州县等官，习气甚深。自度才德年位，恐不足以率之，度教无成，徒增谤议，故面辞之"。可是后来当孙家鼐见到梁启超起草的大学堂章程，对"教权皆属总教习，而管学大臣无权"深为不满，又闻诸大员推荐，更怀疑是康有为所请托，"欲为总教习专权，又欲专选书之权，以行孔子改制之学也"，于是"大怒而相攻"。康有为遂命梁启超转告孙家鼐："誓不沾大学一差，以白其志。"③康有为在《自编年谱》中的这段记载可能有夸张和自我吹嘘的成分，如孙家鼐面请、李鸿章推荐等情节不尽可信，但这场斗争尚有其他史料佐证。如李鸿藻之子李符曾致张之洞的密信中提到："梁（按：梁启超）见寿州（按：孙家鼐），谓'总教习必派康先生'。孙不应，康党大失所望。"还说孙家鼐掌管大学堂，"康所拟管学诸人，全未用"。④

7月17日孙家鼐上奏请派当时尚不在国内的原驻德公使、工部左侍郎许景澄担任京师大学堂总教习，而在许到任前则由孙自己"暂为兼办"。这样他不

---

① 《德宗景皇帝实录》卷四二〇，第504页。
② 罗惇曧：《京师大学堂成立记》，《庸言》第1卷，第13号，1913年6月。
③ 康有为：《康南海自编年谱》（外二种），中华书局1992年版，第48页。
④ 《李符曾致张之洞密札》，转引自孔祥吉：《戊戌维新运动新探》，湖南人民出版社1988年版，第79—80页。

仅排斥了康有为，而且可以独揽大权。同日，孙家鼐还上书攻击康有为的《孔子改制考》等书，"必欲以衰周之事行之今时。窃恐以此为教人人存改制之心，人人谓素王可作"。他强调"学堂之设，本以教育人才，而转以蛊惑民志，是导天下于乱也"，"一旦反上作乱之人，起于学堂之中，臣何能当此重咎？"要求对"康有为书中凡有关孔子改制称王等字样，宜明降谕旨，亟令删除"①。欲以此讨好守旧势力，同时证明康有为不宜担任总教习。后来御史宋伯鲁奏请改《时务报》为官报。上谕命管学大臣酌核奏明。孙家鼐乘机于7月26日上折请派康有为赴上海督办官报，同时又限定办报"不准议论时政，不准臧否人物，皆译外国之事"②。企图将康有为排挤出京，同时又压制维新派的变法宣传，可谓用心良苦。康有为在《自编年谱》中也揭露："时枢臣相恶，欲藉差挤我外出，然后陷之，乃托孙家鼐请我办官报，并以京衔及督办字样相诱。"③汪大燮致汪康年的信中也认为"寿州原为推康出走起见"④。康有为针对孙家鼐在大学堂安插兼差人员之事，鼓动御史宋伯鲁上书，要求大学堂用人，"但论才识之高下，不论官阶之尊卑"。所有派办各员应开去别项差使，"将一切官场恶习，痛除净尽"⑤。支持维新派的总理衙门章京张元济也愤然辞去原由孙家鼐推荐的京师大学堂总办职务，孙即顺水推舟另荐帝党御史李盛铎担任。

孙家鼐就任管学大臣后，8月9日在《奏复筹办大学堂情形折》中，对梁启超起草的章程提出了许多原则性修改意见，也反映了新旧思想斗争。例如提出进士举人出身的京官另立仕学院。大学堂毕业生必须由管学大臣"严核品学，请旨采用"。他还认为原章程所列中西学"门类太多"，应予删并。另外梁启超为京师大学堂译书局拟订了章程，提出"编译各书，悉依西例"。而孙家鼐却在奏折中特别强调"编书宜慎也"，而且认为"经书断不可编辑"，"亦概不准妄行增减一字"。⑥

---

① 孙家鼐：《奏请译书局编纂各书请候钦定颁发并请严禁悖书事》，《北京大学史料》第1卷，第190页。

② 孙家鼐：《奏遵议上海时务报改为官报折》，《光绪朝东华续录》卷一四六。

③ 康有为：《康南海自编年谱》（外二种），中华书局1992年版，第49页。

④ 《汪大燮致汪康年书》，《汪康年师友书札》（一），第790页。

⑤ 宋伯鲁：《大学堂派办各员请开去别项差使片》，转引自孔祥吉：《戊戌维新运动新探》，第73页。

⑥ 孙家鼐：《奏复筹办大学堂大概情形折》，《北京大学史料》第1卷，第47—48页。

孙家鼐还陆续上奏，如聘请原同文馆总教习美国传教士丁韪良为西学总教习，派大学堂办事人员李盛铎、李家驹等赴日本考察学务，设立医学堂等。总理衙门也已将马神庙原四公主府拨给京师大学堂做校舍并开始修缮。

正当京师大学堂在紧锣密鼓积极创办之际，1898年9月21日，以慈禧太后为首的顽固派突然发动政变。光绪皇帝被软禁于中南海的瀛台，康有为与梁启超仓皇流亡海外，谭嗣同等维新志士被杀。百日维新仅仅进行了103天就宣告失败。政变以后，西太后以训政名义重掌政权。9月26日的上谕，下令将百日维新期间光绪皇帝决定裁撤的詹事府等衙门"照常设立，毋庸裁并"，而"开办时务官报""准令士民上书"等新政措施均被废除。然而京师大学堂被称为"培植人才之地"，仍予保留①。

京师大学堂在戊戌维新失败后为什么仍能保留下来呢？其原因，首先，慈禧太后认为兴办学校毕竟是大势所趋，而且不像改革官制、兴办报刊等新政措施那样直接危及其统治地位与利益。其次，因京师大学堂"萌芽早，得不废"。早在1896年已有倡议并由官书局筹办，1898年初经王鹏运奏准设立。颁《定国是诏》时慈禧太后也同意并亲自手书某某官可入学。最后，最重要的还是如上谕所说，"大学堂为培植人才之地"。光绪与维新派希望京师大学堂培养出维新变法的人才，慈禧太后与顽固派也需要培养维护自身统治的人才。所以只要改变其教育方针，学校仍可保留下来。

据孙家鼐1898年12月3日（光绪二十四年十月二十日）所上《奏大学堂开办情形折》的报告，11月22日内务府已将大学堂房屋交接，当即派办事人员移住。"一面出示晓谕，凡愿入堂肄业者，报名纳卷，甄别取去。现在斋舍仅能容住二百余人，而报名者已一千有零，当先择人品纯正文理优长者，录取入堂，以广造就。"他体会慈禧太后保留大学堂的用意，"于来堂就学之人，先课之以经史义理，使晓然于尊亲之义，名教之防，为儒生立身之本；而后博之以兵农工商之学，以及格致测算语言文字各门。务使学堂所成就者，皆明体达用，以仰副我国家振兴人才之至意"②。

京师大学堂由于校舍有限，1898年12月经考试录取100多名，于年底开学。先开仕学院，由举人进士出身之京官入院学习。最初课程仅以经学为主，

---

① 《德宗景皇帝实录》卷四二七，第603页。
② 孙家鼐：《奏大学堂开办情形折》，《北京大学史料》第1卷，第49页。

到第二年才增设史学、地理、政治等课。尽管开办后的京师大学堂与维新派原来的设想和期望距离很大，但它毕竟是戊戌维新留下的一项成果。当时天津的《国闻报》曾评论道：戊戌政变后，在"北京尘天粪地之中，所留一线光明，独有大学堂一举而已"。①

辛亥革命后中华民国元年即1912年，京师大学堂正式改名为北京大学校，第一任校长就是当年维新派的代表人物之一严复。同年10月31日北京大学邀请刚从海外归国的梁启超来校讲演。据《京师大学堂成立记》一文记载："民国元年，梁任公归国在大学堂演说，谓戊戌变法成绩，西太后推翻无遗，可留为纪念者，独一大学堂而已。"②

六、京师大学堂开办与开学日期考

在1951年以前北京大学的校庆日一直是12月17日。1951年12月采纳当时任北大副校长的汤用彤教授的建议，把北京大学校庆日改为5月4日，以纪念发扬五四精神，同时5月气候宜人，也便于校友返校参加校庆活动。

实际上12月17日也不是1898年京师大学堂开办或开学的日子，而是1902年京师大学堂复校后举行开学典礼的日子。那么，京师大学堂的开办和开学究竟在什么时间呢？

回顾京师大学堂创办的历史，我认为以下一些日期是比较重要的。

1896年6月12日（光绪二十二年五月初二日），刑部左侍郎李端棻上奏折（可能是梁启超代拟）最早向清政府倡议设立京师大学堂。同日光绪皇帝命管理书局大臣孙家鼐"察度情形，妥筹办理京师设大学堂之事"。京师大学堂进入筹办阶段。

1898年2月15日（光绪二十四年正月二十五日），御史王鹏运奏请开办京师大学堂。光绪皇帝颁上谕，正式批准建立京师大学堂，并命军机大臣会同总理衙门大臣妥议章程。京师大学堂进入了创办阶段。

1898年6月11日（光绪二十四年四月二十三日），光绪皇帝颁《定国是诏》，把举办京师大学堂作为百日维新的第一项新政改革措施。

---

① 《国闻报》，光绪二十四年十月二十四日。
② 罗惇曧：《京师大学堂成立记》，《庸言》第1卷，第13号，1913年6月。

1898年7月3日（光绪二十四年五月十五日），光绪皇帝上谕批准总理衙门所拟由梁启超起草的京师大学堂章程，并任命孙家鼐为京师大学堂第一任管学大臣，决定经费由户部筹措，京师大学堂的创办进入具体实施阶段。

　　1898年11月22日（光绪二十四年十月初九日），京师大学堂正式接收内务府移交的校舍，并出告示招生。这可以说是京师大学堂正式开办的日子。前北大校长胡适曾写过一篇《京师大学堂开办的日期》的考据文章，认为"戊戌十月二十日（1898年12月3日），京师大学堂在困难的政治环境里开学"。[①]其实，那是孙家鼐向皇帝奏报京师大学堂开办情形的日期，而不是开办或开学的日期。当时京师大学堂贴出告示限考生在12月7日（光绪二十四年十月二十四日）以前到大学堂报考，因此12月3日不可能开学。

　　那么，京师大学堂正式开学究竟在哪一天呢？这长期以来成为北大校史研究中一直没能解决的一个疑点。有人猜测可能是光绪二十四年十二月十七日，即1899年1月28日。[②]笔者经过查阅考证各种史料，终于发现了京师大学堂开学的确切日期。据1899年1月17日（光绪二十四年十二月初六日）《申报》的报道："大学堂定于十一月十九日开塾。原拟收留塾学生二百名，嗣以斋舍不敷先传到一百六十名，其余考取者作为外班，俟将来额缺添传。"并公布了160名学生的名单。这篇报道还照录了京师大学堂总办的告示，规定学生应"于十八日到堂，十九日开学。如有不愿住堂者限于十八日以前报明，如届期不报，立即扣除"[③]。可以证实京师大学堂正式开学的日子是光绪二十四年十一月十九日，即1898年12月31日。

　　京师大学堂开学后仍陆续招生，至1899年4月已有学生218人。1900年，帝国主义八国联军侵占北京，德国俄国军队占据京师大学堂校舍为营房，大学堂被迫一度停办。

　　1902年1月10日（光绪二十七年十二月初一），清廷又下诏恢复京师大学堂，并派张百熙为管学大臣。次日又下令将同文馆并入京师大学堂。

　　1902年8月15日（光绪二十八年七月十二日），张百熙奏拟大学堂章程，

---

① 胡适：《京师大学堂开办的日期》，《胡适选集》（考据），台湾传记文学出版社1970年版，第155页。

② 庄吉发：《京师大学堂》，台湾大学文史丛刊之三十二，1970年，第22页。

③ 《申报》，光绪二十四年十二月初六日。

经皇帝批准为《钦定京师大学堂章程》。规定京师大学堂主持全国教育。内设大学院、大学专门分科、大学预备科，并附设仕学馆、师范馆、医学馆，奠定了北京大学及近现代中国高等教育学制及教学系统的基础。

1902年10月，京师大学堂整修工程完成，出告示复学招生。12月15日（光绪二十八年十一月十六日）管学大臣张百熙奏"大学堂定期本月十八日开学，先办速成一科，并购地建造校舍"。①

1902年12月17日（光绪二十八年十一月十八日），京师大学堂经过停办两年多以后终于又重新开学了，这一天举行了隆重的开学典礼。因此，1951年以前的校庆日12月17日实际上是1902年京师大学堂复校后的开学日。

综上所述，京师大学堂是在甲午战争以后维新变法和教育改革思潮的推动影响下酝酿产生的。与维新派发起的强学会有一定的渊源关系。康有为、梁启超等维新派人士在提出设立京师大学堂的倡议和争取清政府批准的过程中起了重要作用。他们还鼓动光绪皇帝颁布《定国是诏》，把创办京师大学堂作为百日维新的第一项重要改革措施。维新派还直接参与了京师大学堂的创办工作。京师大学堂的第一个章程就是由梁启超起草的，体现了维新派的教育改革主张，在推动中国教育现代化进程中有着重大意义。而京师大学堂在慈禧太后发动政变以后又成为戊戌维新遗留的仅存硕果。因此，我们完全有理由说初名京师大学堂的北京大学，的确是戊戌维新与中国教育现代化进程的产物。

（原载于《北京大学学报》1998年第2期）

---

① 《德宗景皇帝实录》卷五〇八，第704页。

辛亥革命与民国初年的北京大学

　　为了深入探讨辛亥革命对中国社会的影响，我们不妨以民国初年的北京大学作为考察对象，来做一番透视和剖析。一般论及北京大学早期历史，人们自然会津津乐道1917年蔡元培任校长后，北大如何成为新文化运动摇篮和五四运动策源地那段辉煌历史。然而对于辛亥革命至蔡校长上任这一段民国初年北京大学的历史，却很少有人关注和深入研究。实际上民国初年北大经历了一段曲折复杂的历程，颇具典型意义和研究价值。仅在1912—1913年间，这所中国最高学府竟然两次面临被停办或裁并的生死存亡境地，并发生多次学生风潮。首任校长严复和广大师生竭力挽救并改革北大，功不可没。而从民国初年北京大学的种种变动和遭遇之中，也可以折射出辛亥革命的影响和民国初年中国教育与政治、社会、文化、思想等方面所发生的新旧转型变化及其中错综复杂的矛盾斗争。

　　本文主要依据北京大学档案馆的档案资料和民国初年的政府公报、报纸、杂志、人物文集书信等史料写成。

一、辛亥革命和京师大学堂改名北京大学校

　　1911年10月10日武昌起义敲响了清王朝的丧钟，作为当时中国最高学府和第一所国立综合大学的京师大学堂当然也受到极大震动。尽管清政府学部故作镇静，10月13日通知京师大学堂："现在武昌事起，讹言风闻，几乎无日无之。其实沿江各省有事之说皆系谣传，各省官电均称安静。"即使武昌乱事，当可克日扫平。因此命令大学堂师生，"亟须照常上课，加意坚定，慎勿轻听浮言，致滋纷扰"。还要求学堂监督等管理人员"剀切劝导，勉励生徒，俾

得一律安谧如常"①。然而武昌起义革命烈火很快形成全国燎原之势，不可阻挡。清王朝统治朝不保夕，京师大学堂也人心离散，无法上课，不少学生、教员纷纷离校回籍。

11月26日，清政府为加强对京师大学堂的控制，任命江宁提学使劳乃宣为京师大学堂总监督。但仅过一个多月，劳乃宣就向学部报告："窃自武昌变乱以来，人心惶惑，本堂教员学生请假回籍者已居多数，以致不能上课。刻下大局未定，召集无期。"因此只得筹划暂行停办，将师生加以遣散，并表示自己"因病躯不能理事"，请以庶务提调刘经绎"暂行代理"。京师大学堂实际上已处于瘫痪状态。②

辛亥革命期间，离校回籍的京师大学堂学生有些什么表现呢？这方面虽缺乏具体史料，但查民国元年的一份学生说帖，曾概括地描述了部分学生投身革命洪流的事迹。由于大学堂停课，学生们"不得已移其向学之心，为救国之念。或效力桑梓，借图保卫，或宣战文字，促进共和，以至参议院、各省议会、各都督府、北洋铁血会、新直隶团各处，无不力效涓埃，以冀巩固民国基础"③。可见京师大学堂部分学生曾在辛亥革命中作出了贡献。

1912年1月1日，孙中山在南京就任中华民国临时大总统。1月3日南京临时政府成立，蔡元培任教育总长。2月11日清宣统帝退位，清王朝宣告终结。2月13日孙中山辞职，2月15日南京临时参议院选举袁世凯为第二任临时大总统。2月25日临时大总统下令以严复署理京师大学堂总监督。

1912年5月3日，中华民国政府教育部呈报临时大总统袁世凯，提议将京师大学堂"改称为北京大学校，大学堂总监督改称为大学校校长，总理校务。分科大学监督改称为分科大学学长，分掌教务"，并提请大总统任命原总监督兼文科学长严复署理北京大学校校长。④当天，经袁世凯批准并发布临时大总统令，正式"任命严复署理北京大学校校长"。此命令除大总统盖印外，还有内阁总理唐绍仪和教育总长蔡元培的署名。⑤1912年5月24日，京师大学堂正式公开通告："本学堂现经教育部改定名称曰北京大学校，并另刻关防一颗，文

---

① 《北京大学校史史料稿》（稿本），北京大学档案馆藏。
② 同上。
③ 《论文科大学不应缩短毕业期限改办选科说帖》，北京大学档案馆藏。
④ 王学珍、郭建荣：《北京大学史料》第2卷（一），北京大学出版社2000年版，第3页。
⑤ 《北京大学史料》第2卷（一），第235页。

日'北京大学校之关防',于阳历5月24日启用,以昭信守,特此公布。"①以上便是京师大学堂改名为北京大学校和严复出任首任校长的经过。

关于北京大学改名后重新开学的日期,已出版的《北京大学校史》和《北京大学纪事》中均无确切记载。现查《教育杂志》第4卷第3号记事栏刊登的北京大学通告宣布:"本校现定阳历5月15日重新开学","凡肄业北京大学校,现在回籍诸生,务即克日来咨就道返校"。②《教育杂志》第4卷第4号还刊登了北京大学"开学志闻",报道了5月15日开学典礼盛况:"北京大学校业已开学,学生到者百余人,教员数十人,英国公使朱尔典、总税务司裴璀琳、教育总长蔡元培皆莅会。首由校长严幼陵君演说,略谓学校规划宜趋谨严,不得过于恣肆。次由蔡鹤卿先生演说,谓大学为研究高尚学问之地,即校内课余仍当温习旧学。次由英德法三教习演说,其中以德教习演说最为激切,略谓今日中国已是诸君之中国,校中课程宜力求刷新,不可再蹈旧习,精神教育与形式教育仍当兼收俱备。演说毕,主宾尽欢而散。"③

二、1912年孙中山和梁启超对北大学生的讲演

1912年(民国元年)京师大学堂虽然改名为北京大学校,但北大师生还很少能听到关于民主和革命学说的宣传。而就在这一年,中国革命派和立宪派的两位领袖人物孙中山和梁启超曾先后对北京大学师生发表过长篇精彩演说,内容深刻精辟,给当时北大师生很大启发和教育,可惜在以往的民国史和北大校史上却很少提及。

1912年8月,孙中山应临时大总统袁世凯之邀北上共商国是。孙中山在北京期间除了与袁世凯会谈外,还出席各种集会,发表演讲,宣传民主革命思想和建国方略。8月30日,北京大学师生等北京学界两千多人在湖广会馆集会,隆重欢迎孙中山先生,孙中山出席大会并发表了重要讲演。1912年9月6日之上海《申报》曾报道集会盛况:"北京教育界有北京大学、高等师范学校、高等工业学校……十余处,于30日下午在湖广会馆开会,欢迎孙中山先生,到会者

---

① 《教育杂志》第4卷第3号,第4页。

② 同上,第18页。

③ 同上,第26页。

二千余人。卫队列于左，男生分列两旁，女生坐于前楼，音乐队列于后，四面复间以军警，秩序井然。一时许，先生莅会，军乐齐奏，全体脱帽鞠躬致敬。先由会员宣读欢迎词毕，孙先生答礼演说，略谓：'此次革命成功，多赖学界之力。此后各种建设，尤赖全国学界合力进行，方能成功。'"孙中山还强调："振兴之基础，全在于国民知识之发达。学界中人，当知所负责任之重。今日在校为学生，异日即政治上之工人，社会上之公仆，与专制时代学生之思想大不相同。至今日尤为注重者，有三大要件，即民族同化、民权平等、民生筹划，此三者为学生之责任。学生能尽其责任，国基方能巩固，愿诸君勉之。""演说毕，拍掌如雷，次由教育总长范源濂演说。四时许，合摄一影，作乐，由主席宣告散会，孙先生脱帽鞠躬而退。"①

孙中山演说的内容还可见《孙中山全集》第二卷收录的《在北京湖广会馆学界欢迎会上的演说》一文，比《申报》更详细，但文字有许多不同。孙中山首先强调了学问的重要性，"盖学问为立国之本，东西各国之文明，皆由学问购来"。革命成功"皆得力于学说之鼓吹"。他同时指出"今破坏已完，建设伊始，前日富于破坏之学问者，今当变求建设之学问"。他着重阐述革命成功后，今日已处于"学问过渡时代"，"从前生存竞争之学说"已不能适用，"弱肉强食、优胜劣败之学说"也"非共和国之所宜用"，而应该大力提倡讲公理、尚道德、重平权。他还指出学生的学习目的"乃期为全国人民负责任，非为一己攘利权"，"当用其学问为平民谋幸福，为国家图富强"。②《孙中山全集》还收录了一篇该演说的异文，除上文提到的批判生存竞争、提倡社会道德学说等内容外，还阐述了民主共和时代学生的社会责任。他说："从前惯习，往往学生自命为学校之主人翁。鄙意以为此等思想，只宜于专制时代。皇帝为全国之大主人翁，压制平民，学生在学校学成之后，辅助君主，欺辱平民，虽不能为大主人翁，亦可为小主人翁。今则不然，现值政体改更，过渡时代，须国民群策群力，以图振兴。振兴之基础，全在于国民知识之发达。学界中人，当知所负责任之重。今日在校为学生，异日即政治上之工人，社会上之公仆，与专制时代学生之思想大不相同。学界能尽其责任，国基方能巩固，愿

① 《学界欢迎孙中山记》，《申报》1912年9月6日。
② 《孙中山全集》第2卷，中华书局1982年版，第422—424页。

诸君勉之。"①孙中山在这篇演说中提出了辛亥革命后中华民国教育的宗旨、学生的学习目的、政治责任、社会道德以及革命与学问、民主和平等关系等等重要问题。这些内容恐怕是北大师生们以前闻所未闻的，因此师生们大受启发和教育，"到会者至为振奋，鼓掌之声不绝"。

近代中国思想界另一巨子、立宪派领袖梁启超，自1898年戊戌维新失败后流亡国外十多年，直到1912年10月初才回国。10月20日到北京，10月31日下午即到北京大学出席北大师生的欢迎会。据报道当时北大"讲堂遍悬国旗，校长、教员、学生咸集"。会上先由代理校长马良致欢迎辞，然后梁启超发表了长篇演说。他首先表示"鄙人今日承本国最高学府北京大学校之欢迎，无任荣幸"，然后追溯了一段自己在戊戌维新时主张兴学及创立强学会及倡办京师大学堂的历史。接着他着重阐述大学的宗旨，应是"研究高深之学理，发挥本国之文明，以贡献于世界之文明"。他认为"专门学校之目的在养成社会上技术之士，而大学之目的则在养成学问之士"，"专门学校之精神在实际之应用，而大学校之精神则在研究与发明"。"总之大学校之目的既在研究高深之学理，大学校之学课又复网罗人类一切之系统知识，则大学校不仅为一国高等教育之总机关，实为一国学问生命之所在。""且学问为文明之母，幸福之源，一国之大学即为一国文明幸福之根源。"这是梁启超对大学办学目的、宗旨、功能和精神的定位和高度概括。同时他殷切希望北大师生"能保持大学之尊严，努力于学问事业"。梁启超还深刻批判前清科举制和读书做官论，指出"误国最甚者，莫如奖励出身之制，以官制为学生受学之报酬，遂使学生以得官为求学之目的，以求学为得官之手段"，以至造成"中国兴学十余年，不仅学问不发达，而通国学生且不知学问为何物"。他勉励北大学生"当为学问而求学"，"勉力为我中国文明争光荣"。最后，梁启超谈到学风问题，指出"今日学风之坏，人所同慨"。而北大"为全国最高之学府，大学学风足为全国学风之表率"。他提出了三条改善学风之建议："一是谨守服从之德；二是力倡朴素刻苦之风，切戒奢侈放纵；三是养成冷静之头脑，提倡静穆之风，切戒浮躁轻率。"②

孙中山和梁启超的演说都强调了研究学问的意义、大学办学的宗旨和学

---

① 《孙中山全集》第2卷，第424页。
② 梁启超：《饮冰室全集》文集之二十九，中华书局1986年版，第38—44页。

生学习的目的，并涉及学生社会责任、学校学风等重大问题，对北京大学师生产生了一定的影响，也是北大校史上值得记录的一页。

三、首任校长严复对北京大学的贡献

北京大学首任校长严复虽然在任的时间不长，只有半年左右，但是他为维持和改革北大却历尽艰辛，用心良苦，功不可没。

严复是中国近代著名的启蒙思想家和翻译家。他曾留学英国，学贯中西。19世纪末他的译著《天演论》宣传"物竞天择""适者生存"的进化论，鼓吹自强革新思想，曾风靡一时，促进了中华民族的觉醒。同时他也是个教育家，曾先后担任福州船政学堂教习，天津北洋水师学堂总教习、会办、总办，京师大学堂译书局总办，上海复旦公学校长和安徽安庆高等学校监督等职。

1912年2月25日，严复被任命为京师大学堂总监督。3月8日到校就任后，即分别召开教职员会议，商讨改革办法。1912年5月3日，他又被任命为改名北京大学校后的第一任校长。严复深感肩负责任之重大，"故自受事以来，亦欲痛自策励，期无负所学，不怍国民，至其他利害，诚不暇计"[3]。然而严复校长面临的却是重重困难和种种干扰打击。

首先遇到的是经费困难。武昌起义后清政府学部就不再给京师大学堂拨发经费。严复上任后，四处奔走，甚至面见学部、度支部长官，"再四磋磨，商请用款，迄无以应"。他在给夫人朱明丽的信中诉苦："大学堂无款即不能开学，即我之薪水亦未开支也。公事亦极难办。"[4]后来总算在4月7日向华俄道胜银行借到7万两银子，才使北京大学能在5月15日开学上课。但到了秋季开学前经费仍无着落，华俄道胜银行半年借款也将到期。严复只得又向英国汇丰、法国汇理、俄国道胜等外国银行商借贷款，却均遭拒绝。8月26日好不容易向华比银行借到20万两，除一部分归还道胜银行借款及利息外，其余用作北京大学秋季开学所需。严复竭尽全力为北京大学筹得维持生存的必要经费，这是一大贡献。

与经费有关的还有减薪之争。民国之初因财政困难，北京政府财政部发

---

③ 王栻：《严复集》第3册，中华书局1986年版，第604页。
④ 《严复集》第3册，第771页。

出通令，命京内外各衙门官员及学校教职员，凡薪水在60元以上者，"一律暂支60元"。严复作为北大校长给教育部写了条陈，提出了抗争。他认为"学校性质与官署不同"，不能"强令齐约"。其理由是学校教职员薪水是按授课钟点和所担负任务轻重判定高低的，如果一律降低拉平，致使人员"放弃职任"，那么"表面之经费虽省，无形之贻误实多"。因此他表示北京大学难遵部令，"为公之计，除校长一人准月支60元以示服从命令外，其余职教各员，在事一日，应准照额全支，以示体恤而昭公允"[①]。严复终以据理力争和个人减薪保全了北大教职员的原有待遇，这是对北大的又一贡献。

最大的打击和考验还是教育部企图停办北大之议，关系到北京大学的生死存亡。北京大学在1912年5月15日正式开学后，严复一方面添聘薄弱学科的教员，一方面解聘不称职的教职员，致使"校中一切规模，颇有更张"，"全校学生遂与相安于学"。北京大学的国际声望也日益提高，7月29日英国教育会议和伦敦大学宣布承认北京大学学生的学历和成绩，"自兹以后，凡属北京大学校或译学馆之毕业生赴英游学者，均得以直接进行其博士研究"。正当严复为北大建设"力图进展"时，北京政府教育部在7月初却以所谓程度不高、管理不善、经费困难为由提出了停办北京大学之议。此议自然引起北京大学师生的强烈反对。

校长严复特向教育部上了《论北京大学校不可停办说帖》，此帖抄件现藏于北京大学档案馆。他理直气壮地陈述了北京大学万万不可停办的理由。严复首先指出北大自创办以来，集中了当时最好的人才、物力，又积十余年国家全力惨淡经营，才有今日最高学府之地位。"一旦轻心掉之，前此所靡百十万帑金，悉同虚掷"，造成巨大浪费，而且面对热情求学的莘莘学子，将持何理由"而一切摧残遣散之乎？"其次针对当局指责程度不高的说法，严复指出各国大学"亦无法定之程度"，由于历史和种种原因，各国各地的大学程度不可能划一，关键在于自己努力提高，"吾欲高之，终有自高之一日"，如果停办北京大学，中国大学将永无提高之一日。第三，针对教育要从中小学入手的说法，严复指出"高等大学与普通教育双方并进，本不相妨"。"今世界文明诸国，著名大学多者数十，少者十数。吾国乃并一已成立之大学尚且不克

① 严复：《上大总统和教育部书》，北京大学档案馆藏。

保存，岂不稍过？"而且江浙、湖北等地都在议立大学，北京是首都，"反出行省之下，本末倒置，贻诮外人！"第四，严复还指出大学不仅要造就专门人才，而且兼有"保存一切高尚之学术，以崇国家之文化"的宗旨。北大设立各种学科，"是则为吾国保存新旧诸学起见"。"既有造就之盛心，必不患无学者"。第五，关于经费问题，严复认为"谓今之大学，固当先问其宜存与否，存矣，则当问其进行之计画为如何，不得以筹费之难易为解决也"，而且"国家肇建万端，所需经费何限，区区一校所待以存立者，奚翅九牛之一毛？其所保持者其大，所规划者至远，如此，夫何惜一年二十余万金之资，而必云停废乎？"最后，严复表示不计个人进退，"大部如以鄙见为不然，则方来之事，请待高贤。若以为犹有可从，则改革之谋，请继今以进。"[①]严复的说帖铿锵有力，掷地有声，有理有节，义正词严，可谓北大校史上的一篇珍贵文献。

严复校长接着又呈上一份《分科大学改良办法说帖》，提出了北京大学的改革方案，此说帖抄件也藏于北大档案馆。他建议原有学生一律在一年内以选科毕业，暑假后招考新生一律以程度为准，并征收膳宿各费，毕业后给予学位。以前所聘外国教习按约辞退，中国教职各员考其成绩，随时斟酌去留。特别值得注意的是严复提出聘请教员"总以本国人才为主"，应"选本国学博与欧美游学生，各科中卒业高等而又沉浸学问无所外慕之人，优给薪水，俾其一面教授，一面自行研究本科，如此则历年以后，吾国学业可期独立，有进行发达之机"。大学不仅造就学生，同时也培养师资人才，将成为"一国学业之中心点"。"则较之从前永远丐人余润，以重价聘请一知半解之外国教员，得失之数不可同年而语矣！"这是一个非常有远见卓识的观点。严复对各学科也提出了具体改革方案，如建议将经科并入文科，指出"既为大学文科，则东西方哲学、中外之历史、舆地、文学，理宜兼收并蓄，广纳众流，以成其大"[②]。这与后来蔡元培提出的"兼容并包"的方针是一致的。关于法科，严复主张以国文教授本国法律为主课，而以外文教授外国法律为辅课，尤其应着重学习共和立宪以来中国现行之法律。对于理工科与农科，建议派出优秀学生，由学校出资派到欧美、日本留学深造，同时加强实验室和图书、仪器、药品的管理。对商科则建议开四个专业（当时称门），即经济学、财政学、商学和交通学。

---

① 严复：《论北京大学校不可停办说帖》（抄件），北京大学档案馆藏。
② 严复：《分科大学改良办法说帖》（抄件），北京大学档案馆藏。

严复的这些建议即使现在看来也是很有见地的，反映了他的教育思想能够与时俱进。

教育部接到严复这两份说帖后，虽然声明"解散之事，全属子虚"。但又在7月7日下达了《北京大学结束办法九条》，要求北大执行。九条中包括各分科大学学生一律提前于元年年底毕业，给予选科文凭，概不授予学位。下学期各分科课程要作增减，学生要交膳费，各科学长应兼充教员，法商两科学长以一人兼充等。而最重要的是规定"本年下学期各分科大学一律不招新生"①，实质上仍是要停办北京大学。因此教育部九条一宣布，立即激起北大师生的强烈不满与反对。全校"议论沸腾"，认为这是对北京大学实行"和平之驱逐""变相之解散"，各科学生纷纷推选代表草拟说帖提出抗议。现北大档案馆内收藏有文科、法科、工科等各科学生的说帖。如文科全体学生代表说帖表示"此风一播，全国灰心，窃恐后之向学者，群以北京大学校为畏途，相率裹足"。学生们还表示"不甘妄自菲薄，咸有研究完全文科大学学问之请愿"，"但与世界各国专门学子争占学问一席！"法科、工科学生代表说帖也强烈反对"半途而废"，而且要求多招新生。②

在严复校长和北大师生的有力抗争和社会舆论的压力下，教育部不得不取消北京大学停办之议和结束办法。在8月9日举行的全国临时教育会议上，讨论了教育部的停办北大之议，"嗣以事实困难，停办之议，遂亦打消"。会议还通过了分设大学案，即十年内国内先设北京、南京、武昌、广州四大学。这场停办之争不仅关系到北大的存亡绝续，而且对中国近现代革命和文化、科学、教育事业的发展也具有重大影响。严复为维护北大的生存发展而作出的艰苦努力，是他对北京大学作出的重大贡献。

严复在种种外来压力和内心矛盾之下，终于在1912年10月7日正式辞去北京大学校长职务。严复的辞职，正如他自己所说的"其原因复杂，难以一二语尽也"，不能简单归结于某一种因素。他与教育部的矛盾积怨，不仅由于他多次对抗部命，而且涉及当时中国政坛南北之争、党派之争和种种人事纠葛，严复甚至常被人视为北洋系旧人物。再有经济收入、家庭负担也是重要因素。北大校长薪水不高，不敷家庭开销，后来部命减薪至60元，甚至"尚不够养我马

---

① 《北京大学结束办法九条》，北京大学档案馆藏。
② 文科、法科、工科学生说帖，北京大学档案馆藏。

车"。因此他在家信中常叹苦经，并已萌生退意。而这时袁世凯又聘其任总统府顾问，工资较高，教育部却严令不准兼职，故他权衡再三，决定辞去北大校长职务。此外，严复本人年老体衰，哮喘病加重又有吸食鸦片嗜好等，对其辞职也有一定关系。

四、学生风潮与抵制裁并的努力

民国初年政治和社会的动荡，反映在教育部，仅1912—1913年两年内就换了6任总长（部长）或代总长，而反映在北京大学，则在两年内四易校长、三起学潮、两遭停并之险。

严复辞职时，北大许多学生竭力挽留，但也有少数学生反对，形成学生之间对立争吵甚至冲突，以至教育部专门发出训令，对学生风潮加以警告。1912年10月9日，临时大总统袁世凯任命31岁的章士钊为北京大学校长，又有学生反对。当时章士钊正在上海办《独立周报》，同时兼任江苏都督府顾问，遂以事务繁忙难以脱身为由，"迟不赴任"。后又借口自己太年轻资格浅而推辞。10月18日政府又命72岁的教育家马良（即马相伯）代理校长。因学校经费缺乏，马良向比国银行商借贷款40万法郎，约定以学校地产作抵押。学生闻讯，群起反对，有的指责马良"盗卖校产"，并聚众到校长寓所外抗议。于是马良于12月27日辞职，教育部又命工科学长何燏时署北京大学校长。

1913年1月何燏时上任后，谋求整顿，其中一项措施为宣布预科毕业生进入本科必须经过入学考试，此举引起预科学生强烈不满，引发民国初年北大最大的一次学生风潮。预科学生以教育部《大学令》明文规定"预科学生修业期满考试及格者，给予文凭，升入本科"[1]，认为校长布告违法，群起反对。而校方对学生失于疏导，强行贯彻，致使矛盾激化，酿成学潮。5月27日预科学生集会抗议，然后涌向校长办公室辩论，并迫使何校长当场写下辞职字据。事后校方呈报教育部，要求严惩闹事学生。而学生也公推代表13人赴教育部请愿。29日教育部指令北大校方，预科学生"屡生事端，目无法纪，应由校长查明滋事为首之人，立即斥退"。30日校长出布告开除预科学生8名，于是6月3

---

① 朱有瓛：《中国近代学制史料》第3辑下册，华东师范大学出版社1992年版，第2页。

日，北大预科学生271人赴国会请求保障权利。6月6日教育部宣布"将现时在校之预科学生暂时解散"，才把这次学潮压制下去。剖析民国初年北大学潮的背景，既有辛亥革命后学生思想解放，对民主、自由、平等的追求，又有学生对校长人选的好恶倾向不同和维护自身权益的驱动，还有校方处理不当，失于疏导和社会上政党派系之争和新闻舆论的影响。尤其刺宋案发生后，国民党激进派对袁世凯政府不满，积极同情和支持北大学潮。国民党机关报《民立报》特地刊登了北大学生的通告书和271名北大预科生递交国会两院的请愿书，要求法律面前公平平等，反对侵犯学生权利。

1913年暑假，北京大学在北京、上海、汉口等地大规模招生，当年录取本科新生117名、预科新生115名，并预定9月25日开学，不料9月23日突然接到教育部函令暂缓举行开学典礼并约校长次日到部面谈。新任教育总长汪大燮竟以北大"费用过多，风纪不正，学生程度尚低，拟将分科暂行停办"。北京大学再一次面临生死关头，这也与当时袁世凯政府加强专制统治及教育部要紧缩经费有关。校长何燏时坚决反对停办，1913年9月27日，他在给大总统的呈文中大声疾呼："办理之不善可以改良，经费之虚糜可以裁节，学生程度之不齐可以力加整顿，而此惟一国立大学之机关，实不可遽行停止。且当此民国初基，正式政府将近成立之时，正应百端具举，树全国之表，则肃中外之观瞻，慰群生望治之诚，建国家伟大之业。当此之时忽有此停办大学之举，实足以贻笑友邦，触失民望！"他强调此非自己"一人之私言，抑亦全国之公论也"。何燏时还着重从国家教育主权和教育事业发展的高度加以阐发。他说："国家设立大学，实振兴教育之总键，陶冶人材之巨炉，故东西各国莫不注重大学"，美英等国不但在本国设立而且纷纷到中国各地办大学，"其用意之所在，已可概见。吾国国立大学仅只北京一校"，"彼方竞投巨资拓张国势，我则惜此小费一校不存，致使莘莘学子依赖外人，固属有失国体，而教育之实权势必旁落，千钧一发，关系匪轻"。这段论述比严复上一年反对停办北大的说帖更有说服力。其他有关学校经费、学生程度等陈述则与严复说帖相似。何燏时在呈文最后也表示不计个人去留，请"立予罢斥，另任贤能，留此一线之延，以为整顿之地，学界幸甚，民国幸甚！"①

---

① 《北京大学史料》第2卷（一），第5页。

在何校长和北大师生强烈反对下，教育总长汪大燮10月1日发布给北大校长指令，表示"但有整顿之意，并无撤废之心"。但是又提出要把北京大学与天津北洋大学合并。所谓合并仍是变相取消北大，故仍遭到北大师生、校友以及国会议员、社会舆论的反对，教育部不得不暂停裁撤北大之行动。北京大学本科于10月13日开学，11月4日举行了本科第一次毕业典礼。但何燏时校长则在教育部压力下，被迫在11月5日再度提出辞职，即获批准。11月13日教育部训令工科学长胡仁源主持校务，并重提与北洋大学合并计划，还拟议将两校学生通同甄别考试一次，也遭两校师生抵制。11月20日北京大学毕业同学会上大总统书强烈反对裁并北大，指出"今东西各国著名大学亦多在首都，岂宜背古今中外之通例，而反以首都大学归并省会"，并告诫政府"不能因噎废食"，"民国教育前途之废弛，将以裁并北京大学之举而见之"。上书要求大总统"迅饬教部，保存国立北京大学"。[1]12月达寿等名流也上书大总统"呈请维持国立北京大学，迅饬教育总长将合并之令取消，俾仍继续办理"。[2]

1914年1月8日，袁世凯任命胡仁源署理北京大学校长。教育总长汪大燮尽管遭到各方反对，仍不甘心放弃合并北大之意，又训令专门教育司司长汤中等人妥筹合并办法。汤中等提出了一个折中方案，即北京大学保留文、法、理、医四分科，而把工科并入北洋大学，北洋大学重点建设工科，而把法科并入北大，另外北大农科改为农业专门学校。但此方案仍遭到北京大学与北洋大学师生的反对而使合并无法完全实行。2月20日，汪大燮也不得不辞去教育总长职务。

五、北大师生的反袁斗争和新思想的萌芽

以往有些论者为了强调蔡元培任校长后北京大学的革新，往往把此前的北大说得陈旧腐败不堪。实际上事物的发展变化都有一个从量变到质变的过程，民国初年北京大学出现的一些变革及北大师生的反袁斗争与新思想的萌芽，已为蔡元培改造北大和以后北大成为新文化运动与五四运动的摇篮，提供

---

① 《北京大学毕业同学会上大总统书》，北京大学档案馆藏。
② 《北京大学史料》第2卷（一），第7页。

了一些条件和准备。

辛亥革命建立中华民国后，把带有封建色彩的京师大学堂校名和体现封建官僚等级的总监督、监督等职名，改成具有现代意义的北京大学校和校长、学长。办学方针也从1903年京师大学堂章程规定的"以谨遵谕旨，端正趋向，造就通才为宗旨"①，转变为中华民国教育部1912年10月颁布的《大学令》所规定的"大学以教授高深学术，养成硕学闳材，应国民需要为宗旨"。②教育宗旨则从清政府1906年4月25日上谕宣布的"忠君、尊孔、尚公、尚武、尚实"，修改为1912年9月2日民国教育部令宣布的"注重道德教育，以实利教育、军国民教育辅之，更以美感教育完成其道德"。③这是民国初年北京大学与清末京师大学堂在办学指导思想上的重大差别和转变，猛烈冲击了中国两千年封建君主专制制度下忠君、尊孔的教育准则，对北大师生来说是一次思想上的大解放。

其次从学科和课程设置改革方面，京师大学堂原设经学科，下设毛诗、周礼、左传等门（即专业）。严复任北大校长后，决定将经科并入文科，并提倡东西方哲学、中外历史、地理、文学"兼收并蓄"。1913年1月，民国教育部公布了大学规程，规定了大学包含的各种专业和课程的设置，主要也是针对北京大学的。其中规定大学分为文、理、法、商、医、农、工七科，大学文科包括哲学、文学、历史学、地理学四门。经学科的取消和文科专业课程设置及内容的调整，打破了中国封建教育独尊儒学的思想桎梏，体现北京大学向现代教育转型的一个重要标志。

另一个重大变化体现在教师队伍革新方面。严复担任北大首任校长后，就主张解聘那些一知半解没有真才实学滥竽充数的外国教师和中国教员，而建议招聘那些曾到国外留学取得学位又能钻研学问不迷信外国的学者来北大任教。并提倡教师一边教学一边从事研究，以提高学术水平。他还主张理、工、法、商、农等科派遣优秀毕业生出国留学深造，数年后再回校任教。在民国初年，北京大学确实招聘和引进了一批国外留学归来有真才实学的中青年学者来校任教，提高了北大教师队伍的素质和学术水平。不仅首任校长严复是留学英

---

① 《北京大学史料》第1卷，北京大学出版社1993年版，第97页。
② 朱有瓛：《中国近代学制史料》第3辑下册，第1页。
③ 《中国近代学制史料》第3辑上册，第90页。

国学贯中西的大学者，后任校长何燏时也是留学日本多年、在东京帝国大学毕业、获工学学士学位的学者。而继任校长胡仁源则先后留学日本仙台高等学校和英国待尔模大学，据说曾获工科硕士学位。理科学长夏元瑮留学德国，毕业于柏林大学，获理学博士学位。尤其是1913—1914年，在胡仁源校长和夏元瑮学长的主持下，陆续招聘了一批国外留学生和倾向革新的章太炎弟子到北大任教，改变了以往桐城古文派学者主宰北大文科的状况。如黄侃是章太炎得意门生，曾留学日本，师从章太炎学习国学，并协助章太炎编《民报》，对经学、诗赋、音韵、训诂、文字等学均有很高造诣，是近代著名的国学专家。马裕藻也是曾经留学日本的章太炎弟子，是音韵、文字学专家，后来担任北大国文系主任。朱希祖曾留学日本早稻田大学，也是章太炎门生，著名的文史专家，后来做过北大史学系主任。还有沈兼士也是曾留学日本参加同盟会的章太炎弟子。其兄沈尹默也曾留学日本京都大学，他和1915年来北大的曾留学日本早稻田大学的章太炎弟子钱玄同，后来都成为《新青年》杂志编委会的骨干人物、新文化运动的干将。而且以上学者大多是浙江吴兴、余杭等地人，又大多是著名革命家和学者章太炎的弟子，形成北大一股新思潮和新派势力。他们在讲课和研究中带来了新思想的萌芽和新的治学方法。同时他们大多过去参加过革命活动，并反对袁世凯的专制独裁。尤其是他们的老师章太炎由于拒绝袁世凯的利诱而长期被软禁，更加深了他们对袁世凯的不满。

北京大学师生反对专制拥护共和和争取民主进步的政治态度，集中表现在1915—1916年的反袁斗争之中。1915年下半年袁世凯为了实现其复辟帝制的企图，竭力拉拢和收买社会上有名望的知识分子，特别是北京大学的校长和教授。他先是加封北大校长胡仁源为中大夫，又授予北大一些教授四等、五等嘉禾章。接着他的儿子袁克定又派人游说胡仁源校长"率大学诸教授劝进"，遭到胡校长和北大教授们的严正拒绝。"仁源本诸教授之意持不可，谢使者，大学遂独未从贼。"袁世凯竟然冒天下之大不韪，悍然宣布自1916年起复辟帝制改元洪宪，并准备在元旦上演登极称帝之丑剧。北大文科教授马叙伦闻讯，立即愤然辞去北京大学教职离京，以示强烈抗议。此事当时曾轰动一时，北京和上海的一些报纸上称其为"挂冠教授"[①]。而且正是由这位马叙伦及沈尹默、

---

① 马叙伦：《我在六十岁以前》，三联书店1983年版，第53页。

夏元琛、沈步洲、汤尔和等浙江籍教授们的大力推荐建议，才推动新任教育总长范源濂聘请蔡元培回国担任北大校长。1917年1月4日，蔡元培正式就任北京大学校长，从此北京大学历史进入了一个新的时期。

（原载于《北京大学学报》2001年第6期）

魏源《海国图志》在日本的传播和影响

倘若要论19世纪中叶传入日本而且影响最大的一部中国书籍的话，魏源的名著《海国图志》应该是当之无愧的。

《海国图志》在中国出版后不久即传入日本，仅仅数年之间，在日本竟出版了20余种翻印或翻译的选本，其速度之快、版本之多，在中外文化交流史以至世界出版史上恐怕都是罕见的。

《海国图志》在日本受到广泛的传播和推崇，成为日本幕末一代的维新志士争相传诵的启蒙读物，甚至被誉为"无与伦比"的"天下武夫必读之书"，对日本的开国和维新都产生了很大的影响。

《海国图志》究竟如何传入日本？在日本有哪些版本？为什么会引起日本人那样大的兴趣？对幕末日本和明治维新到底产生了什么影响？本文试图依据笔者在中国和日本各图书馆和文库搜集到的各种中日文资料，对这些问题进行具体的考察和探讨。

一、《海国图志》的成书和传入日本

魏源（1794—1857），字默深，湖南邵阳人，是中国鸦片战争时期著名的爱国进步思想家。他一生著述丰富，而《海国图志》则是其最重要的著作。这部书是在鸦片战争的刺激和林则徐的建议之下写成的。

在鸦片战争之前，中国的封建统治阶级妄自尊大，闭目塞听，对世界形势茫然无知。1840年鸦片战争的炮声像一声惊雷，打破了中国封建统治者的迷梦。英国船队兵临城下，可是清政府却"实不知其来历"。道光皇帝临时抱佛脚，急忙打听英国究竟在什么地方，有多大，"是否与俄国接壤"？^①战争的失败以至丧权辱国的结局说明了清政府腐朽落后又对世界形势愚昧无知的可悲。受到鸦片战争的刺激，中国地主阶级知识分子中一批爱国开明的有识之士开始睁开眼睛看世界，了解国际形势，研究外国史地，总结鸦片战争失败的教训，寻找救国的道路和御敌之良策。正如魏源所说，这些都是"凡有血气者所宜愤悱，凡有耳目心知者所宜讲画也"^②。鸦片战争以及战后闭关大门的开放，使他们能够通过搜集传入的外国报刊、书籍和地图，以及战争中审问英国俘虏和向外国商人、传教士直接询问等途径，获得了不少西洋知识。

在这种背景之下，中国近代出现了第一批介绍和研究世界历史、地理及现状的著作，其中最早的一部是林则徐的《四洲志》。林则徐是当时领导禁烟、抗英斗争的民族英雄，又十分关心世界大势，堪称"近代中国睁眼看世界的第一人"。他在广东任钦差大臣期间，就组织人翻译西文书籍和报刊。《四洲志》便是他在1841年组织翻译英国人慕瑞的《世界地理大全》并亲自加以编辑取舍和文字修饰而成的，书中叙述了世界五大洲三十多个国家的地理历史，是中国近代第一部比较系统介绍世界地理的书籍。不过，该书基本上还只能算是一部译作。

1841年6月，林则徐遭投降派陷害被革职流放北上途中，经过镇江，会见了好友魏源。两人同宿一室，彻夜对榻长谈。林则徐将自己在广州组织人搜集、翻译的一些外国资料和《四洲志》的手稿，都交给了魏源，嘱托他进一步研究外国史地，编撰一部新书^③。魏源也早有此意，故欣然接受。

魏源在与林则徐会晤以后便开始酝酿《海国图志》的编著，到1842年夏《圣武记》脱稿后更集中力量写作，终于在道光二十二年十二月（1843年1月）编成《海国图志》50卷^④。刊有道光二十二年（壬寅）的邵阳魏氏古微堂木活字本。1844年又有重印的道光二十四年甲辰本。以后，魏源又陆续加以修订增补，1847年补充为60卷，即道光二十七年的丁未本。1849年再加以若干

<hr>

① 道光朝《筹办夷务始末》卷四七，中华书局1964年版，第18页。
② 魏源：《海国图志叙》，《魏源集》上册，中华书局1976年版，第208页。
③ 魏源：《古微堂诗集》中有一首《江口晤林少穆制府》，诗后附注："时林公嘱撰《海国图志》。"《魏源集》下册，中华书局1976年版，第781页。
④ 魏源在《海国图志自叙》中署称"道光二十有二载，岁在壬寅嘉平月"，嘉平月即十二月，《海国图志》，岳麓书社1998年版，第3页。

修改为道光二十九年的己酉重订本。1852年又增补到100卷，即咸丰二年（壬子）的古微堂重刊定本百卷本。历时十载的《海国图志》编著增补工作至此才告结束。以后百卷本在国内曾多次重刊，前后约有近10种版本。

《海国图志》50卷本共57万字，另有地图23幅，洋炮图式8页。百卷本已增补到88万字，并有各种地图78幅，西洋船炮器艺等图式42页。《海国图志》百卷本主要包括以下内容：主体部分是关于世界各国的地理位置、历史沿革、政治制度、物产矿藏、宗教信仰、风土人情及中西历法、中西纪年对照表等的叙述，共占72卷，其中对英、法、美、俄等国介绍尤为详细。第二部分是《筹海篇》，虽只有4卷，却是全书重点之一，主要总结鸦片战争的经验教训，论述"师夷之长技以制夷"的主张和具体建议。第三部分是有关鸦片战争的奏折、上谕和林则徐组织编译的外文报纸上的资料，有《筹海总论》4卷和《夷情备采》3卷。第四部分是有关船、炮、枪、水雷等武器以及测量器具等制造和用法的资料、图样，共12卷。第五部分为《地球天文合论》5卷，介绍了地球运行、太阳中心说等近代自然科学知识。此外，还有世界地图和各地区、各国分地图78幅。因此，《海国图志》不仅是近代中国人自己编撰的关于世界史地的第一部重要著作，也是当时一部内容最丰富的有关世界知识和海防以至总结鸦片战争史经验的百科全书。

魏源编撰《海国图志》的资料来源，首先是林则徐的《四洲志》，他把《四洲志》全文87000多字分别辑入各卷之首，作为基本资料，然后在此基础上增补其他材料，并注明："欧罗巴人原撰，侯官林则徐译，邵阳魏源重辑。"其次，他还引用了历代史志14种，中外古今各家著述70多种，各种奏折30多件，以及一些亲自询问外人了解来的材料。历代史志中用得最多的是《元史》《明史》、岛志与国外见闻录，如王大海《海岛逸志》、谢清高《海录》、陈伦炯《海国闻见录》等。百卷本中还引用了徐继畬的《瀛寰志略》。外人著作有艾儒略《职方外记》、南怀仁《坤舆国说》等二十余种，引用得最多的是英国人马礼逊的《外国史略》和葡萄牙人马吉斯的《地理备考》。书中的世界各国地图则来源于香港英国公司出版的《大宪图》。由于其资料的丰富和新颖，尤其是大量引用西方著作，"以西洋人谭西洋"，使《海国图志》成为当时东亚水平最高的一部世界知识百科全书。

那么，《海国图志》又是怎么流传到日本去的呢？

明清两代到日本贸易的中国商船（日本人惯称为"唐船"），经常携带大批中国书籍到日本出售，有时一艘船就携有几百部之多。日本把这些书籍通称为"唐船持渡书"。幕府在长崎奉行所下设有"书物目利"一职，以精通汉籍的官员充当，专门负责进口中国书籍的事务。他们留下了大量的进口汉籍账目（即"书籍元帐"），上面详细登记年份、中国商船的编号、船主姓名以及进口汉籍的书名、部数、价格等等，有时还注明此书被何人买走，对某些汉籍还作了内容提要（即"大意书"），这些账本为研究中国书籍在日本的传播提供了非常具体、确切的资料。

根据日本关西大学教授大庭修所整理出版的长崎图书馆所藏江户时代书籍元帐，发现《海国图志》第一次传入日本的时间是1851年（日本嘉永四年）。那年由中国赴日贸易的二号商船带去《海国图志》3部，每部的价格是日币130目[①]（目是江户时代银货币单位，相当1两金货币的1／60）。当时长崎奉行所负责检查中国进口书籍的书物改役是向井兼哲，他发现《海国图志》中有介绍西洋情况与涉及天主教的文字，根据德川幕府发布的《天保镇压西学令》，这类书要交奉行所处理。向井兼哲便写了"大意书"，向奉行所请示。因此，这三部《海国图志》并没有进入市场，而被上交到江户（东京）。最后的下落是由官方的御文库和学问所各征用一部，另一部则被老中（幕府将军以下最高级官员）牧野忠雅买去。[②]

1852年（嘉永五年）中国商船又带去一部《海国图志》，价格仍为130目，《书籍元帐》上记载此书由长崎会所保存。1854年（嘉永七年）9月，中国一号船主陶梅一下子运去了12部《海国图志》，另一位商人姚洪也带去3部，这时价格已经提高到每部180目了。这15部书的下落是官方征用7部，在市场上出售8部。到1859年（安政六年）由于《海国图志》在日本市场上供不应求，因此价格上涨到了436匁一部[③]（匁也是江户时代日本货币单位，与目价值相等）。

以上便是《海国图志》最初传入日本的大体情况。

---

① 大庭修：《江户时代唐船持渡书研究》，日本关西大学东西学术研究所，1967年，第565页。

② 大庭修：《江户时代日中秘话》，日本东方书店1980年版，第240页。

③ 大庭修：《江户时代唐船持渡书研究》，关西大学东西学术研究所，1967年，第570、575、646页。

二、日本出版的《海国图志》各种选本

魏源的《海国图志》传入日本以后，很快就受到日本有识之士的重视和欢迎，纷纷加以翻译、训解、评论和刊印。一时在日本出现了许多种翻刻本（即按原文翻印）、训点本（即在汉文上下旁边加上训读符号或假名）及和解本（即日文译本），均为《海国图志》的选本。

为什么会出现这种现象呢？首先是由于《海国图志》的输入量有限，而且多数被政府机构和官员征用或买走，民间很难看到。日本文人赖醇在《海国图志训译序》中指出："独憾其舶载不过十数部，故海内希睹无书焉。"把它们训译翻印出来，可以"使海内尽得观之，庶乎其为我边备之一助矣"①。著名学者横山湖山在《亚墨利加总记后编》的跋中也说道："见近时夷情，思御侮之略，而《海国图志》一书，舶载极少，深藏秘府，人不易见。"②因此，广大日本民间人士迫切希望通过翻印，大量传播，以满足民众渴望读到《海国图志》的要求。

其次，对于一般日本人来说，汉文仍然不太好懂，故而需要加以训点或翻译，以有助于各级官员与民众广泛阅读流传。学者正木笃在《澳门月报和解》的自序中就曾说明，他从事翻译是为了"让武卫国吏以国文（即日文）阅读，比兰文（即荷兰文）、汉文更容易理解"。③

最后，日本人士认为《海国图志》虽然十分有用，但是全书分量太大，于是便纷纷根据自己的选择和形势的需要，摘其精华或有关部分，进行翻印、训译、编成选本，并加以序跋，以抒发读后的感想和进行评论。

魏源的《海国图志》60卷本1847年刊行，1851年传入日本，增补的百卷本1852年才出版，1854年即输入日本。而在1854年，日本已经出现了若干种《海国图志》的翻刻本、训点本与和解本。这种翻译、出版中国图书的速度之快是惊人的。据笔者在日本访问期间在日本各图书馆寻访所见，并参考日本学者鲇泽信太郎的《锁国时代日本人的海外知识》等资料的不完全统计，仅仅在

---

① 赖醇：《海国图志训译序》，日本关西大学增田文库藏书。
② 横山湖山：《亚墨利加总记后编·跋》，日本关西大学增田文库藏书。
③ 鲇泽信太郎：《锁国时代日本人的海外知识》，原书房，1953年，第145页。

1854年至1856年的3年之间，日本刊印的《海国图志》的各种选本就达20余种之多。下面对这些版本一一加以简要介绍。

1854年（日本嘉永七年，同年底改元为安政元年），日本出版了由幕末著名学者盐谷宕阴和箕作阮甫训点的《翻刊海国图志》2卷2册。其内容主要是《海国图志》中的《筹海篇》。这部书为什么会出得这么快呢？盐谷宕阴在序言中说明："此书为客岁清商始所舶载，左卫门尉川路君（即当时幕府负责海防外交的官员川路圣谟）获之，谓其有用之书也，命亟翻刊。原刻不甚精，颇多伪字，使予校之。其土地品物名称，则津山箕作庠西（即箕作阮甫），注洋音于行间。"[①]可见，日本人士是把《海国图志》作为一部对日本了解世界形势和加强海防极其有用之书，急于加以翻刻训点的，而首先刊印其中总结鸦片战争经验教训、论述海防策略的《筹海篇》，也正是这个缘故。

1854年还出了一种《澳门月报和解》1卷1册，由正木笃翻译。内容是《海国图志》中的收录林则徐组织翻译澳门西文报刊所编的《夷情备采》部分，其中包括论汉土、论茶叶、论禁烟、论用兵、论各国夷情等篇。另一种由大槻祯译的《海国图志·夷情备采》，与上述《澳门月报和解》的内容差不多，于同年由蕉阴书屋刊行。

由于当时美国与日本交涉较多，尤其是1853年、1854年两年，美国培理舰队两次远征日本，并迫使日本签订了《神奈川条约》，敲开了日本锁国大门。因此日本人迫切希望了解美国的历史地理，而《海国图志》中的美国部分就成了他们的重要参考资料。仅1854年内，翻刻、译解《海国图志》美国部分不同名目的选本就有8种之多，有一种名叫《海国图志·墨加洲部》，共8卷6册，翻刻者是中山传右卫门；另有一套3种是由学者广濑达所译，包括《亚米利加总记》1卷1册，云竹小居出版；还有《续亚米利加总记》2卷2册；《亚米利加总记后编》3卷3册。此外，正木笃也译了两种，即《美理哥国总记和解》（由常惺簃刊行，有1册本与3册本）及《墨利加洲沿革总记补辑和解》。此外还有署名皇国隐士所译的两种：一种叫《新国图志通解》，4册，也是《海国图志》的美洲部分，"新国"即美洲新内地之意。书中把原著里的中国年号改为日本年号，固有名词都用日本假名，以便日本读者阅读。另一种叫《西洋新

---

① 盐谷宕阴：《翻刊海国图志序》，江都书林，1854年。

墨志》4卷2册，内容与正木笃译的《墨利加洲沿革总记补辑和解》大体类似，也改为日本年号，并配有"西洋五层大军舰图"等11幅插图。

除了美国之外，当时与日本经常发生交涉摩擦的资本主义国家还有英国、俄国等国。因此1854年日本也翻译出版了《海国图志》中有关英国、俄国史地部分的选本。关于英国的，一种是正木笃译的《英吉利国总记和解》1卷1册，由常惺樛刊行。译者在序中指出：俄美虽类虎狼，而英国更加"强悍狡黠，黩武极力于剽掠"[1]，因此必须加以提防。另一种是小野元济的《英吉利广述》2卷2册，游焉社出版。关于俄国的则有大槻祯译的《海国图志·俄罗斯总记》1卷1册。大槻祯在自序中认为，"俄罗斯在坤舆中，称雄大之邦，而北方与我虾夷仅隔一衣带水，其形势情状，不可不详也"。魏源的《海国图志》"详叙其国事，读之多所发明，独惜武夫俗吏之不能遽解"，故而翻译过来，可以"有补海防万分之一矣"[2]。

1855年（安政二年）在日本又有5种《海国图志》的翻刻、翻译本问世。服部静远训译的《海国图志训译》分上、下两册，主要包括原著中有关炮台、武器、火药、攻船水雷图说等部分。卷首有赖醇写的序，书上还盖有"买卖不许，三百部绝版"的官印。

南洋梯谦的《海国图志筹海篇译解》，3卷3册。该书基本上就是1854年盐谷、箕作的《翻刊海国图志》的日文译本。

盐谷宕阴与箕作逢谷又翻刻了一部《翻刊海国图志鲁西亚洲部》，2卷2册，由青藜阁发行。盐谷宕阴在《再书俄罗斯图志后》一文中指出："讲究边防、最虑鄂虏（即俄国），与我接壤，大我数十倍，为患最深。"[3]他们合作的另一部书是《翻刊海国图志普鲁社洲部》，1卷1册，这是江户时代唯一的一部关于德国史地的书籍。

此外关于法国的有大槻祯翻译的《海国图志·佛兰西总记》，1卷1册，由蕉阴书屋出版。

1856年（安政三年）又有两种《海国图志》的翻刻本出版。一种是盐谷宕阴和箕作逢谷的《翻刊海国图志英吉利国部》，共3卷3册，也是青藜阁刊

① 正木笃：《英吉利国总记和解序》，常惺樛刊，1854年。
② 大槻祯：《海国图志俄罗斯总记序》，《锁国时代日本人的海外知识》，第149页。
③ 盐谷宕阴：《再书俄罗斯图志后》，青藜阁，安政二年（1855）。

行。盐谷宕阴在《题英吉利图志》中指出："清之与英，尝有鸦烟事（即鸦片战争），故魏源氏纂是编于英夷特详。"他还认为："清人畏英如虎"，然而，"以余观之，英夷将不久而衰"①。

另一种是关于印度的，即赖醇训点的《海国图志印度国部附夷情备采》3卷3册。为什么要选择印度部分呢？家长政惇在《翻刻印度国志序》中认为这是由于印度的地理位置很重要，"亦可谓五大洲之枢纽"②。书中还附有"东南洋各国沿革图""西南洋五印度沿革图""小西洋利末亚洲沿革图""大西洋欧罗巴各国沿革图"等四幅地图。另外，作为该书附录的《夷情备采》部分中收录了以前各书未录的"华事夷言""贸易通志""译出夷律"等内容。

笔者根据在日本各图书馆寻访所见，并参考鲇泽信太郎《锁国时代日本人的海外知识》等资料，将1854—1856年日本出版的《海国图志》选本列表如下。

1854—1856年在日本出版的《海国图志》选本

出版年代	选本书名	卷册数	翻刻、训点、翻译者	内　容
1854年 （嘉永七年 安政元年）	翻刊海国图志	2卷2册	盐谷宕阴、箕作阮甫训点	筹海篇部分
1854年	澳门月报和解	1卷1册	正木笃译	夷情备采部分
1854年	海国图志夷情备采	1卷1册	大槻祯译	夷情备采部分
1854年	海国图志墨加洲部	8卷6册	中山传右卫门翻刻	美国部分
1854年	亚米利加总记	1卷1册	广赖达译	美国部分
1854年	续亚米利加总记	2卷2册	广赖达译	美国部分
1854年	亚米利加总记后编	3卷3册	广赖达译	美国部分

---

① 盐谷宕阴：《题英吉利图志》，青藜阁，安政三年（1856）。
② 家长政惇：《翻刻印度国志序》，《锁国时代日本人的海外知识》，第143页。

出版年代	选本书名	卷册数	翻刻、训点、翻译者	内　容
1854年	美理哥国总记和解	1卷1册 3册	正木笃译	美国部分
1854年	墨利加洲沿革总记补辑和解	1册	正木笃译	美国部分
1854年	新国图志通解	4册	皇国隐士译	美国部分
1854年	西洋新墨志	4卷2册	皇国隐士译	美国部分
1854年	英吉利国总记和解	1卷1册	正木笃译	英国部分
1854年	英吉利广述	2卷2册	小野元济译	英国部分
1854年	海国图志俄罗斯总记	1卷1册	大槻祯译	俄国部分
1855 （安政二年）	海国图志训译	2册	服部静远译	炮台、武器、火药、攻船水雷图部分
1855年	海国图志筹海篇译解	3卷3册	南洋梯谦译	筹海篇部分
1855年	翻刊海国图志鲁西亚洲部	2卷2部	盐谷宕阴、箕作逢谷	俄国部分
1855年	翻刊海国图志普鲁社洲部	1卷1册	盐谷宕阴、箕作逢谷	德国部分
1855年	海国图志佛兰西总记	1卷2册	大槻祯译	法国部分
1856年 （安政三年）	翻刊海国图志英吉利国部	3卷3册	盐谷宕阴、箕作逢谷	英国部分
1856年	海国图志印度国部附夷情备采	3卷3册	赖醇翻刻	印度部分 华事夷言贸易通志译出夷律

从上面这张一览表中可以看出，仅仅在1854—1856年3年之内，日本出版的关于《海国图志》的选本就有21种。其中翻刻、训点本有6种，日译本有15种。按选本的内容看有关筹海篇、夷情备采、武器图说等方面的有5种，关于美国的有8种，其他还有关于英国的3种，俄国的2种，法国、德国、印度的各1种，从中也反映出当时日本人对世界各国不同的关心程度。总之，像《海国图志》这样一部中国书籍在出版后的短短几年中，在另一个国家日本居然就有那么多种版本的翻印本和翻译本，这在世界各国文化交流史上恐怕也是十分罕见的。

三、《海国图志》对日本的影响

> 百事抛来只懒眠，衰躬迫及铺麋年。
> 忽然摩眼起快读，落手邵阳筹海篇。[①]

这是日本江户时代末年著名诗人梁川星岩的一首诗，描写他在读到魏源《海国图志·筹海篇》时那种兴奋激动的心情。

《海国图志》为什么会引起幕末日本人士如此浓厚的兴趣，产生那样大的吸引力和启迪作用呢？

首先是《海国图志》使他们大开眼界，帮助他们了解世界各国的情况。

锁国时代，日本人只能从来长崎贸易的荷兰商人那里得知一点十分有限的世界知识，因此当日本遭到西方冲击而中国的鸦片战争又向日本敲起警钟时，日本朝野上下痛感世界知识之贫乏与了解外国情况之重要。学者大槻祯在《海国图志·夷情备采》的序中指出：“海防之道，莫要于知夷情也。知夷情则强弱之势审，而胜败之机决矣；不知夷情，则事来乖错，变每出意测之外矣。故知夷情与不知夷情。利害之相悬，奚啻天渊哉！”他盛赞魏源的《海国图志》：“其叙海外各国之夷情，未有如此书之详悉者也。”所以他“因详以刊行，任边疆之责者，熟读之得其情，则战以挫其锐，款以制其命。国势一张，折冲万里，虽有桀骜之资，彼恶能逞其伎俩哉？”[②]

盐谷宕阴在《翻刊海国图志序》中说，从前中国人视外国，“不啻犬

---

① 梁川星岩：《读海国图志后》，《梁川星岩全集》第2卷，梁川星岩全集刊行会，1957年。
② 大槻祯：《海国图志·夷情备采》叙，日本关西大学增田文库藏书。

豸"，对于外国地理政治，"懵乎如瞽瞍摸器"。然而《海国图志》一书，介绍世界各国形势，"采实传信"，"精华所萃，乃在筹海、筹夷、战舰、火攻诸篇"。"夫地理既详，夷情既悉，器备既足，可以守则守焉，可以战则战焉，可以款则款焉，左之右之惟其所资。名为地志，其实武经大典，岂琐琐柳书之比。"①他还在《地理全志序》中强调了了解世界知识的重要性，"今也夷欲罔厌，海运日熟。彼之来者岁益多，而我亦将有事于四瀛焉，则文治武德不得不俱资于地志也"。而在当时所有介绍世界舆地的书籍之中，他认为"以《海国图志》《瀛寰志略》为核实"。②

正木笃介绍道："清魏源重辑《海国图志》若干卷。中有各国总记，实系欧罗巴人原撰而林则徐所译也。尝闻其所记载者，洋国政治风俗以及巧艺布帛飞潜动植之微，皆胪列而揭之。故欲知洋国之概，足以取证焉。"③

广濑达还指出，当今之人对于外国人或轻视傲然，或恐惧害怕，都是因为不了解海外形势的缘故。因此读《海国图志》"以了解海外形势"④，可以得到正在冲击日本的西方列强如美国、英国、俄国的许多具体情况，这样就有助于减少盲目性，采取正确的外交政策和海防策略，不至于像中国鸦片战争时的道光皇帝那样茫然无知、惊慌失措。

因此，中国近代第一部系统介绍世界史地的名著《海国图志》传到日本，对于幕末不太了解世界形势的日本人来说，简直是天赐之宝书，这部书打开了他们的眼界，武装了他们的头脑。所以杉木达在《海国图志美理哥国总记和解跋》中高度评价道："本书译于幕末海警告急之时，最为有用之举，其于世界地理茫无所知的幕末人士，此功实不可没也。"⑤

《海国图志》不仅向日本人提供了世界史地知识，而且还总结了中国鸦片战争的经验教训，提出了不少加强海防、抵御外敌的建议。这对于幕末面临西方列强侵略、急于加强海防的日本人来说，也有很大的启发与帮助。

学者南洋梯谦曾叙述自己阅读《海国图志》的感受。开始他以为魏源所述御夷之术，"自谓出韬略之右"，可能是自我吹嘘，"余以其为过情难

① 盐谷宕阴：《翻刻海国图志序》，江都书林，1854年。
② 盐谷宕阴：《地理全志序》，爽快楼，1859年。
③ 正木笃：《美理哥国总记和解》上册自序，常惺簃，1854年。
④ 广濑达：《亚米利加总记自序》，云竹小居，1854年。
⑤ 杉木达：《美理哥国总记和解》上册跋，常惺簃，1854年。

信"。后来，他仔细读了《海国图志》，特别是其中的《筹海篇》，"谓水陆异战法，器械亦随变，惟巨舰大炮之尚。洋夷虽有英、佛（法）、俄罗、弥利（美）之别，而至器械则同，大舰与炮矣。于是有水手操麾弓马之将，就卒伍之势。"这才相信"魏氏之言不诬也！"并推崇《海国图志》是一部"天下武夫必读之书也。当博施以为国家之用"[①]。

幕末著名学者横山湖山在《英吉利广述序》中谈到自己对《海国图志》认识的转变过程，也很有意思。最初，他的学生小野元济译完《海国图志》的英国部分后，请老师一阅，却遭到横山的斥责："咄！讲经读史塾规具在，汝何骋奇好新之为也！"[②]批评小野为了追求新奇，违反了讲经读史之道。然而，当横山认真阅读了小野的译稿，特别是看到魏源对英国侵略者狡黠的分析与所述海疆防御之策以后，十分佩服，不但改变了原来的看法，而且欣然亲自为小野元济译的《英吉利广述》写了序言。

当时不少日本人士都盛赞《海国图志》对日本加强海防所起的作用。如赖醇指出："使海内尽得观之，庶乎其为我边防之一助矣！"同时，他又提醒："然各国殊势，俗尚异宜，有彼此可通用者，有彼便而我不利者，要在明识采择焉耳。"[③]对于外国文化技术，只有结合本国实际，加以采择吸收，才是明智的态度。

可以说，《海国图志》影响了日本幕末的一代知识分子，尤其是给予那些要求抵御外敌、革新内政的维新志士以启迪，从而推动了日本的开国与维新。故而广濑旭庄在其《九桂草堂随笔》中赞叹《海国图志》是"无与伦比"的"有用之书"[④]。

四、《海国图志》与日本维新志士

中国近代著名思想家梁启超在1902年写的《论中国学术思想变迁之大势》一文中曾指出，《海国图志》"奖励国民对外之观念"，致使"日本之平

---

① 南洋梯谦：《海国图志筹海篇译解序》，再思堂，1855年。
② 横山湖山：《英吉利广述序》，游焉社，1854年。
③ 赖醇：《刻海国图志序》，《海国图志训译》，日本关西大学增田文库藏书。
④ 尾佐竹猛：《近世日本的国际观念之发达》，共立社，1932年，第52页。

象山（即佐久间象山）、吉田松阴、西乡隆盛辈，皆为此书所刺激，间接以演尊攘维新之活剧"①。那么，佐久间象山、吉田松阴等日本维新志士究竟是如何受到《海国图志》影响的呢？对此应作具体的考察与研究。

佐久间象山是幕末日本著名的维新思想家，也是尊皇开国论的倡导者。他是信州藩人，1811年生于信浓国松代城，自幼聪明好学，成年精通朱子学，开办象山书院。鸦片战争后，他认为方今之世，光有和汉学问是远远不足的，"非有总括五大洲的大经纶不可"。因此他热心研究洋学，特别是炮学。1842年，佐久间象山曾向藩主上书，提出有名的《海防八策》，建议加强海防，铸造洋式大炮，训练海军，发展海运，起用各藩优秀人才，普及忠孝教育等。1851年他在江户开办私塾，传授兵学与炮术，兼教汉学与洋学，融合东西学术，声名大震，弟子达500多人。1853年佐久间象山又向幕府提出《急务十条》，重申加强海防、造舰、铸炮等建议。1854年，因鼓励其学生吉田松阴偷渡海外，而被牵连入狱7个月，在狱中写了《省諐录》。出狱后倡导尊皇开国论，严厉批判幕府的锁国和腐败无能，主张尊皇开国，加强海防，学习西方科学技术，改革内政，维护国家和民族的独立。1864年，被攘夷派刺杀。

佐久间象山在《省諐录》一书中，曾经谈到他读了魏源的著作《海国图志》和《圣武记》后的感想。他说，1842年（天保十三年），信州松代藩主真田幸贯担任老中，管理海防之事。当时正值中国发生鸦片战争，"英夷寇清国，声势相逮"。象山感慨时事，便向幕府"上书陈策"（即《海防八策》）。后来，他读到魏源的《圣武记》，原来也是"感慨时事之所著"。再看魏源写的《圣武记叙》，作于道光二十二年七月，仅比他十一月上书早4个月，"而其所论，往往有不约而同者"。象山不禁感慨万分，拍案称奇："呜呼！予与魏，各生异域，不相识姓名，感时著言，同在是岁，而其所见亦有暗合者，一何奇也，真可谓海外同志矣！"②

佐久间象山虽然十分推崇魏源的著作，但他又不是盲目接受魏源的一切观点，而是结合日本的实际情况，提出自己的海防主张。他还对魏源的某些观

---

① 梁启超：《论中国学术思想变迁之大势》，《饮冰室合集》文集之七，中华书局1989年版，第97页。

② 佐久间象山：《跋魏邵阳圣武记后》，《省諐录》，《象山全集》卷一，信侬每日新闻社，1934年，第12页。

点提出批评。如象山不同意魏源只强调坚壁清野、严密防守的战略，而主张讲究炮舰，主动出击敌人于外海。他指出："魏云自上世以来，中国有海防而无海战，遂以坚壁清野，杜绝岸奸，为防海家法。予则欲盛讲炮舰之术，而为邀击之计，驱逐防截，以制贼死命于外海，是为异耳。"他还批评《海国图志》一书中关于炮舰之学，谈得太粗浅。认为"海防之要，在炮与舰，而炮最居首。魏氏海国图识中，辑铳炮之书，类皆粗漏无稽，如儿童戏嬉之为"。并指出其原因是由于魏源没有深入研究炮学，"凡事不自为之，而能得其要领者无之，以魏之才识，而是之不察。当今之世，身无炮学，贻此谬矣，反误后生，吾为魏默深惜之"[①]。

佐久间象山与魏源的思想都是在19世纪中叶西方列强对东亚侵略的转折时期产生的爱国革新思想。两人分别成为中日两国维新思想的先驱，虽然身居东海彼岸，互不相识，却真可谓名副其实的"海外同志"。

受《海国图志》影响很大的另一位著名维新志士是佐久间象山的学生、尊皇攘夷论的倡导者吉田松阴。吉田是长州藩人，1830年生于长门国荻城，从小留意海防，16岁时就曾向藩主提出《异贼防御策》。以后到九州、江户游学，博览群书，并从佐久间象山习洋学。松阴在九州游学时，就曾从叶山左内处借阅了《圣武记附录》。他对魏源"夫制驭外夷者，必先洞察夷情"的观点产生强烈的共鸣，认为"不审夷情何驭夷？"1854年，他在佐久间象山的鼓励下，本着"察观万国情态形势，乃为规划经纬"的目的，企图利用美国培理舰队再次来日的机会，冲破锁国铁幕，乘美舰秘密偷渡去海外求学，可惜遭到美舰拒绝，不幸失败被捕，囚禁于野山狱中。

吉田松阴在狱中仍不忘探索救国之道，读了很多书，写下了《野山狱读书笔记》，其中多次谈到读魏源《海国图志》的体会。1854年11月22日，他在给梅太郎的信中称赞林则徐、魏源两人乃"有志之士"，勤于"蟹行字"（即西学），著述出像《海国图志》这样的"好书"[②]。他在狱中曾多次写信给朋友催买《海国图志》一书。1855年2月26日，他终于得到了《海国图志》，如获至宝，立即反复阅读钻研。

吉田松阴在读了《海国图志·筹海篇》以后写道："清魏默深的筹海

① 佐久间象山：《省諐录》，《象山全集》卷一，第12—13页。
② 《吉田松阴全集》第8卷，岩波书店，1935年，第298页。

篇，议守、战、款，凿凿中款。清若尽之用，固足以制英寇，驭俄法。"①他还评论《海国图志》收录西人报刊《粤东月报》（即《澳门月报》），"可见这等苦心思虑深远"②。松阴对《海国图志》一书给予高度评价，并说："方今俄、美、英、法，纷纷来我国，魏源之书大行于我国。吾读此记，深感于此。"③他利用《海国图志》提供的世界知识，结合日本实际，一方面尖锐批评幕府的锁国政策："不知外国的事情，徒守海岸，困于贫穷，诚为失策。英吉利、佛兰西等小国，能越万里远海统制别人，都是航海之益。"④另一方面提出了尊皇攘夷，维新改革的主张。他指出："万国环绕，其势如此，若我茫然拱手立于其中，不能察之，实在危险得很。"认为"只有爱民养士，慎守边围，善保其国，才能于群夷争聚之中，举足摇手"⑤。

与佐久间象山一样，吉田松阴对魏源的某些观点，也提出了自己的不同见解。如关于西方列强之间的关系，魏源在《筹海篇》中认为可以利用俄、美、法之力以遏英，即所谓以夷制夷的策略。松阴却对此提出批评，指出："此乃知其一而未知其二。凡夷狄之情，见利不见义。苟利则敌仇亦成同盟，苟害则同盟亦成敌仇，是其常也。"他还举例说如俄国与土耳其开战时，英法就曾一起援助土耳其（即指克里米亚战争），恐怕"英法联合之事，也出于魏源考虑之外"。可见魏源的《海国图志》对世界形势的分析，仍有"不当之处"⑥。在这点上松阴是要比魏源的认识更加深刻些。

幕末竞相争读《海国图志》的著名维新志士还有横山小楠、桥木左内、安井息轩等人⑦，他们具体受到《海国图志》的什么影响，还可以作进一步的深入研究。

总之，《海国图志》传入日本以后，得到广泛的传播，产生巨大的影响，成为幕末日本朝野上下尤其是维新志士的重要启蒙读物，对于日本的开国和明治维新，都起到了一定的推动作用。可是，《海国图志》在当时的中

---

① 《吉田松阴全集》第4卷，第37页。

② 《吉田松阴全集》第9卷，第420页。

③ 《吉田松阴全集》第4卷，第52页。

④ 《吉田松阴全集》第5卷，第162页。

⑤ 《吉田松阴全集》第1卷，第349页。

⑥ 吉田松阴：《野山狱文稿》，见增田涉：《西学东渐与中国事情》，岩波书店，1979年，第42页。

⑦ 井上清：《日本现代史（中译本）》，第1卷明治维新，三联书店1956年版，第215页。

国，却没有受到清朝统治集团应有的重视，以至日本人士也为之扼腕叹息。盐谷宕阴在《翻刻海国图志序》中感慨写道："呜呼！忠智之士，忧国著书，不为其君所用，而反被琛于他邦。吾不独为默深（即魏源）悲矣，而并为清帝悲之。"[1]这确实是发人深省的。

（原载于《中国典籍在日本的流传和影响》论文集，

杭州大学出版社1991年版）

---

[1] 盐谷宕阴：《翻刻海国图志序》，江都书林，1854年。

近代中日文化交流的杰出代表黄遵宪研究

（一）黄遵宪研究的学术意义和现实意义

如果有人问我，谁是近代中日文化交流史上最杰出的代表人物？我会毫不犹豫地回答：黄遵宪，此人当之无愧！

黄遵宪（1848—1905），字公度，广东嘉应州（今梅州市）人。他是中国近代一位有着多方面建树并影响中国近代化进程的杰出历史人物。他是近代中国卓越的外交家、思想家、政治家、文学家、史学家，还是著名的爱国主义诗人和民俗学家、近代中外文化交流史上一位优秀代表人物。说黄遵宪是杰出的外交家，因为他历任驻日本、英国参赞，驻美国旧金山与新加坡的总领事，还被任命过驻德国、日本公使（均未赴任）。在19年的外交生涯中曾为维护中国主权，保护华侨、华工权益，促进中外友好与文化交流，做过许多贡献，并被外国人誉为"有清一代最有风度、最有教养的外交家"。说他是杰出的思想家、政治家，是由于他不仅大力宣传倡导资产阶级维新思想和启蒙思想，而且勇于实践，亲自在湖南推行新政，厉行改革，开全国风气之先。说他是杰出的文学家、史学家，则是因为撰写了《日本国志》这样的史学巨著和《人境庐诗草》《日本杂事诗》等不朽诗篇，并提出了"详今略古""我手写我口"等史学、文学革新主张。他还倡导了晚清的"诗界革命"，创作了大量充满爱国主义感情、反映中国近代与日本近代许多重大历史题材的诗歌，被称为"一代诗史"。他还开中国近代中外民俗研究之先河，提出许多精辟的理论见解，并对中、日民俗进行了大量考察、描述和比较研究。

黄遵宪又是近代中日文化交流史上贡献卓著的杰出代表人物。1877年冬至1882年春他担任第一任驻日使馆参赞官，是首届中国驻日使团中的核心人物。在对日外交事务中，既主张中日两国平等相待，友好相处，各求富强，共御外侮，又对日本统治集团侵犯中国与邻国主权的行为坚持原则，据理力争。作为中日友好的使者，黄遵宪广泛结交日本各方面人士，进行各种中日文化交流活动。由于黄遵宪学问渊博、待人诚恳，因此博得日本各界人士极大的尊敬和赞誉，"仰之如泰山北斗"。以至到他住所拜访的日本人，"执经者、问字者、乞诗者，户外屦满，肩趾相接"。留下了不少与日本友人的唱和诗篇、笔谈记录、题字、序跋。黄遵宪对中日文化交流最大的贡献还是他的巨著《日本国志》和诗集《日本杂事诗》。这是他对日本进行深入调查研究和分析思考的结晶，也是近代中国人日本研究的集大成代表作。这些研究大大加深了中国人对日本的了解和认识，推动了近代中国人的日本研究，而且成为中国维新运动的重要启蒙读物，近现代中国人了解、研究日本的主要参考书。因此，说黄遵宪为中国日本学研究的先驱者、开拓者、奠基者，确是当之无愧的。

从上所述，可以大体看到黄遵宪在中国近代史和中日文化交流史上的重要地位和影响。因而对黄遵宪的研究，无论对于中国近代政治史、外交史、思想史、文学史，或者中日关系史与中日文化交流史，都有重大的学术价值。尤其是对于近代中国对日本研究史（也可以称为中国的日本学史），更是一个关键性的重要课题。研究黄遵宪，对于加深中日两国人民的互相理解，促进中日友好，推动中日文化交流，也有重大现实意义。黄遵宪对日本进行深入调查研究，勤奋写作和广泛友好交流的精神，值得我们继承发扬。中国著名的文学艺术家、前中日友好协会会长夏衍先生在《从〈忠臣藏〉想起黄遵宪》这篇文章里有一段语重心长的话。他说：黄遵宪是一个值得我们外交工作者尊敬和学习的榜样。现在离黄遵宪出生的年代"时间已经跨过了100多年。今天，中华人民共和国已经和五大洲的100多个国家建立了外交关系，我们已经有数以千计的外交官驻节国外。我们希望我们的外交工作者能像黄遵宪写出《日本杂事诗》那样的诗篇，写出《日本国志》那样的史书，为促进中国和世界各国人民的相互了解，为共同反霸和保卫世界和平作出各自的贡献"①。我想这段话不仅对于外交工作者，而且对于学术工作者、文学艺术工作者，特别是从事日本学研究和中日文化交流工作的人来说，也是非常适用的。

---

① 夏衍：《从〈忠臣藏〉想起黄遵宪》，载《世界知识》1979年第4期。

（二）黄遵宪研究史的回顾

长期以来，黄遵宪的历史地位并没有得到足够的认识，最初的黄遵宪研究，多数仅仅是把他作为一个诗人，从文学的角度加以评价，而从政治、外交、思想、学术等角度论述的却较少，综合研究的也不多。

黄遵宪生前曾在给梁启超的信中说："国中知君者无若我，知我者无若君。"去世后，梁启超为其写《墓志铭》，概述黄遵宪生平事迹，并感叹："悲其一身之进退死生，与一国之荣悴兮相依。"梁启超还在《饮冰室诗话》中记载了许多黄遵宪的遗诗和逸事，并评价道："近世诗人，能熔铸新理想以入旧风格者，当推黄公度。"清末许多诗人的文集和诗话中都论及黄遵宪，如潘兰史《在山泉诗话》、狄葆贤《平等阁诗话》、袁祖光《绿天香雪籍诗话》、陈衍《古遗室诗话》、王遽常《国耻诗话》等。高旭《愿无尽庐诗话》甚至认为："黄公度诗独辟异境，不愧中国诗界之哥伦布矣，近世洵无第二人。"

年谱方面，较早的有尤炳圻编《黄公度先生年谱初稿》（收入《人境庐诗草》校点本附录三，民国二十二年北平文化学社印本），内容较疏略。较详细的有钱仲联编的《黄公度先生年谱》[①]，除尤编资料外，还引用了翁同龢、王韬、袁旭、薛福成等人著述，特别是引用了其从弟黄遵庚的口述资料以及黄遵宪与梁启超、严复等人来往信件及论学、论诗手稿等珍贵资料。钱仲联长期致力于黄遵宪《人境庐诗草》的研究笺注，所编《人境庐诗草笺注》（1936年初版，1957年重版，1981年修订版）一书旁征博引，颇见功力，是研究黄遵宪的必读之书。

1985年香港学者吴天任出版《清黄公度先生遵宪年谱》[②]，吸收了新资料和研究成果，对钱谱又有所修订和补充。

传记方面，新中国成立前有《清史稿》"黄遵宪传"、温廷敬《黄遵宪传》、古直《黄公度先生小传》等。新中国成立后，1951年王瑶在《人民文学》上发表《晚清诗人黄遵宪》一文，1957年出版了麦若鹏的《黄遵宪

---

① 钱仲联：《黄公度先生年谱》，收入《人境庐诗草笺注》，古典文学出版社1957年版。
② 吴天任：《清黄公度先生遵宪年谱》，台湾商务印书馆1985年版。

传》①，1961年出版牛仰山的《黄遵宪》②，开始用新的观点评价黄遵宪，但是都比较简略。

1959年新加坡华人学者郑子瑜出版了研究黄遵宪的论文集《人境庐杂考》③。他还在《南洋学报》上发表了一系列研究黄遵宪的论文。1960年中华书局出版了北京大学中文系编的《人境庐集外诗辑》。1968年日本早稻田大学出版了郑子瑜与实藤惠秀合编的《黄遵宪与日本友人笔谈遗稿》，这些都是研究黄遵宪的重要资料。

1972年，上海人民出版社出版了杨天石所著《黄遵宪》，对黄遵宪一生进行了比较深入的考察分析，注意了黄遵宪既是诗人又是政治活动家这两个方面。书后还附录了作者所见的《黄遵宪文目初编》，共103篇目录。

20世纪80年代对黄遵宪研究进一步深化，国内外发表了一批研究论著，涉及黄遵宪生平和文学、政治、外交及其史学成就等各个方面，并对《日本国志》《日本杂事诗》《人境庐诗草》等作品进行了深入专门的研究，由于篇幅关系在此不能一一列举。值得一提的是，国内开始有人以黄遵宪研究为博士论文题材，并撰写成专著。如1987年江苏古籍出版社出版的上海华东师大博士盛邦和的《黄遵宪史学研究》，着重剖析黄遵宪史学思想的发展演变，有一定深度。1988年，北京三联书店出版了广州暨南大学博士郑海麟的《黄遵宪与近代中国》，全书共11章454页，这是国内青年学者撰写的一部有较高学术水平的黄遵宪研究专著。

资料方面出版了一系列黄遵宪诗歌的新选本，如1985年广东人民出版社出版了钟贤培等选注的《黄遵宪诗选》。1986年上海古籍出版社出版了刘世南选注的《黄遵宪诗选注》。另外，钱仲联修订了《人境庐诗草笺注》④，钟叔河辑注了《日本杂事诗广注》⑤，都是这两种诗集较好的注本。20世纪90年代对黄遵宪研究又有了新的进展。郑海麟、张伟雄编校了《黄遵宪文集》，于1991年10月由日本京都中文出版社出版，该书收录笔谈、论著、序跋、书信、公牍共121篇，为黄遵宪研究提供了许多珍贵的原始资料。而李庆编注的

---

① 麦若鹏：《黄遵宪传》，上海古典文学出版社1957年版。
② 牛仰山：《黄遵宪》，中华书局1961年版。
③ 郑子瑜：《人境庐杂考》，新加坡商务印书馆1959年版。
④ 钱仲联：《人境庐诗草笺注》（修订本），上海古籍出版社1981年版。
⑤ 钟叔河：《日本杂事诗广注》，湖南人民出版社1981年版；岳麓书社1985年版。

《东瀛遗墨：近代中日文化交流稀见史料辑注》①，也收录了黄遵宪《朝鲜策略》、与宫岛诚一郎笔谈等原文。从各种角度研究黄遵宪的论文也有好几十篇，尤为可喜的是，又有一些中外大学的青年学生选择黄遵宪研究作为自己的博士、硕士研究生论文课题。据我所知，已完成的如复旦大学黄升任的博士论文《黄遵宪与晚清改革思潮》，就读北京大学的韩国留学生柳根再的硕士论文《黄遵宪的〈朝鲜策略〉对朝鲜政局的影响》，日本东京学艺大学广户真理子的硕士论文《黄遵宪在日本时期之友人关系》等。这些论文既有新意，又反映黄遵宪研究后继有人。

这里还要补充港台学者对黄遵宪研究的成果：香港学者除吴天任著《黄公度先生传稿》和《清黄公度先生遵宪年谱》外，还有王德昭的论文《黄遵宪与梁启超》②；梁通也多年致力于黄遵宪研究和弘扬黄遵宪事迹；台湾学者张朋园的长篇论文《黄遵宪的政治思想及其对梁启超的影响》③，颇有见地；王玺写了《黄遵宪对日本的认识》④并主编了《黄遵宪传记资料》⑤；1991年台湾文史哲出版社出版了张堂锜著《黄遵宪及其诗研究》。

海外黄遵宪研究最有成就的是日本学者，著名的有实藤惠秀、铃木虎雄、石原道博、蒲地典子、佐藤保、岛田久美子、伊原泽周等人。实藤惠秀以研究中日文化交流史和中国留日学生史著称，曾把黄遵宪的《日本杂事诗》译成日文⑥，还与郑子瑜一起编校了《黄遵宪与日本友人笔谈遗稿》⑦。铃木虎雄对黄遵宪的《人境庐诗草》有深入研究。石原道博则撰写了长篇论文《黄遵宪所著〈日本国志〉和〈日本杂事诗〉》（《茨城大学人文学部纪要》）。留美日本学者蒲地典子著有《中国的改革——黄遵宪与日本模式》⑧，是一部视角新颖、影响较大的黄遵宪评传。佐藤保1958年就写了关于黄遵宪新诗的论

---

① 李庆编注：《东瀛遗墨》，上海人民出版社1999年版。

② 王德昭：《黄遵宪与梁启超》，载《新亚学术年刊》1969年第11期。

③ 张朋园：《黄遵宪的政治思想及其对梁启超的影响》，台湾《近代史研究所集刊》第1期，1969年。

④ 同上。

⑤ 王玺：《黄遵宪传记资料》，台湾天一出版社。

⑥ 《日本杂事诗》（实藤惠秀、丰田穰合译），日本生活社，1943年；平凡社东洋文库本，1968年。

⑦ 实藤惠秀、郑子瑜编校：《黄遵宪与日本友人笔谈遗稿》，早稻田大学东洋文学研究会，1968年。

⑧ 蒲地典子：《中国的改革——黄遵宪与日本模式》，美国芝加哥大学出版社。

文，后来又发掘了不少新史料，撰写了《黄遵宪与日本》《黄遵宪关系日本残存资料初探》《黄遵宪与宫岛诚一郎》等一系列论文。岛田久美子译注了中国诗人选集《黄遵宪》（岩波书店，1963年），最近又指导神户大学研究生注释全部《日本杂事诗》。伊原泽周也对黄遵宪加以研究，探讨《日本国志》的编写过程。

欧美和亚洲、大洋洲其他国家也有一些学者在进行黄遵宪研究。如加拿大学者林理彰研究黄遵宪与明治时代的日本，别具特色。澳大利亚学者梅卓琳研究黄遵宪《日本国志》的改革思想及其对百日维新的影响。瑞士学者巴门也对黄遵宪进行了研究。新加坡学者着重研究黄遵宪在新加坡任外交官时期的活动，而韩国的一些学者则偏重于研究黄遵宪的《朝鲜策略》对当时朝鲜外交内政的影响。

黄遵宪研究已经逐渐成为一种具有国际性的专门学问"黄学"（犹如研究《红楼梦》的学问称为"红学"）。"黄学"的提法最早是新加坡华人学者郑子瑜在20世纪60年代初访问日本时提出的，并且立即得到日本老一辈学者实藤惠秀、铃木虎雄等人的赞同。1982年3月，广东梅县黄遵宪故居人境庐重新修复开放，并举行了全国首次黄遵宪学术交流会，有王瑶、黄友谋等专家学者70多人参加。1990年4月21日，在人民大会堂举行的"纪念中国近代史开端150周年弘扬中华文化座谈会"上，各界人士和专家学者畅谈了黄遵宪在文学、史学、美学等方面的成就和贡献，香港实业家姚美良创办了"纪念黄遵宪先生当代书画艺术国际展览"，在北京、广州、中国香港、中国澳门、新加坡及世界各地巡回展览，反应强烈，盛况空前。1998年5月，由北京客家海外联谊会和北大中文系等单位共同组织的"纪念黄遵宪诞辰150周年学术讨论会"在北京举行。黄遵宪研究已引起海内外广大人士越来越浓厚的兴趣。

概括起来，大约20世纪40—70年代是黄遵宪研究的初始阶段，80—90年代则是发展阶段，据不完全统计已出版研究著作、传记、资料20多部，发表论文200多篇。

进入21世纪，则是黄遵宪研究发展的一个新阶段。2001年8月，由北京市中日文化交流史研究会主办的黄遵宪与近代中日文化交流国际学术讨论会在北京大学举行，会后出版了同名论文集。2005年，纪念黄遵宪诞生100周年学术讨论会分别在北京和黄遵宪的故乡梅州举行。这几次研讨会上，许多中外学者发表了学术论文，大大推动了黄遵宪研究的深入。新世纪以来还出版了许多有关黄遵宪的著作、资料集和论文集。关于黄遵宪本人著述的资料集最重要的是陈铮编，中华书局2005年出版的《黄遵宪全集》（上下两册），这是至今收集最完备的黄遵宪集子。此外还有吴振清等编校整理的《黄遵宪集》（天津人民出版社，2003年）。2006年出版了两部有分量的黄遵宪传记，一部是黄升任的《黄遵宪评传》（南京大学出版社），一部是郑海麟的《黄遵宪传》（中华书局），体现了新世纪黄遵宪研究的最新成果。

下面将对黄遵宪在近代中日文化交流的贡献及其研究分别加以论述。

（三）关于黄遵宪《日本国志》的研究

《日本国志》是黄遵宪对日本研究和中日文化交流的最主要贡献。可以说这是近代中国人研究日本的一部集大成代表作，同时也是集中体现黄遵宪提倡仿效日本变法维新的代表作。因此，对《日本国志》的研究在黄遵宪研究中占有十分重要的地位。

《日本国志》共40卷50万字，分为国统、邻交、天文、地理、职官、食货、兵、刑法、学术、礼俗、物产、工艺等12种志，内容极其丰富。该书全面深入地研究了日本的历史和现状，特别是日本明治维新后所实行的各种制度，同时也从各个方面阐述了黄遵宪主张学习西方、效法日本，要求在中国变法维新，发展资本主义的改革思想。

对《日本国志》的研究，最初只是一些零星片断的介绍和分析。20世纪70年代吴天任的传记和石原道博的论文作了比较全面的论述。笔者喜读《日本国志》，在反复研读基础上进行了比较深入的研究，在《近代史研究》1980年第3期上发表了《黄遵宪〈日本国志〉初探》[①]的长篇论文，以后在拙著《近代中日启示录》中也作了专章论述。笔者认为黄遵宪写作《日本国志》的动机主要有三点：一是作为一个外交官的责任，为开展对日外交与加强中日友好的需要。二是不满以往中国对日研究状况，要提供日本真实详细情况，以改变中国人对日本的模糊认识与错误观点。三是他亲眼见到日本明治维新的成效以及国

---

① 王晓秋：《黄遵宪〈日本国志〉初探》，载《近代史研究》1980年第3期。

内外对明治维新的分歧看法，促使他下决心重点考察日本维新后的制度及其利弊得失，提供借鉴，以推动中国的维新变法。

关于《日本国志》的写作过程和版本，据笔者考证，黄遵宪于1878年开始收集材料，1879年正式动手编写，1882年调离日本时刚写出草稿，1887年才完成全书。1890年交广州富文斋出版，直到1895年才正式刊成问世，即光绪十六年羊城富文斋的初刻本。1896年至1897年黄遵宪又把书稿进行了修订，改动十几处，增补数千字，1898年出版了羊城富文斋的改刻本。其他版本都是根据黄遵宪自己手定的这两种版本重印的。如1898年浙江书局本是初刻本重印，而1898年上海图书集成印书局铅印本，汇文书局本及1901年上海书局石印本、1902年丽泽学会石印本等都是据改刻本翻印的。前些年，陈宗海、盛邦和、郑海麟等人的论文和著作中也考证了《日本国志》的版本，并对初刻本与改刻本进行了校勘、比较和分析。

关于《日本国志》的写作特色，笔者认为主要有四点。第一，黄遵宪摒弃了以往中国文人写史时那种以"天朝上国"自居的妄自尊大态度，采取实事求是，尊重日本民族、两国平等相待的态度来写作。第二，《日本国志》既区别于以前那种摘引古书烦琐考据日本历史的著作，又不同于当时一些仅仅浮光掠影记录日本风俗、人情、景色的游记。黄遵宪采取史书中"志"的体裁，着重研究日本明治维新后的典章制度，体现了"厚今薄古"，为中国改革提供借鉴的精神。第三，黄遵宪反对那种粗枝大叶、人云亦云的写作态度，重视实地调查研究和收集公报、法令、统计数字等第一手原始资料。第四，黄遵宪在书中不仅详细介绍日本各方面历史现状和制度，而且联系中国实际进行分析评论，发表自己见解，总结日本明治维新的经验教训，给中国有识之士很大启迪。吴天任在《黄公度先生传稿》中也总结了《日本国志》写作上的四大特色：其一，记述则去取谨严，繁简适中。其二，附表则纵横尽括，纤悉靡遗。其三，前后论断，则引证古今中外，得失尽见。其四，附注则连类并及，考证详明。

关于《日本国志》的意义和影响。笔者认为首先是大大加深了中国人对日本的认识，在相当一段时期内成为中国人了解日本的必读参考书。张之洞曾把它称为出使日本必不可少之书。20世纪初涌向日本的大批中国留日学生更是从中得益匪浅。其次，《日本国志》的写作和出版也进一步推动了中国人对日本的研究。19世纪80年代至90年代一批驻日或旅日官员因形势需要和受到黄遵宪的影响，纷纷研究日本问题，写出一批著作。有的研究日本著作如王先谦的《日本源流考》中大量引用了《日本国志》原文。然而《日本国志》最重要的意义和影响还在于宣传了资产阶级变法维新思想，推动了戊戌维新运动。《日本国志》使中国要求维新救国的知识分子大开眼界，大受鼓舞，增强了变法的决心和信心，明确了方向和方法，即以日本为榜样，走明治维新的道路，因此也可以说它是一部维新变法的启蒙读物。维新派领袖康有为上书皇帝和编写《日本变政考》曾参考《日本国志》。梁启超不但为《日本国志》写后序，而且把它定为学习西学的必读之书。1898年百日维新前夕，光绪皇帝为了借鉴日本经验，曾亲自命大臣立刻进呈《日本国志》两部，大臣没有及时送上，还遭到他的责备。1990年新加坡林文庆博士在一篇关于中国维新运动的文章里，把《日本国志》称之为"关于日本维新运动历史的经典性文献"，并认为该书为中国的维新党人"开启了道路"。

郑海麟在《黄遵宪与近代中国》一书中专列一章"《日本国志》研究"，着重分析了《日本国志》的明治维新观、政治思想、经济思想、军事与文教改革的观念，还重点剖析了邻交志、学术志和礼俗志。盛邦和的《黄遵宪史学研究》一书实际上也是以《日本国志》研究为中心的，尤其是深入论述了《日本国志》的史学特色和史学思想，认为该书反映了黄遵宪从地主阶级改革派的历史变易观向资产阶级改良派的历史进化论的转化。

（四）关于黄遵宪《日本杂事诗》的研究

黄遵宪的诗历来是黄遵宪研究中的热点，为海内外中国文学研究者所注目，许多人以其主要诗集《人境庐诗草》与《日本杂事诗》为研究对象，发表了不少论文，出版了各种诗选。

关于《日本杂事诗》的写作过程和版本。黄遵宪到日本后，细微考察日本的历史地理，认真研究日本的制度改革，游览名山大川，熟悉民俗风尚，了解工艺物产，比较中日文化，陆续创作了100多首"杂事诗"。这些诗，每首都是七言绝句，或一事记一诗，或数事合一诗，短小生动，活泼有趣。每首诗的后面还附有长短不等的自注，以解释或补充诗意之不足，有的注较长，可自成一篇小文。他写这些诗也是为编写《日本国志》作酝酿准备，杂事诗自注的不少段落，后来稍作修改或者原封不动地写进了《日本国志》一书。黄遵宪在《日本杂事诗定稿本自序》中曾追述道："余自丁丑（1877年）之冬，奉使随槎。既住东二年，稍与其士大夫游，读其书，习其事。拟草日本国志一书，网罗旧闻，参考新政。辄取其杂事，衍为小注，串之以诗，即今所行《杂事诗》是也。"

1879年冬，黄遵宪将《日本杂事诗》稿本2卷共154首诗，上呈总理各国事务衙门。总理衙门以同文馆聚珍版刊行，这就是《日本杂事诗》的初刻本，或称原本、官本。同年，王韬访日时也看到杂事诗诗稿，"读未终篇，击节者再，此必传之作也！亟宜早付手民，俾斯世得以先睹为快"。于是征得黄遵宪同意，将诗稿携到香港，于1880年出版了香港循环日报馆铅印本，以后此书又有日本凤文馆、东京和京都书店以及国内中华印务局的各种翻印本。1885年，黄遵宪由美国归来，正值其父在广西梧州为官，亲友同僚索要《日本杂事诗》者甚多，乃又有梧州自刻本。1890年，黄遵宪在伦敦中国驻英使馆任参赞期间，又把它增订为定本。1898年由长沙富文堂刊行。定本删去原本中9首，增加55首，共计200首。卷首有自序，卷末有后记，这是黄遵宪本人最后手定的本子。他在后记中声明："此乃完稿，有续刻者当依此为据，其他皆拉杂摧烧之可也。"1897年西政丛书的石印本尚按原本重印，1911年上海作新社洋装本是按定本翻印。日文译本有实藤惠秀与丰田穰合释的日本生活社本（1943年）和平凡社东洋文库本（1968年）。近年来最完善的版本是1981年湖南人民出版社出版的《走向世界丛书》中由钟叔河辑校的《日本杂事诗广注》。该书正文完全按定本校点排印，同时用按语形式，把原本被删改之诗全部附录于各首之后，另外还从《日本国志》中集辑有关内容，作为原注的补充，使注文字数增加了近三倍，故谓"广注"，并辑入了《人境庐诗草》中有关的几首诗，卷首还有钟叔河写的题解。1985年该书又收入岳麓书社出版的《走向世界丛书》合订本之中。

《日本杂事诗》内容丰富，黄遵宪在初刻本中把154首诗分为九大类，即国势、天文、地理、政治、文学、风俗、服饰、技艺、物产。在定本中把200首诗分为上、下两卷，上卷主要涉及历史、地理、政治、文学方面，下卷则偏重风俗、服饰、技艺、物产等等，实际上是对日本社会从纵和横的不同角度进行了较全面的考察描述。在纵的历史方面，涉及日本的社会发展史、政治史、对外关系史和文化史、学术史。在横的现状方面，介绍日本的政治、经济、文化、教育以及自然风貌、民情习俗等等。正如周作人在《论黄公度的日本杂事诗》一文中所指出的：对于《日本杂事诗》，"当作诗看是第二著，我觉得最重要的还是看作者的思想，其次是日本事物的记录"。日本学者实藤惠秀在《日本杂事诗》日译本的解说中也指出黄遵宪在诗中"不只是研究日本现状，而且从宣传着手，研究各方面的情况，将日本同中国作全面的比较，表现出想要把中国从危机中挽救出来的爱国热情"。因此，对《日本杂事诗》的研究不仅要从文学角度，还要从政治、思想、史学、社会学、民俗学等角度加以分析。例如对于日本明治维新的认识，在《日本杂事诗》初刻本154首诗中涉及明治维新改革的就占40多首。然而他对明治维新也有个认识过程。正如黄遵宪1890年在定本自序中所述，他刚到日本"时值明治维新之始，百度草创，规模尚未大定"。对明治维新的议论纷纷，他接触的又不少是旧学家，"微言刺讥，咨嗟太息，充溢于吾耳"。因此他在《日本杂事诗》初刻本中还流露出对明治维新的怀疑，"新旧同异之见，时露于诗中"。以后黄遵宪"阅历日深，闻见日拓，颇悉穷变通久之理，乃信其改从西法，革故取新，卓然能自树立"。后来又到欧美，见"其政治学术，竟与日本无大异"。"时与彼国穹官硕学言及东事，辄敛手推服无异辞"。所以他"偶翻旧编，颇悔少作，点窜增损，时有改正"。对《日本杂事诗》又作了较大修订增补，出版定本。因此，如果把《日本杂事诗》的原本与定本加以比较研究，也可以反映黄遵宪思想的变化。

《日本杂事诗》作为近代中国人介绍日本最出色的一部诗集，以其构思新颖、题材广泛、内容丰富和词彩绚丽，博得中外文人学者的高度评价。为《日本杂事诗》作序的近代著名学者王韬称其："叙述风土，记载方言，错综事迹，感慨古今。""其间寓劝惩，明美刺，存微旨，而采据浩博，搜辑详明。""举凡胜迹之显湮，人事之变易，物类之美恶，岁时之送迎，亦并纤悉靡遗焉，洵足为巨观矣！"以至"每一篇出，群奉为金科玉律，此日本开国以来所未有也"。为《日本杂事诗》作跋的日本著名学者石川英更誉为："上自神代，下及近世，其间时世沿革，政体殊异，山川风土服饰技艺之微，悉网罗无遗。而词彩绚烂，咀英嚼华，字字徵实，无一假借。"他惊叹："公度来日本未及二年，而三千年之史，八大洲之事详确如此，自非读书十行俱下，能如此乎？"简直佩服到五体投地无以复加的程度。当代日本学者佐伯彰、芳贺彻主编的《外国人的日本论名著》①一书，也把《日本杂事诗》列为外国人描写论述日本的42种名著之一，并赞扬它是中国人对明治维新最初最细致的观察。

关于《日本杂事诗》的一件逸事值得一提，1879年9月，黄遵宪曾应日本友人源桂阁的请求，把《日本杂事诗》的一部分诗稿埋葬在他的家园之中，模仿古代刘蜕的文冢、怀素的笔冢的典故，立碑题名为"日本杂事诗最初稿冢"。此碑原在东京浅草源桂阁故居，后迁琦玉县源桂阁家族墓地平林寺内。笔者曾亲往平林寺考察。碑上刻有源桂阁撰的《葬诗冢碑阴志》，生动记录了葬诗经过。在葬诗仪式上饮酒吟诗时，黄遵宪咏诗道："一卷诗兮一抔土，诗与土兮共千古。乞神物兮护持之，葬诗魂兮墨江浒。"源桂阁也和诗云："咏琐事兮着意新，记旧闻兮事事新。诗有灵兮土亦香，吾愿与丽句兮永为邻。"这真是中日文化交流史上一段动人的佳话。

研究《日本杂事诗》还应该与研究黄遵宪在驻日期间写作的其他有关日本的诗歌结合起来，这些诗主要收录在《人境庐诗草》卷三之中。诗的形式更加多样，有七律、七绝、七古、五绝、五古等，还有不少长诗，具有很高的思想性和艺术性。如歌颂日本人民爱国精神和维新志士的长诗《近世爱国志士歌》《赤穗四十七义士歌》《西乡星歌》等。描绘日本风土人情的长诗《都踊歌》《樱花歌》以及《不忍池晚游诗》等，都是非常出色的诗作。另外还有不少表达中日友好和与日本友人情谊的诗篇，如《陆军官学校开校礼成赋呈有栖川炽仁亲王》，诗中写道："同在亚细亚，自昔邻封辑。譬若辅车依，譬若犄角立。所恃各富强，乃能相辅弼。同类争奋兴，外侮日潜匿。解甲歌太平，传之千万亿。"衷心希望中日友好，自强御侮。还有如《奉命为美国三富兰西士果总领事留别日本诸君子》的五首七律，也真挚感人，自述道："海外偏留文字缘，新诗脱口每争传。草完明治维新史，吟到中华以外天。"这些都是中日文化交流史上的不朽篇章。1960年中华书局出版了北京大学中文系编的《人境庐集外诗辑》，收录了《人境庐诗草》刊本中未收的黄遵宪的260多首诗。有

---

① 佐伯彰、芳贺彻：《外国人的日本论名著》，日本中央公论社，1987年。

些是黄遵宪在《人境庐诗草》定稿时删除的诗稿，有些是《新民丛报》《新小说》等报刊上发表的作品，其中也有若干首与日本有关的诗及其他诗篇，值得深入研究，现在都已收入陈铮编的《黄遵宪全集》之中。

（五）关于黄遵宪与日本友人笔谈的研究

笔谈是中日文化交流的一种特殊形式，也是黄遵宪研究的重要资料。由于中日两国都属于汉字文化圈，日文中间含有不少汉字，而且许多日本知识分子都会读写汉字，因此两国人士相遇时，尽管双方语言不通，却仍然可以用笔写汉文的方式来进行交流，通常称之为"笔谈"。像黄遵宪不会说日语，但仍然能与日本人士广泛交流、沟通思想，主要的方式就是依靠这种笔谈。因此保存下来的笔谈记录，是黄遵宪研究非常珍贵而且很有价值的原始资料。

现存黄遵宪与日本友人的笔谈资料最丰富的一批保存在《大河内文书》之中。《大河内文书》是日本明治时代旧贵族源辉声（号桂阁，祖居大河内，故又称源桂阁或大河内辉声）与访日中国、朝鲜文人的笔谈原稿，共有96卷，数百次笔谈。源桂阁每次去中国公使馆都准备好笔谈用纸，一问一答都写在上面，当天晚上就把这些纸裱好，精心保存起来。甚至连当日接到与笔谈有关人物的信柬、便条，也附贴在笔谈纸之后，然后按顺序编排装订成册，精心保存起来。日本著名学者实藤惠秀曾把其中一部分译成日文，编著为《大河内文书——明治日中文化人的交游》一书。他还与新加坡学者郑子瑜合作，把其中与黄遵宪有关的笔谈，编校成《黄遵宪与日本友人笔谈遗稿》，此书1968年由早稻田大学出版。这部书为研究黄遵宪与日本友人的交往及近代中日文化交流提供了宝贵的原始资料。笔者在访日期间，也曾在早稻田大学特别图书阅览室，阅读了《大河内文书》全部笔谈原稿，有幸观其全貌，并见到以上两书中没有收入的许多笔谈。杨天石在《光明日报》发表题为《海外偏留文字缘》的文章，也介绍了黄遵宪与源桂阁的笔谈资料。陈铮所编《黄遵宪全集》也收录了部分笔谈。2010年，刘雨珍编校的《清代首届驻日公使馆员笔谈资料汇编》由天津人民出版社出版。

收入《大河内文书》中的黄遵宪与日本友人的这些笔谈，内容涉及中日两国的政治、文化、艺术、学术以及日常生活等各个方面，几乎是无所不谈。

而且由于是私下随便交谈，毫无拘束，畅所欲言，更能反映他们的真实思想和生活。黄遵宪曾在笔谈中畅谈两国文化渊源，评论古今各种作品。中日文人互相介绍本国的文学艺术及学术状况，发表对中日文化交流的见解。如黄遵宪向日本友人推荐："《红楼梦》乃开天辟地从古到今第一部好小说，当与日月争光，万古不磨者。恨贵邦人不通中语，不能尽得其妙也。"源桂阁也向黄遵宪介绍："敝邦呼《源氏物语》者，其作意能相似。他说荣国府、宁国府闺闱，我写九重禁庭之情，其作者亦系才女紫式部者，于此一事而使曹氏惊悸。"中日文人还在一起讨论汉诗、汉文的写作问题，比较两国诗文的特色，交流各自的看法。在笔谈中常常可以看到日本人士向黄遵宪请教写诗、作文以及书法、读书。同时黄遵宪也经常向日本友人了解日本的历史、制度、典籍与风俗人情，有时还请他们帮助翻译日本史书和资料。笔谈中涉及对日本明治维新以及东西方文化比较等重大问题，尚待作更深入的研究。由于这些笔谈都是随手而写，有的字迹潦草、龙飞凤舞，不易辨认，而且往往没有署名，造成了研究笔谈原稿的困难。

黄遵宪在日本交往的各界人士甚多，仅诗文中提及的就有百余人。除了源桂阁的《大河内文书》之外，其他与黄遵宪来往较密切的日本人处也保存着与他的笔谈资料，需要深入调查挖掘。如宫岛诚一郎与黄遵宪是莫逆之交，他精通汉文汉诗，曾任明治政府修史馆官员，后任宫内省主事与贵族院议员。黄遵宪曾为他的汉诗集《养浩堂诗集》作序，并详加披阅，写了许多评语。在《宫岛诚一郎文书》中也保存了不少他与黄遵宪的笔谈、书信资料。因宫岛诚一郎与源桂阁的身份、思想、性格不同，笔谈内容也很不一样，值得作深入研究。日本学者佐藤保曾撰文《黄遵宪与宫岛诚一郎》，介绍两人的友谊和交往。黄新铭的《热诚的期望，真挚的友情》一文，则着重剖析了宫岛诚一郎赠黄遵宪的5首七律汉诗。刘雨珍对黄遵宪与宫岛诚一郎的笔谈进行了较深入研究。

（六）关于黄遵宪与日本民俗的研究

黄遵宪在民俗学研究方面也是一位伟大的先驱者。他在100多年前，也就是民俗学作为一门科学在世界上刚刚诞生，而中国和日本的民俗学学科尚未建立的时代，就已经对民俗学理论提出了一系列精辟的见解，并对中国和日本的民俗进行了大量考察、描述和比较研究的实践，开中国近代中外民俗研究之先河，为中日民俗研究做出了卓越的贡献。1985年杨宏海曾发表《黄遵宪与民俗学》[1]一文。笔者在1991年北京大学日本研究中心主办的中日民俗国际研讨会上发表了论文《黄遵宪对中日民俗研究的贡献》。

黄遵宪系统研究日本民俗并阐发民俗学理论的重要著作《日本国志·礼俗志》，对中日民俗学研究有着巨大的开拓意义和深远影响。他在这部著作中深入探讨了民俗的形成，阐述了民俗的民族性、地域性、变异性特点，以及研究民俗的目的态度等理论问题。他认为民俗主要是由不同地域的人民的生活习惯逐步发展而约定俗成的。民俗一旦形成，对人们有很大的约束力，能够成为群众生活的规范。因此他认为研究民俗的主要目的在于移风易俗、治国化民。他指出每个国家的民俗都有好与不好两个方面，研究外国民俗，可以借鉴吸取别国的长处，认识改革自己的短处。他还在《皇朝金鉴序》一文中，批评了当时某些日本人盲目追求全盘西化，鄙弃本民族习俗的错误倾向。正因为如此，他特别重视对外国民俗尤其是日本民俗的研究。

黄遵宪是近代中国对日本民俗进行深入系统调查研究的第一人。他对日本民俗研究的范围非常广泛，几乎涉及现代广义民俗学概念所包含的各个领域。在《日本杂事诗》中，黄遵宪分别描述了日本的宗教（如神道、佛教、天主教）、祭祀（如新尝祭、大尝祭）、婚娶（如皇族婚配、聘礼嫁妆）、丧葬（如丧事、葬礼、火葬）、游艺（如郊游、猎射、杂技）、饮食（如料理屋、茶道）、居室（如宫室、泥屋顶）、工艺（如陶器、七宝烧）等等。在《日本国志·礼俗志》中，又把日本民俗分为四卷十四类加以介绍。第一卷包括朝会、祭祀、婚娶、丧葬四类，第二卷包括服饰、饮食、居处、岁时四类，第三卷包括乐舞、游宴两类，第四卷包括神道、佛教、氏族、社会四类。从物质文化到精神文化、社会文化等各个角度全面系统地研究了日本的民俗文化。

黄遵宪调查研究日本民俗的方法，首先是广泛收集关于日本民俗文化的各种文献资料，仅《日本国志·礼俗志》中引用的中日文有关典籍就达数十种之多。同时，他又广泛结交日本各界人士，利用一切机会，虚心向他们请

---

① 杨宏海：《黄遵宪与民俗学》，载《中国文化研究丛刊》第二辑，1985年。

教，询问日本各种民俗。此外，他还时常亲自到街头巷尾作实地考察采风，获得第一手感性材料。黄遵宪对日本民俗的研究经常从历史演变发展的角度引古证今，溯源明流，并把日本民俗与中国民俗加以比较研究，考察其异同和互相影响。

黄遵宪对日本民俗的研究，既有生动具体的文字介绍，又有翔实细致的史料考证，还有形象优美的诗歌描写。如他的《日本杂事诗》中就有相当多的作品是以日本民俗为题材的，描绘了一幅幅绚丽多彩的日本风俗画。此外他还写了好多首描写日本民俗的长诗，如收入《人境庐诗草》的《樱花歌》惟妙惟肖地描绘日本举国如痴如狂观樱赏花的习俗。《都踊歌》则栩栩如生地表现了日本京都节日歌舞的民间风俗，诗中对歌舞者的舞姿、服饰都作了细腻传神的刻画。

黄遵宪与日本民俗已成为黄遵宪研究的课题之一，因此在郑海麟和盛邦和关于黄遵宪的著作中，都有一定篇幅论述这个问题。郑海麟认为《礼俗志》是《日本国志》中最用功的篇章之一，其内容之丰富，征引材料之广博，为其他篇章所不及。"从国际文化交流的角度来看，无疑具有世界意义"。盛邦和认为黄遵宪是用资产阶级文明史学的思想指导民俗研究，主张"民俗即史"，即通过民俗叙述民众的历史。还主张从民俗的演变发展前后异同中，以微见著，探寻历史前进的足迹，概观社会经济、政治的面貌，为论证历史发展的因果趋势寻找佐证。

综上所述，黄遵宪作为近代中日文化交流史上最杰出的代表人物，应该是当之无愧的。对他的生平、思想、活动和著作的研究，还有许多尚待深入的空间和潜力。

（原载于《日本学》第11辑，北京大学出版社2002年版）

康有为"仿洋改制"研究

一、"托古改制"与"仿洋改制"

戊戌维新时期，维新派的代表人物康有为宣传变法思想，发动维新运动，常常运用两种手法：一曰"托古改制"，二曰"仿洋改制"。这两者的含义和目的究竟是什么呢？故宫新发现的内府抄本《杰士上书汇录》所收康有为的《恭谢天恩并陈编纂群书，请速筹全局折》提到："改者，变也；制者，法也。"可见改制即变法也。又说："凡臣所著，或旁采外国，或上述圣贤。"即有的仿洋，有的托古。"虽名义不同"，目的却是一个，"务在变法，期于发明新义，转风气，推行新政，至于自强"。用我们今天的语言来说，康有为的"托古改制"和"仿洋改制"，一则是"古为今用"，一则是"洋为中用"，就是运用古今中外历史来为维新变法现实斗争服务。而"仿洋改制"更反映了康有为向西方学习、走资本主义道路的政治主张。

关于康有为的"托古改制"，过去不少史学、哲学论文已有涉及。康有为在《新学伪经考》《孔子改制考》等著作中，把儒家的圣人孔子打扮成变法改制的祖师爷，为其变法维新提供历史根据和护身符。不过以往不太为人所知的是，康有为在前面提到的那份奏折中，还请示光绪皇帝，要不要把《孔子改制考》的书名干脆改为《孔子变法考》。另外，他又报告自己正在编纂《皇朝列圣改制考》一书，"详述列圣因时制宜变通宜民之制"。其用意"亦以使守旧之徒无所借口，以挠我皇上新法"[①]。

至于康有为的"仿洋改制"，以前的研究却较少论及。笔者分析其原因，恐怕主要有两条。一则可能是对康有为这方面的工作所起的作用估计不

---

① 康有为：《恭谢天恩并陈编纂群书，请速筹全局折》，故宫藏内府抄本《杰士上书汇录》。

足，通常只把它看成缺乏理论色彩和实践意义的救亡宣传。其实，康有为提出的"仿洋改制"所起的作用很大，它不但为这次戊戌变法树立了活生生的学习榜样，而且总结了各国变法的历史经验教训，从各个方面论述了中国维新变法的必要性、可能性以及具体的步骤和措施。他所著述的外国变政考，不仅集中反映了康有为在戊戌维新期间向西方学习的思想和主张，而且简直就是光绪皇帝实行"百日维新"的具体蓝图。甚至可以说，康有为在"百日维新"期间所花精力最多的工作就是编纂这批各国变政考，向光绪提出仿效外国变法的建议。据《康南海自编年谱》记载，1898年6月，光绪在召见康有为后，即命其将所著各国变政考"立即抄写进呈"。当时，他已被任命为总理衙门章京上行走。康有为"乃片陈谨当昼夜编书，不能赴总署当差"。百日维新开始后，"时上频命枢臣催所著各国变政书，乃昼夜将日本变政考加案语于其上"。"一卷甫成，即进上，上复催，又进一卷。"直至8月底，他仍忙于"修英德变政记，日无暇晷"。在进呈了《日本变政考》以后，他又先后于阴历"六月进波兰分灭记、列国比较表，七月进法国变政考，其德英二国变政考至八月上，而政变生矣"[①]。而光绪皇帝得到这些书，也如获至宝，"阅之甚喜"，"日置左右，次第择而行之"[②]。以至连光绪的上谕也常常采自他书中的内容或按语。因而康有为在《自编年谱》中自鸣得意地写道："新政之旨有自上特出者，每一旨下，多出奏折之外，枢臣及朝士皆茫然不知所自来，于是疑上谕皆我所议拟，然本朝安有是事？惟间日进书，上采案语，以为谕旨。""自召见后，无数日不进书者，朝士不知进书，辄疑折函中，累累盈帙，故生疑议也。"[③]这当然有些自吹自擂，夸大了自己的作用，不过也说明了这批书对光绪影响之大。

另一条原因可能是由于以往这方面资料的缺乏。过去考察康有为仿效外国变法的思想，只能通过他给光绪几次上书以及《戊戌奏稿》所收康有为的奏折与几篇进呈外国变政考的序言，缺乏完整的大部头著作。对于康有为在百日维新期间给光绪进呈的几部未曾刊印的外国变政考，大多以为经过戊戌政变早

---

① 康有为：《康南海自编年谱》，《戊戌变法》（四），神州国光社，1953年，第148—150页。
② 陆乃翔：《康南海先生传》（上编），第14页。
③ 康有为：《康南海自编年谱》，《戊戌变法》（四），第150页。

已被抄没或销毁，难于再睹其真面目了。连康有为的弟子张伯桢的《万木草堂丛书目录》与陆乃翔等的《南海先生所著书目》中，也均称这些书已于戊戌八月政变时被抄没。然而，值得庆幸的是，康有为当时进呈给光绪的13卷《日本变政考》、7卷《波兰分灭记》以及《列国政要比较表》等书和当时内府抄录的康有为条陈《杰士上书汇录》，至今仍然原璧收藏于故宫。近几年来，笔者在故宫博物院同志们的热情帮助下，陆续看到了这批珍本。尽管尚有英、法、德等国变政考仍无下落，但这几部重要著作已为进一步研究康有为的外国变政考及其"仿洋改制"提供了极为宝贵、丰富的资料，而且可以纠正《戊戌奏稿》上的大量伪造、改篡之误，进而澄清康有为在百日维新期间的真实思想和主张。笔者曾在1980年第3期《历史研究》上，对康有为"仿洋改制"的代表作《日本变政考》作了初步的评介和探讨，并对康有为的戊戌议会观提出质疑。本文则试图进一步对康有为的三部外国变政考加以比较研究，并对其"仿洋改制"进行一番比较全面的剖析。

二、顺应时代的潮流

在具体考察康有为如何"仿洋改制"之前，有必要先分析一下康有为为什么要"仿洋改制"。

当时的中国面临着被帝国主义宰割、灭亡，沦为殖民地的危险，瓜分大祸迫在眉睫。怎样救亡图存，是摆在每一个有爱国心的中国人面前最迫切的问题，也是时代赋予进步的中国人的中心任务。康有为的"仿洋改制"就是在这种历史背景下产生的。

甲午战争失败以后，康有为几乎天天奔走呼号，陈述时势之险恶，救亡之紧急。1898年，他在京师保国会集会上慷慨陈词："吾中国四万万人，无贵无贱，当今一日在覆屋之下、漏舟之中、薪火之上，如笼中之鸟、釜底之鱼、牢中之囚，为奴隶，为牛马，为犬羊，听人驱使，听人宰割，此四千年中二十朝未有之奇变。加以圣教式微，种族沦亡，奇惨大痛，真有不能言者也。"[①]康有为放眼世界，环顾亚非，看到很多国家被西方列强宰割，而这些国家都是

---

① 康有为：《京师保国会第一集演说》，《康有为政论集》（上册），中华书局，第166页。

"守旧不变，君自尊，与民隔绝之国也"①，因而指出此种教训"中外同揆，覆车之辙，可为殷鉴"②，用来说明守旧就会亡国，要救亡就必须变法。

那么，那些欧美强国与日本又是怎么走上资本主义道路富强起来的呢？它们进行资产阶级革命和改革的历史又提供了什么样的经验和榜样？康有为在1898年1月《上清帝第五书》中，举俄国与日本为例："昔彼得为欧洲所摈，易装游法，变政而遂霸大地。日本为俄美所迫，武步泰西，改弦而雄视东方。"③他在《列国政要比较表》中对比了欧美列强不断扩张土地，亚非国家日益丧失领土之后指出，"其辟也，变法维新之故。其蹙也，守旧不变或少变而不全变，缓变而不骤变之故"④。通过分析对比世界各国历史，康有为得出结论："夫今日在列大竞争之中，图保自存之策，舍变法外，别无他图。"⑤这就是他发动戊戌维新运动的重要理论根据，而且也是对变法维新必要性最有说服力的宣传。

康有为不但论证了中国变法的必要性，还指出了中国仿效外国变法成功的可能性与有利条件。除了中国土地辽阔、人口众多、物产丰富、文化悠久外，还有世界各国变法的经验教训可供借鉴，能够少走弯路，事半功倍，必能后来居上。欧美发展资本主义花了一二百年，日本学习西方明治维新，只用了二三十年就成功了。展望前景，康有为认为，如果中国能够效法西方、日本，进行资产阶级变法维新，"则三月而规模成，一年而条理具，三年而效略见，十年而化大成"⑥。

在瓜分危机的刺激下，经以康有为为首的维新派的大力宣传鼓动，进步的中国人已普遍认识到："要救中国，只有维新，要维新，只有学外国。"⑦但是，究竟怎么样学外国呢？外国到底有哪些变法经验教训？这又是一个中国的官僚士大夫所不甚了了的新问题。康有为抨击那些权贵大臣，"皆循资格而

---

① 康有为：《日本变政考》序，故宫藏进呈本。

② 康有为：《上清帝第五书》，《戊戌变法》（二），第192、195页。

③ 同上。

④ 康有为：《列国政要比较表》，故宫藏进呈本。

⑤ 同②。

⑥ 康有为：《请御门誓众，开制度局以统筹大局折》，《杰士上书汇录》，故宫内府藏抄本。

⑦ 毛泽东：《论人民民主专政》，《毛泽东选集》第4卷，人民出版社1991年版，第1470页。

致，既已裹足未出外国游历，又以贵倨未近通人讲求"，"或竟不知万国情状，其蔽于耳目，狃于旧说，以同自澄，以习自安"①。而中国多数的知识分子也只是埋头读四书五经，作八股诗文，应付科举考试，很少了解世界大势与各国地理历史。在这种情况下来学外国、讲变法，不啻"夜行无烛""瞎马临池"，怎么能吸收外国经验，"究其本原，穷其利弊"呢？康有为不禁惊呼："今日大患，莫大于昧。"②因此，他决心下功夫编纂一批列国变政考，介绍各国变法经过，总结历史经验教训，以供中国的变法维新运动借鉴、采用，并解决向外国学什么和怎样学的问题。

由于康有为搞变法主要依靠光绪皇帝来进行，所以，他为阐发"仿洋改制"主张而编纂的列国变政考，主要也是进呈给光绪皇帝看的。康有为期望这批书进呈宫内之后，能够出现这样的局面："皇上劳精垂意讲之于上，枢译诸大臣各授一册讲之于下。权衡在握，施行自异，起衰振靡，警聩发聋，其举动非常，更有迥出意计外者。风声所播，海内惵耸。"③他在《日本变政考》的跋中甚至对光绪声称："切于中国之变法自强，尽在此书。臣愚所考万国书，无及此书之备者。虽使管葛复生，为今日计，无以易此。我皇上阅之，采鉴而自强在此。若弃之而不采，亦更无自强之法矣。"④俨然有欲以一部书救中国的气概。

总之，康有为的"仿洋改制"是顺应历史潮流而提出的，它不只是一个笼统的口号，而且包含了从促进中国维新变法的目的和需要出发，对各国历史经验教训做深入细致的具体分析。他曾自述："臣二十年讲求万国政俗之故，三年来译集日本变政之宜，日夜念此至熟也。"⑤由此可见，康有为对"仿洋改制"可谓是煞费苦心。下面，我们分别就现在所能见到的康有为"仿洋改制"的三部重要著作，作些具体的剖析和比较。

① 康有为：《上清帝第五书》，《戊戌变法》（二），第191页。
② 同上，第192页。
③ 康有为：《请大誓臣工·开制度新局折》，《杰士上书汇录》。
④ 康有为：《日本变政考》跋，故宫藏进呈本。
⑤ 康有为：《进呈日本变政考等书·乞采鉴变法折》，《杰士上书汇录》。

三、以俄国彼得改革为"心法"

《俄彼得变政记》是康有为所著各国变政考中唯一公开刊行的一种。此书一册，不分卷，约7000字左右，有序，无按语。《俄彼得变政记》于1898年3月进呈光绪，并收入同年4月上海大同译书局出版的石印本《南海先生七上书记》之中。

康有为为什么要编写《俄彼得变政记》，并期望光绪"以俄彼得之心为心法"呢？

最重要的原因是俄国当时也是个君主制国家，沙皇彼得一世的改革是"以君权变法"。而康有为所设计的中国维新变法道路也是由光绪皇帝"乾纲独断"，"以君权雷厉风行"，自上而下来实现变法。这是与英、美、法等西方国家都不同的。他在《上清帝第七书》中有一段话讲得很清楚："职窃考之地球，富乐莫如美，而民主之制与中国不同。强盛莫如英、德，而君民共主之制，仍与中国少异。惟俄国其君权最尊，体制崇严，与中国同。其始为瑞典削弱，为泰西摈鄙，亦与中国同。然其以君权变法，转弱为强，化衰为盛之速者，莫如俄前主大彼得。故中国变法，莫如法俄，以君权变法，莫如采法彼得。"①

康有为希望光绪"以俄彼得之心为心法"。结合中国当时的具体情况，他究竟要光绪学习彼得大帝哪些方面呢？

首先是要求光绪学习彼得树立变法的决心，也就是顺应历史潮流，"知时从变，应天而作"。康有为在书中特地描写彼得一世在听了法国人雷富卜德讲述西方文学、兵制后，深受刺激，流着眼泪说道："外国政治工艺皆胜我，何我国不思仿效也？""于是有变政之心矣。"②而且，彼得看到当时俄国"大臣之蒙昧也，政事之荒芜也，民俗之陋拙也"，无学校，无练兵，无通商，无制造良工，甚至还要向瑞典割地赔款，"乃慨然叹曰：非大改弊政，将为欧洲大国夷隶，为天下之辱"。这种状况与19世纪末的中国何等相似。因此

---

① 康有为：《上清帝第七书》，《戊戌变法》（二），第203页。
② 康有为：《俄彼得变政记》，见《南海先生七上书记》，上海大同译书局石印本，1898年。

康有为希望光绪也与彼得大帝一样痛下变法维新的决心。

其次，康有为要求光绪学习彼得"破弃千年自尊自愚之习"，"纡尊降贵，游历师学"，仿行"万国之美法"。彼得一世曾微服简从，亲自游学瑞典、荷兰、英国、德国、法国等国，学习吸收各国的先进技术和政治，法律制度。康有为对此特别赞赏[①]。对比中国的状况，他指出"考中国败弱之由，百弊丛积，皆由体制尊隔之故"，以致"咨谋无人，自塞耳目，自障聪明，故有利病而不知，有才贤而不识，惟有引体尊高，望若霄汉而已，比之外国君主，尊隔过之"。他认为"皇上虽天亶聪明，而深居法宫，一切壅塞，既未尝遍阅万国，以比较政俗之得失，并未遍见中国，而熟知小民之困穷"，"故欲坐一室而知四海，较中外而求自强，其道无由"[②]。

最后，针对中国守旧顽固势力千方百计阻挠破坏变法维新，康有为还要求光绪学习彼得一世"乾纲独断"，"排却群臣阻挠大计之说"。他在《俄彼得变政记》中故意强调彼得如何打击反对变法的旧势力。当时彼得要出国游学，守旧大臣纷纷阻挠，"有谓国王宜端居国内，缓为化导，风俗自丕变者；有谓用外国法，须考外国书，与本国恐难适用者；有谓以国王之尊而出外游学，甚为可耻者"。而对于这些言论，"彼得不听"。俄国守旧的贵族大臣们还"恐彼得之取法大邦，力革秕政，不便其平日欺君殃民保位营私之术也，煽亲兵作乱"。彼得知道后坚决果断地"悉聚而歼之"。康有为写的是俄国的守旧派，实际上揭露鞭挞的是中国的顽固派。他说："盖变政之初，其世家贵族皆久豢富贵，骄倨积久，不与士类相见，又不读书，夜郎自大，皆以己国为极美善，故皆阻挠大计。动曰国体有碍，或曰于民不便。或出于愚昧，不知外国情形。或实惧君上之明，无所售其奸。虽知国势溃乱，漠不动心。以为一旦变法，而失吾富贵，宁使其不行焉。苟得负宠据位，以终吾之身，祸将不吾及。此患得患失之心，以亡人家国者。"他盛赞彼得"雷动霆震"，"已诛乱党，分别褫黜，遂立志改国政，大臣无一敢阻之者"。彼得变法，制定新律，"屡诏群臣议士共议之。下三十六诏，议未就，继又下二十七诏敦迫"。但是"大臣沮新议者，仍不绝"，甚至"以大权倡谣诼，以惑国人"。彼得就使用高压手段，"诛其首恶，废其职"。此外，彼得改革时，贵族世爵子弟"多愚

---

① 康有为：《上清帝第七书》，《戊戌变法》（二），第203页。
② 同上，第205页。

蠢骄蹇，每事沮挠"。彼得一世也采取断然措施，下令"今后勋贵有后嗣，无绩可记者，削其职，衹守禄"。康有为在这方面写了这么多，体现出其"仿洋改制"的苦心，即希望光绪看了后能按彼得大帝那样行动，不听守旧大臣的阻挠，镇压顽固派的破坏，以便雷厉风行变法，使新政通行无阻。

康有为在书末还罗列了所谓彼得遗嘱十四条。虽然，据历史学家考证，"彼得遗嘱"可能是后人伪造，但是康有为觉得这十四条充分反映了彼得一世和俄国"欲翦灭各国，混一地球"，"为大地霸国"的扩张野心。而俄国历代沙皇"皆奉彼得遗嘱为大诰宝谟，日以开边灭国为事焉"。其中也包括侵占中国大片领土，"取吾黑龙江乌苏里江六千里地"。因此，把它公布出来，有助于提高中国人对沙俄侵略的认识和警惕性。

康有为在《上清帝第七书》中，盼望光绪皇帝"愿几暇垂览此书，日置左右，彼得举动，日存圣意，摩积激动，震越于中，必有赫然发愤不能自已者。非必全摹其迹，而神武举动，绝出寻常，雷霆震声，皎日照耀，一鸣惊人，万物昭苏，必能令天下回首面内，强邻改视易听。其治效之速，奏功之奇，有非臣下所能窥测者"[①]。可见，他对这部书的作用寄予多么大的希望。

四、以日本明治维新为"政法"

《日本变政考》是康有为在百日维新开始后，奉光绪旨意，于1898年7、8月间分卷陆续进呈的。此书正文共12卷，故宫所藏进呈正本为2函12册，约15万字左右。后来故宫又发现附录一卷，即第13卷《日本变政表》。这是康有为在戊戌年间最重要的一部著作，也堪称"仿洋改制"的一部代表作。

《日本变政考》是一部编年体史书，从明治元年（1868）起，至明治二十三年（1890）止。按时间顺序，分条记载日本明治维新以后发生的大事。重点是日本明治政府所实行的各项维新变法措施，有时甚至大段摘译其法令、条例、章程或演说的原文。书前有序，书末有跋，还在很多条正文之后，以"臣有为谨案"的形式加上长短不等的按语。这些按语一方面分析日本政府采取此项改革措施的原因、方法、意义，论述其成效、利弊；另一方面则结合中

---

① 康有为：《上清帝第七书》，《戊戌变法》（二），第206页。

358

国实际情况，提出中国变法维新的具体建议，集中体现了他的变法主张。

康有为在这部书的跋语中断然宣称："我朝变法，但采鉴于日本，一切已足。"[①]他为什么要选择日本明治维新作为中国变法最理想的样板呢？首先，他认为日本变法的成效已足以证明变法的必要和可能。日本明治维新经过30年变法改革，向西方学习，已见显著成效，初步达到了富国强兵发展资本主义的目标。这正是中国资产阶级改良派所梦寐以求的理想。日本在甲午战争中，竟一举打败了老大腐朽的清帝国。康有为和中国广大爱国知识分子痛感奇耻大辱，忧虑祖国的危亡，同时也更体会到日本变法的成效。因此他在《日本变政考》序中明确提出"不妨以强敌为师资"，认为只有仿效日本，变法改制，才能挽救中国。而且日本明治维新的具体步骤、措施，也为中国变法指明了改革的途径和方法。日本变法的利弊、曲折，则提供了借鉴的经验和教训，可以"收日人已变之成功，而舍其错戾之过节"。

其次，日本明治维新采取的是以明治天皇为首的政府自上而下地实行资产阶级改革，这也恰恰是软弱的中国资产阶级改良派所希望走的道路。康有为幻想依靠光绪皇帝像明治天皇一样亲掌大权，发号施令，"以君权雷厉风行"，在中国实现自上而下的变法，"是在我皇上一反掌间，而措天下于泰山之安矣"[②]。光绪就是他心目中的明治天皇，他在书中也处处用明治天皇的榜样来劝谕光绪。

再次，康有为指出中国学习日本还有很多有利条件。"其效最速，其文最备，与我最近者，莫如日本。"[③]因此，中国效法日本改制有很多方便条件和接近的心理因素。"其守旧政俗与吾同，故更新之法，不能舍日本而有异道"[④]。

《日本变政考》所要阐述的中心思想，就是到底如何效法日本改制，也就是中国的变法究竟应该如何进行的问题。康有为在书中指出："变法之道，必有总纲，有次第。"[⑤]他在该书跋里归纳了日本明治维新改革的要点，认为"其条理虽多，其大端则不外于：大誓群臣以定国是，立制度局以议宪法，超

---

① 康有为：《日本变政考》跋，故宫藏进呈本。
② 康有为：《日本变政考》序。
③ 同上。
④ 康有为：《日本变政考》跋。
⑤ 康有为：《日本变政考》卷九。

擢草茅以备顾问，纡尊降贵以通下情，多派游学以通新学，改朔易服以易人心数者，其余自令行若流水矣"[①]。这就是康有为在《日本变政考》中叙述日本变法措施的重点，又是他建议光绪实行的中国变法的总纲。

康有为指出日本明治维新之所以成功，"皆由日皇能采维新诸臣之言，排守旧诸臣之议故也"[②]。因此，中国实现变法的关键是要依靠光绪皇帝"乾纲独断，以君权雷厉风行"[③]。他以明治维新的史实为例，告诉光绪，日本变法改制，连废藩这样的难事，"卒能毅然行"。可见，"天下无难事，全在持之以定力耳。若瞻前顾后，委曲迁就，则无一事可办矣"[④]。他还主张"维新之始，宜频有大举动，以震耸之"[⑤]。为了证明这一点，他故意把日本明治天皇于庆应四年三月十四日发布《五条誓文》一事，说成明治元年元月元日之事，写在第一卷开头，而且改动了誓文的内容和顺序，把原来第四条"破除旧习"放在第一条，以示突出，还加上了一句原文中没有的"咸与维新，与天下更始"的话。又把第五条原文"求知识于世界"，也改为"采万国之良法"，以符合其写各国变政考的宗旨。

康有为从维新派的立场出发，呼吁光绪广集公议，任用新人，特别是应破格提拔重用像他那样的"草茅之士"掌握新政大权。他在书中多次叙述明治天皇破除常格，重用维新志士，"公卿宰执，皆拔自下僚，起自处士"的做法；在附录《日本变政表》序中，又强调日本明治天皇"用人之始，即得三条实美、大久保、伊藤、大隈数人，数十年专信倚任之，其用人不杂也如此"[⑥]，其本意也是要光绪皇帝始终信任和重用自己。

在《日本变政考》中，康有为叙述最详细的是关于日本官制的改革，并具体介绍了日本从开对策所到立宪法、设议院的逐步演变过程。他认为变官制是变法之本，设立制度局是日本变法之一大关键："日本所以能骤强之故，或以为由于练兵也，由于开矿也，由于讲商务也，由于兴工艺也，由于广学校也，由于联外交也，固也，然皆非其本也。其本维何？曰：开制度局，重修会

---

① 康有为：《日本变政考》跋。
② 康有为：《日本变政考》卷二。
③ 康有为：《日本变政考》卷一。
④ 同②。
⑤ 同③。
⑥ 康有为：《日本变政表》序。

典，大改律例而已。盖执旧例以行新政，任旧人以行新法，此必不可得当者也。故唯此事为存亡强弱第一关键矣。"[1]这也是为其在"百日维新"期间，反复向光绪帝争取让维新派人士参政，"开制度局于宫中，将一切政事重新商定"的政治纲领服务。

最后，作为中国民族资产阶级上层的政治代表，康有为还大声疾呼，为民族资产阶级争权利、谋利益。他极力推崇日本明治政府以国家力量鼓励发展资本主义工商业的"殖产兴业"政策，同时还注意提倡文化教育方面的改革。他在书中指出："日本之骤强，由兴学之极盛。其道有学制，有书器，有译书，有游学，有学会，五者皆以智其民者也，五者缺一不可。"[2]

总之，《日本变政考》描述了日本明治维新变法改革的整个过程，也涉及中国戊戌维新所需变革的各个方面。康有为把效法日本改制的主张、建议，有时寓意于记载日本变政的史实之间，有时则直接阐发于自己所写的按语之中。他把此书进呈于光绪御前，希望成为光绪皇帝变法的教科书、"戊戌维新"的蓝图。因此他在该书最后的跋语中，踌躇满志地宣称："右日本变政，备于此矣。其变法之次第，条理之详明，皆在此书。其由弱而强者，即在此矣。"并声称"我朝变法，但采鉴于日本，一切已足。其凡百章程，臣亦采择具备，待措正而施行之。其他英、德、法、俄变政之书，聊博采览。然切于中国之变法自强，尽在此书"。"我皇上阅之，采鉴而自强在此。若弃之而不采，亦更无自强之法矣。"[3]

五、以波兰被瓜分灭国为"殷鉴"

康有为在百日维新期间进呈给光绪的另一部重要著作是《波兰分灭记》。此书未曾刊印，其进呈本现存北京故宫博物院。全书共有7卷，各卷均以叙述波兰历史为主，而以"臣有为谨案"的形式，联系中国实际，发表评论和建议。

由于康有为进呈该书已值百日维新后期，即1898年8月中旬，因此，康有

---

① 康有为：《日本变政考》卷二。
② 康有为：《日本变政考》卷五。
③ 康有为：《日本变政考》跋。

为编写和进呈《波兰分灭记》的目的和重点已经不是为什么要学外国与怎样学外国变法，而是如何扫除变法的阻力，把变法进行到底的问题。所以，他用《波兰分灭记》为光绪皇帝提供一个由于变法不及时、不果断，遭到守旧派破坏和外国干涉，以致变法失败，被瓜分灭国的惨痛教训，以此作为"前车之鉴"。他在书中讲的是波兰历史，影射的却是中国当时的政治现实，表达的是他对前途和国家危亡的忧虑，并以此激励光绪皇帝把变法进行到底的勇气和决心。

康有为在书中淋漓尽致地揭露波兰的守旧派如何反对、阻挠、破坏变法，实际上也是指桑骂槐，痛斥中国的顽固派，抨击顽固派对变法的猖狂反扑，警告他们不要使中国落得波兰的下场。

康有为在《波兰分灭记》一开始就谈到波兰原是个欧洲大国，面积超过了英、法、意、奥等国，但由于政治腐败，"蠢蠢吏员涎中饱之利，衮衮诸公好为守旧之术"，以至"割地赔款，日不暇给，蒙垢忍辱，几不自持"①。即使有少数有识之士，"洞悉时局，痛陈利弊者"，"而当道豪族皆守旧之人，无不压抑之，诬陷之"。"而每举一事，彼则援旧例以驳之。每进一官，彼则执资格以挠之。"②这不正是当时中国顽固派反对变法的写照吗！接着他追溯波兰国王沙皮贤司几曾一度要改革，但守旧贵族竟敢"素持豪强，多抗王命"，阻挠改革的历史。指出："盖以王之变法图治，革弊维新，将有利于民，必不便于己也。又以王名誉过人而妒之，辄将排击之，以鼓煽民心，使其不服其治。故欲兴一利则贵族阻挠之，欲除一弊则贵族攻讦之。"即使国王是个愿意改革的贤主，"得一中材之佐可以自强，乃竟为权臣所阻，奸佞盈廷，病国病民，法不克复"。国王变法不成，最后郁郁而死。

在卷三中，康有为刻画波兰守旧派的一段话简直就是在替中国顽固派画像："有言新学者，则斥之曰异端。有言工艺者，则骂之曰淫巧。有言开矿者则阻之曰泄地气，有言游历者则诋之曰通敌人，有言养民者则谤之曰倡民权，有立国会者，则禁之曰谋叛逆，凡言新法新政者无不为守旧者所诋排攻击，甚至倡造谣言，颠倒是非，使言变法者为之噤口结舌。"这里说的是波兰，批判的分明是中国顽固派。卷六中还有一大段对顽固派入木三分的描写。书中写

---

① 康有为：《波兰分灭记》卷一，故宫藏进呈本。
② 康有为：《波兰分灭记》卷一。

道，当时波兰的爱国志士"欲发愤变法图自立"，而守旧的大臣们竟说波兰是"贵族之国，万不可使百姓明白，只可使其恭富贵，即不敢悖君上，如是君位乃可保全"。若遇外国侵略，只需依靠俄国，"不必变法以从人"。有的大臣甚至认为"今波国之法固甚善矣，立国已久，何必听莠言乱政，多事更张"。康有为尖锐地揭穿波兰的贵族大臣们反对变法，其实是有的"不知变法为何物"，有的则"因虑变法多流弊且无把握"。这些人当中，其有声望者，"一言变法，若不共戴天之仇"。其庸庸碌碌者，则"深虑变法之后，失其禄位而已"。而其狡黠者，表面上附和，实际上"不过摭拾一二新法，亦乐得大众糊涂，一切权利可为彼播弄"。其贵族更仇恨变法，"盖变法之后，非有才则不用，彼自知无才，虑波王变法即弃也"。于是这伙守旧势力一起攻击新法，"以为不可行之事"。对于忠心热血或通外国情势，晓解新法的维新志士，"大臣皆压抑之，诬为异端乱民，或更诬以欲为民主不道之语传播于国，务陷之罪，以箝众口"。这一大段，借托写波兰史事，实际上把中国顽固派反对变法，攻击维新派的各种心理、动机、言行解剖得淋漓尽致，批判得体无完肤。他还指出有些波兰大臣甚至说："虽受制于俄，亦不失为国，若变法论才则我辈之国先亡矣。"这不是与中国顽固派、军机大臣刚毅之流叫嚷"宁可亡国，不可变法"的论调如出一辙吗！康有为痛斥这伙顽固派"皆不以国之存亡为事，惟以一己之利禄为事。故不思外患，惟日事内讧而已"。针对百日维新中光绪下的新政上谕遭到地方大员敷衍抵制，变法不能实施的情况，康有为也借波兰守旧派之口说出，反对变法最好的办法就是对变法新政"略为粉饰，外似准之，其实驳之，令将来亦不能行"，而且"王必不察"。波兰地方官僚皆用此议，"于是择新法而行其一二，而以具文视之，实未行也。忧国者于是知波之亡矣"①。这恰恰就是康有为对中国变法前途的忧虑。

康有为编纂《波兰分灭记》的另一个重点是揭露沙俄的扩张野心。针对三国还辽以后，中国官员普遍对俄好感，尤其当权的慈禧太后、李鸿章之流的亲俄倾向，他指出决不能轻信与依赖俄国。他在书中大声疾呼："俄为虎狼之国，日以吞并为事，大地所共闻也！"②同时指出波兰君臣"以俄大之足恃也"，结果却被俄国蹂躏、蚕食以至吞并。波兰"贵族大臣之阻挠变法，

---

① 康有为：《波兰分灭记》卷六。
② 康有为：《波兰分灭记》序。

实先助俄自灭自亡"。因此，康有为告诫"欲变法自强者，宜早为计。欲保国自立者，宜勿依人"[①]。他在书中以大量篇幅描写俄国如何欺凌、干涉波兰。俄国公使竟然操纵波兰政治，下令"一切不可违俄国全权大使之命"，否则便要革去官职，没收财产，处以死刑。俄国动用军队、大炮，包围波兰国会，搜捕、屠杀波兰爱国者，还把大批波兰爱国志士流放西伯利亚。还使用卑鄙的收买贿赂的手段，"出金帛以贿波人，于是波廷诸臣向之。守旧不振者，初而畏俄，终而亲俄，皆有从俄之心"[②]。以此暗指被沙俄用大量卢布收买贿赂的李鸿章之流。最后，俄国公开出兵干涉波王废立，禁止波兰变法，以至一举与普、奥瓜分灭亡波兰。波兰亡国后，"波王母不堪苦辱，仰药死"。"波王亦忧愤死。"亡国之君下场何等悲惨！这怎么不叫光绪看了触目惊心呢。

与这两方面相联系，康有为在书中还反复强调"变法之勇"，必须当机立断，排除干扰，把变法进行到底。"当变而不变者，过时则追悔无及。"[③]他在《恭谢天恩并陈编纂群书，请速筹全局折》中指出，自己"纂波兰分灭之记，考其亡国惨酷之由，因变法延迟之故"。本来波兰也曾有过变法的机会，头两次经俄普分割，"国主才臣并欲变法"，但是被"守旧之贵族大臣阻之"。"及经第三次分割后，举国君臣上下咸欲变法，抑可谓不可得之机会，非常之人心矣。"可是已经太晚了，"俄人恐其变法即可自强，俄使挟兵围其议院，勒令废新法而守旧章，不四年而波亡矣！"康有为联系中国现状不禁感慨万分，"臣编书至此，未尝不废书而流涕也！"[④]他认为中国实际上也有过几次变法机会。中法战后，人心激愤，此为"变法第一机会"。甲午战后，举国震怒，又是"变法第二机会也"。可惜都未及时变法以致又失胶州湾、旅顺口。这种情况与波兰两次被瓜分之时相似。现在光绪皇帝赫然发愤，决定国是，实行维新，"不得谓非第三次机会"。必须"君臣同心发愤大变"。如果再"失此第三机会，则一旦强敌借端要挟，无可言者。恐至是吾君臣上下同

---

① 康有为：《波兰分灭记》序。
② 康有为：《波兰分灭记》卷三。
③ 康有为：《波兰分灭记》卷七。
④ 康有为：《恭谢天恩并陈编纂群书，请速筹全局折》，故宫藏内府抄本《杰士上书汇录》。

心欲变，而各国逞其兵力，抑令守旧，将为波兰之续，虽欲变而不能矣"①。他对于"奥普忌俄而先据波兰，与今德英忌俄而先据山东真同"的形势，不禁哀叹："吁！我真为波兰矣！"②康有为还在该书序中分析沙俄侵略中国的形势，指出："我辽东之归地，实借俄力，而以铁路输之，今岁则以旅大与之，动辄阻挠，我之不为波兰者几希！今吾贵族大臣未肯开制度局以变法也。夫及今为之犹或可望，稍迟数年，东北俄路既成，长驱南下，于是而我乃欲草定宪法，恐有勒令守旧法而不许者矣。然则吾其为波兰乎，而凡守旧阻挠变法者非助俄自分之乎？"③

光绪皇帝看到《波兰分灭记》以后，很受刺激与启发。康有为在《康南海自编年谱》中记载："上览之，为之唏嘘感动，赏给编书银二千两。"光绪增加了变法的勇气和紧迫感，不久就采取了一系列打击顽固派，提拔维新派的重大行动。如9月1日，将守旧派礼部尚书怀塔布等六个大臣，以阻挠主事王照条陈之罪，统统给予革职处分。9月5日，又赏维新派谭嗣同等四人以四品卿衔在军机章京上行走，参与新政事宜。光绪的这些措施虽然挽救不了戊戌变法必然失败的命运，然而多少也反映了康有为的"仿洋改制"尤其是进呈《波兰分灭记》的效果，推动了变法运动的进展。

六、作用与局限

最后，我们再来对康有为"仿洋改制"的历史作用与局限性作几点小结。

从其历史作用来看，首先可以说，康有为的"仿洋改制"在当时起到了振聋发聩的启示作用。长期处于闭塞守旧状态的中国士大夫很少了解外国情况，思想狭隘保守，往往坐井观天、夜郎自大，以为祖宗传下来的一切都是好的，不可更变。康有为主张"仿洋改制"，介绍了大量外国的历史和现状，揭示了世界各国形形色色生动具体的或由弱变强，或由强变弱，或因变法而兴，或因守旧而亡的实例，打开了中国上自皇帝、大臣，下至一般士大夫知识分子的眼界。对于年轻的光绪皇帝及其周围帝党亲信来说，更不啻击一猛掌，如大

---

① 康有为：《恭谢天恩并陈编纂群书，请速筹全局折》。
② 康有为：《波兰分灭记》卷五。
③ 康有为：《波兰分灭记》序。

梦初醒。当他们谈到俄国彼得大帝、日本明治天皇如何变法振兴，转弱为强，从中获得极大的鼓舞、信心和勇气。而当他们看到波兰被瓜分，国王太后当亡国奴的悲惨处境，以及法国国王路易十六被送上断头台的下场，更是触目惊心，不寒而栗，受到极大的震动和刺激。

其次，康有为的"仿洋改制"又具有探索变法道路的意义。康有为放眼世界，纵观各国历史，目的是为寻找中国救亡图存、富国强兵的道路。他具体地考察分析了俄国、日本、德国的改革与英国、法国、美国革命，以及波兰、土耳其、印度等国衰亡的经验教训，企图从中探索适合中国国情的自强道路。当然，作为资产阶级改良派的代表人物，由于其阶级与历史的局限，他不可能接受资产阶级暴力革命的道路，而只能选择日本、俄国那样以君权自上而下进行资产阶级改革的模式。而且，由于中国资产阶级上层的软弱性、妥协性和中国当时新旧力量的对比，他们比起当年彼得一世与明治天皇改革的勇气和变法的深度、广度也是不如的，因而难以避免最后失败的命运。尽管如此，这毕竟是中国资产阶级登上政治舞台的第一次表演，不愧为当时中国先进人物在黑暗中摸索救国道路的一次努力。

最后，康有为的"仿洋改制"有力地推进了这次戊戌维新运动。在"百日维新"前，由于康有为以各国历史为例，奔走呼号，说明中国维新变法的必要性和可能性，促使光绪和一批爱国官吏、士大夫倾向支持变法。而当光绪下诏定国是开始维新之后，康有为进呈的《日本变政考》等书，又为光绪提供了如何变法的具体建议、步骤和措施，甚至还提供了发布上谕的素材与措辞。当"百日维新"遭到顽固守旧势力的阻挠、破坏，遭到重重困难时，康有为又以《波兰分灭记》等书激励光绪，敦促光绪采取断然措施打击顽固派，坚持把变法进行到底，从而有力地推动了变法运动的发展。

可是，另一方面，康有为的"仿洋改制"也暴露了他的阶级和历史的局限性。

第一，康有为的"仿洋改制"反映了他对帝国主义的本质还缺乏认识，并抱有幻想。他在历次上书和列国变政考中，揭露和抨击了帝国主义对亚非拉殖民地、半殖民地国家的吞并和侵略，尤其着重揭穿了沙俄帝国主义到处侵略扩张，瓜分波兰并要侵华亡华的狼子野心。但是，如何才能抵制沙俄的侵略呢？康有为在《杰士上书汇录》中有一件过去没有发表过的奏折，即《为胁割旅大，乞密联英、日，坚拒勿许折》。他在这个奏折上提出了拒俄的上、中、下三策，即"密联英、日，赫怒而战，上策也；不允画押，听其来攻，徐待英日之解难，中策也；布告万国，遍地通商，下策也"。幻想英、日必合而"仗义责俄，或陈兵拒俄"①。说来说去就是依靠英、日帝国主义去对付沙俄帝国主义，其结果只能是前门拒虎，后门进狼。在《波兰分灭记》中，他曾托波兰改革派之口提出中国变法的措施。其中一条就是"任客卿以办新政"。为此，他曾向光绪建议聘请英帝国主义分子李提摩泰和日本军国主义头子、前首相伊藤博文等人来当中国新政的顾问、客卿。这也充分暴露出软弱的中国资产阶级改良派对帝国主义的依赖和幻想。

第二，康有为的"仿洋改制"还表现出他害怕、仇视和反对革命的心理。康有为在介绍、总结世界各国历史经验教训时，不可避免要涉及对欧美资产阶级革命和各国人民革命的看法。他强烈地表现出对革命的恐惧和仇视。在《进呈法国革命记序》中谈到，"臣读各国史，至法国革命之际，君民争祸之剧，未尝不掩卷而流涕也。""流血遍全国，巴黎百日而伏尸百二十九万。""十万之贵族，百万之富家，千万之中人，暴骨如莽，奔走流离，散逃异国，城市为墟。而革变频仍，迄无安息，旋入洄渊，不知所极。"他还感叹："自是万国惊心，君民交战，革命之祸，遍于全欧，波及大地矣。""而君主杀逐，王族逃死，流血盈野，死人如麻。"他竟然认为"普大地杀戮变乱之惨，未有若近世革命之祸酷者"②。因此，他对革命深恶痛绝，并不断以此敦促光绪赶快"立行乾断"，自上而下实行变法，避免革命，避免像法王路易十六那样在革命中上断头台的危险。他在《进呈突厥削弱记序》中，借托描述土耳其苏丹"以其黑暗守旧之治法，晏然处诸欧列强狡窟之中，偃然卧国民愤怒革命之上"的历史，阐发变法势在必行的道理。否则就是不被列强亡国，国内也会爆发革命。正由于坚持这样的立场，康有为在戊戌维新失败后，逐步堕落为反对革命的保皇派。

第三，康有为的"仿洋改制"还反映了他的英雄史观。他把中国变法的全部希望寄托于光绪皇帝一人之身，一再强调"自古非常之事，必待大有为之

---

① 康有为：《为胁割旅大，乞密联英、日，坚拒勿许折》，故宫藏内府抄本《杰士上书汇录》。

② 康有为：《进呈法国革命记序》，《戊戌变法》（三），第7—8页。

君"①。因此，中国的变法维新就要靠光绪皇帝的"乾纲独断"，"以君权雷厉风行"来实现。故而，他为光绪树立的榜样就是"以君权变法"的俄国彼得大帝和日本的明治天皇，他的"仿洋改制"的核心就是"以俄彼得之心为心法，以日本明治之政为政法"②。

对于开国会这个资产阶级的根本性政治要求，康有为在《日本变政考》中虽然也认为这是日本变法的"大纲领""维新之始基"，但是又认为"吾今于开国会，尚非其时也"，"惟中国风气未开，内外大小，多未通达中外之故"。因此主张"惟有乾纲独断，以君权雷厉风行，自无不变者。但当妙选通才，以备顾问。若各省贡士，聊广见闻而通下情，其用人议政，仍操之自上，则两得之矣"③。康有为在《波兰分灭记》中还以波兰国会为反面教训，认为议会内"尊卑之分极严"，办事"游移推委"，只要"有一人阻之，虽最良之策不得行"④。若开国会反而成为变法的阻碍，还不如像俄国、日本那样以君权变法更有把握。而且，康有为也希望通过尊君权和进入制度局之类机构，充当光绪变法的主要顾问，掌握新政实权。所以康有为在"百日维新"过程中，反复强调的要求是"开制度局于宫中以筹全局"。过去不少研究戊戌变法史的学者常引用所谓康有为代阔普通武起草的《请定立宪开国会折》，提出"立定宪法，大开国会"，"人主尊为神圣，不受责任"是康有为的主张，这是不符合康有为当时思想的。此折与《戊戌奏稿》中的某些奏折、变政考序，都是后来伪造或改纂的。如在《戊戌奏稿》中，还把《恭谢天恩并陈编纂群书以助变法折》改为《谢赏编书银两，乞予定开国会期折》，又把《进呈波兰分灭记序》原文所强调的"开制度局以变法"改纂为"付权于民""开国会而听之民献"。这些都是《戊戌奏稿》编者在辛亥革命前后，企图掩饰康有为戊戌年间的尊崇君权思想而加上去的，不足为研究康有为真实主张的凭据。

第四，康有为宣传"仿洋改制"时，还常常为了自己的政治需要，篡改或捏造外国的历史事实，曲解外国历史经验。我们认为"洋为中用"，即利用外国历史经验教训为本国现实服务，首先应该尊重历史事实，按照客观历史本

---

① 康有为：《上清帝第二书》，《戊戌变法》（二），第153页。
② 康有为：《上清帝第五书》，《戊戌变法》（二），第195页。
③ 康有为：《日本变政考》，故宫藏进呈本。
④ 康有为：《波兰分灭记》，故宫藏进呈本。

来面目，科学地总结历史经验教训，阐明历史发展规律。而康有为在利用各国历史为中国变法服务时，却常常篡改历史，甚至把完全是中国的东西硬塞在外国历史之中。如把他的变法主张套在波兰《五·三宪法》之中。有时则夸大史实、曲解史料为自己的观点辩护。如夸大法国革命死亡人数，美化路易十六为"恭俭之君"，称三条实美为"草茅之士"等，这都是不可能正确总结历史经验的。

尽管存在以上种种局限性，我们还是应该承认康有为的"仿洋改制"基本上是符合时代潮流和民族利益的，也是摸索救国道路和推动变法运动的一种方式，在当时起了积极作用。这正说明康有为不愧是中国近代向西方寻找真理的代表人物之一。

（原载于《论戊戌维新运动及康有为、梁启超》论文集，
广东人民出版社1985年版）

汪荣宝与清末京城立宪派研究

　　关于清末新政与清末立宪运动的历史，已为国内外学术界所关注，也取得了不少研究成果。然而以往对清末立宪派群体和个案的研究，大多集中在京外各省及海外的立宪派士绅、立宪派团体与各省咨议局议员等等。尤其是江浙、两湖、两广、四川、云贵、东三省等地区的立宪派士绅及其代表人物。至于清朝中央政府的预备立宪活动，则较多集中于朝廷亲贵大臣及资政院方面。①

　　那么，在清朝中央政府所在地北京，是否也有一批具有官绅身份的立宪派人士在活动呢？这在以往的著作和论文中很少提及。笔者通过对北京大学图书馆珍藏的《汪荣宝日记》手稿等史料的深入研究分析②，认为实际上在清末北京的政治舞台上也有一批立宪派人士十分活跃，而且对推动清末宪政改革产生了不小的影响。这批人的身份、经历和思想、活动具有许多共同特点，而与京外的地方立宪派士绅又有不少差别，因此我们不妨把这个群体称为京城立宪派。

　　本文试图以汪荣宝等人为中心，论述京城立宪派的构成和代表人物，其活动特色和影响，以及他们在辛亥革命前后的应变态度，以补充以往立宪派研究中的一个薄弱环节。

---

　　① 关于清末立宪派与立宪运动的研究著作，较系统的有台湾学者张朋园的《立宪派与辛亥革命》（台北商务印书馆1969年第1版，吉林出版集团有限责任公司2007年最新版），张玉法的《清季的立宪团体》（台北中研院近代史所1971年初版，1985年再版）。内地学者胡绳武、金冲及的《论清末立宪运动》（上海人民出版社1959年版），李时岳的《张謇与立宪派》（中华书局1962年版），韦庆远、高放、刘文源的《清末宪政史》（中国人民大学出版社1993年版），侯宜杰的《二十世纪初中国政治改革风潮》（人民出版社1993年版）等。

　　② 《汪荣宝日记》为北京大学图书馆珍藏稿本，共三册（宣统元年至宣统三年，即1909—1912年年初），一千多页。影印本见《北京大学图书馆藏稿本丛书》第1册，天津古籍出版社1987年版。最初的介绍和研究成果见王晓秋：《清末政坛变化的写照——宣统年间〈汪荣宝日记〉剖析》，《历史研究》1989年第1期。

一、清末京城立宪派的构成和代表人物

立宪派顾名思义是主张君主立宪的一个政治派别。它是在20世纪初清政府实行清末新政和预备立宪的背景下，由鼓吹君主立宪、参预宪政改革、推进立宪运动的人士所组成。

以往立宪派研究的对象，主要是各省主张君主立宪的绅商、立宪团体或国会请愿团体的成员、各省咨议局议员和中央资政院内各省民选议员，还有海外鼓吹君主立宪的团体和成员。

有的研究也涉及清政府主张或支持君主立宪的亲贵大臣、地方督抚和驻外使臣。如曾做过出洋考察政治或宪政大臣的载泽、端方、戴鸿慈、李盛铎、达寿，资政院总裁溥伦，部院大臣善耆、毓朗、袁世凯、徐世昌、张百熙，驻外使臣孙宝琦、汪大燮、胡惟德等。但这些人处于清王朝统治集团的上层，有的属于清政府筹备立宪的决策者、执政者，并非严格意义上的立宪派，也不是本文所要论述的构成京城立宪派的主要成分。

严格意义的立宪派，主要是指那些不属于清朝统治集团上层，而且一定程度上能够反映中国资产阶级利益要求的士绅、商人、官员等人士。例如我们常视为立宪派典型代表人物的张謇、汤化龙、汤寿潜、谭延闿、蒲殿俊等人。张謇一人就兼有士、商、官、绅等几重身份。而各省的立宪派骨干、咨议局议员、资政院民选议员，也大多是具有一定功名（如秀才、举人、进士）和一定社会地位（往往有官职或官衔）、一定资产（有的开办企业或商店）的地方士绅、官商名流。可是与上海、天津、汉口等工商业城市以及江浙、两广、两湖等地区不同，在北京这类绅商名流的人数并不多，而且他们的社会影响和在政坛的活动能量也不太大。因此这类人士也很难成为京城立宪派的核心和骨干。

那么所谓京城立宪派的核心、骨干，究竟是一些什么人物呢？我通过对《汪荣宝日记》及其他史料的认真分析，发现活跃在清末北京政坛上的京城立宪派骨干主要是以下一类人士。他们大多是归国的留日学生，而且多数学过政治、法律。他们大多是清政府中央各机关的中层官员，而且多数在与宪政改革有关的机构中任职。他们共同主张君主立宪，努力推进宪政改革，而且之间有着密切的交往、联系和政治活动。他们不仅是君主立宪的大力鼓吹者，而且又

是宪政改革的实际操作者。在辛亥革命前夕他们基本上都投靠了袁世凯，民国初年成了北洋政府的高官。

这一类京城立宪派的核心骨干和代表人物主要有汪荣宝、曹汝霖、章宗祥、陆宗舆等人。提起他们的名字，尤其是曹、章、陆，人们可能立即会想起五四运动时，他们作为北洋政府对日交涉的要员，被北京的学生们痛斥为三大"卖国贼"。但是人们可能很少了解或研究过他们在清末时期作为京城立宪派代表人物的经历和活动。因此下面先介绍和比较一下他们的生平，尤其是清末时期的职务和经历。

汪荣宝，字衮甫，号太玄，江苏吴县人，生于1878年。他早年肄业于上海南洋公学，1901年赴日本留学，曾在东京早稻田大学等校学习政治、法律和史学。归国后任京师译学馆教员。1908年任民政部右参议，后迁左参议、左丞，并兼职于修订法律馆与宪政编查馆。1910年任资政院钦选议员，1911年任协纂宪法大臣，还被指派为《法令全书》总纂。他在清末北京的政治舞台上十分活跃，交接各方人士，积极鼓吹君主立宪，并且是清政府钦定宪法草案和一系列法律、法令的主要起草者。武昌起义后他投靠袁世凯，曾为其起草南北交涉电稿和优待清室条件奏稿等重要文件。民国初年充任临时参议院议员、国会众议员、宪法起草委员，后任中国驻瑞士、日本等国公使，1933年去世。

曹汝霖，字润田，上海人，生于1877年。1900年赴日本留学，先后入早稻田专门学校、东京法学院（今中央大学）学习政治、法律，鼓吹君主立宪。1904年归国，任商务部商务司行走。1905年通过留学生特科考试，获进士出身，授商部主事。后任外务部右参议、右侍郎。民国后曾任参议院议员、外交部次长，参与对日二十一条谈判。后任北洋政府交通总长兼财政总长。晚年迁居上海、香港和日本、美国，1966年死于美国。

章宗祥，字仲和，浙江吴兴人，1879年生。1899年赴日本留学，初入第一高等学校，后转入东京帝国大学法科。在日留学期间与曹汝霖结为好友。1903年毕业回国，1905年获进士出身，任北京进士馆教习。继任法律修订馆纂修官，1905年与董康合译《日本刑法》并编纂商法。后任农工商部主事、民政部提调、宪政编查馆编制局副局长。1909年任北京内城巡警厅丞，又任法律编纂局编修、内阁法制院副使等职。辛亥革命后投靠袁世凯，参加南北议和，1914年任北洋政府司法总长并代农商总长，段祺瑞内阁司法总长。1916年任驻日公使，后迁居青岛、上海，1962年死于上海。

陆宗舆，字闰生，浙江海宁人，生于1876年。1899年自费赴日本留学，入早稻田大学政治经济科。1902年回国，曾任进士馆教习、警官学堂教习。1905年任巡警部主事，随载泽出国考察政治。1907年任奉天洋务局总办，1909年任宪政编查馆馆员，1910年选为资政院议员，1911年任印铸局长。民国后为参议院议员，1913年任驻日公使，1918年任印制局总裁，1941年死于天津。

比较一下他们四个人的生平，特别是在清末时期的经历，我们可以发现许多共同点。如他们的年龄相近，当时都是30岁左右的中年人。籍贯都是江浙地区人。他们都在1900年前后赴日本留学，而且均在日本学过法律、政治。回国后都曾在清末宪政改革机构任职，都曾参与起草清朝宪法或各种法律的工作。清末他们都曾担任过清政府中层官员。在辛亥革命前后他们都投靠了袁世凯，民国初年成为北洋政府要员，而且都参与过对日外交。由于他们之间有这么多共同点，特别是年龄相仿、学历相同、意气相投、主张相近、地位相似，因此他们往来频繁密切，拉帮结伙，形成一股政治势力。在《汪荣宝日记》中可以查到大量他们交往、聚餐、集会、密谈的记录。曹汝霖在其回忆录中也说："我与汪衮父（汪荣宝）、章仲和（章宗祥）、陆闰生（陆宗舆）四人，每逢新政，无役不从，议论最多，时人戏称为四金刚。"[①]与他们来往密切的还有杨度（字皙子）、金邦平（字伯年）、良弼（字赉臣）等一批归国留日学生，构成了活跃在北京政坛上的一股政治势力——京城立宪派。

二、京城立宪派的活动特色和影响

京城立宪派的核心骨干成员由于其出身、学历、思想、地位、职务等种种因素影响，他们的活动方式和作用影响，具有自己的特色，并与京外、海外立宪派有着明显的差别。

第一，京外、海外立宪派主要通过著书立说、报刊舆论、组织立宪团体、发动请愿运动等活动方式，并以各省咨议局为主要活动舞台。而与其不同，京城立宪派则主要通过实际参与清政府各种立宪立法活动的方式，以宪政

---

① 曹汝霖：《曹汝霖一生之回忆》，中国大百科全书出版社2009年版，第62页。

编查馆、法律修订馆和资政院作为他们的主要活动舞台。

主张君主立宪，这是所有立宪派共同的思想基础，而京城立宪派的骨干，几乎都是日本留学生，在日本学过政治、法律。他们希望中国能走日本明治维新的道路，在维持清王朝君主政权的前提下，仿效日本的君主立宪制度，自上而下地实行宪政改革。他们回国后正值清政府开始清末新政，实行预备立宪，并设立各种宪政改革机构。他们的学历和学识受到清政府的重视，很快都被网罗到这些机构内，并赋予重任，有的还一身兼任数职。而他们也认为有了用武之地，便运用自己在日本学到的政治法律知识，积极投入清末官制改革、宪法起草和法律、法规制订等活动中去，企图以此推动中国的君主立宪进程，维护和巩固清王朝的统治。

早在1905年载泽、端方等五大臣出洋考察日本和欧美政治之时，京城立宪派骨干如陆宗舆等就充当他们的随员，为他们调查采访和编译资料。陆宗舆回忆自己"随端、泽两专使放洋"，到德国考察宪政、法律，常参考"所携之日本国法学诸书，颇有译自德国者，资为借鉴，莫不奉为至宝"。[①]而当时正在日本的杨度等人，更是为五大臣起草考察报告，鼓吹"仿行宪政"出了大力。

清政府在清末新政和预备立宪期间曾成立了一系列推行法制和宪政改革的机构，而京城立宪派成员则是这些机构的中坚力量和许多法律、法规的起草者。

最早成立的是设立于1904年5月15日的修订法律馆，由刑部（后改法部）左侍郎沈家本主持。他聘用了一批东西洋归国留学生，首先翻译各国法律书籍，如日本、德国、法国等国的刑法、民法、商法等。1907年，沈家本任修订法律大臣，修订法律馆脱离法部独立，并开始以编纂新律为主要工作。同年11月25日，沈家本奏调"法学精研或才识优裕"之36员入馆办事，其中就有章宗祥、曹汝霖、陆宗舆等人。1908年10月28日法律馆又奏请选派12名咨议官，包括汪荣宝、金邦平、良弼等人。从1907年至1911年，修订法律馆修订、编纂了不少法律，其中京城立宪派成员起了重要作用。如汪荣宝是修订法律馆第二科总纂，参与了《大清新刑律》《大清民事诉讼律草案》《大清刑事诉讼律草案》《法院编制法》等法律、法规的编纂。章宗祥、陆宗舆等对这些法律的编

---

① 陆宗舆：《陆闰生先生五十自述》，北京日报承印，1925年，第4页。

纂和修改，也起了重要的作用。曹汝霖还参与了《大清商律》的编纂。可以说京城立宪派对中国最早的近代法制建设，作出了很大的贡献。

其次是考察政治馆，它是1905年11月为配合五大臣出洋考察政治而设立的，其职责是"延揽通才，悉心研究，择各国政法之与中国治体相宜者，斟酌损益，纂订成书，随时呈进，候旨裁定"。①其馆务由政务处王大臣主持，而具体立法起草等则主要是由馆员汪荣宝、曹汝霖、章宗祥、金邦平等承担。

随着1906年9月1日清廷颁布上谕，宣布"预备仿行宪政"，宪政改革进入了具体操作阶段。

官制改革是宪政改革的第一波。1906年9月6日清廷设官制编制馆于海淀朗润园。先由庆亲王奕劻，后由直隶总督袁世凯主持，下设起草、评议、考察、审定四课。其中汪荣宝、曹汝霖、金邦平等为起草课委员，陆宗舆等为评议课委员。曹汝霖回忆，他们当时对清廷此举"期望很深，以为有行宪希望"。②因此宿于朗润园中，每日赶拟说帖，附以条例，然后呈袁世凯阅定。11月2日官制编制馆向清廷呈递了《厘定中央各衙门官制缮单进呈折》，提出以立宪国三权分立原则来改革中央官制，裁撤军机处，设立责任内阁等。结果遭到朝廷贵和保守派官僚的反对，被清廷否决。参与起草的留日学生甚至还遭到守旧御史的攻击和谩骂。"窃惟我国有大变革，有大制作，岂借一二部日本缙绅成案与十数名留学生所能订定？"③

1907年8月13日，庆亲王奕劻奏请将考察政治馆改为宪政编查馆，成为清末筹备立宪的枢纽机关。宪政编查馆由军机处王大臣庆亲王管理，下设总务处、编制局、统计局、官报局和译书处。其职责主要是："议覆奉旨交议有关宪政折件及承拟军机大臣交付调查各种；调查各国宪法、编制宪法草案；考核法律馆所订法典草案，各部院、各省所订各项单部法；调查各国统计颁成格式，汇成全国统计表及各国比较统计表。"④根据1907年档案记载，宪政编查馆职员中有41位留日学生，其核心机构编制局，共有职员21人，留学生占

① 《设立考察政治馆参酌各国政法纂订成书呈进谕》，《清末筹备立宪档案史料》上册，中华书局1979年版，第43页。
② 《曹汝霖一生之回忆》，第59页。
③ 御史赵炳麟奏新编官制权归内阁流弊太多折，《清末筹备立宪档案史料》上册，第443—444页。
④ 《宪政编查馆办事章程》，《清末筹备立宪档案史料》上册，第49页。

16人。如章宗祥担任副局长，汪荣宝、曹汝霖、恩华担任正科员，胡樑泰、嵇镜等为副科员。[①]1909年陆宗舆也调任宪政编查馆馆员。1909年1月又在宪政编查馆内设立考核专科，考核京内外筹备立宪事宜的进展。杨度、章宗祥等任会办，汪荣宝等任帮办。

1908年宪政编查馆起草《资政院院章》，汪荣宝与章宗祥、曹汝霖等是主要的草拟者和修改者。《汪荣宝日记》对此有详细记载。如1909年3月21日记载："与润田（曹汝霖）同往仲和（章宗祥）家，商资政院章。"[②]而据8月28日日记，《资政院议员选举章程》也主要是汪荣宝与章宗祥两人所拟。

起草宪法是筹备立宪中最重要的工作。1908年7月22日谕旨令宪政编查馆王大臣先将"君主宪法大纲"编定，作为将来编纂正式宪法的准则。庆亲王奕劻等首先确定了"巩固君权"的编纂原则，然后让汪荣宝等留日学生参考日本帝国宪法"拟就各节"，其中以"汪荣宝、杨度所拟居多"，最后由奕劻等"再三考核，悉心厘定"。1908年8月27日，正式公布《钦定宪法大纲》共23条，基本上是一个保障君权的文件。

汪荣宝还是清末钦定宪法草案的主要执笔者。《汪荣宝日记》详细记载了过去鲜为人知的钦定宪法草案的起草过程。《宪法大纲》公布后，宪法全文的起草工作却一直被拖延，直到1910年11月5日，清廷在立宪派的强烈要求下，才不得不颁布上谕，命贝勒溥伦与贝子载泽两人为纂拟宪法大臣。1911年3月20日又命度支部侍郎陈邦瑞、学部侍郎李家驹与民政部左参议汪荣宝三人为协同纂拟宪法大臣。7月3日以上五人开始在皇宫焕章殿办公，处理筹拟宪法事务。宪法草案的实际执笔者则是汪荣宝与李家驹两人，他们在7月6日一起前往京郊十三陵，8日开始草拟宪法。首先起草了凡例六条，接着又拟订宪法章目，共分10章，其体系基本上是仿照日本帝国宪法，只不过当时清政府存在着摄政王执政的特殊情况，故又专门加上"摄政"一章。在十三陵，汪荣宝面对明陵史迹，吟诗抒怀，"但使君臣同一体，更无来者吊兴亡"，[③]幻想君主立宪政体能挽救清王朝的衰亡。回到北京后，他们于7月13日向溥伦等汇报，

---

① 宪政编查馆职员衔名及出身表，见尚小明：《留日学生与清末新政》，江西教育出版社2003年版，第160页。

② 《汪荣宝日记》1909年3月21日。北京大学图书馆藏稿本。

③ 《汪荣宝日记》1911年7月10日。

"均以为然，即呈递监国（即摄政王）恭候训示"。此后汪荣宝与李家驹便潜心起草宪法各章具体条文，每拟一部分便请诸大臣议论修改，然后进呈摄政王载沣审批。至9月20日已基本上把钦定宪法"全部凡八十六条，一百十六项"起草完毕。然后陆续定稿和进呈。10月12日他们还在忙着准备再进呈一批条文，由溥伦亲自填写正文，汪荣宝与李家驹装订圈点。10月30日上谕仍让溥伦等"迅将宪法条文拟齐，交资政院详填审议，候朕钦定颁布"。[①]然而两天后的11月2日，驻守直隶滦州的新军统领张绍曾发动"兵谏"，要求立即召开国会，并仿英国之君主宪章制定宪法，否则就要进兵北京。摄政王慌忙表示接受要求，并命资政院当天就匆匆制订和通过了作为宪法要点的《宪法重大信条十九条》，因此汪荣宝等起草完成的大清钦定宪法最后未能正式出笼。

综上所述，京城立宪派充当了清末推动和操作各项宪政改革的重要力量，是清末一大批法律、宪政改革法规文件以至钦定宪法草案的主要执笔者，对清末宪政改革作出了重要贡献。同时他们毕竟不是执政者和决策者，在各种法律、法规尤其宪法的起草过程中仍处处受到清廷最高统治者要求保障君权的制约。

第二，与京外立宪派主要为地方绅商，难以见到清廷中央权贵，至多运动地方督抚不同，京城立宪派由于其所处地位、条件，往往能以立宪言论当面劝说清廷上层亲贵大臣，以至最高统治者。他们活跃于清末京城政坛，交接各方，对上联络京内王公贵族大臣，对下交往京外地方立宪派人士和各省资政院民选议员。这在《汪荣宝日记》中也有大量记载，他们往往能起到地方立宪派人士难以起到的作用。

1907年初，曹汝霖曾获慈禧太后和光绪皇帝召见，当面陈说立宪主张，慈禧太后询问他日本立宪、开国会的经过，并问日本的宪法是什么宗旨，日本国会的议员是怎么选举的，还问他听说日本国会里有党派，是否时常有吵闹的事。曹汝霖回答，日本有政友会、进步党等党派，"在开会时，因政见不同，时有争辩，但临到大事，朝议定后，两党即团结起来，没有争论了。臣在日本时，适逢对俄开战问题，争得很厉害，后来开御前会议，日皇决定宣战，两党即一致主战，团结起来了"。太后听了，将手轻轻地在御案上一拍，叹了一口

---

① 着溥伦等迅拟宪法条文交资政院审议谕，《清末筹备立宪档案史料》上册，第97页。

气说:"唉,咱们中国即坏在不能团结。"曹汝霖听了乘机进言:"以臣愚见,若是立了宪法,开了国会,即能团结。"太后听了很诧异的神气,高声问道:"怎么着,有了宪法国会,即可团结吗?"曹说:"臣以为团结要有个中心,立了宪,上下都应照宪法行事,这就是立法的中心。开了国会,人民有选举权,选出的议员,都是有才能为人民所信服的人,这就是领导的中心。政府总理,或由钦派,或由国会选出再钦命,都规定在宪法,总理大臣有一切行政权柄,即为行政的中心……臣故以为立了宪,开了国会,为团结的中心,一切行政,都可顺利进行了。""太后听了,若有所思,半顷不语。"①

汪荣宝等也与不少王公大臣密切交往,鼓吹立宪,而且由于他们的学识和谋略,颇受权贵们的器重,视为智囊。从《汪荣宝日记》上可以看到汪荣宝经常出入肃亲王善耆王府,善耆任民政部尚书,是他的顶头上司,而且倾向和支持君主立宪。当汪荣宝得知自己获协同纂拟宪法大臣的任命后,连忙向善耆请教。善耆叮嘱他"草案谨慎秘密"。汪心领神会,特地记入日记,并在"谨慎秘密"四个字旁加了圈。与汪荣宝等经常交往的还有资政院总裁,贝勒溥伦和军咨大臣贝勒毓朗、贝子延鸿等满族亲贵。汪曾劝说他们支持立宪和早开国会,甚至请延鸿等人去劝说摄政王,缩短开国会期限。

在1910年7月21日资政院的筹备会上,汪荣宝向议员演说"日本第一期帝国议会历史"。8月9日的筹备会上,他又演讲了"日本第二期议会历史"。他希望资政院能以日本帝国议会为榜样,真正成为中国议会的基础。资政院议员的定额共200人,其中一半是钦选议员,包括王公贵族48人,各部院衙门官吏32人,硕学通儒与纳税多额者各10人。另一半是由各省咨议局议员中互选后经该省督抚审定的所谓民选议员。汪荣宝作为从部院官员中钦定的议员,又是与京外民选议员有着较多共同语言的立宪派人士,他在资政院台前幕后十分活跃,常常起到上下沟通、左右折冲的作用。

在1910年10月22日资政院全体会议上,一致通过了速开国会的决议,当时汪荣宝心情非常激动,情不自禁带头三呼万岁。"余以得意之极,大呼'大清国万岁!今上皇帝陛下万岁!大清国立宪政体万岁!'众和之,楼上旁听之内外国人亦各和之。"他认为这是资政院开院以来"第一次有声有色之举

---

① 《曹汝霖一生之回忆》,第67—68页。

矣！"这也是京城立宪派在资政院政治舞台上的一次有声有色的精彩表演。但是尽管资政院通过了提前到宣统四年召开国会的决议，各地立宪派也发动了多次国会请愿运动，可是清朝最高统治集团仍不肯放松自己的权力，作出哪怕是微小的让步。摄政王召集会议政务处王大臣商议，仍然决定最早只能在宣统五年开国会。11月3日，立宪派议员在资政院听到这个消息后不禁大失所望。溥伦召集汪荣宝等钦选议员，要他们"设法镇定，毋再反对"，并让他们"密探民选诸君意见"。会后，汪荣宝即与民选议员中的骨干分子藉忠寅、罗杰、易宗夔、雷奋等会谈，探听他们的反应。晚上回到家中，又写信给满族亲贵延鸿，"力请设法再行提前一年"召开国会。他在信中反复剖析利害关系，"略言今日危急存亡之际，朝廷政策以鼓舞人心为第一要义"。但是这种用心良苦的劝说以至哀求仍无效果。第二天延鸿告诉他，虽然谒见摄政王时"已竭力铺陈"，可是"摄政屈于群议，亦无如何"。[①]京城立宪派企图通过劝说清廷统治集团上层，推进宪政改革的希望最终都落了空。

三、京城立宪派在辛亥革命前后的应变态度

京城立宪派原希望通过学习日本明治维新，推进中国宪政改革，制订各种宪政文件、法律、法规，实现立宪法、开国会的君主立宪政体目标，来维护和巩固清王朝的统治。可是清廷统治集团上层的顽固，使他们一次次的失望，而革命派发动的武装起义，更使他们感到忧虑。武昌起义后，他们探听消息，看风使舵，周旋于清廷权贵和各种势力之间，进行种种应变活动和幕后策划。汪荣宝的日记为我们了解京城立宪派的应变态度，提供了十分具体生动的史料。[②]

1911年10月10日武昌起义的消息传到北京，汪荣宝就在当天日记中写道"闻湖北兵变，武昌已陷"。次日又闻"汉阳陷"。他急忙四处打听消息，"夜间以电话询诸宪、报馆，则云果然"。13日他又到官报局查询新闻，"闻有湘、豫、皖三省同时响应鄂乱之说"，"各处传来乱耗，多言长沙已陷，长

[①]　《汪荣宝日记》1910年11月3—4日。

[②]　以下加引号未加注者，均引自《汪荣宝日记》，《北京大学图书馆藏稿本丛书》第1册，天津古籍出版社影印本，1987年。

江流域均有摇动之势"。汪荣宝不禁惊叹："中原鼎沸，大乱成矣！"他继续探听消息，晚上又打电话问曹汝霖，曹答未闻长沙失守。接着又打电话给吴禄贞，吴说据长沙法国领事来电报告知，长沙已于昨晚失守。夜里又接到冯梦华的电报，"谓安庆芜州等处岌岌可危"。

10月15日，汪荣宝见到"京师市面萧条，不胜杞忧"。他和一些同乡"聚谈乱耗"，惶惶不可终日。当时北京谣言纷传，往往一天里能听到各种相反消息，令人不知所措。总之，这一段时间，汪荣宝等主要是探听消息，观察形势。他们虽然已看到形势对清政府很不利，但对其挽救危局的能力尚抱一线希望。10月26日，清廷发布关于四川保路风潮的上谕，"大略谓惩治肇乱地方官，释放无辜被拘诸绅"。他认为"有此二事，亦足以挽回人心一半矣！"又见到"本日上谕盛宣怀革职永不叙用，斯足以伸国论而平公愤矣！"

在1911年10月27日资政院的会议上，立宪派议员纷纷为清政府出谋献策，提出种种对付革命的"弭乱案"。经过讨论后，通过三项决议：一、罢免亲贵内阁；二、将宪法交资政院协赞；三、解除党禁。议长又指定汪荣宝等起草议案。汪不愿担当，力辞而易人。散会后他就去找陆宗舆、章宗祥，谈到"日来京师谣言甚多，或云民政大臣将勒令内城汉民移往外城，或云禁卫军队将对于汉人起暴动，以致人心惶惶，纷纷迁避。如不设法镇抚，恐生意外"。他们又与曹汝霖一起，"商议运动政府明降谕旨，解释辟疑"。

1911年10月30日，汪荣宝见到清政府同意资政院三项要求与摄政王引咎自责的上谕，对清政府仍抱有幻想。"窃意朝廷既有悔祸之意，流血惨祸或可免乎？"但是到晚上，汪荣宝一家人已经对北京的安全不放心，聚议如何避难，决定由其弟媳等先行，"分携子孙辈，赴津暂避"。

11月2日，由于滦州张绍曾部举行兵谏，提出政纲十二条，清廷为救危急，仓皇命资政院立即起草宪法信条。汪荣宝觉得自己几个月来草宪所花的功夫都白费了，不由得感到灰心丧气，"未及散会，先行退出"。次日，见到立即颁布宪法信条的上谕，感叹："朝廷如此让步，是亦可以已矣！"曹汝霖也批评道："回想当年代表团请愿，驱逐出京，今者统帅兵谏，立即照准宣誓，早知今日，何必当初？由此政府威信坠地，政治等于儿戏。"①

---

① 《曹汝霖一生之回忆》，第94页。

380

此后，汪荣宝等京城立宪派对局势越来越悲观，对清政府和资政院也越来越不信任。11月4日汪荣宝在日记中写道："观各处来电，日来外间舆论，对于资政院之举动，颇致不满。自汉口虐杀事件起，南中民情益愤，无论如何调停恐终无效。"当天闻"上海已有革命军占据制造局，并焚烧官署"。第二天又听说"杭州亦已被占"，"夜间闻苏州亦不守"。11月7日，传闻"保定失陷"，又听说山西巡抚吴禄贞被刺，众人相顾失色，惊呼"北方大局将不可收拾矣！"吃饭时，又"闻吏部衙门起火，益惊骇"。汪荣宝决定次日就带家属到天津避难。因为"出京者纷纷"，"车中拥挤，已无立足之地"，"勉强就道，狼狈不堪言"。

　　11月12日，汪荣宝在天津听说"南京确已无事，并闻武昌有和平解决之说"。资政院新总裁李家驹也来信说"京师现在无事，大局颇有转机"，请各议员早日回京开会。汪荣宝又出来活动，与杨度、陆宗舆等人商议组织一个政治团体，"名为国事共济会"，并向资政院提出陈情书，"请召集国民议会解决近日纷争之问题"，仍幻想以国民会议调停大局，度过危机。

　　11月14日汪荣宝回到北京，此时袁世凯已按宪法信条出任内阁总理，资政院议员推汪荣宝等四人到锡拉胡同谒见袁世凯。袁"首述主张君主立宪大宗旨及理由，次述对于信条上种种疑问，次言对内对外各种困难情形，末言辞职之意"。汪荣宝等便一一为之解释，并劝其"当以天下为己任，不可固辞"。

　　满族亲贵们对形势反应也不相同。肃亲王善耆是强硬派，他贬低革命势力，竟然认为"东西各省之纷扰殆同儿戏，倘中央政府立定脚跟，各省自然瓦解"。他劝汪荣宝"镇定毋自惊扰"。而贝子延鸿则已丧失信心，当谈到汪荣宝当年写信请他力促提前召开国会一事，"谓君等未尝负大清，大清实负君耳！言之惨然"。

　　革命形势发展很快，11月下旬南京已被革命军攻克，"于是长江流域全入民军之手矣"。然而资政院开会时，"尚有多数议员主张痛剿者"。汪荣宝讥讽他们"真可谓至死不悟矣！"此时他的思想已有变化，当徐佛苏向他鼓吹"南北分立说"时，他认为"所言亦颇有理由"。11月26日，他就到日本人开的理发店里剪去了辫子。这时离发布剪辫上谕还有十多天，这说明他已经对清王朝表示绝望。

　　与此同时，汪荣宝等京城立宪派进一步向袁世凯靠拢。11月29日，汪荣宝与袁世凯谈了一个小时，"告以大势之所趋及国民意向之所在，不宜过事拂抑"。袁也对他"极言外交危急"，"现在总以赶速平和了结为要"。汪认为袁的话"持之有故"。袁的亲信徐世昌也来找汪荣宝，声称革命党在东北奉天、大连的举动有日本人相助。一旦革命党发动，日本就会乘机出兵占领奉天；另外英国将进兵广州，法国将进兵云南，"如再不解决，必召瓜分之祸"。希望汪荣宝"设法将此意宣告国民，先将奉天暴动暂行按住，徐商和平解决之策"。汪答应到天津与曹汝霖等商办。他当天下午就赶往天津，次日便向曹汝霖、杨度等人转告徐世昌之意，共商对策。12月8日，他们听说南北双方在汉口开和平会议，又商议组织团体，相机辅助。

12月11日，曾广为奉湖北军政府之命进京游说袁世凯，请汪荣宝牵线，并向他介绍武昌的情况。"言彼党宗旨，愿以共和之名，暂行开明专制之精神，项城（袁世凯）如果有意，决无人愿与争总统之一席。"汪荣宝准备通过蔡廷干介绍曾广为去见袁世凯，"一探其意见"。后来虽与蔡接洽，却遭袁拒绝接见。

12月12日，汪荣宝在天津草拟了南北媾和条款9条。他认为以共和制代替君主制，中华民国取代大清国已是大势所趋，不可抗拒，只能在此前提下竭力为清王室多争取一些特权与利益，并以约法形式确保下来。他向陆宗舆、曹汝霖建议，以此条款游说徐世昌并转呈袁世凯。陆宗舆表示反对，而曹汝霖则看到"南方坚持共和"，"川陕均有电告急"，"外债又无从借贷"，断定清王朝已无法维持，因而支持汪荣宝将这些条款"转达东海（徐世昌），忠告项城（袁世凯）"。汪立即写信，把私拟条款寄给徐世昌。后来袁世凯采纳其主张，修订为向清廷逼宫和与南方革命势力交涉的所谓清室优待条件。

1911年12月30日，孙中山被各省代表选为中华民国临时大总统，袁世凯便唆使段祺瑞、冯国璋等北洋将领通电反对共和，向革命势力施加压力。汪荣宝担心和谈破裂，"似此情形恐成南北分治"。其实，他上了袁世凯的当，以为"袁相虽力主和平，而军队激昂联名请战，内阁无法弹压如何？"因此惴惴不安，"慨念前途，忧惶无措矣！"

在这段时间汪荣宝等京城立宪派的心态、感情也有变化，不再骂革命党为"乱逆"，而给予同情甚至赞扬。1912年1月15日，汪荣宝在日记中叙述上海来信，"此次革命几乎万众一心，各以死自誓，虽妇孺走卒并无不踊跃赞成"。1月15日，他看到日本报纸《大阪朝日新闻》译载的南京临时政府的一份报告，竟大加赞誉，甚至称其"光明俊伟，可与美洲宣布独立文（指美国独立宣言）并传矣！"

汪荣宝对于皇族顽固派和北洋将领反对共和十分愤慨，决定辞职。他以为如果能按他的建议实现清帝退位，"如此和平的解决，岂非国家之福？"然而皇族会议"仍不得要领"，"又生波折"，"连日廷议，多数反对共和"。"京师人心极为恐慌"，"暗杀迭出，危机四伏。若大局再不解决，悲京津之乱即在目前"。他愤怒斥责："年少皇族之肉岂足食乎！"

袁世凯见以武力压迫革命势力让步的目的已经达到，又指使一个多月前誓死反对共和的那批北洋将领反过来通电要求共和。汪宝荣看到通电，开始觉得"殊举出人意之外"，转而恍然大悟，明白这些举动都是袁世凯的安排，顿时心悦诚服："项城布道，着着进步，机会已熟，解决不难矣！"然后又看到袁世凯对清廷封侯的辞表，"语极敏妙"，更是钦佩不已，称袁"真天下英雄也！"他终于看清了风向，决心投靠袁世凯。曹汝霖也十分佩服袁世凯之"手段灵敏"。"从没有露出不臣态度，对南示以可战之力而不用武力，俟水到渠成，自然达到目的，避免篡夺之名，而得篡夺之实，其手段可谓敏且妙矣！"①

2月5日，袁世凯的心腹梁士诒和阮忠枢写信给正在天津的汪荣宝，转达袁世凯的命令，催促他赶快回京"襄理阁务"。第二天，他立即乘快车回到北京，直接到内阁见梁、阮，梁士诒召集袁的谋士幕僚商量清帝退位之后"应办各事"，"请人各就所见言之"。梁一一记下，预备着手办理。从此，汪荣宝就成为袁世凯智囊团的要员，忙于为袁起草各种善后文件和南北交涉电稿。

2月9日，南方立宪派首领张謇听说汪荣宝已辞职，就请他回来南方商谈国事。他打电报回答："国体将决，此间正在准备，稍缓即归。"到内阁后，梁士诒以南方激烈反对优待条件，"恐生枝节，亟需设法疏通"。汪荣宝便给张謇去电，"讲述东三省情形，毋再以虚文惹起反动"。希望张謇督促南方革命派接受袁世凯的优待清室条件。南北商定清室优待条款后，梁士诒让汪荣宝起草正式奏章，并转述袁世凯的各点修改意见。他立刻动笔，下

---

① 《曹汝霖一生之回忆》，第97页。

午"四时许脱稿"交梁，准备第二日逼宫时进呈。当天晚上汪回到天津，第二天内阁又来电话催促汪荣宝与陆宗舆速回北京，因清帝退位诏书马上就要发表，"应办文牍甚多，故项城命促余等速回也"。当天，他就为袁世凯起草了电稿与信稿各7件。

2月12日，国务大臣请旨发表清帝逊位声明，汪荣宝等都到内阁静候，"惴惴恐有中变"。至中午，"各大臣到阁，一切照办矣！"汪荣宝在日记上大发议论："大清入主中国，自顺治之年甲申年至今宣统三年辛亥，凡历十帝二百六十八年，遂以统治权还待国民，合满汉蒙回藏五大民族为一大中华民国，开千古未有之局。因由全国志士辛苦奔走之功，而我隆裕太后尊重人道，以天下让之，盛心亦当今我国民感念于无极矣！"而且感慨："自古鼎革之局，岂有如今日之文明者哉！"既喜庆共和之成功，又感恩于清廷之让位，害怕暴力革命，拥护袁世凯掌权，这就是当时汪荣宝等京城立宪派的心态。

孙中山为了限制袁世凯的势力，要求袁到南京就职，袁的亲信幕僚又纷纷活动。汪荣宝除了给南方参议院议员杨翼之等去电外，还专门发电报给上海的汪精卫，"均言明袁公不能离京之故，嘱其设法调停"。另外由陆宗舆致张謇电，"词意略同"。他们还用如果南方"坚执不变"，"必致彼此龃龉，又生波折"相威胁。2月15日，南京参议院选举袁世凯为中华民国临时大总统。汪荣宝认为"众望所属，决难推辞，虽有少数人反对，无足轻重也！"袁世凯还假惺惺表示要发电辞谢，周围亲信"均立持不可固辞"，"乃允暂时担任"。于是，由汪荣宝拟电报数封，交孙中山、黄兴及南京临时参议院。

1912年2月17日，正是农历除夕，汪荣宝的心情相当愉快，早起走上北京街头，"一路见五色旗飘扬空际，气象一新"。次日春节，汪荣宝、曹汝霖、章宗祥还到总统府向袁世凯贺年。2月19日，他在辛亥年日记的扉页写下了"革故鼎新"四个大字。从汪荣宝的日记中，人们可以感受到历史潮流浩浩荡荡不可阻挡，革故鼎新乃大势所趋。同时也可以看到汪荣宝等京城立宪派如何由幻想以君主立宪挽救清王朝，到逐步对清政权失望以至完全绝望，最后投靠袁世凯，赞成共和的变化轨迹。

（原载于《北京社会科学》2009年第2期）

杨守敬与中日古籍书法交流研究

徐福行时书未焚，佚书百篇今尚存。

令严不许传中国，举世无人识古文。

先王大典藏夷貊，苍波浩荡无通津。

令人感激坐流涕，锈涩短刀何足云。①

这是在中日两国广为流传的宋诗《日本刀歌》中的一段，诗中提到秦始皇时徐福携书东渡之事尚待考证。然而，日本保存着不少中国国内已经失传或者残缺了的逸书，却是确确凿凿的事实。

中国的有些书籍在国内失传或残缺，是由于中国历史上有种种人为和自然的原因造成的。例如中国历代王朝的封建统治者，常常为了达到某种政治目的，维护巩固自己的统治，而实行文化专制主义政策。对于他们认为不利于自己统治的书籍，实行野蛮的禁毁。像众所周知的秦始皇"焚书坑儒"，下令"天下苟有藏诸子百家语者，悉诣守尉杂烧之"②。大批经籍著作被付之一炬。隋炀帝时曾下令焚毁纬书。清代不仅大兴文字狱，而且利用编辑《四库全书》的机会，大量销毁具有反清民族思想的书籍，查禁范围越搞越大。结果禁毁书籍"将近三千余种，六七万卷以上，种数几与四库现收书相埒"③。

中国历史上战争频繁，民族战争、农民战争以及统治阶级内部纷争征

---

① 《日本刀歌》，这首诗历来均以为是北宋欧阳修所作，并收入欧阳修的《庐陵诗集》卷四。还有人认为是北宋司马光所作，又收入《司马公集》卷三。实际上此诗很可能是曾任北宋明州知府的钱公辅（字君倚）所写。他作为北宋对外贸易港口的地方官，从赴日商人处直接买到了日本刀，并作此诗。梅尧臣有唱和钱君倚日本刀歌的诗亦可为证。关于该诗考证可参见谭彼岸《日本刀歌作者新考》一文，刊《社会科学战线》1981年第2期。

② 《史记·始皇本纪》。

③ 章太炎：《訄书》，见《哀焚书》，第58页。

战，连绵不断，致使许多书籍在战火中损失。如项羽攻入秦都咸阳，火烧阿房宫，许多典籍化为灰烬，又如汉唐两代有王莽之乱、八王之乱、侯景之乱、安史之乱等，很多书籍在战乱中被焚烧。另外像金兵南渡、元军灭宋、清兵入关等等，也都使中原典籍遭受战祸。鸦片战争以后，外国资本主义列强发动的历次侵华战争中，外国侵略者也大肆劫掠、破坏我国的珍贵图书。如第二次鸦片战争期间，英法联军火烧圆明园，使文渊阁收藏的《四库全书》化为灰烬。1900年，八国联军攻陷北京，宫中珍藏的《永乐大典》又遭浩劫，所剩无几。

此外，由于对图书管理不善，保存不当，而损失于火灾、虫蠹、霉烂以及残破、丢失的书籍也为数不少。如1015年（北宋真宗大中祥符八年）因荣王王宫起火，延及崇文院，使募集多年的三馆秘阁之书毁于一旦。明代南京文渊阁火灾，也使"所藏者悉为灰烬"。以上种种原因造成中国不少有价值的珍贵文献图书在国内失传、绝迹或者残缺不全。

相比之下，中国流传到日本去的书籍却保存得比较好。这首先是由于日本的战乱比中国少。四面环海的地理位置使外族入侵难以得逞。仅有一次元军大举征日，也因巨风覆没，未给日本本土造成什么损失。西方列强对日本虽有骚扰，却也未发动大规模的侵略战争，这就使书籍毁于战火的情况大大减少。而且日本的封建统治者比较爱惜图书，在日本历史上没有发生过像中国秦始皇、隋炀帝或清朝乾隆年间那样大批焚毁书籍的事件。日本德川幕府时代发布的禁书令主要针对西方天主教的宗教书籍，中国汉籍凡与天主教无关的，一般不加以限制。

其次，中国传入日本的佛经及许多书籍，往往保存在寺院里。杨守敬指出，日本崇尚佛法，"兵事例不毁佛寺，千年古刹，崔巍相望，若东大寺、石山寺、法隆寺，不惟大小乘律牙签无恙，即九流四部亦多出其中"[1]。黄遵宪也说："盖日本喜收藏，兵燹之乱，虽经武门迭争，而释教盛行，斯文寄于浮屠，故能历劫不磨耳"[2]。

另外，日本气候适宜保藏图书，不像中国南方气候潮湿，那样容易霉烂。而且中国珍籍的日本抄本，常用茧纸，质地坚固，"故历千年而不碎"。加上许多寺院、文库藏书保管也甚得法，"其国有力之人家皆有土藏，故虽屡

①　杨守敬：《日本访书志》卷16。
②　黄遵宪：《日本杂事诗广注》，湖南人民出版社1981年版，第128页。

经火灾而不毁"①。黄遵宪在《日本杂事诗》中写道"铁壁能逃劫火烧，金绳几缚锦囊苞。彩鸾诗韵公羊传，颇有唐人手笔钞"。指出："佛寺多以石室铁壁藏经，秘笈珍本，亦赖之以存"②。

正是由于以上这些原因，因此许多输入日本的中国珍贵典籍文献得以保存完好，"守而不失，真本永传"。甚至于"夏殷三代之鼎钟，六朝隋唐之遗卷，往往有存者"③。在日本保存的中国古籍中，唐代的古钞本、旧钞本尤为丰富，而雕刻精良的宋版书籍也不少。元刻本、明清刊本则为数更多。其中颇有一些已经在中国国内失传逸亡的珍本。

这种情况引起了中日两国学者的关注和浓厚兴趣，搜集、整理中国逸书成了中日文化交流的一项重要内容。

中国文人学者大规模从日本搜求逸书的高潮是在19世纪八九十年代。这与当时日本的历史文化背景有关。明治维新初年，日本举国上下锐意学习西方文化，甚至有人主张极端的欧化主义，连生活、风俗上也处处模仿欧美，19世纪80年代出现所谓"鹿鸣馆时代"，东京的鹿鸣馆里连日举行豪华的西式舞会。随着传统文化和汉学地位的降低，汉籍也受到轻视，有些被廉价出售，因此在日本的旧书店或藏书家手中，往往能买到珍贵的中国逸书和古籍。首届驻日本使团参赞官黄遵宪在《日本杂事诗》的注中写道："变法之初（指日本明治维新初年），唾弃汉学，以为无用，争出以易货，连檐捆载，贩之羊城。余到东京时，既稍加珍重；然唐钞宋刻，时复邂逅相遇。及杨惺吾（即杨守敬）广文来，余语以此事，亦属其广为搜辑，黎莼斋星使因有《古逸丛书》之举。此后则购取甚难矣。"④

黄遵宪在日本期间就见到不少日本人珍藏的书画典籍、经卷逸书，每每令其惊喜而又感慨不已。他记载："西京知恩寺僧彻定者，藏西魏陶仵虎《菩萨处胎经》，纸墨皆不蚀，神似钟太傅。世传北魏诸碑，结构正同，知当时体固如此也。陶仵虎跋，典质朴茂，云一切经乘，搜访尽录，则此卷亦凤毛麟角矣。西魏大统庚午，距今岁己卯，为一千五百有十年，墨迹尚存，岂非

---

① 杨守敬：《日本访书志缘起》。
② 黄遵宪：《日本杂事诗广注》，第128页。
③ 岛田翰：《古文旧书考》卷1。
④ 黄遵宪：《日本杂事诗广注》，第128—129页。

怪事？"①王韬在日本也见到不少珍本，例如有一次重野成斋向他出示《溉堂文集》，这是清初孙豹人所著。王韬惊讶："此集在中土甚少，不知何年流入日本也？"并作诗云："出示豹人文，浑如获瑰宝。此集传者稀，兵燹后益少。""睹凤在一毛，藏之其永保"②。

那时访日的中国文人虽然也有人在日本书肆购得几部珍籍，然而中国人收集、访寻汉籍逸书、珍本的高潮，还是在1880年杨守敬来到日本以后。杨守敬，字惺吾，晚号邻苏老人，湖北宜都人。精于地理、目录、金石之学，著述甚丰，又擅长书法。1880年42岁时，应首任驻日公使何如璋之邀，任第一届中国驻日使团随员。1881年第二届驻日公使黎庶昌上任时，又留任使馆随员，至1884年回国。他在收集整理流失在日本的中国逸书，保存和发扬中国文化遗产方面作出了卓越的成绩。

杨守敬是如何不遗余力地在日本搜求中国逸书的呢？他在《日本访书志缘起》中自述："余生僻陬，家鲜藏书，目录之学素无渊源。庚辰（1880年）东来日本，念欧阳公百篇尚存之语，颇有搜罗放逸之意。茫然无津涯，未知佚而存者为何本。乃日游市上，凡板已毁坏者，皆购之。不一年遂有三万余卷。其中虽无秦火不焚之籍，实有裔然未献之书。"杨守敬每得一书，即略为考其原委，别纸记之，"因以诸家谱录参互考订，凡有异同及罕见者，皆甄录之"。"久之，得二十余册，拟归后与同人乐相考证为之提要"③。他在自编的《邻苏老人年谱》中也记道："先是余初到日本，游于市上，睹书店中书多所未见者，虽不能购，而心识之。幸所携汉魏六朝碑版亦多日本人未见，又古钱古印为日本人所美，以有易无，遂盈箧箧。及黎公有刻书之议，则日日物色之，又得森立之《经籍访古志》抄本，其时立之尚存，乃按目索之，其能购者，不惜重值，遂已十得八九，且有为立之所不载者数百种，大抵医书类为多，小学类次之。"④

杨守敬尚以自己来迟为憾，他追述道："日本维新之际，颇欲废汉学，故家旧藏几于论斤估值，尔时贩鬻于我土者不下数千万卷。犹忆前数年有蔡姓

① 黄遵宪：《日本杂事诗广注》，第127—128页。
② 王韬：《扶桑游记》，湖南人民出版社《走向世界丛书》本，1982年，第262页。
③ 杨守敬：《日本访书志缘起》，见《日本访书志》卷1。
④ 杨守敬：《邻苏老人年谱》。

者，载书一船，道出宜昌，友人饶季音得南宋板吕氏读诗记一部，据云宋元椠甚多，意必有秘籍孤本，错杂其中，未知流落得所否？今余收拾残剩之后，不能不为来迟恨，亦不能不为书恨也。"①他回忆初来日本时，日本的书店对于旧版汉籍尚不甚珍重，后来看到杨守敬"购求不已"，"其国之好事者，遂亦往往出重值而争之。于是旧本日稀，书估得一嘉靖本亦视为秘籍"。杨守敬搜求逸书真可谓煞费苦心，发现踪迹，立即追根溯源，必欲得之方肯罢休。遇到难得的书，虽"索价殊昂"，也忍痛购买。有的日本藏书家不肯出售，杨守敬便用所携金石文字的碑帖、拓本加以交换。尽管他不能把所有见到的珍本全部买下，"然以余一人好尚之笃使彼国已弃之肉，复登于俎，自今以往，谅不至拉杂而摧烧之矣。则彼之视为奇货，固余所厚望也"。"近日则闻什袭藏之不以售外人矣！"②实际上提高了汉籍在日本的地位。

杨守敬认真调查了日本国内收藏汉籍的情况。他说："日本收藏家除足利官学外，以金泽文库为最古，当我元明之间。今日流传宋本大半是其所遗。次则养安院，当明之季世，亦多宋元本，且有朝鲜古本。此下则以近世狩谷望之求古楼为最富。虽其枫山官府、昌平官学所储亦不及也。又有市野光彦、澁江道纯、小岛尚质及森立之皆储藏之有名者。余之所得大抵诸家之遗。日本医员多博学，藏书亦医员为多，喜多林氏、多纪氏、澁江氏、小岛氏、森氏皆医员也。故医籍尤收罗靡遗。"③

杨守敬在寻访逸书的过程中利用了日本藏书家澁江道纯与森立之编撰的《经籍访古志》。该书共七卷，提供了许多书名和线索，可以按图索骥。尽管《经籍访古志》"所载，今颇有不可踪迹者。然余之所得为此志之所遗正复不少"。今不相沿袭，凡非目睹者别为待访录。他指出"访古志所录明刊本，彼以为罕见，而实我国通行者，如刘节之《艺文类聚》、安国徐守铭之《初学记》、马元调之《元白集》之类，今并不载。亦有彼国习见而中土今罕遇者，又有彼国翻刻旧本而未西渡者，兹一一录入"④。反映中日学者对古籍善本在选择标准和鉴赏角度上的差别。

---

① 杨守敬：《日本访书志缘起》。
② 同上。
③ 同上。
④ 同上。

杨守敬与日本藏书家森立之、向山黄村、岛田重礼等人嗜好略同，故经常来往，互通有无，"其有绝特之本"，大多采入其《日本访书志》。从现存的杨守敬与森立之的笔谈记录中，可以看到当时中日学者之间收售逸书与交流学术的生动场面。

　　1881年（明治十四年）1月21日，杨守敬初次登门拜访森立之，下面是两人的一段笔谈：

　　杨："先生精小学，收藏古书甚富，特来拜谒。"

　　森："今已大半沽却，珍书不多有。只九世之医业，故经史类尤少，七十五年之今日子孙共无，不得已而为贫之小官是务，赧然赧然。"

　　杨："有宋本《玉篇》《广韵》？"

　　森："收藏于官库，今不在家。"

　　杨："求见。"

　　森："不能备今日披览，他日携来，而后可以书报也。"

　　同年3月28日，杨守敬再访森立之时，表示希望刻印他的《经籍访古志》一书，森立之欣然同意。两人的笔谈如下：

　　杨："顷购得《经籍访古录》，知先生为狩谷高足。敬于贵邦最服膺狩谷氏，以为第一流。观先生所著访古录，知于古书源流真伪辨别精审。弟近日欲刻此书，但此书中抄写颇有讹字，不敢臆定，愿先生校而后刻之。先生辛勤著录，弟为先生刻此书，想不以为妄否？"

　　森："访古志上木之事，仆之宿志也，只奈家贫而不能，且助其资者亦无有，荏苒至于今日也。若刻成则再三校正则仆之所愿也。"

　　同年6月21日的笔谈中，杨守敬再三动员森立之出让逸书，并以向山黄村之例劝喻。

　　杨："弟好书成癖，颇以公诸世为藏书。此《谷梁传》本向山珍秘物，彼闻我欲刻之，即欣然相让。盖刻之非徒弟附以不朽，即向山亦不朽也。先生藏古书宜刻者甚多，弟望以向山为怀。且先生老矣，此书若刻，先生名亦不朽。且弟非为利也，如《谷梁传》刻之，明知无还本之日，盖好之少也。"

　　杨守敬甚至愿意以古币易古书，7月5月他带了古币刀布的拓本各一册来找森立之表示："仆金石是凤好，书则近日始好。近日好书甚，故欲以金石换之。仆藏刀布约二十品，公欲得数品亦可，公能以书割爱乎？"

可是森立之仍不肯把某些珍藏的逸书出售，以致杨守敬坐立不安，十分焦急。1882年3月他们之间有如下一段有趣的笔谈：

杨："公珍本皆不肯沽，是以我深叹息。若肯沽，我之大幸也。"

森："近日事仓库建筑，而金货乏少，因欲割爱卖之念起，不日检点以定价，而后可告之，暂待焉。"又问："归乡在近乎？"

杨："公不以所爱之书让我，故犹未定期。然欲作日本访书志，凡公之古本皆欲借而作跋。"

森："君以吾所爱书恳求，其心志卓然，窃迎其德。然吾亦同好事，故不许出门，各不得已之，至遂如此尔。"

杨："公不让我，他日我不能豪夺，我将巧偷，公其善防之。"①

杨守敬为访寻逸书珍本真可谓锲而不舍，不遗余力。例如《春秋左传集解》古钞卷子本三十卷，森立之曾对杨守敬说"日本惊人秘籍以古钞左传卷子本为第一"，并称其为"六朝之遗，非唐宋本所能相比"。可是该书珍藏于日本政府的枫山文库，不许借出，"恐非外人所得见"。杨守敬便托日本朋友内阁书记官岩谷修帮助寻访。起初岩谷修回答"遍觅官库中未见"，他不禁"深致惋惜"。后来有一天，岩谷修忽然来告知"此书无恙"。杨守敬喜出望外，希望借出一观。岩谷修感到为难，"此非吾所敢任"。杨便劝道："贵国有如此奇书韫椟而藏，何如假吾传录于西土，使海内学者得睹隋唐之遗，不尤贵国之光乎！"岩谷修被他的话打动，即与掌管图书的官员商量，终于把该书借出，但限定10日内交还。杨守敬见此书果然是30卷，"无一残缺，纸质坚韧，盖黄麻也。每卷有金泽文库印卷，后有建长八年叁河守清原等校刊题记"。他立即请了10位日本书手到自己寓所，日夜加班，影钞成摺本。杨守敬拍案称奇，"其中异同之迹，真令人惊心动魄！""真六朝旧籍也，其有释文不载为唐石经、宋椠木所夺误者，不可殚述。""窃谓此一字千金也！"这部古钞本连日本著名学者山井鼎也没见过。杨守敬解释道，因为山井鼎是足利藩士，而"枫山官库在其京师，非彼列侯之士所得寓目也"。他兴奋地写道："余乃从百年后得见彼国学者未见之书，不可谓非

---

① 原田种成：《清客笔话——杨守敬和森立之的笔谈》。见《长泽先生古稀纪念图书学论集》，三省堂，昭和48年刊，第45—80页。

厚幸乎！"①

其他善本也都来之不易。如《足利活字本七经》一书，刻印于日本庆长年间，即中国明代万历年间。日本刻儒家经典始见正平论语，而全印七经则始于庆长活字本。杨守敬到日本之初即到处物色此书，见一经即购，通过四年搜求，才配齐全部七经。

另外像《广韵》五卷，是北宋刊本。该书原为日本藏书家町田久成所有，杨守敬曾多方购求未遂。以后由黎庶昌公使亲自出面欲重刊之，町田久成仍坚持不肯出借。然而町田也喜爱镌刻，见到杨守敬带到日本的汉印印谱数种"亦垂涎不已"。结果杨只得割爱，以这几种汉印的印谱作交换，才得到此书，影摹后收入《古逸丛书》之中。

还如前面杨守敬与森立之的笔谈中提到过的《春秋谷梁传》12卷宋刊本，杨守敬从向山黄村处求得。开始想请何如璋公使重刊未成。后来继任公使黎庶昌把它刊入《古逸丛书》。杨守敬在《日本访书志》中欣慰地写道，"此本之不绝如线，诚为瑰宝"②。

再有古钞《王子安文》卷子本一卷，是岩谷修赠给杨守敬的。该书连森立之的《经籍访古志》上亦未载，"真稀世珍也"③。

杨守敬回国后，在湖北黄州筑"邻苏园"以藏书。他先在黄冈任教官，可惜"同好者绝无其人"，日本访书时的旧稿只得束之高阁。后来他又就教席于武汉两湖书院，因各地学者、朋友纷纷来信索观，便整理了一部分字迹清楚的旧稿付刊，这就是1897年在邻苏园开雕的《日本访书志》，共17卷8册。其中提到的书约240种、3万余卷。学者们称誉"其书考订精审，为学术界有数之书"④。

可是，由于杨守敬当时"精力衰颓，襄助无人"，"其秘籍善本不见于志者尚多。"他在《日本访书志自序》中说："倘天假之年，或当并出所得异本，尽以告世人也。"可惜在他有生之年未能遂愿。1919年杨氏的观海堂藏书出售，当时任教育总长的章士钊便鼓动当局买下，后归故宫

---

① 杨守敬：《日本访书志》卷1。
② 同上。
③ 杨守敬：《日本访书志》卷16。
④ 孙楷弟：《日本访书志补·序》。

图书馆。1926年王重民在故宫图书馆任职时，得阅杨氏遗书，抄录杨守敬所写序跋，并以数年精力参证其他书籍，编成《日本访书志补》一书，于1930年出版，使杨守敬日本访书的其余遗稿得以问世。当时有人认为，"可谓学术界一快事矣！""杨氏所叹惋而不克实行者，今乃终成于有三（王重民）之手，邻苏老人（杨守敬）地下有知，亦将引为知己也。"①《日本访书志补》收录了杨守敬对日本古抄本《周易》6卷、《尚书孔传》残本5卷、《古文尚书》13卷、《礼记》20卷，及日本刊本《释名》8卷等47种古书、逸书的序跋和考证。

杨守敬访求逸书的精神也深为日本学者所钦佩。日本学者冈千仞1884年来华旅行时，恰好与杨守敬同船。他在《观光纪游》一书中记载："杨君金石学优为一家，东游之后就好事搜索隋唐古书，考证同异，大有所得。曰余官贵国四年，无涓滴补国，惟为黎公网罗古书，刻《古逸丛书》26种，购得隋唐逸书百余筐。此外参考古书撰《日本访书录》20卷，此皆宋元诸儒所未梦见，故虽囊橐索然，不少悔。"②

杨守敬在日本辛勤搜访到大量古籍逸书，可是这些珍贵的善本如何才能公之于世，供国内学术界利用呢？只有把它刊印出来，公开出版。然而这又是一个耗费巨大的工程，仅靠杨守敬自己绝无这个力量。正好1881年出任第二届驻日公使的黎庶昌也是个饱读诗书、酷爱古籍的学者。他早就痛感"古籍之仅存兵燹腐蠹之无常，其势不日趋散亡不止。学士大夫，虽病之而无术以免。惟好之而即求，求之而即传，差足救敝于后"，没想到在日本见到这么多逸书，大喜过望，惊叹："古书之流遗，何幸复见于异邦，而自予得之，且以付刊焉。予亦不自知所以然，庸讵知非天之有意斯文，而启予赞其始也。"③他决定亲自主持这项工程，选择自己和杨守敬在日本访求到的若干种中国古籍逸书珍本，集为《古逸丛书》，刻印出版。黎庶昌自述："予患不学久矣，今天假此使事岁月，俾得从事读书，不可谓非厚幸。子曰：好古敏以求之，请自兹始。书成，将敛其版，运致之官局，以与学者共之。"以求"古书之不亡，古人之精神自寄之"④。

---

① 孙楷弟：《日本访书志补·序》。
② 冈千仞：《观光纪游》。
③ 黎庶昌：《古逸丛书序》。
④ 同上。

黎庶昌委托杨守敬担任全书的校勘刻印重任。《古逸丛书》在日本刻印，自1882年开始，至1884年完成。全书收古逸珍本26种，共200余卷。《古逸丛书》收入旧钞卷子本《玉篇》《玉烛宝典》《文馆词林》等稀世珍籍，而且印刷精良，深为中国学术界所称道。该书刻印经费据黎庶昌的奏折云："系由经费存息及臣薪俸所余项下取给，亦有长崎广商钟仕良、何献墀捐助之款，概未动支公项。"①然而，由于此事完全由黎庶昌做主，选书等方面，尚有不尽如人意之处。故杨守敬在自编年谱中讲："《古逸丛书》已成，督印百部，黎公以赠当时显者，皆惊为精绝。其实所刻之书，不尽要典，如蔡刻杜诗，广东尚有刻本，庄子注疏，亦载道藏辑要中。而慧琳《一切经音义》、杨上善《太素经》等书皆未刊，颇为遗恨。然黎公作主，何能尽如我意。"②《古逸丛书》首批在东京印出之书，很快被达官贵人们索取一空，他们"视其全帙，竟无殊于奇珍异物，必得而后已"。因此引起渴求此书的学者们的不满。李士棻甚至作诗讽刺曰："古逸书从日本刊，后先持赠惬心难。原期渔猎供寒士，姑代苞苴献达官。竹素不随前劫尽，芸编合有贵人看。胸中久筑怜才厦，万卷千间一例观。"③

《古逸丛书》共收古本逸书26种，可是只有9篇杨守敬所写书跋，这是什么缘故呢？据杨守敬自编年谱曰："黎公本文章之士，于古书源流不甚了然，当初议刻丛书时，我即自任为黎公每部代作一跋，而不署我之名。黎公则笑云：'我自有我之跋，君自为跋可也。'及为原本《玉篇》跋，各成一通刻之。黎公寄伯寅尚书（即潘祖荫）。回书则云：'君既嘱杨君任刻书，即请杨君代作跋，何必以空文为重僵？'而黎公赧然，遂皆不自作跋，亦不愿守敬作跋。故丛书如《玉烛宝典》《正平论语》《史略》诸书，均有札记，皆辍不刻，至今尚存守敬箧中。"④

尽管如此，从《古逸丛书》所刊的几篇书跋中也可以看出这些书的价值和杨守敬对它们的考证。

如唐写本《汉书食货志》的书跋："右古写卷子本《汉书食货志》上卷，末阳邓通传残字六行。日本医官小岛春沂所影摹者，今据以入木。结体用

---

① 吴天任：《杨惺吾先生年谱》，第48页。
② 杨守敬：《邻苏老人自编年谱》。
③ 吴天任：《杨惺吾先生年谱》，第49页。
④ 同②。

笔，望而知为唐人手书，不第缺文皇高宗两讳也。"①黎庶昌也说："此食货志之上卷，民世治三字皆缺笔，字体秀劲，当为李唐人书无疑。"②

又如《文馆词林》的书跋："先是日本文化中，林述斋刻逸存丛书，收文馆词林四卷，中土惊为秘籍。及余东来，见森立之访古志所载，又有溢出此四卷之外者六卷，因据以踪迹之，则又有溢出于访古志之外者九卷。除林氏已刻之四卷，及第348之马融广成颂，余十四卷，今星使黎公，尽以付之梓人。其大字疏行者，系小岛尚质从原本摹出，其小字密行者，则传钞本也，中间不无夺文坏字，览者当自得之。""此十四卷中，虽略有见于史书文选及本集者，而其不传者十居八九，可不谓稀世珍乎！"③

还如杨守敬写的卷子本《玉篇》书跋谓："右《玉篇》卷子本四卷，其第十八之后，分从柏木所藏原本，用西洋影照法刻之，毫发不爽，余俱以传写本入木。刻成后，日本印刷局长得能良介从西京高山寺借得系部前半卷，以影照法刻之，乃又据以重镌，而系部始为完璧。四卷中唯柏木本最为奇古，余三卷大抵不相先后，然皆千年以上物也。"④关于《玉篇》，黎庶昌也写了跋文和识语，收入《拙尊园丛稿》之中。他在《影旧钞卷子原本玉篇零本三卷半》中写道："此真顾黄门原帙，逸千三百年而幸存。注文之详奚翅溢出大广益会本十倍，虽仅仅十分之一，足可视为琼宝。""篇中放部卷末有马道二字，马道在大和国奈良兴福寺旁，古有学校，当是出于此学所藏也。单行本已出，日本纸币局长得能良介始从高山寺搜获系部卷首至绫字半卷，摹刻以印本见治。"黎庶昌还写了《书原本玉篇后》的跋文，指出"《玉篇》与说文并重，说文讨篆籀之原，玉篇疏隶变之流"。"日本柏木探古旧藏有古写本玉篇一卷，自放部至方部，相传为唐宋间物"。"余观其注文翔实内多野王案云云真乃顾氏原帙也。"又有三卷"藏高山寺、东大寺、崇兰馆及佐佐木宗四郎家，不可得而见。探古皆仿写有副，因赠金币假而刻之。惟放部一卷，探古秘惜殊甚，别写以西洋影相法，于是顾氏之书逸久而幸存什一者得复传于世"⑤。可见杨、黎两人的跋文可以互为补充。

---

① 《古逸丛书》。
② 黎庶昌：《拙尊园丛稿》，卷6。
③ 同①。
④ 同①。
⑤ 同②。

《太平寰宇记》是宋代乐史编著的一部北宋地理总志，兼及经济文化，所引书籍至百余种，是一部很有价值的地理古籍。原书共200卷，可是宋版本在国内早已失传，《四库全书》根据浙江汪氏所进钞本著录，但是也缺少113至119卷共7卷。而在日本的枫山官库却还保存着宋刊本《太平寰宇记》的残卷，其中恰好有113至218卷。杨守敬从森立之的《经籍访古志》中得知此信息，便托他的朋友修史馆监事岩谷修到枫山官库探明证实。然后由公使黎庶昌致函日本政府太政大臣兼修史馆总裁三条实美，从官库中借出影刻。"计原书凡25册，为蝴蝶装，其存者不及半焉。乃以近刻本校一过，共113至118卷（其中114卷尾缺湘乡以下五县），则重刊之《古逸丛书》中，并刊其卷首一表，虽尚佚其二卷有半（江南道第41卷、119卷及114卷尾数页），未为完书，亦足以慰好古之怀矣！"①

　　《古逸丛书》中还附录了黎庶昌与三条实美的来往书信。1883年（光绪九年）6月16日，黎庶昌给太政大臣三条实美的公函中写道："敬启者，敝国所传宋乐史撰进之《太平寰宇记》二百卷，乾隆年间四库著录时，即阙自113至119七卷，无别本可补。今闻贵国官书库中尚有此书，宋本具在，意欲烦请贵大臣启明贵朝家借与本大臣一观。如此数卷尚存，拟影刻补完，亦同文盛事。特此奉商顺颂日祉。"6月20日三条实美覆信曰："贵大臣欲借我秘阁宋刊《太平寰宇记》影刻，以补贵邦所传之阙。敬领来意。我秘阁藏本例不许外出，而如本项则属同文盛事，乃禀启朝家破格以应请焉。如其交收，本大臣命馆员岩谷修措办，贵大臣亦使委员相商量而可。"黎庶昌立即去信感谢："昨准台函宋刊《太平寰宇记》一书，承贵朝家破格相借，足为斯文之幸。本大臣实任欣感，所有交收此书，已饬使署随员杨守敬与贵馆员岩谷修妥为商办。嵩此复谢，拜颂勋祺。"②

　　《古逸丛书》200卷书繁重的校刻工作全部由杨守敬一人负责，他为此付出了巨大的劳动。"守敬日与刻工磋磨善恶，又应接日本文学士，夜则校书，刻无宁晷。日人诧为万夫之禀，且上新闻报中"③。《古逸丛书》也凝结着日本刻字工匠的血汗。杨守敬在自编年谱中叙述："日本刻书手争自琢磨，不肯草率，尤

---

　　①　《古逸丛书》。

　　②　《古逸丛书》之26《太平寰宇记》附录。

　　③　杨守敬：《邻苏老人年谱》。

以木村嘉平为最精。每一字有修改补刻至数次者，《谷梁传》一部，尤无一笔异形。"这部书传至国内苏州等地，连著名学者潘祖荫、李鸿裔等见之，都"惊叹欲绝。谓宋以来所未有，国朝诸家仿刻不足言也！"而日本刻工也佩服杨守敬鉴别之精。"每刻一书，先择其艺之绝高者为准绳，余人规模笔法既成，而后使动工。"杨守敬回忆当时，"吾每至其家，阅工人所刻之板，不用印刷样本，即以白板分好恶。"他还叙述了一个故事，有一天，"我到其店，排坐十八工人。其店主人云：'我国工人皆苦先生眼力之精，不能一毫假借。今此十八人中有一领袖，先生试以十八板阅之，谁为领袖所刻？如不误，则真我国所未有矣。'余谢不遑，谓：'此十八艺皆已经选择者，未必能如市上之测字，以鹊啄字，百不失一。虽然，请试之，不效勿哂也。'寻绎再四，拈一板曰：'此当是领袖所刻。'其时合坐起立，拍掌之声如雷。次日新闻出，皆诧为异人"①。

《古逸丛书》的刻印，使中国学术界得以重见许多中国古籍逸书的真面目，对于保存发扬中华文化遗产和哲学、史学、文学、文献学等方面研究，都具有重要价值。

《古逸丛书》中收录的这些古籍逸书，首先具有很高文物价值。其中不少是宋代以前尤其是唐代的珍品，是罕见的历史文物，为我们了解中国古籍的原来风貌、源流和变迁提供了宝贵的资料。森立之称这些唐代卷子本"皆李唐遗本，竹帛之余馨，仅存于今日者，其为可贵亦固非南北宋椠比也"②。

其次也有校勘价值。有的补充了中国重要典籍的残缺部分。如上述日本枫山官库保存的《太平寰宇记》残卷，正好弥补四库本的不足，几成完璧。有些日本保存的唐代旧钞卷子本比起中国以后展转相抄而失真的一些版本更为可靠，在校勘学上颇为重要，可以订正我国现存版本的许多错讹夺脱，对于理解古籍原文至为重要。有些日本"和刻本"往往根源于宋版汉籍，在校勘上具有近似宋版书的价值。

最后，还有重要的研究价值。有些逸书填补了我国学术文化领域的空白，或对学术研究提供了宝贵的资料。如旧钞卷子本《文馆词林》本是唐代许敬宗奉敕编修的，分类纂辑了先秦到唐初的各体诗文总集。可是到北宋已有亡佚。《古逸丛书》影刻日本保存的《文馆词林》残卷，对于研究隋唐以前文学

① 杨守敬：《邻苏老人年谱》。
② 森立之：《经籍访古志》。

发展状况无疑是很有用的。

《古逸丛书》的刊印、传播也推动、激发中国文人学者进一步在日本访寻和刻印古籍逸书的积极性。访寻逸书成为19世纪末以至20世纪初访日的中国文人学者十分重视的一项文化交流工作。

下面再谈谈杨守敬与中日书法艺术的交流。

被称作东方文化瑰宝的汉字书法艺术，是东亚汉文化圈里中、日等国特有的传统民族艺术。汉字书法的故乡是在中国，当它传到日本之后，便成为日本人民喜爱的艺术形式。书法艺术的交流自然成为中日文化交流的重要内容之一。

相传公元285年（中国西晋太康六年，日本应神天皇十六年）百济博士王仁赴日，曾带去习字范本《千字文》一册，所传字体大概是带有隶意的楷书，这恐怕可以算是日本书法历史的发轫了。6世纪以后，中国人书写的佛教经卷大量流入日本，7世纪初又从中国传去纸墨制法，为日本书法的发展提供了条件。7世纪下半叶，开始形成日本的书法艺术——书道。盛唐时期，日本派出一批批遣唐使，全面吸收中国文化，因此也出现了中日书法艺术交流的高潮。鉴真东渡时带去了王羲之的字帖，空海入唐也师学王羲之的书法，因而中国书法大师王羲之的字体在日本书法中起了主导作用。日本平安朝出现了被奉为"三笔"的三位大书法家，即空海、桔逸势与嵯峨天皇。之后又出现了菅原道真和被称为"三迹"的小野道风、藤原佐理、藤原行成等著名书法家。其中空海、菅原道真与小野道风又被誉为日本书法的"三圣"。他们都吸收了中国书法的精华，经过消化后，又有所前进和创造。在日本逐渐形成了具有自己风格、特点的"和样书法"。因此到了宋元时期，一些来华的日本僧人，已经开始把日本书法家的作品"逆输入"到中国，并受到中国文人的赞扬。如来中国的日本僧人书法家实翁聪秀，由于书法精妙，以至元帝下令不许他"浪书"，以免浪费其笔墨。日僧雪村友梅曾在元代大书法家赵孟頫的书斋里写字，笔势雄浑，竟使赵孟頫也为之叹服。[①]

日本江户时代，中国宋元明时期著名书法家的作品陆续传入日本。如宋代苏轼、米芾，元代赵孟頫，明代文征明、董其昌等人的书法，都深受日本文人欢迎，形成了模仿这些中国书法家字体的"唐样"书法流派。如人称"宽永三笔"的近卫信尹、本阿弥光悦、泷本昭乘。明末清初，中国文人学者朱舜

---

① 参见陈玉龙：《邻邦一衣带水，翰墨万斛深情》，见《中日文化与交流》（第二辑）与叶喆民：《中日书法艺术的交流》，见《中日文化交流史论文集》等文。

水、陈元赟、俞立德等人先后东渡，进一步促进了日本唐样书法的繁荣。中国书法家俞立德曾亲自把文征明的笔法传授给长崎的书法家北岛雪山、细井广泽等人。明末中国高僧隐元及其弟子赴日，创立了"黄檗宗"，他们的书法苍劲有力，被称为"黄檗流"。还有江户时代中国书法字帖大量输入日本，也推动了日本书法艺术的发展。

鸦片战争以后，中日书法艺术的交流又有新的特点。由于清代"金石学"的勃兴，中国的书法流派分为"南帖北碑"两派。近代中国书法家包世臣、康有为等，都力主摩勒北碑，以一扫明清以来翰苑体的纤弱书风，这是中国书法的一大革新，其影响也波及到日本的书法界。

杨守敬是北派著名书法家潘存的学生。他在驻日使馆工作四年期间，曾先后带去汉魏六朝隋唐碑帖13000余册，并致力于六朝北碑书法的传授。日本明治初期的著名书法家日下部鸣鹤、严谷一六、松田雪柯等都经常向杨守敬请教，切磋书艺，形成了以北碑为正宗的新流派。在杨守敬的启发影响下，这些日本书法家开辟蹊径，认真研究古文字、篆隶楷书与魏碑，为发展近代日本书法艺术做出了贡献。

杨守敬常和日本书法家们笔谈，交流对书法艺术的看法。在松田雪柯的日记里，曾记录明治十三年七月十七日（1880年），他和日下部鸣鹤、严谷一六、岛田蕃根等人一起到中国驻日使馆拜访杨守敬。杨守敬拿出从中国带来的汉碑拓本让他们观赏。杨守敬在与宫岛诚一郎的笔谈中，还曾对日本一些书法家的作品加以评论。他对于日本幕末三大家之一的贯名菘翁的书法给予很高评价，曾说："贵国书家，我最佩服贯菘。"[1]

日本书法家日下部鸣鹤曾于1891年访华，与中国书法家吴大澂、杨岘、俞樾等人交游甚密。他回国后培育了不少门徒，异军突起，一时所谓"鸣鹤流"的书法风靡日本书法界。中国书画家陈半丁曾按照片为日下部鸣鹤画了一张肖像，上面还有杨守敬与吴昌硕的题字。[2]另一位日本书法家中村梧竹也曾来华直接师事中国北派名家潘存，学习汉魏六朝书法，归国后致力于古碑帖的

---

① 《松田雪柯日记》（未刊）、《杨守敬、宫岛诚一郎笔谈》（未刊）均为京都教育大学教授杉村邦彦向笔者提供的资料（影印件）。

② 陈半丁画日下部鸣鹤肖像，为京都教育大学教授杉村邦彦向笔者提供的资料（影印件）。

研究和介绍，促进了日本六朝书风之盛行。

　　杨守敬回国以后，有些日本书法家还慕名特地到中国来向他拜师学艺，在他的《邻苏老人年谱》中曾记载："有山本由定等先后不远数千里而来受业于门。"[①]山本由定即山本竟山，是日下部鸣鹤的学生，由其师介绍求教于杨守敬门下。杨守敬耐心指点，告诉山本，"学习八分书应用软羊毫，不能用硬毫"。并指出"你的指书很出色，只是汉碑的临书还不够"。[②]后来山本竟山的书法有了很大进步，杨守敬赞扬他的行楷对联"甚佳"，并要留下作纪念。

　　1911年，杨守敬已是73岁高龄，还有一位日本福冈县人士水野元直专程到中国来，拜他为师，学习书法。杨守敬为其诚意所感动，收为门人。水野勤奋好学，每天往返20多里到杨家求教。杨守敬应水野的要求，写了一份评论书法碑帖的手稿，名叫《学书迩言》。内容包括评碑数十种、评帖近百种，提到的中国书法家，包括晋之王羲之，唐之颜真卿、柳公权，到清之翁松祥，以及日本书法家空海等不下百余人。稿中对于各种碑帖的特点、历史情况和现状，以及各位书法家之所长，都有简明的介绍和中肯的评价。手稿中还谈到字体的演变和学习书法的要领。这部书是杨守敬古稀之年客寓上海手头缺少资料而凭记忆写成的，确实难得。他在《学书迩言》的手稿序中写道："余三十年前有平碑记二卷、平帖记二卷，庚辰东渡日本失之。厥后虽好翰墨，未有著录。辛亥避乱沪上，有日本水野元直（字疏梅，福冈人）来从余学书法，求余指示学书门径。余因所藏碑版集帖，皆陷于鄂城中，无一携出者，但凭记忆，必多遗漏。又念余五十年辛苦搜辑，虽不逮翁覃溪、吴荷屋、张叔未诸先生之精博，然以视并世诸君，或亦未遑多让。如无一字存留，未免负负。但耄年善忘，又经乱离，日在忧愁中，语无伦次，拉杂成篇，世之君子，矜其遇曲，谅之可也。"[③]水野元直把这部手稿抄录了一份带回日本，后来在日本刊印流传。1926年日本西东书房还出版了由栖口铜牛疏释的《学书迩言疏释》。

（原载于王晓秋著《近代中日文化交流史人物研究》，

昆仑出版社2015年版）

---

　　① 杨守敬：《邻苏老人年谱》。

　　② 杨守敬与山本竟山笔谈资料由日本京都教育大学杉村邦彦教授提供。

　　③ 陈上岷：《杨守敬手稿〈学书迩言〉与中日书法艺术交流》，《文物》1979年11期。《学书迩言》手稿现存湖北省博物馆。

鲁迅与藤野先生的师生情谊

伟大的文学家、中国现代新文学的开拓者鲁迅与日本也有着密切的关系。他在风华正茂的青年时代东渡留学，曾在日本学习生活多年，结交了众多的日本朋友，并为中日两国的友好和交流作出了重大贡献。是中日文化交流的杰出代表人物之一。1931年12月2日，鲁迅给特地来上海向他学习的日本青年学者增田涉赠诗一首《送增田涉君归国》：

> 扶桑正是秋光好，枫叶如丹照嫩寒。
> 却折垂杨送归客，心随东棹忆华年。[①]

这短短的四句诗，表达了鲁迅对其青年时代留学日本时情景的追忆，也抒发了他对日本和日本人民难以忘怀的真挚感情。鲁迅从1902年到1909年，即22岁到29岁期间，在日本留学、生活达7年又4个月之久，可以说他的大部分青年时代是在日本度过的，从东京到仙台，都留下了他的足迹。

鲁迅，原名周树人，字豫才，1918年在《新青年》杂志发表小说《狂人日记》时始用笔名鲁迅。他1881年生于浙江绍兴，1902年以优秀成绩从南京江南陆师学堂附设矿路学堂毕业，作为南洋官费生，由江南督练公所派往日本留学。鲁迅于1902年3月24日乘日本轮船大贞丸从南京出发，经上海东渡，同行的还有后来成为著名画家的陈师曾等人。4月4日抵日本横滨，7日到东京，投宿于麴町区平河町四丁目三桥旅馆。鲁迅在日本7年多的留学生活大致可以分为三个阶段。

第一阶段是弘文学院时期。1902年4月20日他进入日本著名教育家嘉纳治

---

① 鲁迅：《送增田涉君归国》，见《鲁迅全集》第七卷，人民文学出版社1973年版，第864页。

五郎创办的中国留学生预备学校弘文学院（后因避讳改为宏文学院）学习，编入速成普通科的江南班，主要学习日语和普通学科（即中学数理化史地）。入学不久他就拍了一张穿弘文学院制服的照片寄给弟弟周作人，背后的题词十分幽默风趣："会稽山下之平民，日出国中之游子，弘文学院之制服，铃木真一之摄影，二十余龄之青年，四月中旬之吉日，走五千余里之邮筒，达星杓仲弟之英盼。兄树仁顿首"[①]。鲁迅在弘文学院刻苦攻读，据当时同宿舍的同学沈祖绵（字瓞民）回忆，尽管当时弘文学院条件并不好，8个学生挤住一间寝室（另有一间自习室），夏天8人合用一顶日本式大蚊帐，但鲁迅"顽强苦学，毅力惊人，每每工作到深夜才睡"。同学们赞叹"斯诚越人也，有卧薪尝胆之遗风"[②]。因此他的日语和科学基础都学得很扎实，这对他以后利用日语翻译各国文学作品、接触马克思主义理论和形成科学的世界观方法论都有帮助。

然而，鲁迅也并非只顾埋头读书，他除了学习之外，"就赴会馆，跑书店，往集会，听讲演"[③]。1903年1月29日正值中国农历春节，鲁迅参加了在中国留学生会馆举行的团拜大会，听到不少激昂慷慨的革命讲演。他还常去神田一带的旧书店，尽管囊中空虚，也总要省吃俭用，节余几元钱买上几本喜欢的日文书。他还曾到校长嘉纳治五郎设立的讲道馆（牛込分场），穿上白色的柔道衣练习过柔道。1903年讲道馆的入门登记簿上有他的名字。1903年春，鲁迅不顾留学生监督停发公费的威胁，毅然在弘文学院江南班第一个剪掉了自己的辫子，表示与腐败卖国的清政府决裂。他照了一张剪辫后的相片送给好友许寿裳，并在背后挥笔题诗：

> 灵台无计逃神矢，风雨如磐暗故园。
> 寄意寒星荃不察，我以我血荐轩辕。[④]

诗句表达了强烈的爱国热情和为祖国和人民献身的决心。在弘文学院学习期间，他就积极参与留日学生的爱国革命活动，秘密加入了江浙革命团体光

---

① 《鲁迅生平史料汇编》第2辑，天津人民出版社1982年版，第16—17页。
② 沈瓞民：《回忆鲁迅早年在弘文学院的片断》，载《文汇报》1961年9月23日。
③ 《鲁迅全集》第60卷，第451页。
④ 鲁迅：《自题小像》，《鲁迅全集》第7卷，第861页。

复会，并经常与友人探讨如何改造中国社会和国民性等问题。1903年6月开始为浙江留日学生的革命刊物《浙江潮》写稿。首先在该刊第五期上发表了两篇翻译小说《斯巴达之魂》与雨果的《哀尘》。在十月的第八期上又发表了两篇科学论文《说钼（镭）》和《中国地质略论》。同月，东京进化社还出版了他翻译的法国作家凡尔纳的科学幻想小说《月界旅行》。1904年4月鲁迅在弘文学院就读两年后毕业，领到了由校长嘉纳治五郎签署的毕业证书。

　　第二阶段是仙台医专时期。1904年鲁迅从弘文学院毕业以后，没有听从留学生监督让他上高等师范学校的劝告而决定学医。学医的动机，"据他自己说，第一，恨中医耽误了他的父亲的病；第二，确知日本明治维新是大半发端于西医的事实"①。此外还有"救济中国女子的小脚"，以及在革命或战争时可以充当军医等因素。他还要求到离东京较远尚未有中国留学生的仙台医学专门学校（1901年创办，1912年改为东北大学医学部，1918年医学部停办）。仙台是日本东北地方一个风景优美的城市，当时只有9万多人口。鲁迅在仙台留学的情况，过去记载较少。仙台的日本朋友于1973年专门成立了鲁迅在仙台的记录调查会，经过四年多调查，搜访了大量文物资料，最后编成了包括170多幅照片图表和470多件文字资料的《鲁迅在仙台的记录》资料集，再现了70多年前鲁迅在仙台学习生活的真实风貌。资料反映出鲁迅作为仙台医专第一个中国留学生，得到了不少日本老师、同学和仙台市民的热情关心和帮助。特别是仙台医专解剖学教授藤野严九郎与鲁迅真挚感人的师生情谊。此外，他先后租住的两家公寓的房东佐藤喜东治夫妇和宫川信哉夫妇也曾热心照料过他的生活。宫川保存着鲁迅和5名住宿生给他的合影，10年之后的1913年，他用墨给他们都添上了"想象中的胡子"②。

　　藤野严九郎先生（1874—1945），1874年生于福井县，1896年在爱知医学校毕业，后来曾在东京帝国大学医科大学研究解剖学。1901年赴仙台医学专科学校任教，主要担任解剖学课程。1904年，鲁迅（当时名字是周树人）到仙台医专时藤野刚升为教授，还担任了鲁迅所在的一年级副级长（即副班主任）。鲁迅曾在《藤野先生》一文中生动地描写他第一次见到藤野时的印象："其时进来的是一个黑瘦的先生，八字须，戴着眼镜，挟着一叠大大小小的书。一

---

① 许寿裳：《我所认识的鲁迅》，见《鲁迅生平史料汇编》第2辑，第173页。
② 《鲁迅在仙台的记录》，见《鲁迅生平史料汇编》第1辑，第118—120页。

将书放在讲台上，便用了缓慢而很有顿挫的声调，向学生介绍自己道："我就是叫作藤野严九郎的……"后面有几个人笑起来了。"藤野先生教学非常认真负责，对学生要求十分严格。但他对班上唯一的中国留学生鲁迅很关心，"对其对同学之交往、公寓生活之安排、用功之方法、日语之说法、笔记之写法等"，都经常给予指导，提供便利。藤野先生曾回忆说："周君身体不太高，圆脸、很聪明的样子，但看来气色有些不太健康，由于语言关系，学习上也有困难。"他看到鲁迅上课记笔记有些吃力，就在课后检查他的笔记，耐心细致地修改补充他听错记错的地方。据鲁迅回忆：解剖学课程开始一月后的一个星期六，藤野先生派助手叫他去，并要走了他的听课笔记。过两三天后还给了他。鲁迅这样描述了他翻阅送回来的笔记时的感动心情："我拿下来打开看时，很吃了一惊，同时也感到一种不安和感激。原来我的讲义已经从头到末都用红笔添改过了，不但增加了许多脱漏的地方，连文法的错误，也都一一订正。"从这以后，藤野先生每周都让鲁迅送来笔记，进行修改，一直继续到自己所担任的课程结束。鲁迅回国以后，把藤野先生改正过的笔记装订成三厚册，精心保存。至今仍收藏在北京的鲁迅博物馆中。

藤野严九郎教授为什么能在当时日本社会普遍轻视中国人的情况下这样关怀爱护中国留学生呢？这是与他热爱和尊崇中国文化分不开的。藤野先生后来在《忆周树人君》的文章中写道："我年幼时在毕业于福井藩校的野坂先生那里学过汉学，所以有一种在尊敬中国圣贤的同时，也应当爱护那个国家的人们的心情。"

在仙台医专时期，有两件事使鲁迅很受刺激，对他的思想变化很有关系。鲁迅在仙台医专由于自己的刻苦努力和藤野先生的帮助，克服了许多困难，取得中等的学习成绩。据东北大学教务部保存的当时的成绩表，他的考试成绩是解剖学59.3分，组织学72.7分，生理学63.3分，伦理学83分，德文60分，物理学60分，化学60分，在全年级142名学生中居第68位。仙台医专的考试非常严格，这对于一个异国留学生来说已是很不容易的了。而这成绩却引起一些受军国主义宣传影响而对中国人持有偏见的日本学生的嫉妒，竟造谣说解剖学试题是藤野先生预先在他的讲义上作了记号。对此，鲁迅在《藤野先生》一文中愤慨地写道："中国是弱国，所以中国人当然是低能儿，分数在六十分以上，便不是自己的能力了，也无怪他们疑惑。"①而使鲁迅更受刺激的是二年级时，在细菌学课上放映的关于日俄战争的幻灯片。其中竟有中国人给俄国人当探子，被日军捕获将要处死，而一群中国人却在四周围观的画面，受军国主义影响的日本学生看了还鼓掌欢呼万岁。这给鲁迅极大的震动，原来以为学医可以医治中国人的疾病，现在才认识到一个国家的人民，如果没有思想上的觉醒，即使身体再健壮，也只能成为杀头示众的材料和麻木不仁的看客。所以鲁迅决定放弃学医，而用文学来启发中华民族的觉醒，改造国民的思想。1906年春第二学年结束后，鲁迅便毅然从仙台医专退学。

鲁迅离开仙台前，铃木、杉村等同班同学为他开了送别会，并合影留念。藤野严九郎先生也特地请他到自己家里去，并送他一张照片，在背面题上"惜别"两字。鲁迅在东京从事革命文学活动3年后，于1909年8月回国。他始终珍藏着藤野先生的照片，而且把这张照片挂在自己书桌对面的墙上，"每当夜间疲倦，正想偷懒时，仰面在灯光中瞥见他黑瘦的面孔，似乎正要说出抑扬顿挫的话来，便使我忽又良心发现，而且增加勇气了"。这张照片现在也保存在北京鲁迅博物馆里。鲁迅在《藤野先生》一文中高度评价藤野先生的高贵品质："在我所认为我师的之中，他是最使我感激，给我鼓励的一个"，"他的性格，在我的眼里和心里是伟大的。"

鲁迅和藤野先生自仙台分别后，未见过面也未通过信，但是彼此都没有忘记，都在想念对方。鲁迅晚年向日本朋友写信时，曾多次打听藤野先生的下落，可是一直杳无音信。而藤野先生也直到1936年鲁迅逝世后才知道自己学生的消息。在他写的《谨忆周树人君》的文章中说道："我对周君的一点帮助，他就那么感动，把我写在书里，称我为恩师，把我的照片挂在自己的房间里，至死还想知道我的消息。那时我要是知道鲁迅即周树人，是位有名的大文豪，我给他去封信，他该多么高兴啊！现在是没有办法了，实在遗憾！我因为住在农村，社会上的事一点也不知道，前几天在报纸上读到了鲁迅逝世消息，深感悲痛。……在此谨对因我的一点点照顾那样感恩不尽的周君之灵，表示深切的哀悼，同时祝他家属身体健康。"藤野严九郎先生于1945年8月去世。

1960年，日本人民为了永远纪念鲁迅这位曾在仙台留学过的中国文豪，

---

① 鲁迅：《藤野先生》，见《鲁迅全集》第2卷，第415页。

在广濑川畔青叶山下风景秀美的地方，建立了一座鲁迅纪念碑。1964年，日本朋友又在藤野先生的故乡福井市足羽山山巅上建立了一座藤野先生纪念碑。把藤野先生赠给鲁迅的那张照片头像和"惜别"两字放大后刻在石碑上，碑文"藤野严九郎碑"六字乃是鲁迅夫人许广平女士所题。这两座纪念碑，既是记载着中日两国人民友谊的珍贵的纪念碑，也是两国人民世世代代友好下去的里程碑。

第三阶段是德语学校时期。1906年3月，鲁迅从仙台回到东京，住在本乡区汤岛町二丁目一个叫伏见馆的公寓里。他把学籍列在东京的独逸学协会学校，这是1883年创立的私立德语学校（日本称德国为独逸）。他一方面在那里学些德文，同时有个学籍，可以继续领公费，因此在该校一直挂名到回国。实际上这个时期鲁迅的主要精力却放在文学创作和翻译方面。他经常到旧书店搜购日文、德文文学书刊，特别是俄国和东欧被压迫民族的革命文艺作品的德、日文译本，阅读并翻译其中的优秀作品。1906年暑假时，曾奉母命回家结婚，数日后即携弟周作人再赴日本。1906年秋冬之交，鲁迅因转交东西的一个偶然机会，结识了宫崎寅藏，两人谈得很投机。宫崎又约他两天后在神田区小川町的《平民新闻》社再见面，并介绍日本著名的社会主义者、《平民新闻》主编堺利彦相见。鲁迅还买了一套堺利彦主编的杂志《社会主义研究》回来。据周作人回忆该刊是"红色纸面，很是鲜艳"，"内容已记不清，只记得其中的一册是《共产党宣言》的日译本。这书在东京时一直保存着，但似不曾带回中国来"。[①]《社会主义研究》是1906年3月至8月，由堺利彦编辑发行的日本最早的专门研究社会主义的理论刊物，共出了五期，其中第一期就刊有堺利彦翻译的《共产党宣言》日译全文。同期还有李卜克内西的《马克思传》、考茨基的《恩格斯传》等译文。第四期则全文译载了恩格斯的《社会主义从空想到科学的发展》，这大概是鲁迅与马克思主义理论最早的接触。鲁迅与宫崎寅藏以后仍有交往，并曾到宫崎主编的《革命评论》社拜访。笔者查《革命评论》第4号的编辑日志记载1906年10月1日曾有"支那人周氏来访"。据近藤秀树编《宫崎滔天年谱稿》，这个"周氏"就是周树人即鲁迅。[②]

1907年春，鲁迅兄弟移居本乡区东竹町的中越馆，这里环境比较安静，

①　周遐寿：《鲁迅的故家》，见《鲁迅生平史料汇编》第2辑，第218页。
②　近藤秀树：《宫崎滔天年谱稿》，见《辛亥革命史丛刊》第1辑，第142页。

适于写作和从事革命活动。鲁迅经常白天到旧书店访书，晚上写作翻译到深夜，一度晚上还与许寿裳等向亡命日本的俄国女革命家玛利亚孔特学习俄文。光复会的骨干陶成章等也常来谈天开会。这年夏天，鲁迅与几个志同道合的人打算创办一个文艺杂志，定名《新生》，但因经费缘故没有办成。冬天，他开始给河南留日学生的革命刊物《河南》写文章。从1907年12月至1908年12月，鲁迅在《河南》上共发表《摩罗诗力说》等7篇论文与译文。1908年4月鲁迅应许寿裳之邀搬到本乡区西片町十四番地居住，他们经常同去民报社听章太炎讲学，或去神田旧书店买书。鲁迅千方百计收集并与周作人一起翻译了许多篇欧洲的进步小说，编成《域外小说集》两册，在东京印刷，分别在1909年3月和7月发行并向国内寄售。鲁迅可以说是中国最早向国内介绍欧洲新文学的人之一，为中外文化交流作出了贡献。《域外小说集》第一册发行仅二个月之后，1909年5月1日东京出版的《日本及日本人》杂志508期的文艺杂事栏内，就发表如下述评："在日本等地，欧洲小说是大量被人们购买的。中国人好像并不受此影响。但在青年中还是常常有人在读着。住在本乡的周某，年仅二十五六岁的中国人兄弟，大量地阅读英、德两国语言的欧洲作品。而且他们计划在东京完成一本名叫《域外小说集》的卖三十钱的书，寄回本国出售。已经出版了第一册，当然译文是汉语。一般中国留学生爱读的是俄国的革命的虚无的作品，其次是德国、波兰那里的作品，单纯的法国作品之类好像不太受欢迎。"①日本学者藤井省三认为这是日本介绍鲁迅文学活动最早的文字。他估计是鲁迅赠送《域外小说集》给宫崎寅藏，宫崎又把消息提供给《日本及日本人》杂志了。

　　1908年8月，由于经济等原因，鲁迅决定回国谋事，终于结束了7年多的留日生活。一般以为此后鲁迅再没有去过日本，其实他在1911年5月间，为催促周作人夫妇回国，曾经短期赴日半个月。据鲁迅给许寿裳的信中说，这次东渡主要为办事，"不访一友，亦不一游览"。但是他还是抽出时间到东京丸善书店看书、购书，"看丸善所陈书，咸非故有，所欲得者极多"②。

　　鲁迅一生对中日文化交流作出巨大贡献，他翻译的日本小说、诗歌、论

---

① 藤井省三：《日本介绍鲁迅文学活动最早的文字》，载《复旦学报》1980年第2期。
② 鲁迅致许寿裳信，1911年7月31日，《鲁迅书信集》上卷，人民文学出版社1976年版，第11页。

文有60多篇。鲁迅与日本学者增田涉、内山书店主人内山完造及其弟美术家内山嘉吉，以及日本女诗人山本初枝等人都有着深厚的友谊。他一生写了61首旧体诗，其中赠给日本友人的就有24首之多，占1／3强。即使在日本帝国主义发动侵略战争期间，1933年6月21日，鲁迅还应日本友人生物学家西村真琴博士的要求，为他死去的鸽子写了一首名为《题三义塔》的诗：

> 奔霆飞熛歼人手，败井颓垣剩饿鸠。
> 偶值大心离火宅，终遗高塔念瀛洲。
> 精禽梦觉仍衔石，斗士诚坚共抗流。
> 度尽劫波兄弟在，相逢一笑泯恩仇。[①]

这首诗愤怒控诉了日本侵略军蹂躏中国土地屠杀中国人民的暴行，热情地赞颂了中日两国人民共抗军国主义侵华逆流的战斗情谊，并预言度过漫长的苦难岁月，兄弟般的中日两国一定会恢复友好关系。

（原载于王晓秋著《近代中日文化交流史人物研究》，
昆仑出版社2015年8月版）

---

① 鲁迅：《题三义塔》，见《鲁迅全集》第7卷，第511—512页。

孙中山与"海外知音"南方熊楠

"海外逢知音",这是1897年6月27日孙中山在英国伦敦应日本科学家南方熊楠的要求,在他的日记本上的亲笔题词。[1]南方熊楠是孙中山最早认识的日本朋友之一,两人在伦敦有过一段密切的交往和真挚的友情,后来还有过生物学方面的学术交流。但以往研究孙中山与日本人士的交往,大多偏重于革命及政治、外交等方面的关系,以至孙中山与日本科学家南方熊楠的友谊与学术交流较少有人关注,其事迹亦往往鲜为人知。笔者依据《南方熊楠全集》《南方熊楠日记》《南方熊楠与孙文书简》《南方熊楠年谱》及《孙中山全集》等日文、中文原始材料,试图对这一段近代中日关系史上的动人友好交流佳话,加以考察与论述。

南方熊楠是日本近代杰出的生物学家、民俗学家,1867年出生在日本关西地区的和歌山县,比孙中山小一岁。他自幼聪明好学,12岁就读过《本草纲目》等汉文书籍。中学时代就开始对植物学产生浓厚兴趣,到野外收集各种菌类标本。1886年20岁时赴美国留学,曾就读于密歇根州立农业大学。1892年26岁时赴英国伦敦,在大英博物馆协助整理工作,并从事生物学、民俗学、考古学与宗教学的研究。1900年归国,潜心进行科学研究,直到1941年去世。他一生收集了各种菌类标本和图谱4500多种,15000多枚,还撰写了大量论文和随笔。在生物学、民俗学、人类学、考古学、社会学、文学等领域均有建树。其著作有《南方熊楠全集》12卷和《南方熊楠日记》4卷等。孙中山曾盛赞南方熊楠是日本的一位"奇人"。在给犬养毅的一封信中高度评价南方熊楠,"君游学欧美将廿年,博通数国语言文字,其哲学理学之精深,虽泰西专门名家每为惊倒,而为植物学一门尤为造诣。君无心名利,苦志于学,独立独行,十余

---

① 《南方熊楠日记》第2卷,东京八坂书房,1987年,第26页。

年如一日，诚非人可及也。"①

　　那么孙中山与南方熊楠究竟是什么时候在什么地方初次见面和认识的呢？《国父与日本友人》一书中说："国父（即孙中山）与南方氏的交友关系开始于古巴。事在西历1892……"②这完全是子虚乌有的天方夜谭。虽然1892年南方熊楠的确去过古巴，可是那一年孙中山还在香港西医书院读书，暑假毕业后则往澳门行医，根本没去过古巴，更谈不上在古巴与南方熊楠见面了。实际上南方熊楠在自己的日记里写得清清楚楚，是1897年3月16日，在大英博物馆东方部主任道格拉斯的办公室里第一次见到孙中山的。③后来他在自己的《履历书》中又重申："我是在道格拉斯的办公室里初次认识孙逸仙的。"④

　　这是孙中山在伦敦蒙难获救以后不久，他经常到大英博物馆看书，因此得以与南方熊楠邂逅。两人一见如故，谈得非常投机。南方熊楠后来在给日本著名民俗学家柳田国男的一封信中回忆到："我在道格拉斯办公室初次见到孙逸仙时，他问我'一生所期是什么？'我答道'但愿我们东洋人能一举把西洋人都驱逐出国境之外'。"⑤此言不禁令孙中山肃然起敬，而南方也对曾在伦敦蒙难的孙中山寄予同情与敬佩。从此两人成了莫逆之交，经常见面并相约在大英博物馆或寓所、餐馆、公园等处会面畅谈，有时还一起去参观自然科学博物馆和植物园。在南方熊楠1897年3月到6月的日记中，仅仅3个月内有关与孙中山交往的记事就有30多条。如3月18日记"与孙文在博物馆正面前的椅子上闲谈"。3月19日日记写："与孙文到餐馆晚餐，然后到海德公园里聊天，又乘公共汽车至其公寓，谈至十点始告辞而归。"⑥两人都是博学多识的有志之士，因而上至天文地理、政治经济，下到历史文学科学等等，几乎无所不谈。而且孙中山学过医，南方熊楠研究生物，更有专业上的共同语言。他们有时还在一起交流探讨生物学、医学以至天文历法方面的学术问题。孙中山还送给南方熊楠明末思想家黄宗羲的著作《原君原臣》和自己的译作《红十字会救

---

① 孙中山：致犬养毅函（1901年2月16日），《孙中山全集》第1卷，中华书局1981年版，第207页。又见《南方熊楠日记》第2卷，第492页。

② 陈固亭：《国父与日本友人》，台北幼狮文化事业公司1977年版，第103页。

③ 《南方熊楠日记》第2卷，第11页。

④ 南方熊楠：《履历书》，《南方熊楠全集》第7卷，平凡社，1971年，第15页。

⑤ 南方熊楠：致柳田国男书（明治44年10月），《南方熊楠全集》第8卷，平凡社，1972年，第196页。

⑥ 《南方熊楠日记》第2卷，第11页。

伤第一法》等书。①1897年6月27日，孙中山在离开英国前夕，应南方的要求，在他的日记本上亲笔题词："海外逢知音　南方学长属书　香山孙文拜言"。②表达了深厚的友谊和离别之情。

孙中山和南方熊楠在伦敦的交往中，有一点特别值得注意，就是南方熊楠曾向孙中山介绍日本情况与日本人士，这对于孙中山以后在日本开展革命活动有一定的影响。当时孙中山感到在欧洲中国留学生和华侨太少，缺乏鼓吹革命的对象，"故不欲久处欧洲，旷费革命之时日。遂往日本，以其地与中国相近，消息易通，便于筹划也。"③在《南方熊楠日记》中，可以看到他利用各种机会主动热心地为孙中山介绍日本关心亚洲问题的人士。如陪孙中山登上正在英国港口的日本军舰富士号参观，并与水雷长津田及副长斋藤等交谈。又利用其同乡纪州侯世子德川赖伦和后来任文部大臣的镰田荣吉等人参观大英博物馆的机会，介绍孙中山与他们认识和交谈。他还请镰田为孙中山写了给大陆浪人首领冈本柳之助的介绍信。另外又请曾任和歌山县议会会长的田岛担，为孙中山介绍热心亚洲问题的新闻记者菊池谦让及与犬养毅关系密切后来当过大隈内阁文部大臣的尾崎行雄等人（6月27日、29日日记）。他自己还亲自给后来任众议院议员的朋友佐藤寅次郎写了介绍孙中山的信。这些介绍信究竟起了多大作用很难考证清楚，但是，日本华人学者伊原泽周认为孙中山赴日本活动"如果事前不得到日本当局的谅解与默认，恐怕是很难办到的。而日本当局的谅解与默认，又与南方在伦敦给中山先生所介绍的日本友人们的直接或间接的协助是分不开的"。④他推测也许是南方熊楠托田岛担介绍的尾崎行雄，通过外务省及与犬养毅的关系进行了疏通，为孙中山在日本居留和开展活动创造了条件。

南方熊楠性格刚强豪爽，后来因不堪忍受英国职员的歧视和侮辱，挥拳反击，而被大英博物馆免职。1900年10月他回到日本，但因无博士学位，未受日本政府和大学的重用，便回到故乡和歌山县潜心研究科学。后来当他听说孙中山住在横滨时，便写信相邀。孙中山立刻回信道："亲爱的南方先生：昨日于横滨收到来函，获悉你已重返故国，甚为欣喜。我盼望早日与你会晤，彼此

---

① 《南方熊楠日记》第2卷，第25页。
② 同上，第26页。
③ 《建国方略》，《孙中山全集》第6卷，第232页。
④ 彭泽周：《近代中日关系研究论集》，台湾艺文印书馆1978年版，第358页。

得以倾叙近数年的情况。上月我刚由台湾返回，恐不久又要再次离开。启程前你如仍未能来东京，则我定将先行造访。谨致此深挚的敬意，非常忠实于你的孙逸仙，1900年12月11日于东京。"①于是孙中山在1901年2月13日亲往和歌山与南方熊楠叙旧，两人"相见甚欢，流连忘返"。孙中山下榻"富士屋"旅馆，南方特地在"芦边屋"酒馆设宴款待孙中山。席上谈到了西乡从道等人物和各种话题。孙中山还与其全家合影留念，临别时把自己最爱戴的一顶飞行帽送给南方作纪念。2月16日孙中山回到横滨，即写信给南方，表示"和歌山叙旧，欢洽生平，独惜时日所限，不能久留多聆教益，为可憾耳"。②并告知已遵嘱给犬养毅写了一封推荐信，给予南方前文提到"奇人"等高度评价，并说"先生见之，想必有相见恨晚之慨也"。③不久他又收到南方熊楠从和歌山捎来的土产糖酱佛手柑一盒，孙中山也立即回赠了一本《南洋的风云》。

还应提到的是孙中山与南方熊楠进行生物学学术交流的事迹。1901年4月16日，孙中山在赴夏威夷期间，曾在布哇岛上发现一棵八英寸大小的石菌（地衣），特地把它采摘下来，写上名字，寄给南方熊楠作为研究标本，"聊以志思慕之忱耳"。④南方熊楠得到这份珍贵礼物，不禁喜出望外，作为一位认真严谨的科学家，他立即写信询问所采石菌生成环境的状况。孙中山在从事革命活动的百忙之中，为帮助友人的科学研究，马上回信把自己所采石菌的地理环境详细告诉南方。信中说："关于采集石菌的地点，此物乃生长于山谷小河边岩石之上，岩石为茂密的热带植物所覆盖。山谷两旁峭壁高耸，其间雨量充沛，各种植物均得迅猛生长。该地周围尚有不少较所寄赠者大得多的石菌，但其形状甚不规则，难于整块摘取而不裂为小片。所寄奉的那一片，其大小在同类中仅属中等，但我见其形状较好，且易于从石上采摘，故选取它。关于石菌，我所能奉告者大致如此。"信的最后署名和时间是"非常忠实于你的孙逸仙，1901年7月1日于东京"。⑤

① 孙中山：致南方熊楠函，《孙中山全集》第1卷，第204页。原文是英文，见《南方熊楠与孙文书简》第一信，《南方熊楠日记》第2卷，第489—490页。

② 孙中山：致南方熊楠函（1901年2月16日），《孙中山全集》第1卷，第206页。

③ 孙中山：致犬养毅函（1901年2月16日），《孙中山全集》第1卷，第207页。

④ 孙中山：复南方熊楠函（1901年7月1日），《孙中山全集》第1卷，第212页。

⑤ 孙中山：复南方熊楠函（1901年7月1日），《孙中山全集》第1卷，第212页。原文是英文，见《南方熊楠与孙文书简》第八信，《南方熊楠日记》第2卷，第494—495页。

在1901年和歌山欢聚以后，南方熊楠与孙中山再也没有见过面，但他仍十分关心孙中山从事的中国革命事业。1911年10月14日，当他听说中国爆发武昌起义，革命军取得胜利的消息时，非常高兴。他兴奋地写信给自己的朋友、著名的民俗学家柳田国男说："报上所载的黄兴起兵，大乱爆发的电文我已看到。我与孙文曾有默契，要是革命情势能一天一天地稳定下来的话，我打算前往中国去慰问革命军。"①一个月以后，他又写信告诉柳田国男，他过去在和歌山与孙文欢谈时，还达成一个默契，"那就是他的革命一旦成功的话，将在广州的罗浮山开设一个植物园。"他表示愿意到中国去做科学研究。②1913年2月至3月，孙中山访问日本时，尽管日程安排很满，但他仍想与阔别多年的老友南方熊楠再见面叙旧，并通过伊东知也转告南方熊楠若能到和歌山的话，可以特地赶到其地与他见面。可惜当时因南方熊楠患严重眼病而且交通不便未能实现。南方只得让其弟向孙中山转达了"不能前往的歉意"。③1924年孙中山最后一次访问日本时，11月28日曾在神户高等女学校以"大亚细亚主义"为题作演讲，用王道与霸道批评日本的对华政策，责问日本政府"究竟是做西方霸道的鹰犬，或是做东方王道的干城？"南方熊楠看到报上的报道后，曾发表感想："在神户什么地方演讲王道时，谈到中国的德望亦为今日的印度所仰慕。这是我与孙文曾经仔细谈过的问题。"④

1941年9月22日，即南方熊楠逝世前几个月，虽然当时中日两国正处于敌对战争状态，他仍写信给民俗学家中山太郎，表示："我已年达七十五岁的高龄，不希望发财致富。自己在生物学上研究的成果，为答谢诸君赞助我的盛意，多已出版。其未出版的部分，以及所有的图书及标本等物，为纪念旧知孙文与我的友情，以学校的常备品赠送给中山大学，以加深中日两国的亲善。"⑤充分表达了这位日本科学家对孙中山及中国人民真挚热忱的友情。至今在日本和歌山县由滨町的南方熊楠纪念馆里还陈列着孙中山写给南方熊楠的几封信，孙中山赠送的几本书和一顶飞行帽、一幅合影照片及一个地衣研究标

---

① 南方熊楠：致柳田国男书（明治44年10月14日），《南方熊楠全集》第8卷，第180页。
② 南方熊楠：致柳田国男书（明治44年11月），《南方熊楠全集》第8卷，第239页。
③ 南方熊楠：致高木敏雄书（大正2年2月20日），《南方熊楠全集》第8卷，第554页。
④ 南方熊楠：《履历书》，《南方熊楠全集》第7卷，第15页。
⑤ 笠井清：《孙文与南方熊楠——熊楠归国后的交往》，转引自彭泽周：《近代中日关系研究论文集》，第383页。

本，这些珍贵的文物也是中日友好和交流的见证。

孙中山与南方熊楠之间的友谊体现了中日两国人民之间发自内心的纯洁、真挚、诚信、朴实的君子之谊。

（原载于《纪念孙中山诞辰140周年国际研讨会论文集》，

社会科学文献出版社2009年版）

孙中山夫妇与梅屋庄吉夫妇的真挚友情

2008年5月6日，胡锦涛主席访日的"暖春之旅"抵达日本的第一天，日本首相福田康夫在东京日比谷的松本楼餐馆宴请胡主席。福田首相为什么要选择在松本楼请胡主席吃"第一餐"呢？原来这里有着一段中日友好历史的佳话。松本楼的经营者小坂主和子的外祖父就是孙中山和宋庆龄最亲密的日本朋友梅屋庄吉。因此胡锦涛主席在宴会前特地会见了小坂主和子及其丈夫小坂哲郎，并参观了有关梅屋庄吉与孙中山交往的珍贵文物与图片。笔者20年前在日本作访问学者时，曾访问过梅屋庄吉的故居，深为梅屋庄吉夫妇与孙中山夫妇的真挚友情所感动。

一见如故，倾力相助

梅屋庄吉1868年出生在日本长崎。原姓本田，因从小过继给商人梅屋吉五郎做养子，改姓梅屋。他自幼活泼好动，10岁时便独自离家去大阪、京都等地漫游，14岁时又瞒着父母偷偷混上运煤商船只身来到中国上海，流浪打工半年后才返回长崎。18岁搭乘美国货船，准备去美国留学，但途中船只遭海难，漂到菲律宾遇救，道经香港回国。后因经营采矿和粮食贸易失败，又到新加坡学习摄影，开了一家小型照相馆。1894年10月，梅屋庄吉从新加坡迁至香港，仍以开照相馆为业。由于他服务热情，摄影技术高超，又性格豪爽、善于交际、乐于助人，因此生意兴隆，结交了许多中、西朋友，如孙中山的老师、香港西医书院教务长英国人康德黎。

1895年1月，孙中山从檀香山回到香港筹划反清起义，由于经费武器困难，希望得到援助。康德黎便向他介绍了侠义的梅屋庄吉。一天，孙中山来到香港中环大马路28号梅屋照相馆拜访，梅屋放下工作热情招待。两人一见如故，纵论天下大事，许多见解不谋而合。孙中山的革命热情和雄图，深深打动了梅屋，当孙中山谈到准备发动反清武装起义，但缺少经费军械时，梅屋庄吉当即爽快承诺："君若举兵，我将以财政相助。"从此，梅屋庄吉便秘密投身于援助孙中山的中国革命事业，倾力为其筹款、购械。1895年10月，孙中山筹划广州起义前，他曾筹集资金从横滨、新加坡等地购置军械，但起义因事泄而流产，军械也被海关扣留，孙中山被迫流亡海外。1896年当孙中山在英国伦敦被清政府驻英公使馆诱禁蒙难得救后，梅屋又去信劝他到日本避难。1900年孙中山筹划发动惠州起义，梅屋在香港出资购买了一批枪支弹药，秘密运往起义地点，使起义军得到军械支援，士气大振。但后来因遭到清军围攻，起义不幸失败。1902年12月，孙中山曾在赴南洋途中秘密抵香港，在梅屋照相馆小住，老友重逢，促膝长谈。1903年梅屋庄吉与妻子德子完婚，继续在香港经营照相馆，一方面为孙中山的革命事业拓展财源，筹集资金；一方面把照相馆作为中国革命党人和日本志士的"联络点"和"接待站"。梅屋夫人热情为他们安排食宿。1904年因有日本人告密，检举梅屋庄吉帮助革命党筹购军械密谋叛乱，广东当局企图勾结香港警方逮捕他。梅屋庄吉得到消息连夜带夫人和徒弟登上一艘菲律宾商船，逃往新加坡，在那里开设照相馆和电影院。积累了一些财产后，决定回日本开办电影公司。1905年他在东京筑地的影富座剧院举行了归国首映式，获得成功。

1905年8月20日，孙中山在日本发起成立中国同盟会，梅屋庄吉便联合支持中国革命的日本友人，在东京有乐町设立"中国同盟会后援事务所"，主要任务是从经济上支援同盟会。梅屋庄吉还慷慨资助孙中山出版同盟会机关刊物《民报》所需费用。1909年梅屋庄吉投资创建了日本第二家电影制片厂M−百代商会，并在东京浅草开设了专用电影院，并拍摄了日本第一部国产科技片和第一部儿童影片。1911年4月，黄兴等在广州发动黄花岗起义时，梅屋庄吉也多方协助中国革命党人购运军械，配合起义。1911年10月，武昌起义爆发后，起义军急需军械弹药，梅屋庄吉闻讯，不顾自己已经财政困难、债台高筑，立即慷慨解囊，捐款11.6万日元，11月7日再次捐款17万日元。两笔巨额共达28.6万日元，大约相当中国货币近24万海关两。另外，革命军急需印刷军票，解决财政困难，梅屋庄吉受陈其美委托，又出资在东京新宿石田印刷所印制了面额为5元的军票共250万元，这是中国革命军印制的第一批军票。

为缓解前线缺乏医护人员的情况，梅屋庄吉还组织了一支有6名医师和10名护士的日本人医疗队，由梅屋夫人的主治医生山科多久马率领赶赴中国前线，医疗队的一切费用都由梅屋庄吉提供。梅屋还派遣了M-百代商会的优秀摄影师荻屋坚藏赴中国拍摄辛亥革命的纪录片和照片。他曾到武汉拍下了汉口、汉阳攻防战中革命军英勇奋战的实况。

1911年底孙中山从欧洲回国当选为中华民国临时大总统。梅屋庄吉闻讯，非常激动，立即赶往电报局致电孙中山，表示热烈祝贺。1912年1月，中华民国临时政府成立后，欧美及日本政府不愿立即承认，梅屋庄吉便与日本民间志士一道，成立了"支那共和国公认期成同盟会"，该会的经费大多由梅屋庄吉提供，事务所设在日比谷。1月28日梅屋庄吉以该会名义在东京筑地精养轩举办招待会，应邀到会的政界、新闻界等人士共72人，一致通过了劝告日本政府早日承认南京临时政府的决议。笔者访问梅屋故居时，还亲眼见到了这块"支那共和国公认期成同盟会"的会标木牌。

生死之交，亲密无间

1912年2月13日，孙中山辞去临时大总统职务。1913年2月14日，孙中山一行赴日本访问抵达东京，梅屋庄吉等日本友人前往东京车站迎接，见到孙中山下车时，他激动地说："孙中山是盟友，是生死与共的友人，是我的师友。"梅屋庄吉、宫崎滔天等真诚支持过中国革命的日本友人与孙中山一起畅谈形势，重温友情。3月1日，梅屋与日华同志恳谈会的会员们一道在松本楼宴请孙中山一行。梅屋还陪孙中山一行游览浅草，并为其放映特地为中国革命拍摄的纪录片《武昌起义》。孙中山全神贯注看完后又要求再放一遍，梅屋不仅满足其要求而且将影片的两部拷贝送给孙中山和黄兴。

1913年8月，孙中山发动讨伐袁世凯独裁的"二次革命"失败后，辗转台湾，再次流亡日本。8月18日抵东京，住在赤坂区头山满住宅，直到1915年8月。这段期间孙中山虽受到日本秘密警察的严密监视，但与梅屋夫妇的往来十分频繁。据日本外交史料馆收藏的监视"孙文动静"的日本警察给警视厅和外务省的报告统计，这两年中，孙中山访梅屋宅9次，梅屋庄吉访问孙中山18次，梅屋夫人单独访问孙中山11次，此外电话联系更是不计其数。梅屋夫妇对孙中山在精神和生活上的真诚支持援助，给予流亡中的孙中山极大的鼓励和安慰。1914年10月17日，梅屋夫妇特地邀请孙中山出外观光散心，并去有乐町大武照相馆合影留念，这张照片至今还保存在梅屋故居。

特别值得一提的是，在此期间梅屋夫妇帮助和促成了孙中山与宋庆龄的婚姻。宋庆龄是1913年9月从美国来东京看望父母的，当时其父宋嘉树正担任孙中山的英文秘书，因患病让其女儿帮助孙中山处理英文信件。9月19日，孙中山第一次携宋庆龄访问梅屋夫妇，以后又多次来往。梅屋夫妇赞赏宋庆龄的温雅聪颖，一起谈话吃饭，关系十分融洽。晚餐后还开了一场家庭音乐会，宋庆龄和梅屋的养女梅子先后弹了钢琴，梅屋夫人拉了小提琴，宋庆龄还唱了一首歌。孙中山与宋庆龄相爱后，曾受到亲友和社会的阻力，梅屋夫妇大力帮助并促成他们的婚姻。1915年8月底孙中山搬到由梅屋庄吉提供的新住宅东京本多郡千驮谷町字原宿108号，称为"中山寓"。梅屋夫人还陪孙中山买了一些家具和日用品布置了新居。10月25日，孙中山与宋庆龄委托日本著名律师和田瑞办理了结婚登记，婚礼在和田瑞家中举行，结婚誓约共3份，分别由孙、宋、和田保存。也有史料说婚礼是在梅屋家二楼举行。一些中日友人接到邀请前来祝贺，由梅屋夫妇充当证婚人，孙中山夫妇喝了梅屋夫人倒的交杯酒，友人则唱了祝福歌。据说婚礼上还由头山满做中介人，孙中山与梅屋庄吉结为义兄弟，宋庆龄与梅屋夫人结为义姐妹，喝了交杯酒。发誓为在中国实现真正的共和，为亚洲的复兴，同生死，共患难。10月27日，孙中山携宋庆龄访问梅屋宅，衷心感谢梅屋夫妇的热心帮助。此后，直到1916年4月末，孙中山离日回国，孙中山夫妇与梅屋夫妇经常来往，亲密无间。孙中山回国前，1916年4月12日，梅屋夫人到孙宅帮助宋庆龄收拾行李，并陪孙氏夫妇游览上野公园。4月24日，孙中山夫妇特地邀请梅屋夫人到大武照相馆合影作临别纪念，此照片现也保存在梅屋故居。这是他们之间相处最长、私交最深的一段时间，在患难中结下深情厚谊，并留下了深刻的印象和难忘的回忆。

在孙中山流亡日本期间，梅屋庄吉积极支持援助孙中山和中华革命党的反袁活动。在自己经营困难的情况下，仍多次为反袁革命斗争捐款。还协助孙中山创办了训练中国飞行员的近江飞行学校，日本著名民间飞行家坂本寿一为教官，学员有夏金民、周应时等47人，并有两架飞机。航校的经费全部由梅屋提供。1916年2月孙中山指示居正率中华革命军东北军在山东举行反袁起义，居正委任梅屋庄吉为"中华革命军东北军武器输入委员"，为革命军购置武器弹药。坂本寿一还率近江航校的飞机和学员到山东为革命军助威。最后由于袁世凯死后政局变化等原因，东北军与航校不得不以解散告终。

心心相印，友谊长存

自从孙中山夫妇回国后，梅屋庄吉夫妇无时不在关注中国局势，思念孙中山夫妇。孙中山与宋庆龄身处险恶环境，在坚持革命斗争探索中国前途的紧张岁月中，也没有忘记远在日本的老朋友，双方信件往来不断，互相关心，互相帮助，尽管天各一方，始终心心相印。《梅屋庄吉文书》和《孙中山全集》《宋庆龄文集》中收录了不少这样的信件。当孙中山从梅屋信中得知梅屋夫人生病将做手术的消息后，立即叮嘱宋庆龄替他回信，表达"最亲切的问候"。1917年9月，孙中山在广东军政府当选大元帅，发动反对北洋军阀的护法运动，他立即把自己身穿大元帅服的照片及就职布告寄给梅屋庄吉，宋庆龄也将自己在广州的新照片寄给梅屋夫人，梅屋夫妇立即致电祝贺。1918年5月，孙中山受西南各省军阀排挤，护法运动失败。6月孙中山赴日本短期访问，6月12日梅屋庄吉专程从东京赶到箱根与孙中山相见。老友重逢感到格外亲切，从中国革命形势到双方事业家庭，无所不谈。孙中山看到日本寺内内阁支持军阀、扩大侵略权益的对华政策，对日本的幻想破灭。

1920年10月，孙中山返广州。11月29日，重组广东军政府。1921年4月7日，国会非常会议选举孙中山为非常大总统，梅屋庄吉获悉很兴奋，立即致电祝贺。5月初，孙中山就任非常大总统后，也立即电告梅屋，并寄去与宋庆龄的合影。在第二次广东军政府期间，孙中山多次批评日本政策，并要求取消"二十一条"。日本政府和舆论却大肆攻击孙中山"赤化"、反日。梅屋庄吉顶住国内舆论压力，坚定不移地支持孙中山和中国革命，并托萱野长知带他的信和赠款到广东拜访孙中山。1924年1月，国民党第一次全国代表大会在广州召开，决定实行"联俄、联共、扶助农工"三大政策。这时日本报刊加紧攻击孙中山"赤化"，而梅屋庄吉则坚信"孙中山所做的都是为了中国革命"。

1924年11月，孙中山夫妇在北上前夕访问日本神户。梅屋十分思念老朋友，可惜当时正因卧病在床，只得委托萱野长知带着自己的亲笔信及礼物赶到神户，面交孙中山和宋庆龄。而孙中山夫妇也反复叮嘱萱野向梅屋夫妇转达他们的问候和祝福。11月30日，孙中山离开神户时特意致电梅屋："感谢逗留贵国期间的深情厚谊，为亚洲民族复兴，切望继续协助，躬祝健康为祷。"

　　1924年底孙中山抱病入京，斥责段祺瑞北洋军阀政府的反动卖国，主张立即召开国民会议。积劳成疾使孙中山病情恶化，1925年1月26日，入协和医院接受手术治疗。次日，日本报纸误传孙中山已逝世，梅屋闻讯极其悲痛，立即请萱野长知和养女梅子为代表赶往北京参加葬礼，后知孙中山未死，立即致书宋庆龄等人，希望竭尽全力救治孙病，并计划请日本治疗癌症的权威中井博士前往北京会诊。萱野长知是唯一被允许到协和医院当面探望的日本友人，孙中山在病床上还问候梅屋如何，"在神户未晤，甚感遗憾！"宋庆龄也接见了梅子，梅子说我是代父母亲来的，"请转告孙中山先生，我们全家都相信并躬祝他一定康复，希望能在孙先生康复后拜访他"。宋庆龄也详细询问梅屋庄吉的病情，并嘱梅子转告梅屋，静心养病，争取早日痊愈。远在东京的梅屋庄吉关注孙中山的病情，当得知病情恶化时，他心情十分沉重，因忧虑过度又身患重病，常常不思饮食，彻夜不眠。1925年3月12日，孙中山在北京铁狮子胡同5号住处病逝，其遗嘱指出"革命尚未成功，同志仍须努力"。梅屋从晚报上看到孙中山去世的消息还不敢相信，后来又接到孙科拍来的丧电才确信。当天即以极其悲痛的心情分别向孙科与宋庆龄发去唁电，表示哀悼。在给孙科的唁电中说："先生乃中国革命之大恩人，世界革命之伟人。今日仙去，诚为贵国乃至东洋之不幸。"给宋庆龄的唁电中说："吾人与孙文先生相识已久，忆及以往，感慨无量，如今只有仰天长叹。"4月12日，梅屋庄吉和日本的孙中山生前友好在东京青山会馆举行了孙中山追悼会，梅屋庄吉在致悼词时，回顾了自己与孙中山结交的往事，不禁百感交集，失声痛哭。5月9日，日本各界人士在东京芝山增上寺举行孙中山追悼大会，梅屋庄吉在孙中山的遗像前深深鞠躬，久久不愿离去。

　　孙中山逝世后，梅屋因拍摄影片《地狱街道》失败，退出电影界，一心从事日中友好事业。他为了宣传孙中山的丰功伟绩并提醒人们继承孙中山的遗志，决定出资铸造多尊孙中山的铜像，分别立于中国和日本。1928年他聘请日本著名雕刻家牧田祥哉进行设计雕刻，并委托第一流铜像铸造业筱原雕金店铸造。梅屋原拟在东京府西多摩郡调布村树立一尊孙中山铜像，以表达日本人民对孙中山的敬仰和日中人民的友谊，但遭到东京警视厅的禁止。1929年3月，第一尊铜像铸成后，梅屋庄吉决定亲自护送到中国。2月28日，梅屋夫妇及女儿乘伏贝丸由神户启程，3月4日，抵上海港，受到中国军舰鸣放礼炮和南京国民政府官员与民众的列队热烈欢迎。3月9日，他先到北平香山碧云寺孙中山灵堂瞻仰遗容，献花圈，鞠躬默哀，并致悼词。当时南京中山陵尚未修好，梅屋遂向南京国民政府要求留居中国，暂住上海法租界金神父路144号。

南京中山陵修成后，总理奉安委员会决定于1929年5月底至6月初举行孙中山灵柩的奉安大典，并邀请了孙中山生前日本友人80余人来华参加奉安大典。梅屋庄吉专程赶往北平，与宋庆龄等人一起于5月26日护灵车南下。6月1日，灵柩安葬仪式在紫金山中山陵举行。下午，梅屋等30余名日本友人进墓门公祭瞻仰孙中山遗容。

奉安大典后，总理奉安委员会决定将梅屋庄吉赠送的孙中山铜像暂立于南京军官学校。1929年10月14日，举行了隆重揭幕典礼，梅屋庄吉应邀出席为铜像揭幕并致辞。他说中山"先生不仅是中国之国父，实为世界之伟人，为万众所敬仰"，并表示"绝非以铜像做单纯之纪念，而在于万众一旦瞻仰，更为先生之至明至德所感化，发奋遵奉其遗训，为建设三民主义国家和完成统一和平而一致努力"。他的致辞情真意切，充分表达了他铸赠孙中山铜像的崇高目的。现在这尊铜像已移立于中山陵附近孙中山纪念馆前，供万众敬仰。梅屋来华时还携带了高50公分的孙中山半身铜像100尊，分别赠予孙中山的亲友。1930年5月，梅屋庄吉又护送另一尊孙中山铜像到广州，赠给孙中山亲自创建的黄埔军官学校。不久，黄埔军校修建了一座高40米的铜像台基，孙中山铜像屹立其上，十分壮观。梅屋还参观了中山县翠亨村孙中山故居，并向黄花岗七十二烈士墓献了花圈。1931年1月，梅屋夫妇再次护送2尊孙中山铜像到广州，分别赠给中山大学和中山县。现在一尊还屹立在中山大学校园内，另一尊在抗战时期由中山县移到澳门国父纪念馆。梅屋本来计划还要再造3尊孙中山铜像，分别立于北平、武昌与上海，后来因中日关系恶化加上他年迈多病，力不从心，这个计划未能实现。

梅屋庄吉在铸赠孙中山铜像的同时，还积极筹备拍摄影片《大孙文》。他与宫崎滔天之子宫崎龙介等人一道发起成立了《大孙文》拍摄协会，宗旨是通过影片让日本人民了解中国革命和孙中山的光辉事迹，加深中日两国互相理解，促进中日友好。协会组织编写了《大孙文》电影剧本草稿，准备影片在中、日、美、英等国拍摄，拟拍片长7000尺，预算耗资15万日元，计划3年完成。但不久由于九一八事变爆发，日本军国主义发动了侵华战争，使这个计划无法实现。此后，梅屋庄吉抱着善良的愿望，曾多次努力试图说服日本政府和军部停止侵华，不但没有效果，而且还因他热衷日中友好而被警察当局列入嫌疑对象，遭到宪兵队的传讯。1934年11月23日，梅屋庄吉因晚期胃癌病逝，享年65岁。这位将一生无私奉献给孙中山领导的中国革命和中日友好事业的中国人民的真诚朋友，永远值得怀念。

梅屋庄吉去世后，梅屋夫人再度来上海居住，战后于1946年回国，1948年11月，这位中国革命者的良朋益友逝世。1978年10月，梅屋庄吉的女儿千势子和她丈夫国方春男应宋庆龄的邀请来华访问，当时已86岁高龄的宋庆龄亲切接见，设宴款待了他们。宋庆龄对千势子说："您的父母亲是我非常缅怀的人。"千势子回国后还收到宋庆龄的来信说："你们的访问引起我对往事的回忆，及对梅屋庄吉先生和夫人与孙中山先生和我之间的友情的回忆，时间和形势永不能抹掉这宝贵的友谊，什么也不能抹掉它的。"还应他们的要求写了"中日两国人民世世代代友好下去"的题词。千势子逝世后，她的女儿小坂主和子与女婿小坂哲郎继承前辈们未竟的事业，积极投身中日友好事业。

（原载于《纵横》2008年第6期）

李大钊与吉野作造的友谊和交流

（一）李大钊日本留学事迹考

中国早期共产主义者和老一辈无产阶级革命家之中也有不少留日学生，他们在日本留学时期的足迹，也是近代中日文化交流史上有意义的一页。

中国共产主义运动的先驱者，中国共产党的主要创始人之一李大钊，字守常，河北乐亭人。他自幼勤奋好学，1907年考入天津北洋法政专门学校。当时该校聘请了吉野作造、今井嘉幸、小鹿青云等10余位日本教习任教。尽管吉野作造在该校教课只有一年多时间，然而李大钊一直十分珍惜这段师生情谊。据吉野在东京大学教过的学生伊藤武雄回忆：1921年秋，当他到北京大学图书馆拜访李大钊时，李大钊见面的第一句话就是："吉野先生身体健康吗？我是先生在天津教过的学生。"[①]在北洋法政专门学校学习期间，李大钊曾在自己主编的《言治》月刊上发表了许多宣传爱国和反封建的文章。他还撰文介绍明末爱国志士朱舜水在日本的事迹以及日本学者对朱舜水纪念和研究的情况，赞扬朱舜水的爱国精神和对中日文化交流的贡献。[②]后来，当他看到日本出版的鼓吹瓜分中国的《支那分割之命运》一书，非常气愤，立即与学友们将其译成中文并附驳议数万言，"字字皆薪胆之血泪"，"欲为国人当头之棒、警梦之钟，知耻知惧，激发其复仇敌忾之心耳"[③]。

1913年冬天，李大钊得到友人的资助，东渡日本留学。赴日之前，他写了一首诗，题为《南天动乱，适将去国，忆天问军中》，借忆念一位在军

---

① 伊藤武雄：《在满铁的生活》，日本劲草书房，1964年，第89页。

② 李大钊：《筑声剑影楼纪丛——朱舜水之海天鸿爪》，见《言治》第1期，1913年4月。《东瀛人士关于舜水事迹之争讼》，见《言治》第2期，1913年5月。

③ 李大钊：《再版〈支那分割之命运·驳议〉启事》，见《李大钊文集》（上），人民出版社1984年版，第127—128页。

队的朋友天问（即郭厚庵），抒发自己即将离开祖国去日本留学时的爱国情怀。诗曰：

> 班生此去意何云，破碎神州日已曛。
> 去国徒深屈子恨，靖氛空说岳家军。
> 风尘河北音书断，戎马江南羽檄纷。
> 无限伤心劫后话，连天烽火独思君。[1]

　　诗中所说"南天动乱"是指1913年孙中山发动"二次革命"，被袁世凯镇压，李大钊正是怀着对祖国命运不胜忧虑的心情，只身东渡扶桑的。

　　李大钊乘船赴日，经过黄海时，瞭望"落日狂涛，一碧万顷"，"追寻甲午覆师之陈迹，渺不可睹。但闻怒潮哀咽，海水东流，若有殉国亡灵凄凄埋恨于其间者"[2]。他追念甲午战争时，爱国将士的牺牲，痛恨清政府和北洋军阀的腐败卖国，"不胜国家兴亡之慨！"李大钊抵东京后，住在牛込区下户塚町520号基督教青年会馆（今早稻田大学信爱学舍）。不久，他去靖国神社内的游就馆，看到那里陈列着日本帝国主义在甲午战争和八国联军战争中从中国掠夺去的文物。"鼎彝迁于异域，铜驼泣于海隅，睹物伤怀，徘徊不忍去"，受到了极大刺激。"人以纪其功，我以铭其耻，人以壮其气，我以痛其心。"深深感到中国人民必须"痛自振励"，"挽狂澜于既倒"[3]，争取民族的独立和解放。

　　1914年9月，新学年开始之际，李大钊进入早稻田大学，成为该校大学本科政治经济学科一年级学生。至今在早稻田大学仍保存着李大钊的"学籍表"，表中李大钊的出生年月填的是光绪十七年（1891年），实际上应为光绪十五年（1889年），可能是因为他考虑年龄比一般同学大而少写了两岁。早稻田大学的入学资格本来必须经过一年半高等预科经考试合格才能进入大学本科，表上表明校方承认他已在永平府中学和北洋法政学校毕业的学历，而批准

---

　　① 李大钊：《南天动乱，适将去国，忆天问军中》，见《言治》第6期。《李大钊文集》（下），人民出版社1984年版，第908页。
　　② 李大钊：《警告全国父老书》，见《李大钊文集》（上），第122页。
　　③ 同上。

直接进入本科。入学时间是大正三年（1914年）9月8日，学科是"政学"即政治经济学科。保证人是当时中国驻日公使馆留学生监督言微。[①]

李大钊在早稻田大学的学习情况和成绩在早稻田大学的学籍档案中也有反映。他在1915年6月学完第一学年后，参加了11门必修课的考试，其科目、任课教师与考试成绩分别如下：浮田和民的国家学原理77分，美浓部达吉的帝国宪法75分，天野为之的应用经济学85分，盐泽昌贞的经济学原理65分，浮田和民的近代政治史70分，牧野菊之助的民法要论60分，井上忻治的刑法要论55分，吉田巳之助的政治经济学原著研究40分，伊藤重治郎的古典经济学原著研究87分，宫井安吉的英文练习66分，牧野谦次郎的论文写作56分，总计766分，平均66.9分，评定丙，在同年级106人中名次为第40名。[②]在这次考试中，全年级还有6人不及格，37人没考足科目需要补考，而李大钊当时正积极参加中国留日学生反对"二十一条"的斗争，起草各种文书，编辑《国耻纪念集》，写作《国民的薪胆》等文章，在这样繁忙紧张的活动中，他仍按规定完成了全部课程的考试，并取得了较好的成绩，表现了李大钊的坚强毅力和勤奋好学的精神。从1915年9月开始的第二学年课程表中，有16门必修课和6门选修课。其中有有贺长雄的国法学，副岛义一的行政泛论，大山郁夫的政治学史，永井柳太郎的社会政策，浮田和民的社会学文献讲读等必修课。他还选修了安部矶雄的都市问题等课程。据早大学籍表，李大钊退学的时间是大正五年（1916年）2月2日，校方以"长期欠席"为由予以除名。当时他正全力以赴投入反对袁世凯复辟帝制的斗争，1916年1月还因联络讨袁事宜一度回国，因此缺课较多。2月中旬回东京后即不再返校，并离开中华基督教青年会馆，迁居高田村月印精舍，集中精力主编留日学生总会的刊物《民彝》杂志，并写作《民彝与政治》《青春》等文章，同年5月离日回国。

李大钊在日本留学期间，通过课堂听课和广泛阅读各种社会科学书籍、报刊，受到了日本民主主义和社会主义思潮的影响，对他成为激进民主主义者并向共产主义者转变有很大关系。但是过去一些著述中大多认为李大钊在

---

① 笔者在早稻田大学教务部见到的原件。影印件又见森正夫：《李大钊》，人物往来社，1967年，第98页。

② 森正夫：《李大钊》，第97—98页。原件"大正四年度大学政治经济学科第一二学年进级成绩表"，藏早稻田大学教务部学籍科。

日本留学时已受到河上肇介绍马克思主义和日译《资本论》的影响，这个说法可能不太确切。因为河上肇1915年2月才从欧洲回日本，担任京都大学教授。李大钊不可能到京都去听他的课，而河上肇介绍马克思主义学说主要是在十月革命之后，如1918年8月作《马克思的社会主义的理论体系》的讲演，1919年1月创办《社会问题研究》杂志，介绍和翻译了马克思主义的重要原理和著作。李大钊受其影响应是在回国以后的事，他于1919年9月到11月在《新青年》六卷五、六号上连载的《我的马克思主义观》一文，明显是引用和参考了河上肇的文章和译文。李大钊留日期间可能主要还是受吉野作造、幸德秋水、安部矶雄等人的民主主义和社会主义思想的影响。吉野作造是日本大正民主运动中最重要的民本主义理论家，李大钊虽然在早大学习未能到东京大学直接听吉野的课，但吉野在《中央公论》等报刊上发表的一系列论述民本主义的文章一定会看到。幸德秋水是日本社会主义运动的先驱者，虽然当时已被害去世，但是他的《二十世纪之怪物——帝国主义》《社会主义神髓》等书仍在留日学生中风行一时。安部矶雄是日本著名的社会主义者、社会民主党的创始人之一，李大钊在早稻田大学听过他讲授的"都市问题""社会政策"等课，并读过他在《六合杂志》等刊物上介绍欧洲和俄国社会主义的文章。李大钊自己后来也曾对1918年来华的日本友人清水安三说过，"在东京时，我同安部矶雄接触中，受到他的影响。"[1]在早大校史《早稻田大学百年史》中也曾提到"李大钊曾在大学部政治经济科学习，深受安部矶雄经济学的影响"[2]。此外，他也会受到早稻田大学教授大山郁夫、美浓部达吉、浮田和民等人的民主主义思想的影响。

李大钊在留日学生中结交了许多朋友，经常与他们谈论政治、经济、文化、教育等各方面问题，探讨对世界和人生的看法。还与同学张润之合译了今井嘉幸著的《中华国际法论》一书。他在译序中指出"是书详于外力侵入中国之迹，且足为吾国将来撤去外国裁判权、收回外国行政地域之考镜"[3]。虽然李大钊的外貌很淳朴敦厚，不像个喜欢多讲话的，可是一谈起天下大事和古今得失来，却滔滔不绝。他和早稻田大学政治经济学科的中国留学生一起组织了

---

① 森正夫：《李大钊》，第100页。
② 《早稻田大学百年史》。
③ 李大钊：《中华国际法论》译叙，1915年4月，《李大钊文集》（上），第125—126页。

中国财政经济学会，其宗旨是"研究经济财政学理及调查事实，以期适用于中国"[①]。1915年下半年，李大钊还发起组织了留日学生进步团体神州学会。"以研究学术，敦崇气节，唤起国民自觉，图谋国家富强"为宗旨。[②]主要成员还有高一涵、李墨卿、马鹤天等人，曾发展到四五十人。他们经常"讨论祖国政治和世界大势""探索国家政治不良的原因，共谋救济的方法"[③]。神州学会会员回国后还有活动，并于1917年9月在北京出版了第一期机关刊物《神州学丛》。

李大钊在日本期间积极参加和领导中国留日学生的反帝反封建斗争。1915年1月，日本向袁世凯提出了灭亡中国的"二十一条"，作为支持其称帝的交换条件。消息传出，激起中国人民的无比愤怒。1915年2月11日下午，留日中国学生2000多人在中华基督教青年会馆举行大会，抗议日本侵略野心和袁世凯的卖国行径，并决议发表宣言和组织归国请愿团。会上还成立了留日学生总会，总会推举李大钊负责起草通电。李大钊用了几昼夜工夫，写成了《警告全国父老书》，呼吁全国人民一致反抗日本帝国主义的侵略，挽救祖国的危亡。这篇通电于2月间发出，并油印散发，影响很大。留日学生的爱国运动遭到北洋政府的镇压，驻日公使陆宗舆奉命勒令解散留日学生总会。1915年5月9日袁世凯接受了"二十一条"。6月，李大钊编辑了留日学生总会的出版物《国耻纪念集》。1915年底，袁世凯悍然宣布复辟帝制，留日学生掀起讨袁浪潮。1916年1月16日，留日学生总会重新成立并组织新的执行机构，李大钊担任文事委员会编辑主任，主持编辑总会机关刊物《民彝》杂志。1月底，他曾一度回国到上海联系讨袁事宜。在途中，李大钊曾作《太平洋舟中咏感》诗一首，抒发对窃国大盗袁世凯的愤怒和立志改变黑暗现实的抱负。诗中写道："浩淼水东流，客心空太息。""八表正同昏，一夫终窃国。"不过，黑暗已快到尽头。"逆贼稽征讨，机势今已熟。义声起云南，鼓鼙动河北。"他认为革命者应该像大鹏鸟一样，"一翔直冲天，彼何畏荆棘。男儿尚雄飞，机失不可得"[④]。两周后他又返回东京，向留日学生介绍了国内的形势，推动留学

---

① 《中国财政经济学会简章》，见《民彝》第1号，1916年5月。

② 《神州学会简章》，见《神州学丛》第1号，1917年9月。

③ 李墨卿：《墨园随笔》《神州学会简章》，参见富田升：《李大钊日本留学时代的事迹和背景》，载《东洋学集刊》42号，1979年。

④ 李大钊：《太平洋舟中咏感》，《言治》季刊第1册，1917年4月1日，见《李大钊文集》（下），人民出版社1984年版，第913页。

生的反袁斗争。1916年樱花盛开时节，李大钊写完了长篇政治论文《民彝与政治》，刊登在五月出版的《民彝》创刊号上。该文猛烈抨击了封建专制主义，阐发了他的激进民主主义的政治思想。文中庄严宣告神州之"陆沉"，乃是"君主专制之祸耳！"[①]当"春日载阳，东风解冻"之时，李大钊在东京"远从瀛岛，反顾祖邦"，[②]又开始写作阐发他的唯物主义宇宙观和人生观的代表作《青春》一文，该文在他回国后发表在1916年9月1日出版的《新青年》二卷一号上。

1916年春，在东京神田酒家，为即将回国的留日同学幼蘅饯行的席上，李大钊吟了一首七言绝句："壮别天涯未许愁，尽将离恨付东流。何当痛饮黄龙府，高筑神州风雨楼。"[③]不久，他又作五言诗一首，送别留日同学相元：

大陆龙蛇起，江南风雨多。
斯民正憔悴，吾辈尚蹉跎。
故国一回首，谁堪返太和。[④]

表达了他对祖国的怀念和渴望早日回国投入讨袁战斗的心情。1916年5月中旬，李大钊终于毅然弃学归国，投入到火热的革命斗争中去。

（二）李大钊对日本大正民主运动的支持

中国五四运动兴起之际，正是日本大正民主运动高涨之时。在这个时期，中日两国思想文化互相交流影响，两国民主进步势力相互支持声援，两国青年学生也曾互相访问畅谈。本文试图对"五四"时期的中日文化交流，特别是由北京大学教授李大钊与东京大学教授吉野作造倡导的，以北京大学与东京大学师生为中心的青年交流活动，作一些具体的考察和探讨。

李大钊、陈独秀创办的《每周评论》是五四运动时期最有影响的进步刊

---

① 李大钊：《民彝与政治》，见《李大钊文集》（上），第175页。
② 李大钊：《青春》，见《李大钊文集》（上），第194页。
③ 《李大钊年谱》，第24页。
④ 这首诗原载《言治》季刊第一册，见《李大钊文集》（下），第915页。

物之一。黎明会是以日本大正民主运动的理论指导者、著名的民主主义思想家吉野作造为中心的进步团体。二者恰巧都创办于1918年12月。《每周评论》一创刊，李大钊就寄给了日本的吉野作造和黎明会。1919年1月19日出版的《每周评论》第5号上刊登了吉野博士的东京来信。信中写道："惠赠《每周评论》已拜读，谢谢！'黎明会'是以促进文化为前提的，志在与所有逆着世界大势的顽迷思想奋斗，助进健全的开明思想的发达，是纯粹的学者的结合。最近开第一次讲演会，当时的速记，不日可以公刊，公刊后必寄赠一部。尚乞遥为声援，不胜切盼。"此后《每周评论》发表了李大钊等写的多篇文章，表达对日本民主运动和黎明会的支持和关注。

《每周评论》第7号的国外大事述评栏中，刊登了《日本政治思想的新潮流》一文，详细介绍了吉野作造与浪人会辩论并组织黎明会的经过。2月16日出版的《每周评论》第9号上，又刊载了李大钊撰写的宣传和声援黎明会的文章《祝黎明会》，署名明明。文章认为，黎明会的纲领中包含的精神，"就是主张公理，反抗强权，打破资本主义、军国主义，完成日本国民的共同生活，使他与世界人类的共同生活调和一致。"最后他写道："我祝日本的黎明，从今以后曙光灿烂。我祝中国的黎明，也快快大发曙光，和日本的黎明相映照。"《每周评论》第12号上发表了李大钊署名守常的《新旧思潮之激战》一文，其中也肯定黎明会是日本新思潮的代表，"大张民主主义、社会主义的旗帜，大声疾呼，和那一切顽迷思想宣战。什么军阀、贵族，什么军国主义、资本主义，都是他们的仇敌，都在他们攻击之列"。黎明会的刊物《解放》于1919年5月15日创刊，吉野作造立即寄给李大钊，10天以后，《每周评论》第23号上便全文译载了《解放》创刊号宣言。黎明会的讲演集出版后，吉野也很快寄赠李大钊。

对于黎明会内部的错误倾向，特别是某些人对侵略主义的妥协附和，李大钊也提出了诚恳尖锐的批评。1919年7月13日发行的《每周评论》第30号，刊登了他署名守常的两篇随感。一篇题为《忠告黎明会》，指出："日本的黎明运动，总算是一线曙光的影子。我们对于他们很有希望。但是看了福田博士的议论，仿佛他还在迷信侵略主义，简直找不出半点光明来，很令人失望。"因此他"也劝黎明会中的真正黎明分子，先要在黎明会中作一回黎明运动"。在另一篇随感《黑暗与光明》里，他敏锐地觉察到黎明会的分化，并寄希望于新人会为代表的进步青年运动。文章深刻指出："在日本的黎明会里，也可以分黑暗与光明两个层级。大概已经在社会上享有相当地位声望的一流人的思想，比较的不彻底，议论、态度，比较的暧昧。还是新人会一派的青年，较有朝气。他们的议论、思想，很有光明磊落的样子。这也是青年胜过老人的地方，也就是光明与黑暗的分点。"

（三）吉野作造对中国五四运动的声援

五四运动的消息传到日本之后，吉野作造立即给北京大学的某君写了一封声援的信，这位某君大概就是李大钊。信中写道："我知贵国虽盛倡排日，所排之日，必为野心的、侵略的、军国主义的日本，而非亲善的、和平的、平民主义的日本。""侵略主义的日本不独为贵国青年所排斥，抑亦我侪所反对也。侵略的日本，行将瓦解，未来和平人道之日本，必可与贵国青年提携。"这封信曾被中国《全国学生联合会致日本黎明会书》所引用，并赞扬"博士此语，我国人士实不胜其感佩之情。盖此皆我国人士心坎中所欲发者"①。上海《东方杂志》第16卷第7号也译载了吉野给李大钊的这封信。在《日人吉野作造之中国最近风潮观》一文中指出："吉野博士议论，足以代表一部分日本平民之意见，此吾侪所宜注意也。"

笔者1987年在日本访问期间，曾在久保田文次教授的陪同下，拜访了孙中山的日本友人宫崎滔天的东京故居。宫崎滔天的孙女宫崎蕗苳女士和她的丈夫、早稻田大学教授宫崎智雄先生热情地接待了我。他们拿出宫崎家珍藏的大批有关中日交流的文物资料给我看，其中有孙中山、黄兴、廖仲恺、毛泽东等中国革命家给宫崎滔天的许多信件、题词、条幅和照片。我意外地在资料中看到还有"五四"时期李大钊给吉野作造的一封信和给宫崎滔天的长子宫崎龙介的几封信。李大钊1919年6月15日写给吉野作造的信是用钢笔书写的，从信封及邮票上可以看出是从中国北京大学直接寄往日本东京吉野家中的，很可能就是对吉野上述来信的复信。该信全文如下："拜启赐下黎明讲演集均收阅，谢谢。此次敝国的青年运动，实在是反对侵略主义反对东亚的军阀。对于贵国公

---

① 《全国学生联合会致日本黎明会书》，见《五四爱国运动》（上），中国社会科学出版社1979年版，第411页。

正的国民绝无丝毫的恶意。此点愿贵国识者赐以谅解。惟不幸而因两国外交纷争问题表现之，诚为遗憾千万。尊论正大光明，当酌为发布，示之国人。我等日日祷望黑暗的东方发现曙光。故亦日日祷望军阀的日本变为平民的日本，侵略的日本变为平和的日本，黑暗的日本变为黎明的日本。在黎明的曙光中，两国的青年可以握手提携，改造东亚，改造世界。尊议两国大学的教授学生间应开一交通的道路，甚善甚善。顷商之敝校教授连，均极赞成。惟详细办法，须俟蔡校长回校后，始能议定。至时当详函以告。陈独秀先生因发布'北京市民宣言'被政府捕拿，乞持公论，遥为声援。6月15日吉野博士 李大钊"[1]。这封信是研究"五四"时期中日文化思想交流的一份重要资料。

五四运动期间，吉野作造还在《中央公论》《新人》《解放》《东方时论》等刊物上发表一系列政论文，表达了他对中国五四运动的热情声援和卓越见识。

如吉野作造在《新人》杂志1919年6月号发表《关于北京大学学生风潮事件》一文，指出中国五四运动有三个特点："第一，这次运动完全是自发的，并没有日本报纸所称的某国的煽动。第二，这次运动是根据一种确信的精神，为了达到确信的目标的行动，而这种目标所向并没有错误。第三，这次运动的结果并非单纯的排日，首先是为了铲除国内的祸根。"他还把五四运动与新文化运动联系起来，认为"两三年来，北京大学在蔡元培统率之下，思想焕然一新，欧美之新空气遂极浓厚。最近新发行之杂志如《新青年》《新潮》尤极力鼓吹新思想、新文化，倡言'文学革命'"。他欢呼"这是中国民众举国向开明目标前进的开端"，"中国将别开一新生面矣"！吉野在文章中还明确指出支持中国卖国贼的日本军阀官僚是中日两国人民共同的敌人。只有反对"操纵笼络中国官僚的日本官僚军阀"，才能实现"真正的国民的中日亲善"[2]。

上海的《东方杂志》1910年7月号上全文译载了吉野的这篇重要文章。

---

① 李大钊致吉野作造信，宫崎滔天故居藏原件。
② 吉野作造：《关于北京大学学生风潮事件》，原载《新人》1919年6月号。

（四）吉野作造的交流计划和日本学生访华

在五四运动期间，为了促进中日两国人民之间的互相理解和思想交流，吉野作造与李大钊一起倡导和组织了以北京大学与东京大学为中心的中日教授、学生的互访活动。

吉野作造在黎明会的刊物《解放》1919年8月号上发表了《日中国民之间建立亲善关系的曙光——两国青年的互相理解与提携的新运动》一文，全面阐述了他关于日中青年交流的思想和计划。吉野在文章中首先指出对中国的五四运动应有如下的认识："（一）他们的主要目的是为了反对官僚军阀；（二）他们排日的原因是由于日本援助中国官僚政府；（三）他们反对的是帝国主义的日本，如果知道还有和平主义的日本，必定愿意与后者提携。"因此他觉得可以认为"邻邦青年运动潜在的精神之内，存在着真正产生日中亲善的种子"。"我们与他们在与军阀官僚战斗上，有着共同的精神与任务"[1]。

从这种认识出发，吉野作造在1919年6月5日的黎明会演讲会上，首先建议邀请北京的教授一名、学生二三名，来日本东京进行恳谈。6月15日北京《晨报》在题为《中日国立大学交换教授说》的东京消息中，报道了吉野作造自述的具体交流计划："余个人今年秋天必赴中国一游，届时当访问北京大学，陈述吾侪意见，一面亦拜听北京识者之主张。日前黎明会开会时，余曾谈及欲调和中日两国间之纠纷，宜聘请北京大学教授来日演说，互相交换意见，以谋疏通之道，在座者咸首肯此议。目下正在准备一切费用，约需千金左右，起居力求俭朴，不必居住贵族生活之大饭店，即下榻寒舍亦无不可。余于日前曾将此意函告北京大学某教授，若其复函赞成斯举，并允偕同学生来日，则日本亦可派有志大学生联合开演说大会，如其结果甚佳，则将来日本教授亦当偕同大学生赴华也。法科在学中之宫崎龙介（宫崎滔天之子）拟今夏赴华游历，一切当托其与北京大学交涉也。"吉野所说函告北大某教授即李大钊，不久就接到李大钊的回信，积极响应吉野的建议并热情邀请他访华。吉野作造的前述文章中曾引用李大钊回信的如下内容："北京学界甚望君之来游。即使大学交

---

① 吉野作造：《日中国民之间建立亲善关系的曙光》，原载《解放》1919年8月号。

换教授的计划一时不能实现，民间的学会、报社也可以聘君来讲演。若君能于今年夏天或秋天枉驾来华，在数月之间将日本国民之真意及民主精神告知敝国人民，则与东亚黎明运动的前途关系甚大。"①可见李大钊对吉野访华寄予很大期望。

1919年7月中旬，吉野作造的学生、东京大学毕业生、新人会会员、当时在满铁工作的冈上守道，拿着吉野的介绍信拜访了李大钊。根据他给吉野的信中报告，李大钊对他谈到最近曾收到吉野先生的来信，了解先生的意向和具有新思想的日本青年学生的情况。关于互访问题，李大钊说目前因北京大学蔡元培校长不在有困难，待他下月回北京后，估计十有八九能答应。至于派遣了解新思潮的青年教授访日之事，教授会也表赞成，等校长回京后尽快请示。李大钊还认为自己有责任劝说学生即使为了了解日本进步团体的状况也应该去日本。冈上守道也表示为了实现人道主义的日中青年提携，欢迎中国的教授和学生们访日。

吉野作造还大声呼吁：日中青年交流的计划，不仅是我们少数人的事，希望今后能成为广大国民的工作。然而由于日本政府的阻挠，吉野作造访问中国以及东京大学教授学生代表团访华的计划始终未能实现。可是，仍有个别东京大学的学生和亚细亚学生会等日本学生团体的旅行团访问了中国，他们都受到了李大钊和中国进步人士、学生的热情接待。

1919年秋天，吉野的学生、东京大学新人会的发起人之一宫崎龙介访华，到过北京和上海。他在北京时曾与李大钊、陈独秀及其他进步人士会面交流。当时李大钊写给宫崎龙介的两封亲笔短笺至今还珍藏在宫崎家中。笔者看到一封是邀请宫崎龙介7日中午到六味斋与同志们聚谈。信封上写"本京新开路共同通讯社转宫崎龙介殿快信"。信中写道："拜启十月七日午十一时，假座香厂六味斋与同志一谈，乞光临为幸！宫崎龙介兄　小弟李大钊。"另一封是邀请宫崎龙介9日来自己家中面谈。信上写："拜启九日晚八时顷，请来弟处一谈为祷！宫崎兄　李大钊七日晚。"②可见李大钊对宫崎龙介的访华甚为重视。宫崎龙介后来又到上海，原打算在上海举行的全国学联大会上演说，但是遭到了日本驻上海领事馆的阻挠。

---

① 《中日国立大学交换教授说》，载《晨报》1920年6月15日。
② 李大钊致宫崎龙介信，宫崎滔天故居藏原件。

1920年8月，由早稻田大学、庆应大学等私立大学学生组织的日本亚细亚学生会旅行团来北京访问。他们也首先与李大钊联系，然后经李大钊介绍与北京学生联合会接洽。8月20日下午，北京学联在北京大学二院举行欢迎日本学生访华团的茶话会。中日学生双方坦率交换意见，促进了互相理解与思想沟通。

（五）北京大学学生访日团在日本

由吉野作造倡议、李大钊大力支持的北京大学学生对日本的访问，终于在1920年5月实现。以往中外论著对北京大学访日团此行，很少有具体叙述。本文根据各种资料，对此次访日的成员、经过和影响，作比较详细的介绍。

据日本报纸报道吉野作造所述，这次北京大学生访日团主要是由北大教授李大钊、陈启修和晨报记者陈溥贤等组织推动，并得到了在北京的日本牧师清水安三的帮助。吉野原来估计这个访日团可能由北京大学教授陈独秀和胡适率领①。

实际上赴日的是北京大学学生黄日葵、康白情、方豪、徐彦之、孟寿椿5人。其中，黄日葵、康白情、徐彦之、孟寿椿都是少年中国学会的会员与干部。据少年中国学会第一届职员名单，黄日葵是文牍股主任，孟寿椿为会计股主任，徐彦之是交际股主任，康白情则是《少年中国》月刊编辑副主任（主任是李大钊）。同时，黄日葵、孟寿椿又是《国民》杂志社的编辑，而康白情、徐彦之、孟寿椿则是新潮社的干事。另外，黄日葵、康白情、孟寿椿还是北京大学平民教育讲演团的团员，黄日葵又是北京大学马克思学说研究会的发起人之一。总之，他们基本上都是李大钊指导和支持的北京大学学生进步团体的积极分子②。

4月27日，即北大访日团出发前夕，李大钊特地与陈启修、陈溥贤联名写了

---

① 《吉野博士谈日中亲善运动》，载《大阪每日新闻》1920年5月1日。胡适本来想参加，但因故未去成，仍积极支持北大访日团的准备工作，并帮助筹集旅费。

② 参看《五四时期的社团》（一）、（二）中关于少年中国学会、国民杂志社、新潮社、北京大学平民教育讲演团、北京大学马克思学说研究会的有关资料、名单。关于北京大学学生访日团成员的情况补充介绍如下：黄日葵，生于1900年，广西桂平人，后任中共广西地委书记，曾参加南昌起义，1930年病逝于上海。康白情，生于1896年，四川安岳人，后为著名诗人，1945年去世。孟寿椿，1894年生，四川涪陵人，后任暨南大学文学院长。方豪，1894年生，浙江金华人，后任浙江金华中学校长，与台湾大学著名教授方豪（生于1910年）并非同一人。

一封介绍信给宫崎龙介。这封信现存宫崎故居，笔者访问时曾有幸获见原件。信封上写"面递宫崎龙介先生"，信纸是国立北京大学用笺，共3页，用毛笔书写，从笔迹看来确是李大钊亲笔。信的全文如下："拜启，久未通讯，至以为歉！新绿之际，敬祝新运动的隆盛与时俱进。敝校卒业生方豪、孟寿椿、黄日葵、康白情、徐彦之诸君，赴贵国观光，调查贵国诸大学的学制，并与贵国青年文化团体中诸同学相握手，关于文化上的提携交换意见。诸君多是《新潮》《少年中国》《国民》诸杂志的关系者，乞介绍于贵国新派学者、社会运动者乃至各文化团体中的青年有志。不胜切盼！宫崎龙介兄 陈启修、陈溥贤、李大钊，九、四、二十七。"[①]这封信说明了北大访日团学生的身份、思想倾向和赴日目的，并希望通过宫崎龙介与日本各界进步人士广泛开展交流。

北京大学学生访日团（当时称"1920年北京大学游日团"）于1920年4月28日离京，"赴日做宣传及视察之事业"[②]。5月11日抵达日本东京，就引起日本各界的注意，"或以为来此作排日之宣传者；或以为来此调查排货之影响者；或又以为系来此蛊惑日本青年者；或又以为系受日本新文化运动之感召而来，可以受日本之软化者，揣测纷纷，不一其词"[③]。

5月7日，访日团参加了中国留日学生在东京大手町日本卫生会举行的"五七"国耻纪念会，与会者约700余人。首先由留日学生闵景荣和荆巨佛致辞，然后由北京大学访日团的方豪、康白情、徐彦之3人相继登台报告北京学潮始末之详情，全场鼓掌。接着又有留日学生多人演说。最后通过决议要求山东由中国直接管理，废除中日军事协约，福州问题依民意解决，释放京津被捕之学生，承认俄国工农政府等[④]。

5月11日，新人会在东京大学山上御殿举行晚餐会，欢迎北大学生访日团。东京大学教授吉野作造、森户辰男等都出席并讲话。北京大学学生代表康白情、黄日葵也发表了演说，论述扩大国民外交之必要，批判无诚意的中日亲善。最后新人会负责人，东京大学学生赤松克麿讲话提议加强新人会与少年中国学会之友谊。康白情立即代表少年中国学会致答词，表示今后要"互通声息

---

① 李大钊致宫崎龙介信，宫崎滔天故居藏原件。
② 《少年中国》第1卷，第11期。
③ 《北大游日团与日本思想界》，载《晨报》1920年6月15日。
④ 《留日学生与国耻》，载《晨报》1920年5月12日。

和交换印刷品"。①

5月12日，北大访日团参观了东京的新村支部。支部负责人长岛介绍了新村主义（一种空想社会主义）的宗旨："乃将以渐进的方法，诱致世界之大同。"②

5月13日，东京大学辩论部举办演说会，会上首先由北大访日团康白情演说《大和魂与世界文化》。他指出"大和魂之精神在重名誉、尚廉耻，勇敢轻死"，但是"今日本人以此精神作利己国而损世界之事实"。他认为"此皆非正道，应发挥此种精神为人类谋幸福，图示世界文化有所贡献"。然后由方豪演说《今日青年之责任》，他尖锐指出："中国青年之所以排日者，实由日本教育上采取军国民教育，致使日本国民有侵略的国民性。今后世界已由国家主义进入世界主义，改善这种不合世界新潮的旧教育，实为日本青年之责任。"③

5月17日，北大访日团出席由东京大学"十七日会"举办的演说会，到会者有中日人士各二三百人。北京大学教师高一涵首先登台演说④，题为《中日亲善之障碍》。指出中日亲善主要有三个障碍："一为帝国主义，二为狭义的国家主义，三为以中日亲善为手段而图达他种目的。""吾人须竭力排除此三种障碍。"其次由东京大学学生早阪二郎演讲《国际生活更新之一大暗示》，宣传今后外交"当由政府的而入于国民的"。再次是北大学生方豪演说《世界改造与思想之关系》，论述"中国排日乃基于世界主义的意义而非国家主义的意义"。接着东大学生田民演说《中日文化之结合》，认为"中国新文化运动与日本新文化运动实有共通之点，应结合以图共进"。然后北大学生康白情以《中日学生互相提携运动》为题演讲，指出中日学生"欲举提携之实，惟有互相扶助"。最后由吉野作造博士演说《日中亲善之文化的意义》，深刻揭露"中日不能亲善之罪责，全在于日本之军阀与财阀的侵华政策"。⑤

5月19日，访日团出席早稻田大学学生团体建设者同盟举办的演说会。早

① 《北大游日团与日本思想界》，载《晨报》1920年6月15日。

② 同上。

③ 同上。

④ 高一涵是北京大学政治系教师，生于1885年，安徽六安人。他是李大钊的好友，并参加《新青年》编辑部与少年中国学会。当时正旅居日本，帮助接待和陪同北大访日团学生在东京的活动，有时也发表演说，但并非访日团正式成员，也没有北大教授身份。他给胡适的信上说："他们到处演说，有时也把我拉进去，因此日本报界送我一个'高教授'头衔。"见高一涵致胡适函，《胡适遗稿及秘藏书信》第36册，黄山书店1994年版。

⑤ 《北大游日团与日本思想界》，载《晨报》1920年6月15日。

稻田大学教授北泽新次郎博士致欢迎词，强调中日知识分子联络之必要。然后由北京大学代表康白情演说《东亚之新建设与中日文化同盟》。他认为"中日青年既皆有改造世界之志愿，而欲以新建设代替旧组织"，为排除旧势力的障碍，"不可不为文化同盟"。这种同盟"非形式的，乃精神的，非契约的，乃事实的"。接着由早大片上伸教授演讲，他把中日关系比喻成水，表面上虽结了冰，但冰下仍有国民交往之活水。最后由北大孟寿椿演说《最近中国思想之改革》。他分析中国思想由于五四运动而发生剧变，"即由国家的而变为世界的，由静的而变为动的，由个人的而变为自觉的"[①]。

5月22日东京大学青年会举行晚餐会。席间北大代表方豪用英语演说青年会之世界意义，说明"吾人来日，非以国民之资格与政治家之手腕，而为国际运动，乃以人类之资格，在人类间友谊之往来也"[②]。

北京大学访日团离开东京后又访问了京都，与京都的教授、学生以及各界人士进行了交流。

5月29日，应京都同志社大学师生的邀请，在大学讲堂举行恳谈会。同志社大学校长海老名弹正致欢迎词，指出世界之创造事业要依靠青年。"今中国青年欲创造一新中国，而日本青年亦欲创造一新日本，两国青年互相了解共同致力于世界文化之进运。"然后由北大康白情演讲《世界和平与吾人之使命》。他认为知识分子对世界的战争与和平负有重大责任。"吾人欲弭将来之兵端而谋世界之和平，舍打破帝国主义无他法"[③]。

5月30日，在京都大学，由民本主义团体六日俱乐部主办欢迎恳亲会。参加者除京都大学、同志社大学、三高、医专等校学生之外，还有工人团体劳学会、友爱会、织友会、印友会的成员。北京大学访日团黄日葵、康白情、方豪、徐彦之、孟寿椿等5人出席。会场上掌声雷动，互相握手，气氛热烈融洽。会上先由《每日新闻》记者西川百子代表六日俱乐部致欢迎词。然后由京都大学教授户田海市博士讲话。他指出，"今日之社会问题莫大于劳动问题"，希望访日的诸君在中国社会运动中就应特别努力于知识的普及和大众化。接着北大访日团代表康白情演说《中国社会的改造》，认为中国的"辛亥

---

① 《北大游日团与日本思想界》，载《晨报》1920年6月15日。
② 同上。
③ 同上。

革命只是政治上的改造，甚不彻底，此后当为社会的改造。"谈到抵制日货运动时也严厉批判了日本的侵略主义。然后京都大学教授末广重雄演讲《日中亲善的意义》，也抨击了日本政府对中国的侵略政策，阐述民主主义、和平主义思想，主张通过日中青年的提携，发展日中的亲善。

北京大学学生访日团6月16日回到北京。7月1日，康白情等在少年中国学会会员大会上报告了访日经过以及与日本新人会接洽的情形。这次访问在日本引起很大反响。访日团所到之处宣传中国青年运动真相和反对帝国主义与本国军阀官僚的思想，表达了加强中日两国人民友好的愿望，赢得日本进步人士和广大日本青年学生的理解和同情。同时也亲自耳闻目睹了日本民主运动的发展和社会主义思想的传播，促进了中日两国进步思想的交流和沟通，增强了两国人民的友谊。当然，访日团的活动也引起了日本政府的不满。外务省警告东京大学，"若与北京大学教授交换演讲或派代表访华，将有碍日中国交，应予停止"。与中国学生交流的日本教授、学生，有的甚至受到处分，如早稻田大学学生早阪二郎竟被拘役一日，其家亦被搜查①。

北大学生访日团回国以后，吉野作造即在《中央公论》1920年6月号上发表了《日中学生提携运动》一文，对这次交流活动的意义给予很高评价。他写道："上个月（五月）北京大学毕业生五名来东京访问我国学生及青年思想家。通过多次会见，实现重大沟通与共鸣，将推动今后彼此的往来和亲善，并协力开发东洋文化。"文章认为："中国青年憎恶本国的官僚军阀，反对日本官僚的侵略主义，他们和我们的立场是一致的。"他指出，"现在日本和中国在精神上有很大隔阂，青年学生之间思想的沟通很有意义，是两国民族真正的亲善。可是日本政府却通知各大学，以妨碍国交为借口，阻止日本学生利用暑假访问中国。实际上，这才是真正有害国交"②。

"五四"时期李大钊和吉野作造倡导的中日文化思想交流和青年交流，在五四运动史和近代中日关系史上，都是值得进一步深入研究的课题。

（原载于王晓秋著《近代中日文化交流史人物研究》，

昆仑出版社2015年版）

---

① 《北大游日团与日本思想界》，载《晨报》1920年6月15日。
② 吉野作造：《日中学生提携运动》，原载《中央公论》1920年6月号。

孙中山的崇高威望和国际影响

孙中山先生是中国民主革命伟大的先驱者，中华民族杰出的民族英雄。他是一位走在时代前列的伟人，一位在近代中国与世界具有标志性意义和影响的历史人物。他在海峡两岸中国人、全球华人华侨以至世界各国各界人士中，享有崇高威望和深远影响。

然而，现在有些人，却在千方百计歪曲历史事实，贬低孙中山的历史功绩，否定其历史地位，抹黑其人格形象，抹杀其国际影响。更有甚者，台独势力还企图通过鼓吹"去孙中山化"，作为其推行"去中国化"、实现台独阴谋的一种手段。

本文试图通过列举孙中山生前与逝世后，国内外人士与舆论对孙中山评价和怀念的几则具体史料与史实，来说明孙中山在国人心目中的崇高威望和在国际上的深远影响。

一、北大的民意调查

有人说孙中山的影响，生前主要是在南方和海外华侨之中，而在北方和青年中，其实威望并不高。这绝非事实！我在研究北京大学校史资料时，曾发现一条饶有趣味的史料，足以驳斥这种说法，证明孙中山生前就已经深受包括北京大学学生在内的北方青年与民众的敬仰和爱戴。

在1924年3月5日的《北京大学日刊》上，公布了一次有趣的民意调查结果。这是北京大学平民教育讲习会在北大25周年校庆纪念日对北大学生进行的一次民意测验。该调查问卷的第六道题是："你心目中国内或世界的大人物是哪几位？"尽管关于国内大人物的答案涉及古今，五花八门，获得提名的人数不少。但是最后统计票数结果显示，孙中山先生则是众望所归，他以473票的绝对优势遥遥领先。其次才是新文化运动领袖、曾任北大文科学长的陈独秀173票，北大老校长蔡元培获153票。而其他人物都不满50票，如曾经不可一世的独裁者袁世凯只有5票，前大总统黎元洪仅得1票。①从这份民意调查结果统计中，可以看出孙中山在当时北京大学学生心目中的崇高威望和受到敬仰和爱戴的程度，以及与当时其他人物的比较。

二、台湾的追悼会

有人说孙中山当时的影响仅限于大陆，而台湾1945年前尚是日本的殖民地，因此孙中山1925年去世时，台湾人并没有多少反应，甚至认为孙中山与台湾其实没有什么关系。这也完全不符合事实。

最近查阅孙中山去世之年1925年，由孙中山先生国葬纪念委员会编辑的《哀思录》一书。该书收录了孙中山去世后，国内外各界团体、人士的唁函、唁电、祭文、悼念活动纪事等等。其中就有台湾民众追悼孙中山的纪事报道。

"孙先生讣音传来，台湾岛人无不暗暗洒泪。台湾有志社因起而召集同志于3月24日在同市文化讲座（台湾文化协会）开追悼会。是夜大雨淋漓，街道泥泞不能行，到会者仍有五千人之多。但因会场太窄，最多只容得三千人，于是不得入会场在场外敬礼叹嗟而去者，实有二千人之多。入会场者尽佩一黑布条，态度严肃，自七时（开会前半小时已满员）起到十时止，无私行退场者，可见台湾人对于先生之热诚。"②

值得注意的是，纪事还揭露了当时统治台湾的日本殖民当局对台湾民众悼念孙中山活动的破坏和打压。开会前一天，殖民当局就传唤追悼会主办单位干事到警察署去，勒令"将已做好之吊歌作废，不得在会场唱。又将做好的吊辞削去一百多字，又命当日会场不准演说。"③

好在纪事仍报道了被日本殖民当局禁止在追悼会上念诵的由台湾有志社张我军所作的孙中山悼词全文。摘要如下："唉！大星一坠，东亚的大地忽然

---

① 朱务善：《本校二十五周年纪念日之民意测验》（续），《北京大学日刊》，1924年3月5日。

② 孙中山先生国葬纪念委员会编：《哀思录》，民国14年（1925年），第398、399页。

③ 同上。

暗淡无光了……消息传来，我岛人五内俱崩，如失了魂魄一样，西望中原，禁不止泪浪滔滔了……你年少弱冠便委身于救国运动和革命事业。你在40年的中间，始终用了你的不挠不屈的毅力，你的表现始终一贯的精神，来实行你千移不易的主义。那专制蛮横的满清朝廷的迫害，那无恶不作的军阀的压迫，那野心勃勃的外国帝国主义的嫉视，终不能奈何先生。你的精神、你的理想，虽未十分实现，但是你的毅力勇气，已推到满清，建造了民国，吓坏了无耻的军阀和残酷的帝国主义，唤醒了四万万沉睡着的人们了……先生的肉体虽和我们告别了，然而先生的精神、先生的主义，是必永远留在人类的心目中。活现先生的事业，是必永远留在世界上灿烂。"[①]这篇充满感情的悼词，表达了台湾民众对孙中山先生及其精神、思想、事业的拥护和敬仰，也证明了孙中山先生在当时台湾民众中的崇高威望。

在《哀思录》一书中，还收录了北京大学台湾学生会为悼念孙中山先生而写的挽联："三百万台湾刚醒同胞，微先生何人领导？ 四十年祖国未竟事业，舍我辈其谁分担？"[②]也体现了当时的台湾同胞尤其是青年学生对孙中山先生的拥戴，以及对台湾光复、祖国统一大业的期待和责任感、使命感。

三、外国报刊的评价

1925年孙中山逝世后，孙中山先生葬事筹备处收到吊唁孙中山先生的大量唁电、祭文、挽联，曾编为《哀思录》一书。而次年，又有伍达光选录部分中外报刊对孙中山的评论，编为《孙中山评论集》，1926年5月由国民书局出版。1927年又由三民公司编辑再版。通过这本史料，可以看到当时外国报刊舆论对孙中山的高度评价，证明了孙中山的巨大国际影响。

《孙中山评论集》首页就选录了美国报纸对孙中山的评价，把他列为现代五杰之一。"中山先生为现代五杰之先知先觉者。五杰者，印度之甘地、土耳其之凯美尔、俄之列宁、英之威尔逊与中国之孙中山也。"[③]

第2页上英国报纸的评论强调孙中山在民族解放运动史上的地位。"世界

---

① 孙中山先生国葬纪念委员会编：《哀思录》，民国14年（1925年），第398、399页。

② 《哀思录》，第509页。

③ 伍达光编：《孙中山评论集》，民国15年5月，国民书局，第1页。

留心时事之人，几已无不认孙逸仙博士为近代民族自决运动史上独一无二之突出人物。"①

菲律宾的《自由日报》刊文赞扬孙中山的高尚人格，指出"一般人士之于孙博士，无论为敌为友，皆必有同情之观感，即孙博士之'忠诚淡泊'是也。中国之所谓一般领袖人物者，无不剥削备至，故皆肠肥囊满，惟孙博士则依然故我，为一'清贫之平民'……不愧为中国人之真正伟大人物矣"。②

俄国莫斯科《真理报》发表文章颂扬孙中山。"孙氏生命之伟大，在其不断前进，百折不摇，好学不倦……孙氏事业必可成功，所以孙氏在伟大人物历史中占一尊荣地位，而一切被压迫民族心中永不遗忘者也。"③

日本《东京朝日新闻》也高度评价孙中山，称赞他的"革命精神，感化力甚强，氏一生全为革命牺牲。氏不仅一思想家，亦一学者，同时又为一实行家。"④

朝鲜《东亚日报》刊文纪念孙中山。"先生出自寒微孤弱人家，天赋英迈之气质，受革命之大使命，为解放四万万中国民众，献其八尺之短躯，推倒三百年之帝政，树立万人平等之新政体。"⑤

英文《京津泰晤士报》称颂"中山先生手造民国，创中国数千年未有之局，功业动天地，声名溢华夷，是非所谓虽死犹生者耶。"⑥

英文天津《华北明星报》也认为"中国人之名震全球者，亦惟孙中山一人。在今日之中国人心中，为国民所竭诚拥戴者，除孙中山外殆无他人。"⑦

仅从以上《孙中山评论集》选录的几则外国与外文报刊评论中，已经可以看出无论东西方、欧美或亚洲国家的报刊舆论，均承认和赞扬孙中山的历史功绩、历史地位，反映了孙中山巨大的国际影响和崇高的国际威望。

---

① 《孙中山评论集》，第2页。
② 同上，第1页。
③ 同上，第3页。
④ 同上，第4页。
⑤ 同上，第6页。
⑥ 同上，第8页。
⑦ 同上，第9页。

四、印尼总统的回忆

孙中山的活动和思想，曾对20世纪亚洲民族解放运动产生过巨大的影响。如他推翻清王朝的革命活动，捍卫民主共和的艰苦斗争，及其倡导的三民主义、振兴亚洲、天下为公、世界大同等等思想，曾对亚洲各国如朝鲜、越南、菲律宾、泰国、印尼、印度等国的革命者、民族解放运动和独立运动的领导人，产生过重大深远的影响。笔者曾收集和研究过不少有关史料，这里仅举菲律宾和印度尼西亚民族解放运动的领袖人物彭西和苏加诺的几段回忆来加以证明。

孙中山早在辛亥革命前流亡日本进行革命活动时，就受到亚洲各国为争取民族独立解放而斗争的革命青年的敬仰和推崇。当时曾与孙中山有过交往和友谊的菲律宾民族解放运动领导人彭西，1912年在菲律宾马尼拉出版了《孙逸仙——中华民国的缔造者》一书，热情赞扬孙中山是一位冷静而有理想的思想家、演说家。他回忆当年在日本流亡期间，"孙中山善于把远东各国的共同问题综合起来加以研究。因此，他成为一群来自朝鲜、中国、日本、印度、暹罗（泰国）和菲律宾的青年学生的热情鼓动者之一。"[1]

印度尼西亚民族解放运动著名领袖、印尼共和国的缔造者和首任总统苏加诺，更是多次谈到他如何深受孙中山及其三民主义思想的影响。1956年8月15日，苏加诺总统在印尼雅加达为欢迎宋庆龄而举行的国宴上演说，曾深情地回忆道："我曾经把三民主义读过多少遍，它鼓舞我去斗争和热爱我的国家和人民。"他还说，自己是阅读了孙中山的著作以后，才第一次知道"亚洲是一家"这个概念的。因此，他认为"孙中山不但是中国的领袖，也是整个亚洲的领袖。"[2]1956年10月4日，苏加诺总统在访问中国期间到清华大学讲演，又回忆道："在青年时代，我阅读过三民主义，我不是一次，而是两次、三次、四次，从头到尾地详细阅读三民主义。作为一个青年，我受到孙逸仙博士所提出

---

① 彭西：《孙逸仙——中华民国的缔造者》，引自周南京：《菲律宾与菲华社会》，香港社会科学出版社有限公司2007年版，第179页。

② 苏加诺在招待宋庆龄国宴上的演说（1956年8月15日），引自周南京、孔远志主编：《苏加诺、中国、印度尼西亚华人》，第119页。

的三民主义的鼓舞。三民主义即民族、民权、民生，鼓舞了我的灵魂。"[①]后来，他把孙中山的三民主义思想与印尼的国情相结合，在1945年提出了五民主义"潘查希拉"，即印度尼西亚建国五原则，缔造了独立的印尼共和国。

综上所述，这些历史事实可以证明，孙中山先生在国内和国际上的崇高威望和巨大影响，是任何人也否定不了的。

（原载于《团结报》2017年3月16日）

---

① 苏加诺在清华大学的演说（1956年10月4日），《新华半月刊》1956年第21期。

附：王晓秋学术著作目录

1. 《近代中日启示录》，北京出版社1987年版。

2. 《近现代中国的革命》（与谢毅合著），北京出版社1987年版。

3. 《从鸦片战争到辛亥革命》（日文），日本东方书店1991年版。

4. 《中日文化交流史话》，山东教育出版社1991年增订本；商务印书馆1996年版。

5. 《民族英雄林则徐》，河北教育出版社1992年版。

6. 《近代中日文化交流史》，中华书局1992年初版、2000年新版。

7. 《东亚风云》，台湾宏观文化公司1995年版。

8. 《中日文化交流史大系（历史卷）》（中方主编），中文本，浙江人民出版社1996年版；日文本，日本大修馆1995年版。

9. 《近代中日关系史研究》，中国社会科学出版社1997年版。

10. 《戊戌维新与清末新政》（论文集主编），北京大学出版社1998年版。

11. 《国外中国近现代史研究述评》（主编之一），中国文史出版社1999年版。

12. 《戊戌维新与近代中国的改革》（论文集主编），社会科学文献出版社2000年版。

13. 《伟哉中华（中华五千年历史图卷）》（文字作者），云南教育出版社2000年版。

14. 《近代中国与日本：他山之石》（韩文），韩国高丽大学出版部2002年版。

15. 《近代中国与世界：互动与比较》，紫禁城出版社2003年版。

16. 《晚清中国人走向世界的一次盛举：1887年海外游历使研究》，辽宁师大出版社2005年版。

17. 《近代中国与日本：互动与影响》，昆仑出版社2005年版。

18. 《黄遵宪与近代中日文化交流》（论文集主编），辽宁师大出版社2007年版。

19. 《东亚历史比较研究》，北京大学出版社2012年版。

20. 《改良与革命：晚清民初史事新探》，北京大学出版社2012年版。

21. 《中日文化交流两千年：回顾与展望》（论文集主编之一），社会科学文献出版社2013年版。

22. 《辛亥革命与世界》（论文集主编），北京大学出版社2013年版。

23. 《近代中日文化交流史人物研究》，昆仑出版社2015年版。

图书在版编目（CIP）数据

史海遨游录 / 王晓秋著 . —北京：中国文史出版社，2016.12
（政协委员文库）
ISBN 978-7-5034-8777-4

Ⅰ . ①史… Ⅱ . ①王… Ⅲ . ①史学—中国—文集 Ⅳ . ① GK207-53

中国版本图书馆 CIP 数据核字（2016）第 323805 号

责任编辑：王文运

出版发行：**中国文史出版社**
网　　址：www.chinawenshi.net
社　　址：北京市西城区太平桥大街 23 号　　邮编：100811
电　　话：010—66173572　66168268　66192736（发行部）
传　　真：010—66192703
印　　装：北京地大彩印有限公司
经　　销：全国新华书店
开　　本：787×1092　　1/16
印　　张：28.5　　　　插页：1
字　　数：463 千字
版　　次：2018 年 2 月北京第 1 版
印　　次：2018 年 2 月第 1 次印刷
定　　价：78.00 元